D1573969

Rolf Hasler

Glasmalerei im Kanton Aargau
Kreuzgang von Muri

Corpus Vitrearum

Schweiz, Reihe Neuzeit: Band 2
Kanton Aargau: Kreuzgang von Muri

Rolf Hasler

Glasmalerei im Kanton Aargau
Kreuzgang von Muri

Einführung zur
Geschichte des Klosters Muri
Peter Felder

Farbfotografien
Franz Jaeck

Regierungsrat des Kantons Aargau
Lehrmittelverlag des Kantons Aargau

Impressum

Die Publikation erscheint zum Anlass
der Bizentenarfeier «200 Jahre Kanton Aargau»
im Jahre 2003

Herausgeber:
Kanton Aargau, Departement Bildung, Kultur
und Sport, Abteilung Kultur
In Zusammenarbeit mit dem Schweizerischen Zentrum
für Forschung und Information zur Glasmalerei, Romont

Die Publikation steht in der Reihe des Corpus Vitrearum, die unter dem
Patronat des Internationalen Kunsthistorikerkomitees und der Union
Académique Internationale erscheint. In der Schweiz ist die Kommission
für das Corpus Vitrearum der Schweizerischen Akademie der Geistes- und
Sozialwissenschaften für das Corpus-Werk verantwortlich.

Verlag:
Lehrmittelverlag des Kantons Aargau

Idee und Realisation:
Franz Jaeck, Kantonale Denkmalpflege Aargau

Autor:
Rolf Hasler, Schweizerisches Zentrum für Forschung
und Information zur Glasmalerei, Romont

Co-Autor:
Peter Felder, Küttigen

Glastechnische Bestandesaufnahme:
Rolf Hasler in Zusammenarbeit mit Stefan Trümpler, Romont,
und Fritz Dold, Zürich

Farbfotografien: Franz Jaeck, Kantonale Denkmalpflege Aargau

Grafische Gestaltung: Peter Frey, Aarau
Umbruch: Dunja Baur, Lenzburg
Korrektorat: Wort & Schrift, Hanspeter Hutmacher, Baden
Fotolitho und Bildbearbeitung: nc ag, Giorgio Panceri, Urdorf
Druck: Urs Zuber AG, Reinach
Buchbinderarbeiten: Buchbinderei Burkardt AG, Mönchaltdorf

Papier: Job Parilux 170 g/m^2, hochweiss, holzfrei, halbmatt
Schrift Titel/Lauftext: Akzidenz-Grotesk/Walbaum

© 2002 Kanton Aargau
© für die Texte bei den Autoren
© für die Abbildungen gemäss Abbildungsverzeichnis
ISBN 3-906738-34-5

Inhaltsverzeichnis

Zur Geschichte und zu den Bauten des Klosters Muri

2 Das Kulturdenkmal Muri, Peter Felder

9 Zeittafeln zum Kloster Muri

Der Kreuzgang von Muri und seine Glasgemälde

16 Zur Verbreitung und Funktion bemalter Kreuzgangfenster

18 Die Glasgemälde im Kreuzgang von Muri
18 Der Neubau des Kreuzgangs unter Abt Laurenz von Heidegg (1508–1549)
19 Die Verglasung des Kreuzgangs unter den Äbten Johann Christoph von Grüth (1549–1564) und Hieronymus Frey (1564–1585)
22 Der ursprüngliche Scheibenbestand: ein Rekonstruktionsversuch
23 Die Nachstiftungen aus der Zeit von Abt Johann Jodok Singisen (1596–1644)
23 Das spätere Schicksal der Glasgemälde
25 Die Scheibenfragmente im Historischen Museum des Kantons Aargau

27 Die Scheibenstifter und das beschenkte Kloster
27 Die sieben eidgenössischen Schirmorte
28 Der Kaiser und die Könige von Frankreich und Spanien
28 Die Städte Bremgarten, Baden und Sursee
29 Geistliche Würdenträger
29 Private Stifter

30 Die Glasmaler
31 Die beiden Hauptmeister: Carl von Egeri und Heinrich Leu
38 Die übrigen Glasmaler des 16. Jahrhunderts
39 Die Glasmaler des 17. Jahrhunderts

Farbabbildungen

47 Kreuzgangarm West
79 Kreuzgangarm Süd
107 Kreuzgangarm Ost

Katalog

141 Kreuzgangarm West
181 Kreuzgangarm Süd
221 Kreuzgangarm Ost

Anhang

262 Quellenauszüge

266 Pläne

270 Bibliographie

274 Register

282 Abbildungsnachweis

Sponsoren

Der Herausgeber bedankt sich bei den nachfolgenden
Institutionen, Stiftungen und Firmen für ihre grosszügige
Unterstützung

Koch-Berner Stiftung
Fondation Emmy Ineichen
Josef + Margrit Killer-Schmidli Stiftung
Jubiläumsstiftung der Schweizerischen Mobiliar
Genossenschaft, Bern
Generalagenturen der Schweizerischen Mobiliar
Genossenschaft in Aarau, Baden, Lenzburg, Muri, Reinach,
Rheinfelden, Zofingen
Vereinigung Freunde der Klosterkirche Muri
Evangelisch-reformierte Landeskirche des Kantons Aargau
Römisch-katholische Landeskirche des Kantons Aargau
Römisch-katholische Kirchgemeinde Muri

Vorwort des Herausgebers

Bei seiner Gründung 1803 trat der Kanton Aargau ein grosses historisches Erbe an. Dazu gehören neben den archäologischen Fundstätten von europäischem Rang die vielen gut erhaltenen Altstädte, Schlossanlagen, Rathäuser, Bürgerhäuser und Bauten verschiedenster Nutzungen sowie die Klosteranlagen und Kirchen mit ihren wertvollen Ausstattungen. Besondere Beachtung verdient dabei ein überaus reicher Fundus an Glasmalereien, der sich in den ehemaligen Klöstern von Königsfelden, Wettingen und Muri sowie in den verschiedenen Pfarrkirchen und Rathäusern befindet.

Der aargauische Bestand an Glasscheiben hat von der Qualität und Einmaligkeit her gesamteuropäische Bedeutung und gehört zum herausragendsten europäischen Kulturerbe. Dabei gilt dies nicht nur für den Glasscheibenzyklus von Königsfelden, sondern auch für die Glasmalereien in den Klöstern Wettingen und Muri sowie an anderen Orten im Kanton, da die Tradition der kleinformatigen Buntscheiben eine eidgenössische Besonderheit darstellt. Weil der überwiegende Teil des aargauischen Glasscheibenbestandes im Eigentum des Kantons steht, hütet dieser ein kulturelles Erbe, das Vergleiche mit bedeutendsten Kunstdenkmälern nicht zu scheuen braucht.

Schon immer hat der Kanton Aargau für die Pflege und den Schutz seiner Kulturgüter grosse Anstrengungen unternommen. Die elf Chorfenster der Klosterkirche Königsfelden wurden um 1900 erstmals umfassend restauriert. Heute, hundert Jahre später, konnte im Jahre 2002 die zweite vollständige Restaurierung dieser bedeutenden Habsburgerstiftung abgeschlossen werden. Im Kreuzgang von Wettingen ist gegenwärtig die Restaurierung der Glasmalereien noch im Gange, während die Scheiben des Kreuzgangs Muri erstmals bei ihrer Rückführung von Aarau im Jahre 1956 restauriert wurden.

Im Hinblick auf das Kantonsjubiläum hat der Regierungsrat bereits im Januar 1998 einem Kredit zugestimmt, der es ermöglichte, diesen wertvollen Bestand erstmals in einer umfassenden Publikation zu würdigen. Eine solche Gesamtschau hat bis heute gefehlt. Die vorliegende Buchreihe befasst sich mit der Zeitperiode vom späten 13. bis zum Ende des 18. Jahrhunderts. Es wurde besonders darauf geachtet, die Ansprüche der Fachwelt und der Kunstinteressierten gleichermassen zufrieden zu stellen. Die dreiteilige Gliederung in einführende Aufsätze, einen vollständigen Bildteil mit neuen Farbaufnahmen und einen wissenschaftlichen Katalog kommt diesem Wunsch entgegen. Durch die eingesetzten Mittel aus dem Lotteriefonds und die grosszügige Unterstützung der Sponsoren konnte ein attraktiver Verkaufspreis festgelegt werden.

Der Regierungsrat dankt an dieser Stelle den Sponsoren sowie allen Beteiligten für ihr Mitwirken und ihr fachkompetentes Engagement, insbesondere aber dem Projektleiter, Herrn Franz Jaeck. Die vorliegende Buchproduktion soll über das Jubiläumsjahr hinaus eine Brücke des Wissens schlagen und die Freunde und Besucher unserer Glasmalereien begleiten und informieren.

Kanton Aargau

Regierungsrat Rainer Huber
Vorsteher Departement Bildung, Kultur und Sport

Vorwort des Autors

Der im 16. Jahrhundert ins Kloster Muri gestiftete Wappenzyklus, eines der schönsten Zeugnisse schweizerischer Renaissanceglasmalerei, entging nach dem Zusammenbruch der alten Ordnung im Gegensatz zu den meisten anderen derartigen Beständen dem Schicksal, zerstört oder stückweise an in- und ausländische Sammlungen verkauft zu werden. Entscheidenden Anteil daran hatte die Aargauer Kantonsregierung, die den Wert dieses Kunstschatzes schon früh erkannte. 1860 holte sie deshalb den bei der Klosteraufhebung von 1841 in ihren Besitz gelangten Scheibenzyklus nach Aarau. Der Weitsicht der damaligen Regierung ist es somit zu verdanken, dass die gläsernen Kostbarkeiten 1957 aus dem Aarauer Exil an ihren ursprünglichen Standort in Muri zurückfinden konnten, wo sie seitdem wieder in klösterlicher Atmosphäre zu bewundern sind. Mit den Publikationen von Theodor von Liebenau (1892) und Hans Lehmann (1897) erfuhren die Murenser Glasgemälde auch von der Forschung verhältnismässig früh eine ihrer Bedeutung angemessene Würdigung. Breiteren Kreisen bekannt wurden sie allerdings erst nach ihrer Wiederaufstellung im Kreuzgang. Als wertvolles Kulturgut der Öffentlichkeit ins Bewusstsein gerückt wurden sie dabei insbesondere durch Georg Germanns Kunstdenkmälerband des Bezirkes Muri (1967) sowie durch den prächtigen Bildband von Bernhard Anderes (1974).

Als 1997 die Arbeiten am vorliegenden Buch in Gang kamen, hat Bernhard Anderes († 1998) ungeachtet seiner schweren Krankheit als profunder Kenner der Materie daran regen Anteil genommen und den Projektbearbeiter mit Rat und Tat unterstützt. Leider war es ihm aber nicht mehr vergönnt, selbst daran mitzuschreiben, so wie er es beim Projektbeginn ins Auge gefasst hatte. Umso mehr schien es angebracht, darin Textpassagen aus seinem Bildband von 1974 einfliessen zu lassen. Wir denken dabei an die daraus übernommenen trefflichen Bildbeschreibungen, die, bereichert mit vielen historischen Hintergrundinformationen, dem Leser die einzelnen Scheiben und ihre Stifter vorstellen. In der vorliegenden, nach den Richtlinien des Corpus Vitrearum realisierten Publikation werden die Scheiben allerdings nicht allein unter ikonographischen und historischen Aspekten betrachtet, sondern erstmals auch im materiellen Bestand vollständig erfasst. Grundlage dafür bildete die Untersuchung der Glasmalereien im Kreuzgang von Muri und der von dort stammenden Scheibenfragmente in der Kantonalen Historischen Sammlung von Schloss Lenzburg. Diese Bestandesaufnahme und die damit verbundene Sichtung der Schriftquellen und Forschungsliteratur haben es erlaubt, bisher ungeklärte Zuschreibungs- und Vorlagenfragen zu lösen. So war es anhand der Lenzburger Fragmente beispielsweise möglich, mit Heinrich Leu aus Zürich neben Carl von Egeri den zweiten für die Ausführung des Zyklus verantwortlichen Meister zu benennen. Zudem liess sich mit der Bilderbibel von Bernard Salomon (Lyon 1553/54) die Holzschnittfolge eruieren, die Egeri und Leu vom auftraggebenden Abt als Vorlage für verschiedene Masswerkkompositionen erhielten.

Zahlreich sind die Personen und Institutionen, die durch ihre Unterstützung und Hilfe zum Gelingen der Publikation beigetragen haben. Zu danken habe ich allen voran dem Projektverantwortlichen, Franz Jaeck, und seiner Mitarbeiterin, Dunja Baur. Sie haben das Unternehmen mit grossem Einsatz betreut und es bestens verstanden, die Autorenarbeit durch die Erstellung des Registers und der für die Erhaltungsschemata benötigten Bleirisse sowie durch viele weitere praktische Hilfeleistungen nachhaltig zu entlasten. Ein besonders wichtiges Anliegen war es Franz Jaeck, für die Publikation Bildmaterial von erstrangiger Qualität bereitzustellen. Davon zeugen seine Neuaufnahmen der Glasmalereien von Muri, die diese Publikation zu einem vorzüglichen Schaubuch machen. Ebenso uneingeschränkte Unterstützung erfuhr ich von den anderen Mitarbeitern der Kantonalen Denkmalpflege in Aarau. Namentlich danken möchte ich hier Dr. Peter Hoegger und Jürg A. Bossardt für viele fachliche und redaktionelle Hinweise. Von der Unterstützung, die mir Bernhard Anderes zuteil werden liess, war bereits die Rede. Für die Abtretung seines wertvollen Muri-Nachlasses an das Schweizerische Zentrum für Forschung und Information zur Glasmalerei in Romont bin ich aber ebenfalls Annemarie und Dominique Anderes tief verpflichtet. Ein ebenso herzlicher Dank geht an Dr. P. Leo Ettlin. Er hat mir in Muri die Pforten zum Kreuzgang geöffnet und zusammen mit seinen Mitbrüdern Gastfreundschaft im dortigen Benediktinerhospiz gewährt. In den Dank nach Muri einschliessen möchte ich die Restauratoren Josef Brühlmann und Michael Kaufmann. Sie haben es mir ermöglicht, die Kreuzgangverglasungen aus nächster Nähe zu untersuchen. Mit Glasmaler Fritz Dold aus Zürich und Dr. Stefan Trümpler standen mir bei dieser Untersuchung zwei ausgewiesene Spezialisten beratend zur Seite. Auch ihnen gilt hier mein besonderer Dank. Nicht minder Hilfe beanspruchen durfte ich von den Mitarbeiterinnen und Mitarbeitern des Forschungszentrums in Romont. Genannt zu werden verdienen hier vor allem Dr. Uta Bergmann und Dr. Brigitte Kurmann-Schwarz, die zusammen mit Dr. Stefan Trümpler das Lesen und Korrigieren des Textes besorgten.

Ein grosser Dank gebührt auch allen weiteren Personen, die dem Projekt wissenschaftliche und praktische Hilfe zukommen liessen. Speziell erwähnen möchte ich Dr. Regine Abegg, Dr. Josef Brülisauer, Werner Dönni, Prof. Dr. Christoph Eggenberger, Max Engammare, Dr. Peter Felder, Dr. Margrit Früh, Dr. Georg Germann, Michel Hérold, Peter Inderbitzin, Dr. Stefan Jäggi, Nicole Loeffel, Dr. Piroska Mathé, Hans Ulrich Pfister, Dr. Mylène Ruoss, Dr. Elena Shlikevich, Dr. iur. Conrad Ulrich und Dr. Bruno Weber.

Mein Dank richtet sich ebenfalls an die Kommission für das Corpus Vitrearum der Schweizerischen Akademie der Geistes- und Sozialwissenschaften. Sie hat die Entstehung des wissenschaftlichen Bearbeitungskonzepts begleitet und das Projekt mit Engagement gefördert. Zu danken habe ich im Weiteren den folgenden Institutionen: Aargauische Kantonsbibliothek, Aarau; Staatsarchiv Kanton Aargau, Aarau; Kupferstichkabinett der Öffentlichen Kunstsammlung Basel; Bernisches Historisches Museum, Bern; Stadt- und Universitätsbibliothek Bern; Historisches Museum des Kantons Thurgau, Frauenfeld; Augustinermuseum Freiburg i. Br., Musée Ariana, Genf; Musée d'art et d'histoire, Genf; Badisches Landesmuseum, Karlsruhe; Historisches Museum des Kantons Aargau, Schloss Lenzburg; Historisches Museum Luzern; Staatsarchiv Luzern; Staatliche Graphische Sammlung München; Ermitage, Staatsmuseum St. Petersburg; Staatsarchiv Schwyz; Nationalmuseum Stockholm; Württembergisches Landesmuseum, Stuttgart; Gesellschaft zum Schneggen, Zürich; Schweizerisches Landesmuseum, Zürich, und Staatsarchiv des Kantons Zürich.

Ein besonderer Dank gilt schliesslich der Katholischen Kirchenpflege Muri und der Vereinigung der Freunde der Klosterkirche Muri. Sie haben mit ihrer tatkräftigen Unterstützung einen wertvollen Beitrag zur Realisierung dieser Publikation geleistet.

Rolf Hasler

Zur Geschichte und zu den Bauten des Klosters Muri

Das Kulturdenkmal Muri

Gemeinsam mit den Klosterbauten von Königsfelden und Wettingen gehört Muri zu den wichtigsten Kulturdenkmälern des Aargaus, von allen dreien die umfangreichste historische Vergangenheit aufweisend. Inmitten der sanften Hügellandschaft der Freiamtes gelegen, dominiert die ehemalige Benediktinerabtei noch heute das Ortsbild des im Aufschwung begriffenen Industriedorfes von Muri. Aus allen Himmelsrichtungen ist dem mächtigen Architekturkomplex eine bedeutende Fernwirkung beschieden, besonders eindrücklich von den westlichen Anhöhen des Lindenberges her mit der repräsentativen Frontalansicht der zweitürmigen Kuppelkirche und den beidseits schlossartig ausgreifenden Klosterbauten. Die gesamte Anlage ist ein gewachsenes Ganzes – ein historisches Gewordensein von acht Jahrhunderten. Bruchlos greifen hier die Leitformen von Romanik, Gotik und Barock ineinander, sodass selbst das geübte Auge seine Mühe hat, zwischen den Stilepochen zu unterscheiden. Als jüngste verbindende Kraft gewann dabei der farbenfrohe Barock Oberhand. Angesichts dieser heiter gestimmten Pracht vergisst man leicht, dass Muri als ernstes Sühnemal errichtet worden war. Wie uns nämlich in der Acta Murensia berichtet wird, stiftete Ita von Lothringen, Gemahlin des Grafen Radebot von Habsburg, im Jahre 1027 das Kloster, um Abbitte zu tun für begangene Gewalttaten an alteingesessenen Freien (an diese Stiftertat erinnert noch das Habsburgerdenkmal in der Klosterkirche). Ihre ersten geistlichen Impulse erfuhr die Neugründung durch Mönche aus Einsiedeln unter Propst Reginbold. 1064 konnte sodann die fertig gestellte Klosterkirche mit ihren fünf Altären zu Ehren des heiligen Martin eingeweiht werden, und im darauffolgenden Jahr wählte der Konvent Propst Burkard zu seinem ersten Abt. Dieser romanische Gründungsbau, von dem sich – überraschenderweise – im Kern der heutigen Barockkirche noch wesentliche Teile erhalten haben, war

Abb. 1: Klosterkirche von Nordwesten mit Turmfront, Vorhalle und Singisenflügel rechts.

im quadratischen Schematismus angelegt. Er zeigte ein dreischiffiges, flachgedecktes basilikales Langhaus von je 20 Metern Länge und Breite. Westseits erhob sich die Doppelturmfassade mit Vorkirche, ostwärts folgen noch heute das Querhaus und der gerade schliessende Chor mit der darunter liegenden Krypta, die, als einziger intakt gebliebener Raumteil, die beste Vorstellung von der Würde und Strenge dieser elementaren Baukunst vermittelt. Die dreischiffige Säulenhalle erstreckt sich mit ihrer straffen Bogenstellung und den grätigen Kreuzgewölben über vier Joche, wobei die stämmigen Säulen steile attische Basen und schnittige Würfelkapitelle aufweisen. Als weitere Kostbarkeit der romanischen Steinmetzkunst können wir im Ostflügel des Kreuzgangs ein subtil gemeisseltes Fensterfragment aus dem 11. Jahrhundert einsehen (1956 in situ freigelegt), was als Indiz dafür gelten darf, dass sich ebenso im bestehenden Konventgebäude noch Bausubstanz des ersten Klosters erhalten hat.

Auf die eigentliche Herrschaft des Stifterhauses verzichtend, berief Graf Wernher 1082 Mönche aus dem Kloster St. Blasien, um Muri nach den cluniazensischen Satzungen von Fruttuaria zu reformieren. Bald danach gelangte aber die Schirmvogtei wieder an Habsburg, während das Niedergericht 1114 an das Kloster überging. Die begüterte Abtei erfreute sich glücklichen Gedeihens; so besiedelte sie 1120 das neu gegründete Kloster Engelberg, auch führte sie eine Schule und eine Schreibstube. Für die damalige Blüte des Klosters zeugen bedeutende Handschriften, wie die beiden Codices 19 und 83 (heute Kollegium Sarnen), von denen letzterer durch seine frisch-naive und ins Expressive gesteigerte Miniaturkunst beeindruckt. Noch grössere Berühmtheit erlangte das um 1250 entstandene «Osterspiel» (Kantonsbibliothek Aarau) als ältestes geistliches Drama in deutscher Sprache und als hochrangiger Kulturzeuge für den damals in Muri gepflegten höfisch-ritterlichen Geist unter den Äbten Arnold, Walter II. und Heinrich I.

Zwei Brände (1300, 1363) und Verwüstungen im Sempacherkrieg (1386) hatten das Kloster arg in Mitleidenschaft gezogen. Weit einschneidender indes wurde die Eroberung des Aargaus durch die Eidgenossen und deren Übernahme der Schirmvogtei über das Kloster (1415). Mit dieser jähen Trennung vom Stifterhaus und der nunmehrigen wechselvollen Herrschaft der eidgenössischen Orte begann für Muri eine neue Ära, aufgewühlt vom damaligen Zeitlauf mit seiner geistig-religiösen Hochspannung und dem sich verbreitenden Niedergang von klösterlicher Zucht und Ordnung. Mitten in dieser Epochenwende erschien der lebenslustige Renaissance-Abt Laurenz von Heidegg (1508–1549) und steuerte das Konventschiff mit fester Hand durch alle Stürme der Reformation. Zwar hatte die Abtei unter den Auswirkungen des Religionskrieges schwer zu leiden, dennoch behauptete sie ihre Stellung als geistliches Machtzentrum innerhalb der Freien Ämter, die sich wie ein Keil zwischen das reformierte Bern- und Zürichbiet schoben und den altgläubigen Orten als lebenswichtiger Handelsweg nach Norden dienten. Neben seiner ordenstreuen Wirksamkeit hinterliess Abt Laurenz auch als Bauherr und Kunstförderer manch leuchtende Spur, wie etwa das sternförmige, kunstreich ausgemalte Kreuzrippengewölbe im Chor der Klosterkirche (um 1510), das dortige Figurenrelief mit der ergreifenden Darstellung der Beweinung Christi (um 1520/30) oder den mit phantasievollen Masswerkfenstern geschmückten Kreuzgang (1534/35).

Abb. 2: Romanische Hallenkrypta gegen Osten.

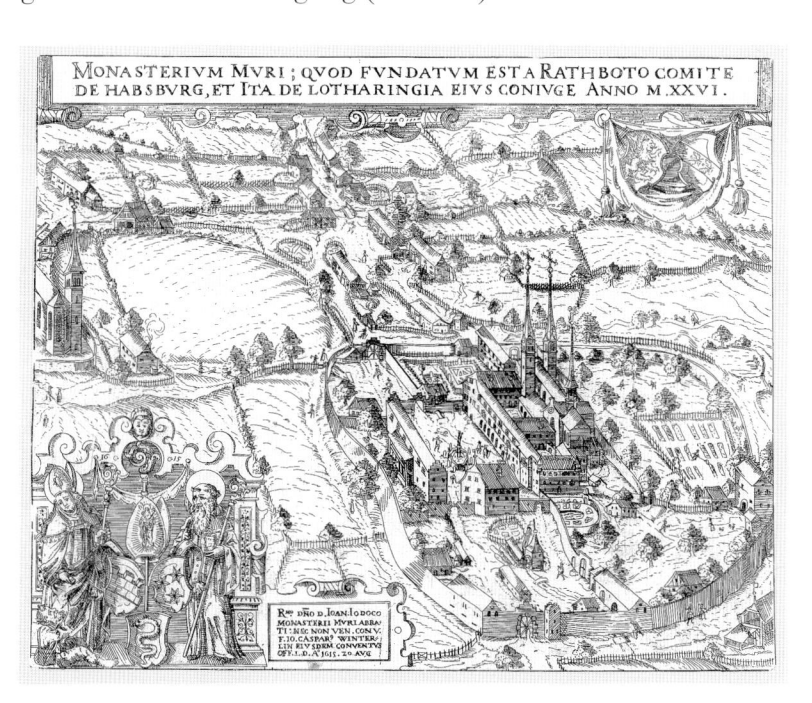

Abb. 3: Mittelalterliche Klosteranlage von Südosten nach dem Stich von Johann Caspar Winterlin, 1615.

Abb. 4: Inneres der Klosterkirche mit Blick gegen den Chor.

Noch stärker regten sich die Kräfte der Gegenreformation unter den beiden Nachfolgeäbten Johann Christoph von Grüth (1549–1564) und Hieronymus Frey (1564–1585), für deren Leben und Wirken ich auf den nachfolgenden Hauptabschnitt über «Die Glasgemälde im Kreuzgang von Muri» verweise. Seinen Höhepunkt erlangte schliesslich diese monastische Erneuerung während der langjährigen Amtszeit unter Abt Johann Jodok Singisen (1596–1644), der zu Recht als zweiter Klostergründer von Muri angesehen wird. Dank seiner klugen und tatkräftigen Leitung wandelte sich die Abtei vollends zu einem geistlichen Bollwerk der schweizerischen Gegenreformation, zu deren markantesten Vertretern Singisen zählte. Von den zahlreichen kulturellen Leistungen, die unser Andenken an den grossen Reformabt wachhalten sollen, wirkt noch heute in der Klosterkirche allgegenwärtig als räumlich-optischer Blickfang die prachtvolle Grosse Orgel, die Meister Thomas Schott aus Urach 1619–1634 geschaffen hat.

Mit der Überführung des römischen Katakombenheiligen Leontius nach Muri, die 1647 im Beisein von vielen tausend Gläubigen in einer pompösen Translationsfeier vollzogen wurde, begann hier recht eigentlich das Barockzeitalter. Vorerst ging man allerdings recht zaghaft an das notwendig gewordene Renovationswerk, indem unter anderem die mittelalterliche Kirche bis um 1685 etappenweise neu ausgestattet wurde. Zu den damit beschäftigten lokalen

Meistern gesellten sich alsbald international geschulte Künstler von Rang, wie der bekannte Kirchenmaler Johann Christoph Storer, der eine Reihe vortrefflicher Altarblätter schuf, und der einheimische Bildhauer Simon Bachmann, dessen meisterhaftes Chorgestühl immer noch eine Hauptzierde der Klosterkirche darstellt. Im Gegensatz zur volkstümlich-sinnenfreudigen Schnitzkunst, wie sie damals bei uns vorherrschte, schuf hier Bachmann 1650 – 1660 erstmals ein Werk des höfisch-internationalen Barock – einer Kunstrichtung, wie er sie bei seiner langjährigen Wandertätigkeit durch halb Europa kennen gelernt hatte. Das beachtliche Gestühl, Haupt- und Alterswerk zugleich, schwelgt geradezu in Erinnerungen an grosse Kunst. So werden dessen Rückwände von üppig gewundenen Bernini-Säulen belebt, die Dorsalreliefs zeigen szenisch geballte Diagonalkompositionen in malerisch-weicher Modellierung, und das Kranzgesimse besetzen jeweils bekennerhafte Heiligengestalten in der Art der Bekrönungsstatuen auf den Kolonnaden von St. Peter in Rom, die mit Macht von Kontrapost und Gebärde den Umraum beherrschen.

Bachmanns manifestes Werk war wie ein Wink zu weiteren Aktivitäten. Mit Plazidus Zurlauben (1684–1723) trat sodann ein Bauherr auf den Plan, der solche Erwartungen erfüllte. 1685, wenige Monate nachdem Zurlauben die Abtwürde erlangt hatte, machte er sich an die Realisierung eines durchgreifenden Um- und Neubaus, zumal die überalterte und pittoresk verwinkelte Klosteranlage im halbsymmetrischen Benediktinerschema den totalitären Ansprüchen dieses Barockprälaten nicht mehr zu genügen vermochte. Mit einem zeitgemässen Repräsentationsbau gedachte der kommende Reichsfürst ein Zeichen zu setzen. Die wirtschaftliche Prosperität seiner Abtei bot ihm dafür einen sicheren Rückhalt. Das aufwändige Vorhaben, welches sich bis 1697 hinzog, wurde sehr wahrscheinlich vom Einsiedler Baumeister Bruder Caspar Moosbrugger projektiert. Ähnlich dem Escorial entstand hier über quadratischem Grundriss eine straffe symmetrische Gesamtanlage, die sich mit ihren vielfältig abgestuften Kuben und Verbindungsgalerien, mit ihren ausgesparten Binnenhöfen und Ziergärten um die zentrale Klosterkirche gruppierte. Dabei war es ein besonders kühner Entschluss, das Langhaus der 600-jährigen Kirche durch ein mächtiges Kuppeloktogon zu ersetzen. Mit unbekümmerter Gestaltungsfreude ist dieser alles dominierende Raumteil in die kreuzförmigen Umfassungsmauern der romanischen Basilika hineinkomponiert. Als Schöpfer des Umbaus nennen die Akten den Italiener Giovanni Battista Bettini, während Bruder Caspar Moosbrugger als bauerfahrener Gutachter fungiert hat. Mit seinem architektonischen Kunstgriff glückte Bettini eine sehr wirkungsvolle räumliche Abfolge. Und zwar erleben wir diese von der schwach erhellten und beidseits eingeschnürten Beichtkirche her als mächtiges Crescendo, das im lichten Kuppelzentrum gipfelt, um hernach fast ebenso energisch über Vierung und Chorhaus abzuklingen. Das hohe, weit gespannte Oktogon, das sich allseits in alternierenden Rundarkaden öffnet und darüber von einem umlaufen-

Abb. 5: Habsburgerdenkmal mit Stifterpaar Graf Radebot von Habsburg und Ita von Lothringen, 1750.

Abb. 6: Inneres der Klosterkirche gegen Westen
mit Orgel von Thomas Schott, 1630.

den Kranzgesimse optisch in Schwingung versetzt wird, beschliesst seinen Aufbau mit einem riesigen Sterngewölbe, das rings von Lünetten und Thermenfenstern gegliedert wird. Die funktionelle Klarheit des festlich strahlenden Raumes mit seiner schwebenden Kuppel ist von den klassischbarocken Stuckaturen wesentlich mitgeprägt. Nirgendwo wie hier konnte Bettini seine Doppelrolle als Architekt und Stuckbildner so frei entfalten, Bauform und Ornament miteinander verschmelzen. Sekundiert wurde er dabei vom Tessiner Freskanten Francesco Antonio Giorgioli, dessen tafelbildmässig aufgefassten Wand- und Deckengemälde dem ausgewogenen Dekorationssystem wie Preziosen eingefügt sind. In enger Bindung an die Raumstruktur ist die Thematik des Bildzyklus als beziehungsreiche Darstellung der Ecclesia triumphans auf die Kuppelmitte hin geordnet, wo gegen hundert Heilige, darunter zahlreiche Benediktiner, die Heiligste Dreifaltigkeit anbeten. Dieser thematische Brennpunkt im Kuppelscheitel bildet auf sinnreiche Weise das ikonographische Zentrum der Klosteranlage, mit der Zurlauben, welcher 1701 in den Rang eines Fürstabtes aufgestiegen war, auf seine Weise dem Allmächtigen gehuldigt hat. Und es war ein stolzer Akt der Selbsteinschätzung, als er bei Anlass des goldenen Priesterjubiläums (1720) Gedenkmedaillen schlagen liess, worauf sein Konterfei und auf dem Revers eine repräsentative Vogelschau «seines» Klosterbaus verewigt sind.

Dieser geistliche Machtanspruch im Zeichen der Gegenreformation war 1712 vom reformierten Sieg in Villmergen jäh durchkreuzt worden, ohne dass damit die schöpferischen Kräfte der Abtei versiegt wären. Im Gegenteil, aus dem veränderten Zeitgeist Neues zu schaffen, wurde nachgerade zur Losung der kommenden Prälaten. Als Zurlaubens Nachfolger, Fürstabt Gerold I. Haimb (1723–1751), an die Neuausstattung der Klosterkirche ging, wehte ein sanfterer Wind. Das läuternde Licht der Aufklärung milderte die streitbaren Gegensätze und verlieh dem irdischen Dasein einen optimistischen Glanz – aber erst die Kunst, als farbiger Widerschein dieses Daseins, gab dem Leben jene strahlende Weihe zur Ehre des Höchsten. In dieser Gesinnung berief Abt Gerold aus seiner süddeutschen Heimat eine Gruppe von Künstlern, die mit dem Formvokabular des Régence und des Rokokos vertraut waren. Geleitet wurde diese 1744–1750 in Muri tätige Werkstatt von Hofschreiner Matthäus Baisch und Fassmaler Niklaus Spiegel, denen sich eine ganze Reihe von tüchtigen Bildhauern, Vergoldern und Tafelbildmalern beigesellte, allen voran der brillante Kirchenmaler Franz Joseph Spiegler.

Das rings vor den Wänden aufgebaute Mobiliar mit Altären, Kanzel und Habsburgerdenkmal, mit Zelebrantensitzen, Abtsthron und Orgelprospekten beschlägt gleich einem kostbaren Täfer die Sockelzone des Kirchenraumes. Seine hellblaue und rosa getönte Marmorierung, die von leuchtendem Golddekor überspielt wird, ist auf den «sanften Farbenschmelz» der Giorgioli-Fresken abgestimmt. Gemeinsam mit den schmückenden Gemälden und Plastiken bildet dieses grossartige Ausstattungsensemble eine letzte Steigerung und künstlerische Vollendung des Raumbildes, das noch vom perspektivischen Chorgitter akzentuiert wird und im solennen Hochaltar ausklingt. In den meisterlichen Or-

Abb. 7: Flugansicht der Klosteranlage von Westen her.

namentschnitzereien erleben wir gleich einem Wachstumsprozess den allmählichen Übergang vom Régence zum Rokoko. Während am Abtsthron (1745) noch ein elegant emporstrebendes, von Akanthusranken und Muschelwerk begleitetes Lineament den Aufbau bestimmt, strömen und fliessen am Habsburgerdenkmal (1750) die ornamentalen Leitformen in durchbrochenen Rocaillen und Tropfsteingebilden, welche die Umrisse ins Malerische auflösen. Als Gegenstück der Kanzel erhielt das Denkmal einen bevorzugten Standort innerhalb des weit gespannten und lichtdurchfluteten Kuppelraumes. Mit dieser Reverenz an das Stifterhaus Habsburg hat Muri einen Schlusspunkt hinter seine 700-jährige Kunstentfaltung gesetzt. Es war in der Tat ein weiter Weg, der von der romanischen Krypta über den gotisch gewölbten Chor und das hochbarocke Kuppeloktogon bis zum Habsburgerdenkmal hinführte, wo – als Memorial des Dankes – die Erinnerung an die beiden Klosterstifter Graf Radebot von Habsburg und seine Gemahlin Ita von Lothringen gestalthaft weiterlebt.

Dank zahlreichen Neuerwerbungen von Herrschaftsgebieten im Thurgau und in Süddeutschland war Muri mittlerweile zur reichsten Benediktinerabtei der Schweiz aufgestiegen. Was lag da näher, als diesem Besitzerstolz weiterhin durch entsprechende Bauten Ausdruck zu verleihen, zumal es jetzt neue schulische Aufgaben des aufgeklärten 18. Jahrhunderts zu bewältigen galt. Einen ersten Anlauf hatte bereits Abt Bonaventura II. Bucher unternommen, als er 1768 durch Architekt Johann Ferdinand Beer, damals Leiter des Stiftsbaus in St. Gallen, ein Erweiterungsprojekt ausarbeiten liess. Nach weiteren Planungsversuchen setzte schliesslich der letzte Fürstabt Gerold II. Meyer (1776–1810) im Jahre 1789 einen zeitgemässen Repräsentationsbau durch. Das frühklassizistische Riesenprojekt des fürstenbergischen Hofarchitekten Valentin Lehmann war jedoch erst zur Hälfte ausgeführt, als 1798 die französische Invasion dem hochfahrenden Unternehmen ein jähes Ende bereitete. Vollendet wurden der 218 Meter lange Osttrakt mit dem Festsaal und der Bibliothek sowie der südlich anschliessende 65 Meter lange Querflügel, währenddem – Glück im Unglück – der geplante Abbruch der mittelalterlichen Turmfront und des spätgotischen Kreuzgangs unterblieb. – Seit der nun hart durchgreifenden Helvetik sah sich das Kloster einem unerbittlichen Existenzkampf ausgesetzt. Zusehends in den Rechten geschmälert, war seine Aufhebung nur mehr eine Frage der Zeit. Diese erfolgte 1841 durch gewaltsamen Eingriff des Staates. Aus Pietät gegenüber den Klostergründern nahm sich das österreichische Kaiserhaus der aus Muri vertriebenen Mönche an: 1845 bezog Abt Adalbert Regli, ein untadeliger Ordensmann, mit seinem Konvent eine neue Heimstätte in Gries bei Bozen, wo die murensische Klostertradition heute noch fortlebt. Währenddessen erfuhr der zweckentfremdete Klosterbau im Freiamt ein wechselvolles Schicksal. Besonders schwer traf ihn die Brandkatastrophe von 1889, welche den mächtigen Osttrakt und die fürstliche Abtskapelle heimsuchte. Ausserdem forderten verschiedene Abbrüche, Um- und Neubauten ihren Tribut. Die dringend notwendig gewordene Sanierung und Neubelebung des arg strapazierten Klosterbaus begann aber erst Gestalt anzunehmen, als der Kanton 1941 die Klosterkirche samt dem Kreuzgang an die Kirchgemeinde Muri abtrat. Diesem staatlichen Goodwill folgten Schlag auf Schlag die denkmalpflegerischen Taten, indem Muri, gefördert von Bund und Kanton, eine beispiellose Leistung von mustergültigen Restaurierungen und kulturellen Einrichtungen vollbrachte, und zwar: 1953–1957 Aussenrestaurierung der Klosterkirche und Wiederherstellung des ruinösen Kreuzgangs sowie Rückführung der dortigen Glasmalereien aus ihrer über 100-jährigen Aarauer Evakuation. 1957 Einrichtung des Benediktiner-Hospizes im ehemaligen Konventgebäude. Seit 1961 planmässige Restaurierung der Kirchenausstattung und ihrer hochgradig vom Wurmfrass bedrohten Boiserien unter Leitung von Josef Brühlmann, Muri. 1968–1970 rekonstruktive Wiederherstellung der Grossen Orgel samt der zugehörigen Sängerempore und 1991/92 Restaurierung der beiden Lettnerorgeln von 1665 und 1697, die gemeinsam als historische Werk-Trias ein Paradebeispiel der barocken Orgelbaukunst sind. 1971 Einrichtung der Familiengruft des Hauses Habsburg in der Loretokapelle (im ehemaligen Kreuzgang-Nordflügel). Seit 1972 Klostermuseum mit einer reichhaltigen Sammlung von Kultgeräten und Paramenten des 16. bis 18. Jahrhunderts und seit 1981 Wolf-Kabinett (Singisenflügel) mit Gemälden des genialen Alpenmalers Caspar Wolf (1735–1783) (Initiant Josef Raeber, Luzern). Zwischen 1984 und 2000 Renovation der übrigen Klosterbauten, von denen der kolossale Osttrakt (Pflegeanstalt) mit seiner frühklassizistischen Schaufront – als grösste historische Architekturfassade der Schweiz – hervorgehoben sei. Ein weiteres denkmalpflegerisches Ereignis bildete Ende 2000 der Abschluss der langjährigen Restaurierung der Kirchenausstattung, bei der – als wahre Pioniertat – eine ganz neuartige Konservierungsmethode von Holzwerk entwickelt worden ist. Und schliesslich strahlt auch das Äussere des Gotteshauses wiederum in neuem Glanz. – Muri lebt weiter – es war ein langwieriger und beschwerlicher Weg. Wie Glieder einer Kette fügten sich hier Zug um Zug die planerischen Ideen und rettenden Taten aneinander zu einem vielgestaltigen und weiterhin wandelbaren Ganzen. Und aus den dabei gemachten Erfahrungen zog man auch alsbald eine Lehre und rief 1992 den Förderverein «Freunde der Klosterkirche» ins Leben, um das Interesse, ja die Zuneigung für dieses herausragende Denkmal mit seiner 800-jährigen Benediktinerkultur hinfort wachzuhalten.

Zeittafeln zum Kloster Muri

Geschichte

1027	Gründung des Klosters durch Ita von Lothringen, Gattin des Grafen Radebot von Habsburg.
1032	Abt Embricus von Einsiedeln entsendet Benediktinermönche nach Muri und setzt Mönch Reginbold als Propst ein.
1064	Am 11. Oktober Weihe der Klosterkirche zu Ehren des heiligen Martin durch Bischof Rumold von Konstanz, in Anwesenheit von Graf Wernher von Habsburg.
1065	Auf Drängen von Wernher von Habsburg wählen die Brüder Propst Burkard zu ihrem ersten Abt. Damit wird Muri eine selbstständige Abtei.
1082	Wernher verzichtet auf die Eigenherrschaft über das Kloster und verfasst einen Freibrief. Der Konvent führt die Cluniazenser-Regeln ein. Neben dem Männerkloster Errichtung eines Frauenkonventes (wird am Ende des 12. Jh. nach Hermetschwil verlegt).
1085	Graf Wernher wird Schirmvogt des Klosters und Luitfrid neuer Abt. Als Mann von hoher religiöser Gesinnung führt er den Konvent nach den Regeln von Cluny. Unter ihm erlebt Muri eine erste Blütezeit.
1096	Tod von Abt Luitfrid. Sein Werk wird von Abt Rupert weitergeführt. Muri gewinnt bei der Bevölkerung an Ansehen, führt eine Schreibstube und erhält vom umliegenden Landadel reiche Vergabungen.
1114	Kaiser Heinrich V. bestätigt am 4. Oktober in Basel die Freiheit des Klosters, regelt die habsburgische Schirmherrschaft und überträgt Muri die niedere Gerichtsbarkeit.
1139	Papst Innozenz II. bestätigt die Besitztümer und Schenkungen sowie die freie Wahl des Kastvogts und des Abts.
1150	Um diese Zeit entsteht die älteste Klostergeschichte, die heute durch die Wissenschaft als «Acta Murensia» bezeichnet wird.
Um 1190	Kauf des Hofes «Horw» auf dem Lindenberg, wo 1700/01 der Sommersitz des Klosters erbaut wird.

Bau- und Kunstgeschichte

Bis 1032	Bau eines beheizbaren Raumes mit darüber liegendem Dormitorium und Errichtung der Michaelskapelle. Förderung des Kirchenbaus durch Ita von Lothringen.
Um 1050	Romanischer Kirchenbau – davon haben sich vor allem die Umfassungsmauern der heutigen Kirche, die unteren Bereiche der Türme und die Krypta erhalten.

Geschichte		Bau- und Kunstgeschichte	
Um 1250	Um diese Zeit entsteht in Muri selbst das älteste erhaltene deutsche Osterspiel. Es ist unter dem Namen «Osterspiel von Muri» in die Literatur eingegangen (Original heute Kantonsbibliothek Aarau).		
1300–1368	Am 9. April 1300 und am 8. März 1368 suchen Brände das Kloster heim. Verlust grosser Teile des Archivs und der Bibliothek.		
1386	Im Sempacherkrieg brandschatzen die Eidgenossen das habsburgische Kloster.		
1415	Das Kloster Muri wird unter den Schutz der sechs regierenden Orte der Eidgenossenschaft gestellt (Zürich, Luzern, Schwyz, Unterwalden, Zug, Glarus).	Bis 1500	Wenige Bauspuren und Reste von Ausmalungen geben Hinweise auf bauliche und künstlerische Veränderungen.
1508	Laurenz von Heidegg wird zum Abt gewählt.		
1526	Abt Laurenz von Heidegg unterstützt die katholischen Orte und entsendet zwei Konventualen an die Glaubensdisputation nach Baden. Dort unterzeichnen beide die katholischen Lehrsätze.	1510	Einzug des sternförmigen Gewölbes im Chor. Die Felder zwischen den Fensterstichkappen sind mit den szenischen Darstellungen Mariä Verkündigung und Krönung geschmückt, die Felder zwischen den Gewölberippen mit Putten und pflanzlichen Motiven ausgemalt.
		1528	Bau eines steinernen, mit Reliefs geschmückten Lettners zwischen Vierung und Laienhaus (1695 abgetragen).
1531	Im Kappelerkrieg plündern die Berner Truppen das Kloster und zerstören viele Kunstschätze. Im anschliesssenden Zweiten Landfrieden vom November dieses Jahres werden der Fortbestand des katholischen Glaubens und die Rechte des Klosters gesichert.	1534/35	Bau des gotischen Kreuzgangs.
1550–1585	1549 stirbt Laurenz von Heidegg. Ihm folgen nacheinander Christoph von Grüth und Hieronymus Frey als Äbte. Beide setzen die Bautätigkeit fort, festigen die Stellung von Muri in der nachreformatorischen Zeit und fördern mit Hilfe der katholischen Stände die Bedeutung der Schule und die Wahrung der Religion. 1585 wird Abt Hieronymus im Chor der Kirche vom Blitz erschlagen.	1558	Neubau des Nordturms und Anpassung des Südturms an dessen gotische Formensprache.
		1575	Bau der Vorhalle durch Steinmetz Hans Dub (unter den barocken Stuckaturen von Bettini ist diese Arbeit heute noch vorhanden).
1596–1644	Mit der Wahl von Johann Jodok Singisen zum Abt beginnt die zweite grosse Blütezeit des Klosters Muri, die über die nächsten Jahrhunderte bis zu seiner Aufhebung 1841 anhält.		

Geschichte		Bau- und Kunstgeschichte	
	Singisen legt grosses Gewicht auf das Gelübde der Armut und nimmt eine Umgestaltung des Gymnasiums vor. 1602 gründet er zusammen mit den Äbten von St. Gallen und Einsiedeln die schweizerische Benediktinerkongregation. Von 1596–1634 lebt und wirkt Johann Caspar Winterlin, ein bedeutender Buchmaler und Kupferstecher, im Kloster.	1619–1630	Bau der grossen Orgel auf der Westempore durch Thomas Schott.
		1638/39	Johann Christoph Pfleger erstellt eine Positivorgel für den Chor.
1644	Tod von Johann Jodok Singisen und Wahl von Dominikus Tschudi.	1648	Bau der Leontiuskapelle durch den Baumeister Jacob Berger. Der zugehörige Altar wird vom Bildhauer Michael Wickart aus Zug geschaffen.
1647	Durch seine Beziehungen zu Rom erhält Muri am 15. September 1647 die Reliquien des Katakomben-Heiligen Leontius. Muri wird zu einem viel besuchten Wallfahrtsort.	1650–1657	Bildhauer Simon Bachmann erstellt das mit Reliefs und Figuren reich geschmückte Chorgestühl.
		1659	Bau der Lettnerorgel durch P. Jodok Schnyder (später umgebaut und heute auf der evangelienseitigen Eckempore).
		1673	Carl Schell erhält den Auftrag für einen neuen Hochaltar (Altar und Figuren werden 1744 an Kirchgemeinden der Umgebung abgegeben, die Altarblätter verbrennen beim Brand 1889).
		1674–1682	Verschiedene neue Altäre, mit Figuren von Johann Baptist Wickart, Zug, und einem Altarbild von Caspar Wolfgang Muos.
Bis 1684	Nach dem Tod von Tschudi folgen die Äbte Bonaventura I. Honegger, Aegid von Waldkirch, Fridolin I. Summerer und Hieronymus II. Troger.	1686	Die seitlichen Anbauten des Altarhauses werden abgebrochen, um die neue Abtskapelle und eine Sakristei an die Stirnmauer des Chors anzufügen.
1684–1723	Plazidus Zurlauben wird am 14. März 1684 zum Abt gewählt. Er führt das Kloster mit Weitsicht und ökonomischem Geschick. Er wirkt als grosser Bauherr und vermehrt den Besitz des Klosters beträchtlich. 1701 wird er von Kaiser Leopold I. zum ersten Fürstabt von Muri ernannt.	1694	Der Konvent beschliesst am 6. Dezember den Neubau der Klosterkirche. Der Plan stammt von Giovanni Bettini. Geplant ist der Bau einer grossen Kuppel unter Verwendung bestehender Bauteile. Vom Einsiedler Br. Caspar Moosbrugger, der als Gutachter beigezogen wird, liegt eine Skizze dazu vor (Stiftsarchiv Einsiedeln).
		1695–1697	Die Bauarbeiten leitet Bettini, der auch als Stuckateur tätig ist. Die Ausmalung der Decken erfolgt durch Francesco Antonio Giorgioli. Der Orgelbauer Hans Melchior von Zuben stellt auf der neuen Westempore die Orgel von Thomas Schott wieder auf, platziert die Lettnerorgel von Jodok Schnyder auf der westlichen Chorempore und erstellt für die Südempore eine neue, angepasste Orgel.

Geschichte

1725–1751   Fürstabt Gerold I. Haimb

1751–1757   Fürstabt Fridolin II. Kopp

1757–1776   Bonaventura II. Bucher

1776   Gerold II. Meyer, letzter Fürstabt von Muri

1798   29. April: Einmarsch der Franzosen. Muri gehört nun zum neuen Kanton Baden.

1810–1816   Abt Gregor Koch; infolge Verlusts der deutschen Besitztümer und aus politischen Rücksichten verzichtet der Abt auf den Fürstentitel.

1816–1838   Abt Ambros Bloch

1838   Wahl von Adalbert Regli, letzter in Muri residierender Abt.

1841   Aufhebung des Klosters durch den Grossen Rat des Kantons Aargau.

1845   Übersiedlung des Konvents nach Bozen in das ehemalige Augustiner-Chorherrenstift Gries.
Über die Nutzung der Klostergebäude wird jahrelang diskutiert. 1861 Eröffnung einer landwirtschaftlichen Schule (1873 wieder geschlossen). Schliesslich erlässt der Grosse Rat ein Dekret über die Errichtung einer Kranken- und Pflegeanstalt, die am 1. Juli 1887 den Betrieb aufnimmt.

Bau- und Kunstgeschichte

1698–1723   Unter Abt Plazidus wird eifrig weitergebaut. So erstellt er im restlichen Teil des nördlichen Kreuzgangs eine Loretokapelle, lässt eine Heiliggrabkapelle bauen und beschäftigt Maler, Bildhauer und Tischmacher für die Erneuerung von Ausstattungen.

1744–1747   Abt Gerold Haimb erteilt dem Hofschreiner Matthäus Baisch und dem Fassmaler Niklaus Spiegel den Auftrag, die gesamte Altarausstattung zu erneuern. Johann Jacob Hoffner von Konstanz schmiedet das grosse Chorgitter.

1779   Gerold II. Meyer beschliesst, die Kirche zu restaurieren, und beauftragt damit Giuseppe Antonio Morisi. Dieser weisselt die ganze Kirche, malt die Gitter neu, flickt die Stuckaturen und entstäubt das Schnitzwerk. Wo nötig, ergänzt er Vergoldungen und Fassungen.

1789   Am 3. Jänner legt Valentin Lehmann, fürstlicher Hofarchitekt von Donaueschingen, dem Kapitel seine Pläne für einen totalen Neubau des Klosters vor. Sein Projekt wird im April 1790 genehmigt und es wird sofort mit dem Bau des Ost- und Südtrakts begonnen.

1798   Der Einmarsch der Franzosen verhindert den vorgesehenen Abbruch der barocken Klosterkirche.

1843   Einrichtung der Bezirksschule mit Lehrerwohnung im Südflügel des Lehmannbaus.

1852   Einrichten der Gemeindeschule im Südflügel des Altbaus.

1856–1889   Verschiedene Abbrüche von Altbauten, Umfassungsmauern und Stallungen sowie diverse Umnutzungen für Schul- und Wohnbedürfnisse.

Geschichte

1889   Brand des Ostflügels (Pflegeanstalt und Abtskapelle).

1941   Am 13. Januar, genau 100 Jahre nach der Klosteraufhebung, wird die Kirche vom Staat Aargau der Katholischen Kirchgemeinde Muri übergeben.

1958   Mönche aus Muri-Gries besiedeln das Benediktinerhospiz.

Bau- und Kunstgeschichte

1929–1933   Innenrestaurierung der Klosterkirche.

1953–1957   Aussenrestaurierung der Klosterkirche sowie Wiederherstellung des Kreuzgangs, wo die von Aarau zurückgeführten Glasscheiben wieder an ihrem angestammten Platz eingesetzt werden. Am 2. September 1957 erfolgt die feierliche Eröffnung von Kirche und Kreuzgang.

1971   Errichtung der Habsburgergruft.

Seit 1961   Etappenweise Restaurierung der Klosteranlage und ihrer Ausstattung.

1984–89   Aussenrestaurierung Ostflügel Lehmannbau und Barockgarten.

1993–99   Gesamtrestaurierung und Umnutzung Südflügel.

1995–99   Singisenflügel

1996–98   Aussenrestaurierung Klosterkirche.

Ab 2002   Restaurierung Chorgestühl.

Der Kreuzgang von Muri und seine Glasgemälde

Zur Verbreitung und Funktion bemalter Kreuzgangfenster

Die Glasgemäldegalerie im Kreuzgang von Muri gehört wie ihr Geschwisterstück im Zisterzienserkloster Wettingen zu den herausragendsten Zeugnissen alteidgenössischer Glasmalerei. Wer heute die Zeit findet, die eine oder andere von ihnen zu stiller Stunde in Musse abzuschreiten und sich bei ihrer Betrachtung in die abgeschlossene Klosterwelt vergangener Tage zurückzuversetzen, dem drängt sich unweigerlich die Frage auf, weshalb diese ebenso prunkvollen wie einzigartigen «Schaukästen» schweizerischer Selbstdarstellung und Geschichte[1] ausgerechnet in Kreuzgängen zur Aufstellung kamen; diesem Zentrum klösterlicher Abgeschiedenheit, wo sich die Mönchsgemeinschaft zur kontemplativen Einkehr, zur heiligen Lesung und zu anderen beschaulichen Übungen einfand. Geht man dem nach, so muss man sich ins Bewusstsein rufen, dass die einstigen Klosterinsassen von Muri und Wettingen ihren Kreuzgang keineswegs so romantisch erlebten wie ein heutiger Besucher. Beiden Ordensangehörigen diente der ihre Klausur verbindende Raum ja nicht nur weihevollen, liturgischen Aufgaben, sondern auch Erfordernissen des praktischen Alltags. Hervorzuheben ist dabei namentlich seine Bedeutung als Verkehrsfläche zwischen den einzelnen Konventbauten, die ihn zum unentbehrlichen Bestandteil im Vollzug des täglichen Mönchslebens und damit zum «Kommunikationszentrum» des Klosters machte.[2] Der Kreuzgang war so nicht nur Ort ritueller Handlungen (Prozessionen, Heiligen- und Totenandachten, Fusswaschungen) und verschiedener Tätigkeiten von quasi liturgischem Charakter (Beten, Lesen, Meditieren), sondern ebenfalls Ort profaner Aktivitäten wie Haareschneiden oder Wäschewaschen.[3] Ebenso weiss man von Klöstern, bei denen der Kreuzgang während der Sommermonate als Scriptorium in Gebrauch stand.[4]

Die gegen den Gartenhof offenen Kreuzgänge boten den darin zirkulierenden und arbeitenden Klosterinsassen gegen die Unbilden der Witterung nur bedingt Schutz. Es erstaunt deshalb nicht, dass man nördlich der Alpen bereits in der Gotik damit begann, Kreuzgänge hofseitig zu verglasen und die so geschaffenen Fenster mit Glasmalereien zu schmücken.[5] Ein frühes Beispiel dafür bietet der Wettinger Kreuzgangnordflügel, in dem sich einige figürliche und ornamentale Masswerkfüllungen aus der Zeit um 1280 erhalten haben. Von den zur Zeit der Spätgotik in schweizerischen Klöstern mit Fenstern und Scheiben ausgestatteten Kreuzgängen sind die beiden in der ehemaligen Basler Kartause[6] wohl die bekanntesten. Die im Laufe des 15. Jahrhunderts für dort angefertigten prunkvollen Scheibenzyklen, die weit mehr als 150 Einzelstücke umfassten, haben das Zeitalter der Reformation allerdings ebensowenig überstanden wie die meisten anderen Kreuzgangverglasungen. Mit den im 16. und 17. Jahrhundert nach Wettingen und Muri gestifteten Fenstern gibt es auf Schweizer Boden aber zumindest zwei für Kreuzgänge bestimmte Glasgemäldefolgen, die sich noch beziehungsweise wieder an ihrem ursprünglichen Standort befinden. Sie stammen aus der Zeit, als in der Eidgenossenschaft die Sitte der Fenster- und Wappenschenkung ihren Höhepunkt erlebte.[7] Wie der Name besagt, gehörte zu einer solchen Schenkung ein blankverglastes Fenster und, als Teil davon, die meistens als «punt schiben» oder «wapen» bezeichnete Stifterscheibe. Dank der grossen Akzeptanz dieser Sitte sahen sich damals die schweizerischen Konvente in der Lage, ihre Gebäude bei Neu- oder Umbauten reichhaltig mit Glasgemälden auszustatten. In den Jahren zwischen 1500 und 1650 erhielten so nicht nur Klosterkirchen, Kapitelsäle und Refektorien, sondern auch eine Vielzahl von Kreuzgängen «gemalte Fenster». Die Glasgemäldegalerien von Muri und Wettingen und die nicht mehr in situ erhaltenen Fensterzyklen aus den Kreuzgängen der Zisterzienserinnenklöster Tänikon (TG, ab 1558)[8], Rathausen (LU, ab 1591)[9] und Magdenau (SG, 1608)[10] sowie des Kapuzinerinnenklosters St. Anna im Bruch in Luzern (ab 1618)[11] sind dafür ein ebenso beredtes Zeugnis wie die quellenmässig verbürgten Fensterstiftungen und Fenstergesuche für die Kreuzgänge der Zister-

Abb. 8a: Kloster Muri, Kreuzgangsüd- und -ostarm.

Abb. 8b: Kloster Muri, Kreuzgangwest- und -südarm.

zienserabteien von Kappel (ZH, um 1500)[12] und St. Urban (LU, 1523, 1527, 1586)[13], der Dominikanerinnenklöster von St. Gallen (1508)[14] und St. Katharinenthal (TG, ab 1567)[15], des Klarissenklosters Paradies (TG, 1514/15)[16], der Zisterzienserinnenklöster Frauenthal (ZG, 1523, 1606/07)[17], Feldbach (ZH, 1609)[18], Gnadenthal (AG, 1618/19)[19] und Wurmsbach (SG, 1621)[20], des Kartäuserklosters Ittingen (TG, vor und nach 1524)[21] und des dem Abt von Muri unterstellten Benediktinerinnenklosters Hermetschwil (AG, ab 1623)[22].

Den Konventen, welche die weltlichen Behörden, befreundeten Klöster und Privatpersonen um Scheibenstiftungen angingen, war stets daran gelegen, für ihre Kreuzgänge massstäblich und thematisch zusammengehörende Glasgemäldezyklen zu erhalten. Das zeigt sich an den Kreuzgangverglasungen von Wettingen[23], Muri (Abb. 8a/b), Tänikon[24], Rathausen[25] und St. Anna im Bruch zu Luzern[26], wo man in die ein-, zwei-, drei- oder vierachsigen Fenster aus Butzen- oder Rautengläsern jeweils Glasgemälde gleicher Grösse einsetzte, und zwar stets im oberen Teil jeder Fensterbahn.[27] Vergleicht man die betreffenden Glasgemäldeserien, so fällt neben ihren unterschiedlichen Formaten vor allem ein markanter bildthematischer Unterschied in die Augen. Im Gegensatz zu Muri und Wettingen, wo das Hauptgewicht auf den Wappen beziehungsweise ihren Stif-

tern liegt, herrschen in den Frauenklöstern Tänikon, Rathausen und St. Anna im Bruch biblische Bilderzählungen vor, in deren Mittelpunkt die Passion Christi steht. Diese jeweils nach einem einheitlichen Plan geschaffenen Zyklen dienten zur Erbauung der dortigen Klosterfrauen, welche die Glasgemälde als ein farbiges Buch der Heilsgeschichte betrachteten, in das sie sich auf ihrem täglichen Gang durch die Klausur andachtsvoll vertiefen konnten.[28] Zur religiösen Erbauung bestimmt waren selbstverständlich auch die mit Heiligenfiguren und religiösen Einzelmotiven reich bestückten Wappengalerien, wie wir sie in Muri und Wettingen noch vor Augen haben und wie sie einstmals ebenfalls in den Kreuzgängen der Zisterzienserabtei Kappel[29] und des Dominikanerinnenklosters von St. Gallen[30] zu bewundern waren. Wie das letztgenannte Beispiel zeigt, kamen Wappenscheibenfolgen also auch in Frauenklöstern zur Aufstellung. Ebenso gab es Männerkonvente, die in ihren Kreuzgängen umfangreiche biblische Zyklen anbringen liessen.[31] Dass auch in die Wappengalerien von Muri und Wettingen heilsgeschichtliche Szenenfolgen Eingang gefunden haben, ist somit nicht weiter verwunderlich. Zu denken ist dabei einerseits an Christoph Brandenbergs Marienzyklus im Wettinger Kreuzgangsüdflügel[32] und andererseits an den Zyklus zur Jugendgeschichte Christi, den Carl von Egeri im

Kreuzgangostarm von Muri auf grandiose Weise in die Masswerköffnungen hineinkomponierte. Egeri schuf damit ein Werk, für das man in der damaligen Schweizer Glasmalkunst nichts Vergleichbares finden kann.

Die hochrangigen Privatpersonen, die den Kreuzgang von Muri mit Scheiben beehrten, sind durchwegs Vertreter des alten Glaubens. Sie machten ihre Stiftungen in der festen Überzeugung, damit für ihr künftiges Seelenheil vorzusorgen, wussten sie doch, dass die Konventsangehörigen, die die Scheiben in der Klausur stets vor Augen hatten, dazu angehalten waren, für die Wohltäter des Klosters Fürbitte zu leisten.[33] Weil solche Wappengaben auch als Medium zur Selbstdarstellung dienten, werden die Stifter als Zielpublikum aber ebenfalls den kleinen, auserlesenen Kreis von Klostergästen anvisiert haben, dem der Zutritt zum Kreuzgang und seiner Wappengalerie erlaubt war. Gemeint sind damit in erster Linie die Äbte befreundeter Konvente sowie andere hohe Prälaten, denen bei ihren Visiten der Gang durch diese ebenso gehaltvollen wie prestigeträchtigen Wappengalerien bestimmt nicht vorenthalten wurde. Natürlich wüsste man gerne, ob in diesen Genuss auch die Klosterbesucher kamen, die selbst nicht geistlichen Standes waren.[34] Auch wenn sich die Quellen darüber ausschweigen, scheint es jedenfalls kaum denkbar, dass es einem hochrangigen weltlichen Gast wie etwa einem Landvogt, der dem Kloster sein Fenster verehrt hatte, versagt blieb, den Kreuzgang zu betreten, wo er sich mit dem eigenen Wappen in einem illustren Stifterkreis vertreten wusste.[35]

Die Glasgemälde im Kreuzgang von Muri

Der Neubau des Kreuzgangs unter Abt Laurenz von Heidegg (1508–1549)

Als die Reformationswirren die Eidgenossenschaft erschütterten, stand dem Konvent in Muri mit Laurenz von Heidegg ein Abt vor, der das Kloster nicht nur geschickt um die Klippen der umbruchfreudigen Zeit steuerte, sondern auch wesentlich zu seinem Ausbau beitrug. Zeugnisse seiner Bautätigkeit sind unter anderen die 1509 an den Chor angefügte Abtskapelle, das um 1510 entstandene prachtvolle Sterngewölbe im Altarhaus und der steinerne Lettner von 1528, welcher wie die Abtskapelle Ende des 17. Jahrhunderts der Barockisierung der Klosteranlage zum Opfer fiel. Als tatkräftiger Renaissancefürst nahm Abt Laurenz von seinen Ausbauplänen auch nicht Abstand, nachdem der Konvent am 16. Oktober 1531 von Berner Truppen erstürmt und gebrandschatzt worden war. Bereits drei Jahre später schritt er, gezwungen durch das Ausmass der Zerstörung, zur vollständigen Erneuerung des Kreuzgangs, wo er als Bauherr über der Mittelpforte des Westarmes auf einer Relieftafel sein Familien- und das Klosterwappen unterhalb der Jahrzahl 1534 anbringen liess (Abb. 9).[36] Nach Aegidius Tschudi (1505–1572) wurde der Konvent 1531 von den Bernern derart verwüstet, «dass nicht eine Glasscheibe in allen Fenstern blieb».[37] Darüber, ob auch im damaligen alten Kreuzgang bemalte Scheiben der Zerstörung anheimfielen, lassen uns die das Ereignis schildernden zeitgenössischen Beschreibungen im Unklaren.[38] Ebenso wenig geht aus den Quellen hervor, ob sich unter den Fenstern, die Laurenz von Heidegg in den folgenden Jahren in seinen Konvent geschenkt erhielt, solche für den 1534/35 neu erstellten Kreuzgang befanden.[39] Nicht für dort, sondern für die Klosterkirche waren jedenfalls die Ehrenwappen bestimmt, die der Abt am 1. Dezember 1531 von den Schirmorten als Ersatz für

Abb. 9: Fenster III und IV im Westflügel des Kreuzgangs mit dem 1534 datierten Wappenpaar des Abtes Laurenz von Heidegg und des Klosters Muri über der Mittelpforte zum Innenhof. Aquarell von Ludwig Vogel, um 1830 (SLM Zürich, Inv. LM 27520).

die beim Berner Einfall erlittenen Verluste erbat.[40] Nicht unerwähnt bleiben dürfen in diesem Zusammenhang die vier verschollenen, durch alte Fotografien des Schweizerischen Archivs für Kunstgeschichte dokumentierten Masswerkverglasungen[41], auf deren einem Stück eine Tafel mit der Jahreszahl 1547 und dem Monogramm «MB»[42] zu sehen ist (Abb. 10a–d). Laut einem den Aufnahmen beigefügten Vermerk unbekannter Hand sollen die betreffenden Scheibenfragmente, die sich vormals angeblich im Zürcher Kunsthandel beziehungsweise im Aarauer Kunstgewerbemuseum befanden, aus dem Kreuzgang von Muri stammen. Diese Herkunftsangabe entbehrt allerdings jeglicher sicheren Grundlage und stellt deshalb nicht mehr als eine reine Hypothese dar. Zwar hegte gewiss Laurenz von Heidegg bereits den Wunsch, die Fenster seines neuen Kreuzgangs mit Glasgemälden zu schmücken, nach unserem heutigen Wissensstand aber scheint dieses künstlerische Grossunternehmen erst von seinem Nachfolger in Angriff genommen worden zu sein.

Die Verglasung des Kreuzgangs unter den Äbten Johann Christoph von Grüth (1549–1564) und Hieronymus Frey (1564–1585)

Von Grüth war der letzte aus Zürich gebürtige Muri-Abt.[43] Sein Vater Joachim, Unterschreiber in Zürich, war ein offener Gegner Zwinglis und in der Limmatstadt einer der Führer der altgläubigen Opposition. Er starb in der Ewigen Stadt im Jahre des Sacco di Roma, 1527. Die Mutter des Abtes, Veronika Schwarzmurer, soll Zwinglis Taufpatin gewesen sein, während Zwingli selber eine Schwester von Grüths, die spätere Meisterin (1553–1599) des mit Muri eng verbundenen Benediktinerinnenklosters Hermetschwil, aus der Taufe gehoben und ihr im Hinblick auf eine bessere Zukunft den Namen Meliora gegeben hatte. Eine weitere Schwester von Grüths war Sophia, die Äbtissin des Zisterzienserinnenklosters Tänikon (1550–1579). Johann Christoph von Grüth, der 1533 ins Kloster Muri eingetreten war, legte dort 1535 die Profess ab und wurde 1549 erst zum Kustos und kurze Zeit später zum Abt erwählt. Mit ihm stand dem Konvent eine Persönlichkeit vor, die das von ihrem Vorgänger begonnene Erneuerungswerk – im Sinne der Behe-

Abb. 10a: Angeblich aus dem Kreuzgang von Muri stammende Bogenfüllung mit der Jahresangabe 1547 und dem Monogramm «MB» (heutiger Standort unbekannt).

bung eingerissener Missstände – mit grossem Eifer fortsetzte. Dabei musste er allerdings bald erfahren, dass seit langem eingewurzelte Übel sich nicht an einem Tag ausrotten lassen. Bis die Impulse, die von dem 1545 in Trient eröffneten Konzil ausgingen, sich auch in Muri langsam niederschlugen, verging noch eine geraume Zeit. Von Grüths Wirken richtete sich so zunächst auf die Überwindung der Widerstände, denen er sich als Reformabt innerhalb der eigenen Klostermauern gegenübersah. Das dürfte mit ein Grund gewesen sein, weshalb nach seinem Amtsantritt einige Jahre verstrichen, bis das Projekt der Kreuzgangverglasung spruchreif wurde. Die Chancen, möglichst viele Stifter dafür zu gewinnen, standen für von Grüth besonders günstig, kamen ihm doch bei der Umsetzung des Vorhabens seine familiären Beziehungen zum Zürcher und Luzerner Patriziat sowie der Umstand zugute, dass seine Schwestern Sophia und Meliora in zwei Klöstern führende Positionen innehatten. Dass von den heute im Kreuzgang befindlichen 57 Scheiben weitaus die meisten während seiner Amtszeit nach Muri gelangten, erstaunt somit nicht.

Bevor von Grüth sich daran machte, die Schirmorte, befreundete Konvente und Privatpersonen um Stiftungen anzugehen, liess er um 1550 den Kreuzgangnordarm, dem als Lesegang für die Mönche bis zum 1695 erfolgten Abbruch eine besondere Bedeutung zukam[44], mit einem Kreuzrippengewölbe[45] auszeichnen. Sollten die ersten Schenkscheiben, die in Muri eintrafen, also womöglich für diesen nicht mehr existierenden Kreuzgangflügel bestimmt gewesen sein? Beim ältesten heute noch erhaltenen Teil der Murenser Kreuzgangverglasung handelt es sich freilich um keine Schenkscheiben, sondern um die Masswerkfüllungen im Westflügel, die der Abt vermutlich 1554 wie jene im Süd- und Ostarm auf eigene Initiative in Auftrag gab. Dass von Grüth die Kosten dafür – sei es vollständig oder zumindest weitgehend – selbst trug[46], macht sein Wappen evident, das er auf den 1557/58 entstandenen Masswerkkompositionen im Südflügel mehrfach darstellen liess (Süd II–IV). Von diesen Kompositionen verdienen hier insbesondere die von der Werkstatt Leus angefertigten Genesisbildfolgen in den beiden letzten Südfenstern unsere Aufmerksamkeit. Sie basieren auf Holzschnitten aus dem alttestamentlichen Teil von Bernard Salomons Bilderbibel, den «Quadrins historiques de la Bible», die 1553 bei Jean de Tournes in Lyon erschienen und in Muris Klosterbibliothek in einer Ausgabe von 1555[47] vorhanden waren. An Salomons Bilderbibel[48] inspirierte sich auch Carl von Egeri bei seinem einzigartigen Zyklus zur Jugendgeschichte Christi, den er 1557 für die Masswerköffnungen im Kreuzgangostflügel schuf (vgl. Ost I). Die Vorlagen dazu entnahm er dem neutestamentlichen Teil, den Jean de Tournes 1554 unter dem Titel «Figures du Nou-

Abb. 10b: Masswerkfragment mit der Strahlenkranzmadonna, angeblich aus dem Kreuzgang von Muri stammend (heutiger Standort unbekannt).

veau Testament» herausgegeben hatte.⁴⁹ Auch wenn sich davon kein Exemplar aus der Klosterbibliothek Muri erhalten hat, liegt die Vermutung nahe, dass dort einstmals Buchausgaben von beiden Teilen existierten und dass von Grüth diese seinen Glasmalern als Vorlage zur Verfügung stellte. Während die Mehrheit der von ihm in Auftrag gegebenen Masswerkbilder den Betrachter zu stiller Andacht animieren sollte, dienten die dem Kloster verehrten Schenkscheiben nicht allein der Erbauung, sondern ebenfalls der heraldischen Präsentation ihrer Stifter und der Zurschaustellung des breit gefächerten Beziehungsnetzes, das der Benediktinerkonvent Muri zum politischen Umfeld inner- und ausserhalb der Eidgenossenschaft pflegte. Die ältesten davon, jene der Stadt Bremgarten und der beiden dortigen Schultheissen, stammen von 1555. Mit prächtigen Gaben gleichsam überschüttet wurde der Kreuzgang in den Jahren 1557 und 1558, als im Ostflügel die Standesscheiben der sieben Schirmorte und in einer Reihe weiterer Fenster die Wappen- und Figurenscheiben der Klöster von St. Gallen, Einsiedeln und St. Blasien, des Bischofs von Konstanz, der Kartause Ittingen sowie vornehmer Luzerner Patrizierfamilien zur Aufstellung kamen. 1559 und 1560 folgten die Gaben der Städte Baden und Sursee sowie des Klosters Rheinau ZH, 1562 und 1563 jene des deutschen Kaisers, der Johanniterkomturei Hohenrain LU sowie weitere Stiftungen hochrangiger Patrizier. Das letzte Glasgemälde, das unter Abt Christoph in den Kreuzgang gelangte, war schliesslich die Wappenscheibe des Klosters Engelberg von 1564.

Nach von Grüths Tod († 23. 9. 1564) nahm mit Abt Hieronymus Frey ein Mann das Zepter in die Hand, der das Reformwerk seines Vorgängers fortsetzte. Drei Jahre nach Freys Amtsantritt fand die Synode von Konstanz statt, die das Programm des Konzils von Trient auf diözesaner Ebene zu verwirklichen suchte. Gestützt auf diese Synode und das Tridentiner Konzil, erliess Abt Hieronymus für seinen Konvent neue Satzungen. Allerdings musste er in der Folge erfahren, dass er mit seinem Reformgeist lange nicht bei allen Mitbrüdern auf Zustimmung stiess. Analog zu von Grüth hat Frey als Bauherr und Auftraggeber von Kunstwerken vielfach Spuren hinterlassen.⁵⁰ Beispiele dafür bieten die auf

Abb. 10c: Masswerkfragment mit zwei Engeln, angeblich aus dem Kreuzgang von Muri stammend (heutiger Standort unbekannt).

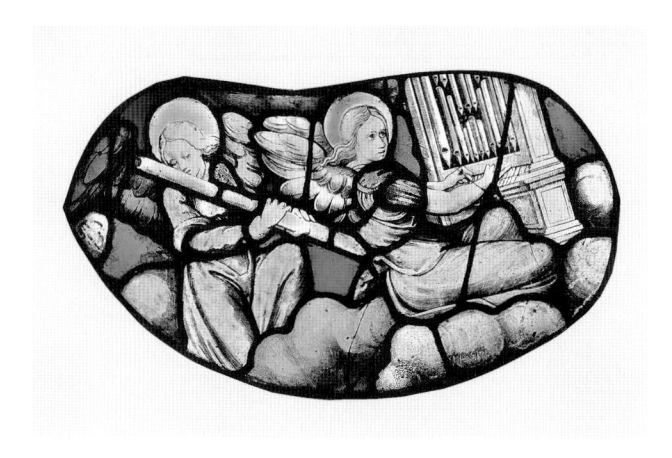

Abb. 10d: Masswerkfragment mit zwei musizierenden Engeln, angeblich aus dem Kreuzgang von Muri stammend (heutiger Standort unbekannt).

seine Veranlassung hin an der Klosterkirche durchgeführten Umbauten sowie die von ihm nach auswärts vergabten Wappenscheiben, von denen sich gleich wie von seinem Vorgänger mehrere erhalten haben.⁵¹ Nicht minder wichtig als seine Wappenschenkungen war ihm die Pflege des klostereigenen Scheibenschmucks. Das belegt seine im Jahre 1575 an die sieben Schirmorte gerichtete Bitte, ihm die Erneuerung der Glasgemälde in der Hofstube zu vergüten.⁵² Wappenstiftungen für den Kreuzgang kennen wir aus seiner zwanzigjährigen Amtszeit allerdings nur fünf, nämlich die beiden von 1566 stammenden Scheiben der Luzerner Staatsmänner Niklaus Amlehn und Hans Tammann sowie die Glasgemälde, welche ihm 1569 vom «Schweizerkönig» Ludwig Pfyffer, 1573 vom Freiämter Landvogt Hans Müller und

1580 vom Gesandten des spanischen Königs Philipp II. verehrt wurden. Diese relativ geringe Zahl ist ein klares Indiz dafür, dass Frey bei seinem Amtsantritt dank von Grüths Anstrengungen einen schon weitgehend vollständigen Zyklus vorfand. Um 1580/85 dürften demnach die damaligen vier Kreuzgangarme, deren Fenster insgesamt 75 Schenkscheiben Platz boten, mehr oder weniger lückenlos mit Glasgemälden gefüllt gewesen sein.

Der ursprüngliche Scheibenbestand: ein Rekonstruktionsversuch

Als von Grüth die Kreuzgangverglasung 1554/55 in Angriff nahm, lag ihm zweifellos ein Konzept für die Anordnung der Scheiben vor. Weil man 1695 den sechsjochigen nördlichen Kreuzgangflügel dem barocken Kirchenneubau opferte[53] und den geschmälerten Scheibenbestand neu anordnete, ist heute dieses Konzept leider nicht mehr vollumfänglich erschliessbar. Aus dem unterschiedlich hohen Stellenwert, den man den einzelnen Kreuzgangflügeln einstmals beimass, lassen sich aber zumindest Rückschlüsse darauf ziehen, welche Kriterien für von Grüth bei der Festlegung der Scheibenabfolge und des Masswerkbildprogramms massgebend waren. Von den ursprünglich vier Flügeln wurden damals der nördliche und der östliche, bedingt durch ihre unmittelbar an die Kirche beziehungsweise an den Kapitelsaal angrenzende Lage, hierarchisch höher eingestuft als jene im Westen und Süden.[54] Wenn 1557 die hoch geschätzten Ehrengaben der Schirmorte und Egeris Masswerkzyklus mit der Jugendgeschichte Christi im Ostarm eingesetzt wurden, dann also sicher deshalb, weil von Grüth den als besonders repräsentativ erachteten Trakt vor dem Kapitelsaal mit einer entsprechend gewichtigen Bildfolge schmücken wollte.[55] Von ähnlichen Überlegungen muss der Abt auch bei der Verglasung des Nordarms ausgegangen sein, den er zu Beginn der 50er-Jahre als einzigen aller vier Trakte mit einem wappen- und figurenverzierten Kreuzrippengewölbe hatte ausstatten lassen (s. o.). Man kann sich deshalb fragen, ob er nicht ebenfalls in die dortigen Masswerköffnungen einen Bibelzyklus einsetzen liess, wobei thematisch – als Fortsetzung und Krönung der Jugendge-

schichte Christi im Osten – natürlich vor allem an eine Passionsfolge zu denken wäre.[56] Da in von Grüths Konzept sicher nicht nur der Ostarm, sondern auch die drei übrigen Kreuzgangtrakte speziellen Gruppen von Schenkscheiben zugedacht waren, drängt sich zugleich die Vermutung auf, dass die von Klöstern und geistlichen Würdenträgern gespendeten Glasgemälde ihren originalen Standort im liturgisch besonders relevanten Flügel entlang der Kirche hatten, die privaten Stiftungen und die vereinzelten Gaben von Städten und Herrschern hingegen im «profaneren» Bereich, das heisst im West- und Südtrakt.[57]

Welche Glasgemälde 1695 aus dem Kreuzgang entfernt wurden, ist nicht bekannt. Unter ihren Stiftern befand sich aber bestimmt die eine oder andere markante Persönlichkeit, die im heutigen Zyklus fehlt. Zu denken wäre etwa an die Obersten Peter A Pro († 1585) von Altdorf und Rudolf Reding (1539–1609) von Schwyz sowie an führende Exponenten der Luzerner Familien Feer, Segesser und Zurgilgen. Im überlieferten Bestand vermisst man zudem die Schenkungen mehrerer befreundeter Konvente und Stifte. Dazu gehören unter anderen jene der Klöster von Wettingen und Fischingen, der Chorherrenstifte von Beromünster, Luzern, Zurzach und Kreuzlingen sowie jene der Frauenklöster Tänikon und Hermetschwil, deren Vorsteherinnen bekanntlich leibliche Schwestern Christoph von Grüths waren. Wie aus dem Rechnungsbeleg von 1624 hervorgeht, befand sich damals im Kreuzgang jedenfalls noch eine Scheibe des Propstes und Kapitels von Beromünster. Denselben Bestimmungsort hatte vermutlich ebenfalls eine der drei Scheiben, die der Zürcher Glasmaler Niklaus Bluntschli 1558 für Jakob von Hertenstein, den Bruder von Erasmus, herstellte.[58] Erasmus hatte zur gleichen Zeit Muri ein Wappen verehrt (West IIc). Jakob von Hertenstein war von 1551 bis 1559 Komtur der Deutschordenskommende Hitzkirch, und in dieser Funktion dürfte er eine der bei Bluntschli bestellten Scheiben in den Kreuzgang von Muri vergabt haben. An diesen Ort mag auch das Glasgemälde gelangt sein, welches das Benediktinerinnenkloster Hermetschwil dem Abt von Muri 1560/61 schenkte (vgl. Anm. 42). Da uns mit Ulrich Püntiner und Hans Müller von den seinerzeit in den Freien

Ämtern alle zwei Jahre neu bestellten eidgenössischen Landvögten nur zwei als Scheibenspender in Muri begegnen (Süd IIc und Vb), ist schliesslich davon auszugehen, dass im Zyklus einstmals noch die eine oder andere Landvogtscheibe mehr vorhanden war.

Die Nachstiftungen aus der Zeit von Abt Johann Jodok Singisen (1596–1644)

Während der Regierungszeit von Abt Jakob Meier (1585–1596), der das Kloster durch Misswirtschaft und seine haltlose Lebensführung an den Rand des Abgrunds führte, scheint keine einzige Schenkscheibe nach Muri gekommen zu sein. Das änderte sich nachhaltig unter dem grossen Reformabt Johann Jodok Singisen, der bei seiner Wahl 1596 nur zehn Ordensbrüder um sich versammelt sah und 1644 bei seinem Tod im patriarchalischen Alter von 87 Jahren von insgesamt 39 Mönchen betrauert wurde. Diese standen so sehr im Banne der ausserordentlichen Strahlungskraft seiner religiös-asketischen Persönlichkeit, dass sie ihn in der Mitte der Kirche zu Füssen der habsburgischen Klosterstifter bestatteten, deren Gräber vor dem Choreingang lagen. Dadurch sollte die Nachwelt stets daran erinnert werden, dass er seinen Mitbrüdern als zweiter Klostergründer galt.

Unter Singisen, von dem als Abt gut 30 Scheibenstiftungen[59] dokumentiert sind, wurde der Konvent reichlich mit Fensterschenkungen[60] beehrt. Die zu seiner Zeit nach Muri gelangten Scheiben waren um so willkommener, als dort damals verschiedenenorts in Brüche gegangene Fenster zu ersetzen waren. Zu erheblichen Glasschäden muss es vor allem beim Unwetter von 1585 gekommen sein, in dessen Verlauf Abt Hieronymus Frey im Chor seiner Kirche vom Blitz erschlagen wurde. Dieses Ereignis dürfte mit ein Grund gewesen sein, weshalb Abt Jakob Meier 1591 den Luzerner Schultheissen Ludwig Pfyffer dazu veranlasste, auf der Tagsatzung die Schirmorte um die Erneuerung der im Kloster zerstörten Wappen und Fenster anzugehen.[61] Die Behebung der Schäden scheint allerdings erst unter seinem Nachfolger in Angriff genommen worden zu sein. Darauf weisen die aus Singisens Amtszeit stammenden zahlreichen Rechnungsbelege für nach Muri gelieferte Fenster und (Standes-)Wappen.[62] Besondere Beachtung verdient diesbezüglich das 1624 datierte «Verzeichnus, was die schilt und pfenster der orth vnnd anderen particular Stätt... allhie in crützgang zu renovieren costet» (vgl. S. 265). Ob die Ursache für die damals an den Kreuzgangfenstern notwendig gewordenen Reparaturen ein kurz zuvor über dem Kloster niedergegangener Hagelschlag[63] oder das bereits längere Zeit zurückliegende Unwetter von 1585 war[64], lässt sich nicht schlüssig beantworten. Die im Verzeichnis aufgelisteten Reparaturen lassen indes keinen Zweifel daran, dass 1624 an verschiedenen Glasgemälden gravierende Schäden vorlagen, und zwar vor allem an jenen im östlichen Kreuzgangflügel. So musste damals beispielsweise von den drei Luzerner Scheiben das zentrale Stück vollständig erneuert werden. Die heute in den Glasgemälden vorhandenen Ergänzungen aus der Zeit vor 1800 sind denn auch mehrheitlich auf diese Reparatur zurückführbar. Die beiden letzten in den Kreuzgang gestifteten Scheiben, jene des Zuger Hauptmanns Konrad Zurlauben von 1624 und jene des königlichen Gesandten Frankreichs von 1625[65], hatten sicher zerstörte Glasgemälde zu ersetzen. Dasselbe gilt wohl ebenfalls für die beiden Scheiben, die 1597 von Ulrich Püntiner, dem damaligen Landvogt in den Freien Ämtern, und 1616 von Oberst Rudolf Pfyffer in den Kreuzgang verehrt wurden. Dass Johann Jodok Singisen diese Nachschenkungen nicht ein Eigenleben führen liess, sondern sie in das formale Konzept des alten Scheibenbestandes einfügte, spricht für das grosse Kunstverständnis dieses aussergewöhnlichen Abtes. Singisens Weitsicht ist es somit zu verdanken, dass im Murenser Glasgemälde-Zyklus eine Einheitlichkeit gewahrt blieb, die ihresgleichen in der Schweiz sucht.

Das spätere Schicksal der Glasgemälde

Im lichtfrohen Zeitalter des Barocks war die Glasmalerei als Kunstgattung kaum mehr gefragt. In Muri wurde 1695 bei der Barockisierung der Kreuzgangnordflügel abgebrochen, was zum Verlust rund eines Viertels aller Scheiben führte. Um diese Zeit müssen die übrig gebliebenen Glasgemälde neu gruppiert worden sein, und zwar so, wie es uns die Beschreibung überliefert, welche der Historiker,

Genealoge und Heraldiker Beat Fidel Zurlauben (1720–1799) bei seinem Klosterbesuch im März 1765 von allen Wappen in den Westfenstern und von jenen in den ersten zwei Südfenstern erstellte (vgl. S. 265f.). Mit Ausnahme einer für das Jahr 1748 dokumentierten Neuverbleiung der Scheiben[66] scheint der Zyklus in der Folge bis zur 1841 verfügten Klosteraufhebung mehr oder weniger unberührt geblieben zu sein. So sind auf dem Aquarell, das der Zürcher Maler Ludwig Vogel (1788–1879) um 1830 im Kreuzgang vom dritten und vierten Westfenster anfertigte, die drei Fleckenstein-Stiftungen sowie die Scheiben Melchior Lussis, Wendel Sonnenbergs und Jakob Fuchsbergers noch genau in jener Reihenfolge angeordnet, wie sie Zurlauben 1765 angetroffen hatte (Abb. 9). Vom letzteren der beiden Fenster schuf kurze Zeit später ebenfalls der Architekt und Radierer Ernst Georg Gladbach (1812–1896) eine Zeichnung

Abb. 12: Kreuzganginnenhof in nordwestlicher Richtung mit den drei auf der Aussenseite der Loretokapelle freigelegten Fenstern Nord IV–VI.

(Abb. 11). Darauf ist in der mittleren Fensterbahn überraschenderweise nicht die Stiftung Sonnenbergs, sondern ein anderes Glasgemälde zu sehen, welches das Wappen der Luzerner Familie Amlehn und die Figur eines Hauptmanns zeigt. Bei ihm handelt es sich zwar sicher um ein Phantasiegebilde des Zeichners[67], dennoch lässt sich nicht ausschliessen, dass kurz vor der Säkularisation des Klosters noch die eine oder andere Scheibe ausgetauscht wurde. Es ist bekannt, dass sich 1840 einige schadhaft gewordene Glasgemälde aus dem Kreuzgang bei Ludwig Stantz (1801–1871) in Konstanz zur Restaurierung befanden.[68] Diese waren vermutlich mit den beiden nicht mehr vorhandenen anonymen Scheiben identisch, die Oberst Frey-Herosé für geraubt hielt, als er im Jahr darauf in Muri die Klosteraufhebung durchführte.[69] Auf Veranlassung Frey-Herosés wurden deshalb 1841 alle im Kreuzgang vorgefundenen

Abb. 11: Fenster IV im Westflügel des Kreuzgangs. Zeichnung von Ernst Georg Gladbach, 1830–1840 (SLM Zürich, Inv. LM 27656).

Glasgemälde vorsichtshalber ausgebaut und in Kisten verpackt. Dabei erlitten offenbar verschiedene infolge unsachgemässer Behandlung Schäden, sollen doch damals nach Augenzeugenberichten herausgefallene Gläser von Klosterbesuchern entwendet worden sein.[70] Fünfzehn Jahre nach der 1845 vollzogenen Übersiedlung des Konvents nach Gries im Südtirol wurde der kostbare Schatz nach Aarau verbracht, wo der Glasmaler Karl Wehrli (1843–1902) die in Kisten gelagerten Scheiben 1868/69 neu verbleite und einer teilweisen Reparatur unterzog.[71] In der Zwischenzeit war der Sinn für dieses farbenprächtige Zeugnis der Renaissance so weit erwacht, dass man die Glasgemälde in der Kunstforschung zur Kenntnis zu nehmen begann (Lübke 1866, Liebenau 1881, Meyer 1884) und nach Abschluss der Restaurierung – in Rahmengestellen mehr oder weniger willkürlich angeordnet und zusammengesetzt[72] – im Treppenhaus des Regierungsgebäudes und in der aargauischen Kantonsbibliothek ausstellte. 1871 wurden sie abermals neu verbleit und 1897 in das von Karl Moser errichtete kantonale Kunst- und Gewerbemuseum übergeführt.[73] Dort waren zum Einbau der Glasgemälde die Murenser Kreuzgangfenster mehr schlecht denn recht nachgebaut worden, mit der Absicht, die Murianer Kreuzgangverglasung zu einer Hauptzierde der Sammlung zu machen.[74]

Nachdem in Muri der Kreuzgang über ein Jahrhundert lang dem Verfall überlassen blieb[75], begann man ihn 1953 im Hinblick auf die Rückführung der Scheibenfolge unter Aufsicht der eidgenössischen und kantonalen Denkmalpflege zu restaurieren.[76] Eine besonders heikle Aufgabe bei der Renovation fiel Bildhauer Romano Galizia zu. Er hatte die damals in üblem Zustand befindlichen Fenstermasswerke[77] auf der West-, Ost- und Südseite des Kreuzgangs zu rekonstruieren, und zwar nach Vorgabe der zugehörigen Verglasungen, die in Aarau zum Teil falsch zusammengesetzt und verbleit worden waren.[78] Innerhalb der dreiflügligen Fenstergalerie liess sich der originale Standort dieser Masswerkverglasungen ebenso wie jener der Standesscheiben mit Ausnahme weniger Fälle[79] problemlos eruieren. Hinsichtlich der übrigen Glasgemälde entschloss man sich, sie weitgehend in der 1765 von Beat Fidel Zurlauben beschriebenen Reihenfolge in die West- und Südfenster zu integrieren.[80] Dergestalt hielt der vor seiner Wiedereinsetzung durch die Glasmaler Fritz Dold (sen.) und Hans Meyer gereinigte und restaurierte Scheibenzyklus[81] nach über hundertjährigem Exil 1957 wieder Einzug in das angestammte, durch ihn geadelte Architekturgehäuse, wo er heute neben der grossartigen Barockkirche zu den Glanzlichtern der Klosteranlage gehört.

Seine letzte bauliche Veränderung erfuhr der Kreuzgang 1996/97 mit der hofseitigen Freilegung der nördlichen Masswerkfenster IV, V und VI, die Ende des 17. Jahrhunderts bei der Errichtung der Loretokapelle nach innen und während der Restaurierung von 1953 bis 1957 auch nach aussen zugemauert worden waren.[82] Von den ehemals sechs nördlichen Kreuzgangfenstern wurden dadurch drei in ihrer ursprünglichen Form gegen den Gartenhof zu wieder sichtbar gemacht (Abb. 12).

Die Scheibenfragmente im Historischen Museum des Kantons Aargau

Zu den nach der Klosteraufhebung von Muri nach Aarau übergeführten Glasgemälden gehörten auch etliche Fragmente von Masswerkverglasungen, die heute im Besitz des Historischen Museums des Kantons Aargau auf Schloss Lenzburg sind.[83] Neben kleineren unbedeutenden Originalteilen und Ergänzungen aus dem 19. Jahrhundert finden sich darunter einige höchst bemerkenswerte Stücke, die gleich wie die 1956/57 nach Muri zurückgekehrten Masswerkkompositionen aus der Zeit um 1555 datieren. Sie sollen hier in Katalogform kurz vorgestellt werden:

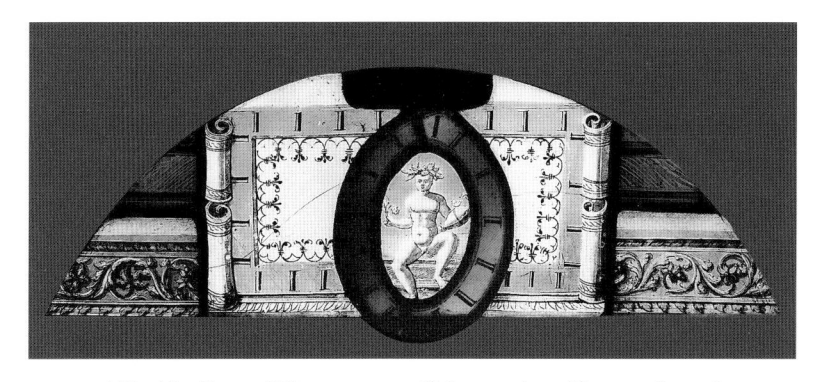

Abb. 13a: Bogenfüllung, vermutlich aus einer Masswerkverglasung des ehemaligen Kreuzgangnordflügels (Historisches Museum des Kantons Aargau, Schloss Lenzburg).

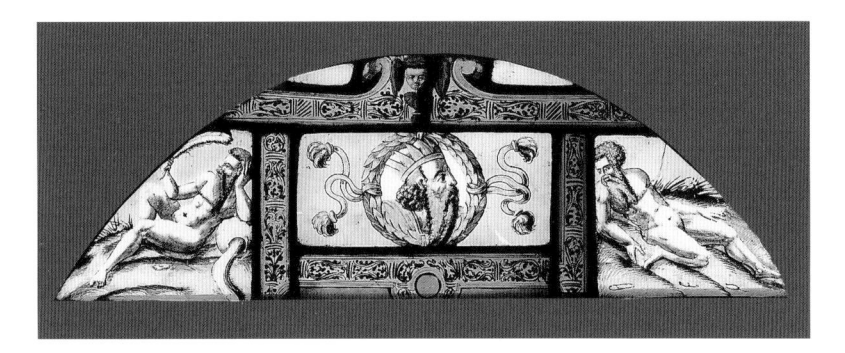

Abb. 13b: Bogenfüllung, vermutlich aus einer Masswerkverglasung des ehemaligen Kreuzgangnordflügels (Standort wie 13a).

Abb. 13c: Bogenfüllung, vermutlich aus einer Masswerkverglasung des ehemaligen Kreuzgangnordflügels (Standort wie 13a).

1. Bogenfüllung (Hist. Mus. Kt. Aargau, Schloss Lenzburg, Inv. K 336)[84], Abb. 13a
Lichtmass: 17,5 x 48,5 cm; farbloses, violettes und blaues Glas; Schwarzlot- und Silbergelbbemalung.
Im zentralen Medaillon sitzt auf einer Bank ein nackter, bekränzter Jüngling, der einen Krug und Blumen in seinen Händen hält.

2. Bogenfüllung (Hist. Mus. Kt. Aargau, Schloss Lenzburg, Inv. K 337), Abb. 13b
Lichtmass: 16 x 47 cm; farbloses und blaues Glas; Schwarzlot- und Silbergelbbemalung.
Im Mittelfeld ein umkränzter Königskopf, umfasst von einer blauen, mit einem feinen Rankenmuster belegten Rahmenbordüre. Flankiert wird er von zwei nackten, auf dem Erdboden ruhenden Männern mit wallenden Bärten.

3. Bogenfüllung (Hist. Mus. Kt. Aargau, Schloss Lenzburg, Inv. K 338), Abb. 13c
Lichtmass: 17,5 x 48,5 cm; farbloses und blaues Glas; Schwarzlot- und Silbergelbbemalung.

Gleich wie im vorangehenden Bogenfeld komponiert, erscheinen die Büste einer Königin und als Begleitfiguren zwei Wildleute. Unterhalb des Frauenkopfes ist im Rankenwerk der blauen Rahmenbordüre das sich auf Heinrich Leu beziehende Glasmaler-Monogramm «HL» eingetragen (vgl. Abb. 24a).

4. Bogenfüllung (Hist. Mus. Kt. Aargau, Schloss Lenzburg, Inv. K 340)[85], Abb. 13d
Lichtmass: 13,8 x 46 cm; farbloses, violettes und blaues Glas; Schwarzlot- und Silbergelbbemalung.
Das Fragment zeigt einen Engel mit Blasrohr vor einer langgezogenen violetten Brüstung, über der als Hintergrundmotiv ein kunstvolles Spiralrankenmuster auf farblosem (weissem) Glas aufgemalt ist.

5. Bogenfüllung (Hist. Mus. Kt. Aargau, Schloss Lenzburg, Inv. K 339), Abb. 13e
Lichtmass: 15 x 52 cm; farbloses und violettes Glas; Schwarzlot- und Silbergelbbemalung.

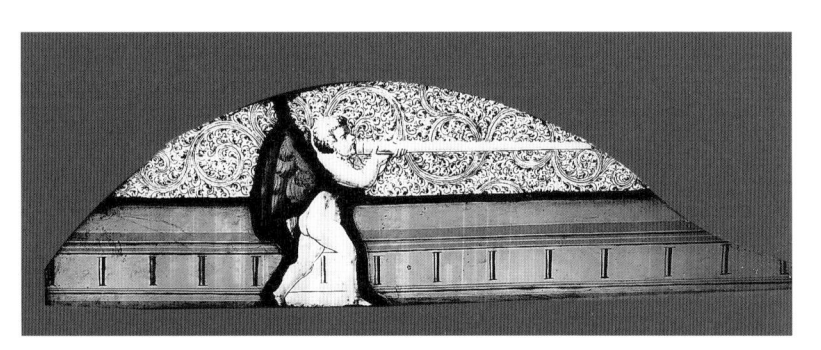

Abb. 13d: Bogenfüllung, vermutlich aus einer Masswerkverglasung des ehemaligen Kreuzgangnordflügels (Standort wie 13a).

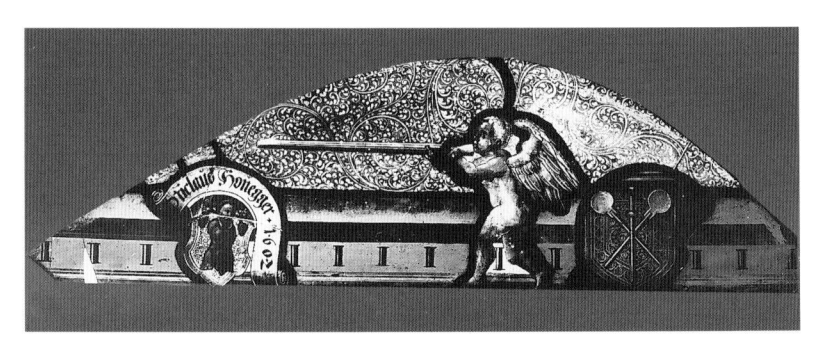

Abb. 13e: Bogenfüllung, vermutlich aus einer Masswerkverglasung des ehemaligen Kreuzgangnordflügels (Standort wie 13a).

Dieses Fragment bildet das Pendant zur vorangehenden Nummer. Bei den beiden teilweise mit blauer Schmelzfarbe bemalten Wappen handelt es sich um Ergänzungen aus unbekannter Zeit. Das namentlich bezeichnete, 1602 datierte Wappen links stammt aus einer zerstörten Scheibe des Bremgarter Seckelmeisters Niklaus Honegger († 1626). Das gegenüberliegende Wappen mit den gekreuzten Bäckerschaufeln auf blauem Grund ist jenes der Dulliker von Luzern.[86]

Bei den angeführten Fragmenten handelt es sich durchwegs um Bogenfüllungen, die den oberen Abschluss einzelner Fensterbahnen bildeten. Die Nummern 2 und 3 beziehungsweise 4 und 5 sind jeweils Pendants, die aus dem gleichen Fenster herrühren. Im Fenster des erstgenannten Paares dürfte sich zudem – von diesem flankiert – das Bogenfeld Nr. 1 befunden haben. Von den 1996/97 hofseitig wieder freigelegten Kreuzgangfenstern Nord IV, V und VI (Abb. 12) weist das letztere in seinen beiden äusseren Fensterbahnen zwei Bogenfelder auf, die in ihren Ausmassen (16,8 x 50 cm) mit den Lenzburger Stücken Nummern 4 und 5 annähernd übereinstimmen. Bei diesen wie auch bei den drei anderen Lenzburger Fragmenten hat man es demnach vermutlich mit Teilen der Masswerkverglasung aus dem ehemaligen Nordflügel zu tun.[87]

Die Scheibenstifter und das beschenkte Kloster

Die sieben eidgenössischen Schirmorte

Mit der Eroberung des habsburgischen Aargaus hatte die Eidgenossenschaft 1415 ihre erste grosse Gebietserweiterung erfahren. Bern annektierte damals den Unteraargau (Zofingen, Aarau, Lenzburg, Brugg), Zürich das Gebiet zwischen Albis und Reuss und Luzern die Ämter Sursee, Beromünster und Richensee (Hitzkirch). Nachdem die anderen Orte sich dem Eroberungszug angeschlossen hatten, besetzte man gemeinsam die Stadt Baden sowie das übrige Gebiet an der Reuss – das heutige Freiamt – und teilte sich in deren Verwaltung. Die in der Gemeinen Herrschaft der oberen «Freien Ämter» im Zweijahresturnus amtierenden Landvögte stellten anfänglich Zürich, Luzern, Schwyz, Unterwalden, Zug und Glarus. Nach 1531 trat auch Uri in die Regierung ein und nach 1712 ebenfalls Bern, das in der Gemeinen Herrschaft Baden von Anfang an mit dabei war. Die ersten Gemeinen Vogteien im Aargau zwangen die eidgenössischen Stände zu einer gemeinsamen Politik, die sie auch dann nicht aufgaben, als ihr Bund durch die Glaubensspaltung einer harten Zerreissprobe ausgesetzt wurde. Zur Zeit der Glaubenswirren hatte das Freiamt, und damit das Gebiet des Klosters Muri, als Aufmarschgebiet der verfeindeten Parteien besonders zu leiden. Dank dem Übergewicht der katholischen Orte, die 1531 mit ihrem Sieg im Zweiten Kappelerkrieg der Ausbreitung der Reformation in der Deutschschweiz ein Ende setzten, wirkte dieser beim alten Glauben gebliebene Landstrich des Freiamts wie ein Keil zwischen den reformierten Gebieten der Berner und Zürcher. Das Zusammenwirken der Schirmorte in der Regierung der Freiämter blieb auch nach dem 1531 geschlossenen Kappeler Landfrieden von religiösen Zerwürfnissen überschattet. Muri, das reichste Kloster im Freiamt, sah sich dabei insofern in einer besonders heiklen Lage, als es den

Innern Orten als Kornkammer und als wichtiger Stützpunkt gegen Bern und Zürich diente, den es unbedingt zu halten galt.[88] Vor diesem Hintergrund lässt sich die politische Tragweite der Scheibenstiftungen ermessen, die Muri 1557 von seinen Schirmherren erhielt. So konnte Johann Christoph von Grüth die ihm von den Schirmorten verehrten Fenster als Zeichen dafür werten, dass diese über alle konfessionellen Streitereien hinweg gewillt waren, ihre Regierungsverantwortung künftig gemeinsam wahrzunehmen und den Konvent nicht mehr wie 1531 in eine Katastrophe zu führen. Der auf die Eigenständigkeit seines Klosters bedachte Abt, der auch seinen katholischen Landesherren und Glaubensbrüdern nicht ohne Misstrauen begegnete, wird vor allem über die Stiftung aus seiner Vaterstadt Zürich hoch erfreut gewesen sein. Der reformierte Stand Zürich seinerseits dürfte von Grüths Bittgesuch um so willfähriger entsprochen haben, als sich ihm damit die Gelegenheit bot, seine Mitspracherechte über die katholische Hochburg Muri kundzutun. Für die Bedeutung, welche die Zürcher ihrer Fensterschenkung beimassen, spricht denn auch die hohe, dem damaligen Kaufwert von gut sechs Kühen entsprechende Summe von 53 Pfund und 12 Schilling, welche sie dafür zu zahlen bereit waren (vgl. Ost Ib). Die religiösen und politischen Rivalitäten zwischen den Landesherren trugen also wesentlich zu deren Bereitschaft bei, Muri mit einer Serie dreiteiliger Standesscheiben zu beehren, das heisst mit einer Serie, die für die damalige Zeit aussergewöhnlich reich und kostspielig war.[89]

Der Kaiser und die Könige von Frankreich und Spanien

Übereck zu den Standesscheiben sind im Südfenster VI die Wappen des Kaisers und der Könige von Frankreich und Spanien angebracht. Das betreffende Fenster war wohl von Anfang an für die drei Staatsstiftungen reserviert, sollte doch mit diesen direkt an die Ständewappen angrenzenden Schenkungen kundgetan werden, dass zwar das Kloster die Herrschaft der Eidgenossen anerkannte, aber auch ausgezeichnete Kontakte zu anderen europäischen Mächten besass.

Historisch besonders enge Bande hatte Muri zum Kaiserhaus, war es ja selbst eine Gründung der Habsburger, von deren Kastvögten es bis 1415 faktisch betreut wurde. Als Österreich beziehungsweise Kaiser Ferdinand I. 1562 Muri die Wappenscheibe spendete, tat man das ausdrücklich mit dem Vermerk, der bittstellende Abt sei ein «gueter Oesterreicher» (vgl. S. 264). Von Grüth scheint es ein wichtiges Anliegen gewesen zu sein, alte, damals fast vergessene und erst später wieder intensivierte Beziehungen zum Gründerhaus Habsburg zu reaktivieren[90] und dadurch die seit 1557 auch im Kreuzgang sichtbare politische Präsenz der eidgenössischen Schirmorte zu relativieren. Von der Spenderseite her darf die Wappengabe Kaiser Ferdinands I. ebenso wie jene Philipps II. von Spanien als Zeugnis der Pietät und Verbundenheit der späten Habsburger zu ihrem alten Hauskloster gewertet werden.

Die spanische Krone stiftete ihr Wappen 1580, das heisst zu einem Zeitpunkt, als ihre Diplomatie in der katholischen Schweiz Boden gewann und 1587 im Soldbündnis Philipps II. mit den Inneren Orten gipfelte. Die 1625 erfolgte Schenkung Frankreichs fiel in die Periode der Bündner Wirren, während deren Robert Myron, der Gesandte Königs Ludwig XIII., mit der Wahrung der französischen Interessen in Rätien beauftragt war. Die damals von Ludwig XIII. nach Muri gespendete Scheibe trat wohl an die Stelle einer älteren, beschädigten Wappenschenkung dieses traditionellen schweizerischen Bündnispartners.

Die Städte Bremgarten, Baden und Sursee

Neben den eidgenössischen Schirmorten und den eben genannten Monarchen bilden die in der Nachbarschaft des Klosters gelegenen Städte Bremgarten, Baden und Sursee eine weitere Kategorie öffentlicher Spender. Sursee kam 1415 unter Luzerner Herrschaft; Baden und Bremgarten wurden von den Alten Orten gemeinsam verwaltet. 1424 entschied man sich für das zentral gelegene Baden als Tagsatzungsort. Dort trafen sich alljährlich Ende Juni die Vertreter der einzelnen Stände und legten mit diesen Zusammenkünften den Grundstein zu einer gemeinsamen eidgenössischen Politik.

Diese bis 1415 unter österreichischer Herrschaft stehenden Städte stifteten in alter Verbundenheit mit dem habsburgischen Hauskloster je eine Scheibe nach Muri, wo ihre Gaben heute im ersten Südfenster vereint sind. Bremgartens Beziehungen zum Kloster Muri, das im Reussstädtchen einen Amtshof unterhielt, waren äusserst eng. Dass die Bremgarter Scheibe 1555 in Muri als eine der ersten Schenkungen eintraf, überrascht deshalb nicht. Gleichzeitig erhielt Muri die Wappenscheiben der Bremgarter Schultheissen Bernhard Mutschlin (Süd Va) und Niklaus Honegger (Süd Vc), dessen Bruder Johannes im Kloster als Prior amtete. Die Wappengabe von Baden folgte 1559 und im Jahr darauf jene der Stadt Sursee, wo Muri den Kirchensatz und seit 1399 ebenfalls einen Amtshof besass.

Geistliche Würdenträger

Bekanntlich ging das Kloster Muri äusserlich ungeschwächt aus den Reformationswirren hervor. Sein 1534/35 neu errichteter Kreuzgang, gleichsam ein bauliches Siegesdokument des Katholizismus, war wie geschaffen, das ramponierte Ansehen einiger Kirchenfürsten durch aufwändige Scheibenstiftungen aufzupolieren. Zu diesen gehörte unter anderen Bischof Christoph Metzler von Konstanz. Er markierte 1557 in Muri seine Präsenz mit einer Wappenschenkung, wusste er doch, dass die Regierungen der Innern Orte am liebsten die kirchliche Bande nach Konstanz gelöst und ein eigenes Bistum gegründet hätten. Sinnigerweise ist sein Wappen im Südfenster III von den Stiftungen der Äbte Joachim Eichhorn von Einsiedeln und Diethelm Blarer von St. Gallen gerahmt. Ersterer stand damals als zukünftiger Schweizer Bischof im Gespräch, Letzterer sah als Territorialfürst die konstanzisch-bischöfliche Bevormundung nur ungern. Die engen geschichtlichen Bindungen zu St. Blasien – das Schwarzwaldkloster schickte Ende des 11. Jahrhunderts Reformmönche nach Muri – widerspiegeln sich in der glanzvollen Gabe des Abtes Kaspar I. Müller (Süd IVa–c), der ausser den Schirmorten als einziger Donator eine Scheibentrias in den Kreuzgang stiftete. Durch ihre Glasgemälde heute noch vertreten sind zudem die Äbte von Engelberg (West Ia) und Rheinau (Süd IIb), der Ittinger Prior Leonhard Janni (West Ic) und Joseph von Cambiano, Komtur der auf Luzerner Boden gelegenen Johanniterkommenden Hohenrain und Reiden (West Ib).

Private Stifter

Die vornehmlich von Angehörigen bedeutender Luzerner Schultheissengeschlechter (Hug, Tammann, Hertenstein, Fleckenstein, Amlehn, Ritter, Pfyffer), aber auch von anderen Innerschweizer Persönlichkeiten in den Kreuzgang gestifteten Scheiben verkörpern ein ebenso glorreiches wie immer wieder kritisiertes Kapitel eidgenössischer Geschichte: Schweizer in fremden Diensten zur Zeit des «Schweizerkönigs» Ludwig Pfyffer (1524–1594). Nachdem die reformierten Städte den Solddienst – freilich keineswegs mit durchschlagendem Erfolg – verboten hatten, wurde Luzern zu einer Drehscheibe der europäischen Diplomatie. Solange Frankreich eine eindeutige Haltung gegen die Hugenotten einnahm, fochten die katholischen Schweizer an der Seite des «Allerchristlichsten» Königs. Die blutigen Religionskriege in Frankreich waren für viele Haudegen ein gutbezahltes Abenteuer, falls sie nicht wie etwa Jakob Fuchsberger (West IVc) oder Hans Tammann (West Vc) ihr Leben auf den dortigen Schlachtfeldern verloren. Aber auch Spanien bemühte sich um die Schweizer und schüttete immer grössere Pensionsgelder aus. Für die Eidgenossenschaft war die Zeit der Selbsterhaltungskriege vorbei; überschüssige Kraft liess sich jetzt für klingende Münze verkaufen.

Die Murenser Wappenscheiben vergegenwärtigen einige der schillerndsten Figuren aus dem damaligen Lager der altgläubigen Schweizer. Zu ihnen gehört unter anderen Lux Ritter († 1559), als Pensionsverteiler der französischen Krone zu seiner Zeit der mächtigste Mann Luzerns. Er liess sich auf seiner Wappenscheibe in stolzer Feldherrenpose und im Oberbild als Regimentsoberst bei der denkwürdigen Belagerung von Calais verewigen (West VIa). In ähnlicher, fast überheblich wirkender Pose erscheint Ludwig Pfyffer auf seiner Wappengabe, die er 1569 nach den Schlachten von Jarnac und Montcontour sowie dem heldenhaften Rückzug von Meaux in den Kreuzgang stiftete, als er im Zenit seines militärischen Ruhmes stand (West VIc). In Luzern selber erwuchs Pfyffer gerade damals heftige politische Opposition, und zwar in der Person von Niklaus Amlehn, der als Schultheiss bereits 1566 Muri sein Wappen verehrt hatte (West Va). Durch seine Spanientreue in Luzern isoliert, liess er 1569 den so genannten Pfyffer-Amlehn-Handel auffliegen, ein die Verteilung der französischen Pensionsgelder regelndes Geheimabkommen, das die politischen Führungsspitzen Luzerns untereinander ausgehandelt hatten. Ein weiterer grosser Rivale Ludwig Pfyffers war der Nidwaldner Ammann Melchior Lussi (1529–1606), Amlehns Schwager, der wie jener eine spanisch-päpstliche Politik betrieb und als Vertreter der katholischen Orte 1562/63 am Konzil von Trient teilnahm. Bezeichnend für Lussis tief religiöse Haltung ist seine Scheibe in Muri, auf der an Stelle pompös-kriegerischer Motive Heilige als Schildwächter und im Kopfbild eine Szene aus dem Tridentinum festgehalten sind (West IVa).

Allein die wenigen hier namentlich genannten Stifter weisen auf die enorme Bedeutung, welche das Kloster Muri nach dem Sieg der Katholiken in Kappel für Luzern und die anderen Innern Orte besass. Bei deren Hauptrepräsentanten scheint es damals gleichsam zum guten Ton gehört zu haben, im Kreuzgang dieser katholischen Hochburg sich mit einer Wappengabe ein Denkmal zu setzen. Neben ausgesprochenen Prestigestiftungen finden sich in Muri aber ebenfalls Schenkscheiben von Personen, die ein mehr persönliches Verhältnis zum Kloster hatten wie beispielsweise die beiden Bremgarter Schultheissen Bernhard Mutschlin und Jakob Honegger (Süd Va/c). Nicht zu vergessen sind schliesslich jene Personen, die sich kraft ihres Amtes zu einer Wappenstiftung veranlasst sahen. Zu ihnen zählen der Zuger Hans Müller (Süd Vb) und der Urner Ulrich Püntiner (Süd IIc), die ihre Scheiben dem Kloster verehrten, als sie in den Freien Ämtern als Landvögte residierten.

Die Glasmaler

Wohl über keine Kunstgattung fliessen die Quellen in der Schweiz so üppig wie über die alteidgenössische Glasmalerei. Man kann sich für einmal wirklich nicht über fehlende Künstlernamen beklagen und doch tappt die Kunstgeschichte gerade auf diesem Gebiet vielfach im Dunkeln. Das rührt daher, dass die Wappenscheiben in schier unendlicher Zahl von einer kaum übersehbaren Schar von Glasmalern hergestellt wurden. Während in katholischen Landen nach der Reformation die künstlerische Produktion wenn auch verlangsamt und mit deutlichem Qualitätsverlust weiterging, kam sie in den reformierten Städten mangels kirchlicher Aufträge ins Stocken. Viele Künstler verloren ihren Broterwerb und wanderten aus, andere sahen sich nach neuen Tätigkeitsgebieten um. In der Vadianstadt St. Gallen bestrafte man beispielsweise jene Künstler mit Gefängnis, die sakrale Bilder für katholische Auftraggeber schufen. So weit ging man in Zürich nicht. Hier erfreute sich im 16. Jahrhundert gerade die Glasmalerei eines überaus regen Zuspruchs. Damals waren in der Limmatstadt über 50 Glasmaler aktiv, die allein für die öffentliche Hand Hunderte von Standesscheiben herstellten.

Was macht man aber mit so viel Information, wenn die betreffenden Glasgemälde nicht mehr vorhanden oder identifizierbar sind? Glas ist ein zerbrechliches Gut, und die Liebe zu den Wappenscheiben des Ancien Régime ging den demokratisch gesinnten Schweizern im 19. Jahrhundert vornehmlich durch das Portemonnaie. Nur selten gibt sich eine Scheibe anhand von Archivalien als Arbeit eines namentlich bekannten Glasmalers zu erkennen und ebenso selten ist darauf ein Monogramm oder gar eine volle Signatur auszumachen. Hinzu kommt noch die Tatsache, dass ein Glasmalermeister seine Scheiben nach heterogenen Vorlagen schuf und zu deren Ausführung oft Werkstattmitarbeiter heranzog. Vor diesem Hintergrund erweist sich die Ausgangslage bei den Murenser Scheiben als recht günstig. Zum einen besitzt man dazu einige einschlägige Quellen, und zum anderen kommen auf ihnen verschiedene, mehrheitlich problemlos identifizierbare Künstlermonogramme vor. Selbstverständlich gibt es aber auch hier Stücke, deren künstlerische Herkunft umstritten ist. Zu denken ist dabei vor allem an die umfangreiche Werkgruppe, die – wie im Folgenden zu zeigen sein wird – in der Werkstatt von Heinrich Leu entstanden sein muss.

Die beiden Hauptmeister: Carl von Egeri und Heinrich Leu

Die unter den Äbten Johann Christoph von Grüth und Hieronymus Frey in den Kreuzgang von Muri gestifteten Glasgemälde sind überwiegend das Werk von Meistern zürcherischer Herkunft. Ausschlaggebend dafür waren einerseits die enge Verbundenheit von Grüths zu seiner Vaterstadt und andererseits der ausgezeichnete Ruf der dortigen Glasmaler, deren Kundenkreis sich weit über Zürich hinaus erstreckte und keine Glaubensgrenzen kannte.[91] Abt Johann Christoph, der einen einheitlich durchgestalteten Zyklus plante, kam es sehr entgegen, dass er die für den Kreuzgang versprochenen Scheibengaben mehrheitlich selber in Auftrag geben konnte[92], sah er sich doch dadurch in der Lage, ihre Ausführung einem seinen Wünschen entsprechenden Glasmalerteam anzuvertrauen. Seine erste Wahl fiel dabei auf Carl von Egeri, der mit seinen für Muri geschaffenen Glasmalereien das in ihn gesetzte Vertrauen eindrücklich unter Beweis stellte. Der zweite wichtige Glasmaler, der zur Mitarbeit verpflichtet wurde, war der mit Heinrich Leu identifizierbare Meister, dessen Werkstatt gemeinsam mit jener Egeris die meisten Murenser Scheiben herstellte.

Der von seinen Zeitgenossen «als grosser Künstler»[93] gepriesene Carl von Egeri (um 1510/15–1562) entstammte einer in der Stadt Baden niedergelassenen Familie.[94] 1536 erneuerte er (nach der Wanderschaft?) das Bürgerrecht in Zürich und kaufte sich dort im folgenden Jahr in die Zunft Zur Meise ein. 1538 heiratete er Anna Lavater, die Tochter des Glasers und nachmaligen Bürgermeisters Hans Rudolf Lavater (1492–1557), für den er 1550 eine von ihm signierte Privatscheibe schuf (Abb. 14). Von seinen beiden Söhnen überlebte ihn nur Hans Rudolf (1550–1593), der den glei-

Abb. 14: Carl von Egeri. Wappenscheibe des Hans Rudolf Lavater, 1550 (SLM Zürich, Inv. LM 17668).

Abb. 15: Carl von Egeri. Urner Standesscheibe, 1542 (Stein am Rhein, Rathaus).

chen Beruf wie der Vater ausübte. In Zürich gehörte Carl von Egeri der vornehmen Gesellschaft der Schildner zum Schneggen an, in der unter anderem auch die Äbte von Einsiedeln und Muri ehrenhalber Einsitz hatten. Seit 1547 sass er als Vertreter seiner Zunft im Grossen Rat und versah das Amt des Chorherrenpflegers. In dieser Funktion pflegte er Beziehungen zu humanistisch gebildeten Männern, die ihn verschiedentlich mit Aufträgen eindeckten. So schuf er zwischen 1545 und 1551 für Antistes Heinrich Bullinger (1504–1575) beziehungsweise für die Chorherren des Grossmünsters, denen seit 1558 auch der Naturforscher und Polyhistor Konrad Gessner (1516–1565) angehörte, insgesamt vier für das Pfarrhaus zum Grossmünster bestimmte Glasgemälde.[95]

Egeri, über dessen Lehr- und Wanderjahre keinerlei Nachrichten vorliegen, steht in den Fussstapfen der zwei grossen Schweizer Glasmaler Lukas Zeiner (um 1454–1513) und Hans Funk (um 1470–1540). Von ihnen beziehungsweise ihren Vorbildern Hans Leu d. J. (1490–1531) und Niklaus Manuel (um 1484–1530) empfing er prägende Einflüsse. Die bernischen Stilelemente wurden ihm möglicherweise durch einen Aufenthalt in der Werkstatt Funks[96] oder aber durch Manuels Sohn Hans Rudolf (1525–1571) vermittelt, der ebenfalls als Glasmaler arbeitete und 1547 in Zürich bei einem «vitriarius» tätig war. Dass es sich dabei um Carl von Egeri handelte, ist umso wahrscheinlicher, als Manuels graphisches Œuvre[97] mit dessen Kunst verwandtschaftliche Züge aufweist. Im Gegensatz zu Hans Rudolf Manuel gelang es Egeri aber, in seinen Werken einen Hauch von Gemüt und Lieblichkeit einzufangen, wie es sonst kaum ein anderer seiner Berufskollegen verstand. Eine wichtige Voraussetzung dazu bildete sein zeichnerisches Talent, das ihn befähigte, die für seine Arbeit benötigten Vorlagen selbstständig zu entwerfen.[98] Egeri lässt sich damit in die Nähe seines Zürcher Berufskollegen Grosshans Thomann (1525–1567) rücken, eines dazumal viel gefragten Scheibenentwerfers, mit dem er vermutlich hie und da zusammenarbeitete. Als angesehenster Glasmaler seiner Zeit pflegte Egeri mit vielen bekannten Zürcher Künstlerpersönlichkeiten Kontakt. Dazu gehörten beispielsweise sein Berufsgenosse Ulrich Ban († vor 1576), der Maler Hans Asper (um 1499–1571) sowie der Goldschmied und Medailleur Jakob Stampfer († 1579).[99] Bernhard Anderes ist sicher beizupflichten, wenn er davon ausgeht, dass einem derart hoch geschätzten Meister ein grösserer Mitarbeiterstab mit talentierten Schülern zur Seite stand. Zu denken wäre etwa an den kongenialen Glasmaler, Reisser und Kartografen Jos Murer von Zürich (1530–1580). Da dessen gezeichneten und auf Glas gemalten topografischen Ansichten der gleiche frische, naturverbundene Ton eignet wie den Stadtbildern von Luzern und Zürich auf Egeris Scheiben in Muri (West IIc, Ost Ia/c), kann man sich mit Anderes sogar fragen, ob dieser durch sein kartografisches Schaffen bekannt gewordene Zürcher Meister an deren Ausführung beteiligt gewesen sein könnte.[100]

Egeri, der sich ebenfalls der Hinterglasmalerei widmete[101], fiel während seiner Schaffenszeit nicht nur dank seiner guten Beziehungen, sondern auch dank seines überlegenen Könnens eine Vielzahl von Privat- und Kollektivaufträgen zu.[102] Die fortlaufend an ihn ergangenen Bestellungen für Standesscheibenzyklen lassen ihn so gleichsam als «Hofglasmaler» der Tagsatzung erscheinen. Den Auftakt dazu bildeten die Ständewappen, die er 1540/41 für das Rathaus von Weesen anfertigte. Weitere Standesscheibenserien

Abb. 16: Monogramm Carl von Egeris auf der Zürcher Standesscheibe (Muri Ost Ic).

lieferte er 1542/43 ins Rathaus von Stein am Rhein, 1543 ins Wirtshaus des Joachim Bäldi in Glarus, 1546/47 ins Schützenhaus zu Zürich, 1550/51 in die «nüwe Louben» (Hinterhof) des Hans Jakob von Egeri in Baden, 1551/52 in die Kartause Ittingen, 1555 ins Rathaus von Rheineck, 1557 ins Kloster Muri und 1560/61 ins Haus des Badener Landvogts und nachmaligen Landammanns Kaspar Abyberg in Schwyz.[103] Von den genannten Zyklen sind heute nur mehr jene in Stein am Rhein (Abb. 15), Rheineck und Muri erhalten. Es ist aber anzunehmen, dass verschiedene heimatlose Einzelstücke oder kleinere Gruppen von Standesscheiben aus den Jahren zwischen 1540 und 1562, die heute in aller Welt verstreut sind, aus der Werkstatt Egeris stammen.

Als gefragter Glasmaler und Inhaber von Ämtern konnte Egeri derartige Grossaufträge selbstverständlich nur unter Beihilfe von Mitarbeitern bewerkstelligen. In Muri war die Situation dabei insofern besonders anspruchsvoll, als er den Zyklus nicht nur mit seinen eigenen Leuten, sondern im Zusammenwirken mit der Werkstatt Leus auszuführen hatte. Wie die Zusammenarbeit konkret vonstatten ging, darüber liegen leider keine Nachrichten vor. Die Einheitlichkeit des ganzen Zyklus sowie die von beiden Werkstätten als Vorlage benutzte Bilderbibel Salomons lassen es aber als denkbar erscheinen, dass Egeri auf von Grüths Wunsch dem ganzen Projekt als künstlerischer Leiter vorstand. Als Arbeit seiner Hand beziehungsweise seiner Werkstatt ist in Muri die Standesscheibenfolge eindeutig belegt, und zwar einerseits durch die Monogramme auf den Wappengaben von Zürich (Abb. 16), Schwyz und Unterwalden und andererseits durch schriftliche Quellen. Dokumentarisch für Egeri gesichert ist im Weiteren das Tammann-Fenster (West IIa–c). Davon ausgehend sind ihm auch das Fleckenstein-Fenster (West IIIa–c) und der Masswerkzyklus zur Jugendgeschichte Christi im Ostarm zuweisbar. Vollumfänglich dürfte ihm aber ebenfalls die Herstellung der Masswerkbilder im Kreuzgangwestarm übertragen worden sein. Dass die angesprochenen Glasgemälde sich ausschliesslich im Ost- und Westtrakt des Kreuzgangs befinden, ist wohl kaum ein reiner Zufall, spricht doch einiges dafür, dass von Grüth die Scheiben für diese beiden Flügel in der Werkstatt Egeris, jene für die zwei anderen Arme hingegen in jener Leus ausführen liess.[104]

Trotz seiner grossen Beanspruchung hat Egeri die Herstellung der ihm zur Ausführung übertragenen Glasgemälde nicht bloss als Werkstattleiter überwacht, sondern selber aktiv daran mitgewirkt. Das zeigt sich beispielsweise

Abb. 17: Kopf des hl. Petrus (Muri Ost Va).

Abb. 18: Kopf des Bannerträgers (Muri Ost VIIb).

an der Gestaltung der Figuren. Weil diese mit Hilfe von Schablonen angefertigt wurden, haftet ihnen zuweilen zwar etwas Stereotypes an[105], ihre äusserst fein modellierten Gesichter verraten jedoch deutlich die Hand des Meisters (Abb. 17/18). Bei der Endausführung der Scheiben dürfte Egeri also wenn immer möglich selbst Hand angelegt haben. Arbeiten wie das Vorzeichnen oder das Malen der Damastgründe wird er dagegen sicher gerne anderen überlassen haben. Im Gegensatz zu den mit grosser Finesse gemalten, überaus repräsentativ wirkenden Schildbegleitern stehen die ohne Beizug von Schablonen frisch mit der Feder hingeworfenen kleinen Figurenbildchen, denen man auf einigen Scheiben Egeris in den Bogenzwickeln begegnet. Bei diesen Miniaturen auf Glas drängt sich unweigerlich die Frage auf, ob sich hinter ihnen nicht die Hand eines geschickten Mitarbeiters verbergen könnte.

Egeris Murenser Gemälde wurzeln einerseits in der von der Renaissance nur überlagerten Tradition spätgotischer Glasmalerei mit einem Zug ins Lapidare, ja Monumentale, wie sie sein Vorgänger Lukas Zeiner vorbildhaft vertrat, andererseits aber auch im formalen Reichtum und stimmungsmässigen Gehalt der Berner Glasmalerei im Gefolge Niklaus Manuels. Sie sind noch wesentlich geprägt von der altertümlichen, aber materialgerechten Technik des Mosaiks mit farbigen Gläsern. Der Gebrauch von Schmelzfarben ist dementsprechend auf ein Minimum reduziert. Egeri bleibt sich zudem stets bewusst, dass auf dem Werkstoff Glas die Perspektive dosiert einzusetzen ist, wenn sie glaubhaft erscheinen soll. Zwar findet auch er neue Mittel zur räumlichen Vertiefung der Bildstaffagen, indem er den körperhaften Vordergrund seiner Scheiben farblich intensiv gestaltet und im Hintergrund duftig grüne Landschaften hervorzaubert, die – mit Silbergelb auf grossformatige, blaue Überfanggläser aufgemalt – gleichsam in einer einfachen Art der Luftperspektive erscheinen, aber auf architektonische Extravaganzen lässt er sich nie ein. Stattdessen begnügt er sich mit einfachen, repräsentativen Bildbühnen, in die er würdevolle, im Geschmack der Renaissance gekleidete oder kriegerisch gerüstete Gestalten setzt. Egeri erweist sich damit als der letzte grosse Vertreter des «alten» Stils, in welchem die Schweizer Scheibe zu einer auch im europäischen Vergleich bedeutenden Kunstgattung emporwuchs. Wie bereits Lehmann feststellte[106], gründet Egeris hohe Wertschätzung vor allem auch in seiner grossen technischen Meisterschaft. Bezeichnend dafür sind einerseits seine auf den Überfanggläsern in höchster Perfektion betriebenen Ausschliffverfahren (West IIIb, Ost IIIb) und andererseits seine stupende Maltechnik. Diese äussert sich in der virtuosen Handhabung des Schwarzlots, seines wichtigsten Mal- und Zeichenmittels, das er in differenzierten Farbnuancen (von Schwarz über Grau bis zu Braun) und unterschiedlichsten Auftragsarten verwendet, sei es als Konturzeichnung oder in Form dünner, halbtransparenter Lavierungen (Schattierungen) und Überzüge, die mit dem Pinsel vertrieben, nass gestupft oder ausgekratzt sein können. Ebenso typisch für ihn ist die ausgeprägte Manier, auf Körper- und Faltenrundungen grosse Flächen von Schwarzlot wegzuwischen und das reine Glas sprechen zu lassen. Wie bereits angedeutet wurde, zeigt sich Egeri gegenüber den nach 1550 zunehmend in Umlauf gebrachten Schmelzfarben äusserst zurückhaltend. Als einzige bringt er in moderater Form nur das blaue Email zur Anwendung, und zwar in zwei ganz verschiedenen Farbvarianten, was einmal mehr von seiner grossen Könnerschaft spricht (West IIIb/c, Ost IIc, Ost VIa).

Leider scheinen zu Egeris Murenser Glasgemälden keine Risse mehr zu existieren. Das ist umso bedauerlicher, als daraus Hinweise darüber zu gewinnen wären, wie in seiner Werkstatt der Arbeitsprozess vom Entwurf bis zur Ausführung der Scheiben ablief. So wüsste man beispielsweise gerne, auf welche Weise Egeri vorging, als er auf der Grundlage von Salomons winzigen Holzschnitten (6 x 4,7 cm) die Originalentwürfe und Bleirisse für die sieben östlichen Fenstermasswerke von 170 cm Breite und einer Scheitelhöhe von 90 cm schuf. Dass er die Aufgabe mit Bravour löste, machen die grosszügigen, weitgehend intakt erhaltenen Kompositionen evident. Diese ebenso monumentalen wie stimmungsvollen Bildschöpfungen, die in ihrer Art einmalig sind[107] und Egeri auf dem Höhepunkt seines Schaffens zeigen[108], lassen nicht den geringsten Zweifel daran, dass er es bestens verstanden hätte, Glasmalereien für grosse Kirchenfenster herzustellen.

Im Gegensatz zu den Werken Egeris sind die übrigen Glasgemälde aus dem 16. Jahrhundert durch keine Schriftquellen dokumentiert. Umso wichtiger ist die von Germann gewonnene Erkenntnis, dass der die meisten von ihnen auszeichnende Damastgrund – ein Muster mit Nelken, Vasen und geflammten, herzförmigen Blättern – fast immer auf der gleichen Schablone basiert.[109] Davon ausgehend geben sich die betreffenden Scheiben (West Ia, IVa–c, Vb/c, VIa/c; Süd Ia–c, IIb, IIIa/c, IVc, Va, VIc) sowie einige weitere damit eng verbundene Stücke (West Va; Süd IVa/b, Vc)[110] als zusammengehörige Werkgruppe zu erkennen. Mit Ausnahme weniger Einzelstücke (West Ic, Süd Vb, Süd VIb) und der Arbeiten aus der Werkstatt Egeris lassen sich somit alle zwischen 1555 und 1580 in den Kreuzgang von Muri gelangten Glasmalereien, inklusive der für den Süd- und den einstigen Nordflügel bestimmten Masswerkbilder, dem gleichen Atelier zuweisen.

In offensichtlicher Anlehnung an Egeri sind die Glasgemälde dieser Werkstatt flächig, heraldisch streng und repräsentativ gestaltet. Geradezu altmodisch muten die genannten Damasthintergründe an, die jeder Scheibe einen Grundton verleihen, auf den die anderen Farbklänge abgestimmt sind. Zu den wenigen von diesem Grundraster abweichenden Arbeiten gehört die dreiteilige Fensterstiftung von St. Blasien, die den künstlerischen Glanzpunkt der ganzen Gruppe bildet (Süd IVa–c). Dass die hier zur Diskussion stehende Werkstatt in technischen Belangen jener Egeris in nichts nachsteht, bezeugen das perfekt gehandhabte Ausschliffverfahren auf der St. Blasianer Figurenscheibe (Süd IVb) sowie ihr Verhältnis zu den Schmelzfarben, von denen sie wiederum die blaue in zwei Varianten zur Anwendung bringt (vgl. West IVa). Im Umgang damit zeigt sie sich allerdings keineswegs derart moderat wie Egeri, sondern geradezu experimentierfreudig, tritt doch auf verschiedenen ihrer Scheiben blaues Email bereits grossflächig in Konkurrenz mit blauem Überfangglas (West IVa, Vb, VIa; Masswerk Süd II). Als Ausdruck ihrer technischen Experimentierfreude ist auch der im Kreuzgangsüdarm auf mehreren Wappenscheiben und Masswerkbildern vorkommende bräunlichgrüne Farbauftrag zu werten (Süd Ib, Süd Va/c und Masswerk Süd I, II, IV, V, VI), der sich in einigen Fällen eindeutig als Kaltbemalung zu erkennen gibt (Süd Ib und Masswerk Süd I, II).[111] Im Vergleich mit den von klassischer Einfachheit geprägten Arbeiten Egeris eignet den Scheiben dieser Werkstatt zudem eine gewisse Kleinteiligkeit. Gleichzeitig lassen viele davon in der Detailausführung und Körpermodulation jenes Höchstmass an Feinheit und Präzision vermissen, wie sie für Egeri typisch sind. Kennzeichnend dafür sind die oft strähnigen Gewandfalten und die glatten, etwas spröde wirkenden Gesichter, die verschiedene Figu-

Abb. 19: Kopf des hl. Gallus (Muri Süd IIIc).

Abb. 20: Kopf der hl. Elisabeth (Muri West Va).

Abb. 21: Stadtplatz mit promenierenden Paaren und der
Enthauptung Johannes des Täufers im Hintergrund.
Zwickelbildchen aus der Johanniter-Scheibe (Muri West Ib).

Abb. 22: Fliehende Reiterschar. Zwickelbildchen aus
der Scheibe Jakob Fuchsbergers (Muri West IVc).

ren kennzeichnen (Abb. 19/20). An der Herstellung dieser stilistisch nicht völlig kongruenten Werkgruppe war zweifellos mehr als eine Hand beteiligt. Dem mit ihrer Ausführung betrauten Meister und seinen Mitarbeitern ist es aber bestens gelungen, die einzelnen Stücke über alle Unterschiede hinweg kompositionell und koloristisch einheitlich durchzugestalten. Gleich wie Egeri muss jener an der Bemalung der Scheiben intensiv mitgewirkt haben. Bestimmt von ihm selbst stammen beispielsweise die vielen in die Bogenzwickel gesetzten, kleinfigurigen Miniaturbildchen in Grisailletechnik, die nur in Nahsicht voll gewürdigt werden können (Abb. 21/22). In ihnen bricht ein unbändiges Zeichnertalent durch. Eine offensichtlich an Buchillustrationen geübte Hand, die nicht kopiert, sondern frisch von der Leber weg zeichnet, fliegt hier mit skizzierender Feder über das spröde Glas, schattiert mit feinem Pinsel und hinterlegt wirkungsvoll mit Silbergelb.

Seit Franz Wyss' Untersuchung von 1940 wird dieser anonyme Meister hauptsächlich mit dem aus Bremgarten gebürtigen Glasmaler Hans Füchslin in Verbindung gebracht[112], der dort seit 1558 im Rat der Vierzig sass und zwischen 1571 und 1586 turnusgemäss das Schultheissenamt bekleidete. Sein Amtskollege war dabei niemand anderer als Bernhard Mutschlin, der 1555 zusammen mit Niklaus Honegger († 1. 3. 1570) als einer der Ersten eine Scheibe in den Kreuzgang von Muri stiftete (Süd Va/c). Von Füchslin weiss man, dass er 1560/61 und 1597/98 für das Frauenkloster Hermetschwil, 1567 und 1572 für das Stift Beromünster sowie 1571 für die Stadt Zofingen Scheiben anfertigte, die als Ehrengaben nach auswärts verschenkt wurden.[113] Ihm zuzuschreiben sind zudem die drei 1563 und 1564 in den Kreuzgang des Klosters Tänikon gestifteten Bibelscheiben, deren Auftraggeber Albrecht Segesser (Abb. 23) sowie Theophil und Meliora von Grüth waren, die beiden Geschwister der Tänikoner Äbtissin Sophia und des Murenser Abtes Johann Christoph.[114] Dass diese mit Ausnahme der Stiftung Melioras im Schweizerischen Landesmuseum be-

Abb. 23: Monogrammist HF (Hans Füchslin). Bibelscheibe mit der Kreuzigung Christi, 1564 von Albrecht Segesser und seiner Frau Küngolt von Meggen in den Kreuzgang des Klosters Tänikon gestiftet (SLM Zürich, Inv. LM 56984).

findlichen Glasgemälde[115] von Füchslin stammen, dafür spricht das auf der Segesser-Scheibe in Ligaturform angebrachte Monogramm HF, welches noch auf einer weiteren Wappenschenkung der Hermetschwiler Meisterin Meliora von Grüth überliefert ist.[116] Bei seiner Annahme, wonach der vermutlich mit Füchslin identische Monogrammist HF in Muri neben Egeri als zweiter Hauptmeister tätig war, stützt sich Wyss auf die dekorativ verschnörkelte, altmodische Zierschrift, in der auf dem Grossteil der hier in Betracht fallenden Scheiben die Donatorennamen festgehalten sind. Nun lässt sich zwar die betreffende Zierfraktur auf den drei genannten Tänikoner Glasgemälden in ähnlicher Form nachweisen. Wyssens Zuschreibungsvorschlag ist aber entgegenzuhalten, dass diese zum Teil erheblich erneuerten Glasgemälde[117] von einem weder zeichnerisch noch schöpferisch talentierten Künstler stammen. Man kann den zweiten Murenser Meister deshalb kaum mit Füchslin gleichsetzen, ist doch sein für von Grüth geschaffenes Werk künstlerisch weit höher einzustufen. Die Vermutung, dass sich hinter ihm ein anderer, bedeutenderer Glasmaler verbirgt, ist umso begründeter, als sich mit dem Künstlermonogramm «HL» auf einer der Lenzburger Bogenfüllungen (Abb. 24a) ein solcher namhaft machen lässt. Beim betreffenden Bogenfeld handelt es sich allem Anschein nach um das seinerzeit in Aarau befindliche Stück, auf dem Lehmann[118] «im ornamentalen Rankenwerke ganz unscheinbar die Initialen J. U. eingeflochten» zu sehen meinte. Zu dieser verfehlten Interpretation kam Lehmann ganz offenkundig deshalb, weil er das Masswerkfragment in Aarau seitenverkehrt vor Augen hatte (!) und die Initiale «H» fälschlicherweise als «U» las (Abb. 24b).[119]

Abb. 25: Heinrich Leu. Berner Standesscheibe, 1573 (Obererlinsbach, Kirche).

Abb. 24a: Monogramm «HL» auf der Bogenfüllung mit der bekrönten Frauenbüste (vgl. Abb 13c).

Abb. 24b: Monogramm «HL», von der Rückseite gesehen (vgl. Abb. 24a).

Von den namentlich bekannten Glasmalern, die damals im Zürcher und Aargauer Raum sowie in der Region der Inner- und Ostschweiz ihr Handwerk ausübten, kommt als Träger des Monogramms HL als einziger Heinrich Leu (1528–1577/78) aus Zürich in Frage.[120] Dort hatte sich sein aus der Stadt Baden gebürtiger Grossvater, der Maler Hans Leu d. Ä. (um 1460–1507), 1488 niedergelassen.[121] Heinrichs Vater war der Glaser und Glasmaler Jakob Leu (1495–1538) und sein Onkel der angesehene Maler und Zeichner Hans Leu d. J. (1490–1531)[122]. Über Heinrichs Lehrjahre ist nichts bekannt. Da ihm sein jung verstorbener Vater als Lehrmeister nicht mehr zur Verfügung stand, ist es aber durchaus möglich, dass er einen Teil seiner Ausbildung bei Carl von Egeri absolvierte. Ende der 40er-Jahre, nachdem er sich vermutlich eine Zeit lang in der Fremde aufgehalten hatte, arbeitete er in Zürich als Glaser und Glasmaler für den Rat und die Zunft Zur Meise, die ihn ebenso wie Egeri zu ihren Mitgliedern zählte. Zwischen 1554 und 1557, also just zu jener Zeit, als Abt Johann Christoph in Muri das Projekt der Kreuzgangverglasung ins Rollen brachte, siedelte er nach Aarau über[123], wo er in der Folge als renommierter Zeichner, Maler und Glasmaler bis ans Lebensende sesshaft blieb, ohne dabei die Kontakte zu seiner Vaterstadt je zu unterbinden.[124] Über Leus künstlerische Tätigkeit in

Aarau sind wir dank archivalischer Nachrichten recht gut informiert. Wie aus ihnen hervorgeht, fertigte er in seiner dortigen Werkstatt zwischen 1556 und 1576 eine Reihe gut bezahlter Scheiben an, und zwar für einen grossen Kundenkreis, gehörten doch neben der Stadt Aarau auch die Regierungen von Zürich, Bern und Solothurn sowie das Kloster St. Urban und das Stift Beromünster zu seinen Auftraggebern. Weil die meisten dieser Scheiben erst aus der Zeit nach 1564 datieren[125], liegt die Vermutung nahe, dass sich Leus glasmalerische Tätigkeit in den Jahren zuvor auf das Projekt in Muri konzentrierte. Von den für ihn archivalisch dokumentierten Glasgemälden lassen sich heute nur noch zwei sicher identifizieren, nämlich die beiden runden Standesscheiben, die von der Berner Obrigkeit 1573 als Gegenstücke in den Chor der Kirche von Obererlinsbach gestiftet wurden und für die Leu 1574 den ansehnlichen Betrag von 32 Pfund erhielt (Abb. 25).[126] Heinrich Leu, der in den Quellen als «Glasmaler von Aarau» bezeichnet wird, scheint dort auch als Stadtmaler gewirkt zu haben.[127] Darauf deuten die im Lauf der Jahre an ihn geleisteten Zahlungen für Malerarbeiten unterschiedlichster Art wie die Bemalung des «Zyts» am Kaufhausturm (1559), die Titelblattilluminierung des Aarauer Stadtbuchs (1573) oder das «Zeichnen» der Chronik (1574).[128] Von diesen Arbeiten ist das Titelblatt des Stadtbuchs im Stadtarchiv Aarau erhalten geblieben.[129] Es zeigt uns in Form einer fein kolorierten Zeichnung zwei Aarauer und ein Berner Wappen, die in gewohnter Manier pyramidenförmig zu einer Trias vereint sind.

Weshalb Heinrich Leu ebenfalls als Zeichner gefragt war, machen mehr noch als dieses kleine unscheinbare Wappenbild die ihm zuweisbaren Murenser Glasmalereien verständlich, woraus eine zeichnerisch geübte, spontane Künstlerhand spricht. Anschaulich vor Augen führen das die flott hingemalten Figuren und die von grosser kalligraphischer Könnerschaft zeugenden Ziermotive auf den von ihm stammenden Bogenfüllungen in Lenzburg (Abb. 13a-e). In mannigfacher Art sind derartige Figuren und Ziermotive auch auf Glasgemälden in Muri anzutreffen. Einschlägige Beispiele hierfür bieten nicht nur die Wappenscheiben mit den bereits genannten schwungvoll hingezeichneten Oberbildchen (Abb. 21/22), sondern auch die Masswerkfüllungen

im Südflügel. Nicht unerwähnt bleiben darf schliesslich das als eine der ersten Stiftungen nach Muri gelangte Glasgemälde von Niklaus Honegger (Süd Vc), worauf als Hintergrundmotiv das gleiche feine Spiralrankenmuster auftritt wie auf den beiden Lenzburger Bogenstücken mit den rohrblasenden Engeln (Abb. 13d/e). Leus auf vielen Kreuzgangscheiben erkennbare Handschrift bringt klar zum Ausdruck, dass es sich bei ihm nicht um irgendeinen Werkstattgehilfen, sondern um ihren Leiter handelte. Selbstverständlich standen aber auch ihm Mitarbeiter zur Verfügung. Bestimmt nicht von Leu stammt so die 1580, das heisst rund zwei Jahre nach seinem Tod, im Auftrag der spanischen Krone entstandene Wappenscheibe (Süd VIc), deren Damastgrund mit jenem auf den Scheiben seiner Werkstatt übereinstimmt. Mit ihrer Ausführung wird wohl ein Glasmaler aus seinem Umfeld betraut gewesen sein, der 1578 in den Besitz von seinen Damastmuster-Schablonen gekommen war. Auch wenn es über Leus Mitarbeiter ebenso wenig Nachrichten gibt wie über jene Egeris, scheint die Frage berechtigt, ob einer von ihnen nicht Hans Füchslin gewesen sein könnte. Dass Füchslin, dessen Weg als Glasmaler sich 1572 im Stift Beromünster mit jenem Leus nachweislich kreuzte[130], am Murenser Projekt wenn nicht in führender, so doch in untergeordneter Position mitbeteiligt war, machen jedenfalls nicht nur die von Wyss vorgetragenen Argumente wahrscheinlich. Ein weiteres Indiz dafür bildet die von Füchslin monogrammierte Scheibe Albrecht Segessers (Abb. 23), deren Figurenkomposition auf die Darstellung des Gekreuzigten in Bernard Salomons Bilderbibel zurückgeht, auf jenen Illustrationszyklus also, den Johann Christoph von Grüth seinen Glasmalern einige Jahre zuvor als Vorlage[131] vorgegeben hatte.

Die übrigen Glasmaler des 16. Jahrhunderts

Vom Zürcher Niklaus Bluntschli (vor 1525–1605)[132] ist in Muri mit der Stiftung der Kartause Ittingen (West Ic) eine signierte Scheibe vorhanden (Abb. 26). Diese Arbeit, die ursprünglich für einen anderen Ort bestimmt gewesen sein muss, verleitete seinerzeit Liebenau zur irrigen Annahme, Bluntschli habe sich zusammen mit Egeri in die Aufga-

teilt, den dortigen Kreuzgang mit Glasgemälden zu schmücken.[133] Mit Ausnahme der nicht mehr erhaltenen Stiftung Jakob von Hertensteins (vgl. S. 22) lässt sich mit der Scheibe Hans Müllers (Süd Vb) unter diesen freilich nur ein einziges weiteres Stück namhaft machen, das, wenn nicht von ihm selbst, so doch zumindest von einem Glasmaler aus seinem Umfeld stammen dürfte. An sich wäre es nahe gelegen, dass von Grüth für sein Projekt Bluntschli beigezogen hätte, denn seine Schwester, Äbtissin Sophia von Grüth in Tänikon, liess zwischen 1557 und 1559 nicht weniger als 16 Scheiben für ihren Kreuzgang in dessen Werkstatt anfertigen.[134] War damit Bluntschli bereits ausgelastet, oder spürte Abt Johann Christoph, dass ihm Egeri künstlerisch überlegen war? Auch wenn sein Schaffen mit jenem Egeris vieles gemeinsam hat[135], erweist er sich im Gegensatz zu diesem schöpferischen Meister jedenfalls mehr als ein reproduzierender Glasmaler, der je nach Vorlagequalität gute oder mittelmässige Arbeiten herstellte. Bluntschli galt als heimlicher Sympathisant des alten Glaubens[136] und erfreute sich wohl nicht zuletzt deshalb mehr katholischer Kundschaft denn solcher aus der Stadt Zürich. Anfang der 60er-Jahre hatte er so unter anderem auch für Prior und Konvent von Muri, die Hermetschwiler Meisterin Meliora von Grüth sowie einige weitere katholische Würdenträger Glasgemälde in den Kreuzgang von Wettingen zu liefern.[137] Die für ihn gesicherten Scheiben datieren alle aus der Zeit vor 1564. Sollte demnach Bluntschli, der in den Jahren um 1560 eine hektische Tätigkeit entfaltete und seine damals angefertigten Werke geradezu aufdringlich oft mit seinem Monogramm versah, dem zu jener Zeit besonders heftigen Konkurrenzkampf in Zürich auf die Dauer nicht mehr gewachsen gewesen sein? Nachdem er sich 1568 zum Amtmann des Damenstiftes Schänis hatte wählen lassen, scheint er seinen Beruf jedenfalls nur noch sporadisch ausgeübt zu haben.

Weder um eine Arbeit Bluntschlis noch eines anderen Zürcher Meisters handelt es sich schliesslich bei der Wappenscheibe Kaiser Ferdinands von 1562 (Süd VIb). Sie stammt vom unbekannten Monogrammisten fs (Abb. 29), einem Mitarbeiter der Freiburger Ropsteinwerkstatt. Wenn in diesem Fall eine Werkstatt ausserhalb der Eidgenossenschaft als Scheibenlieferantin zum Zuge kam, dann freilich nur deshalb, weil Carl von Egeri infolge seines Todes den betreffenden Auftrag nicht mehr ausführen konnte.

Die Glasmaler des 17. Jahrhunderts

Von den vier unter Abt Johann Jodok Singisen in den Kreuzgang gelangten Nachstiftungen lassen sich zwei Scheiben anhand ihrer Monogramme (Abb. 27/28) sicher zuweisen, nämlich jene Rudolf Pfyffers (West VIb) an Jakob Wägmann von Luzern (1586–um 1656)[138] und jene Konrad Zurlaubens (Süd IIa) an Christoph Brandenberg von Zug (1598/1600–1663)[139]. Als Arbeit dieses Zuger Glasmalers, der 1623 unter anderem auch den umfangreichen Marienzyklus für den Kreuzgang von Wettingen schuf, ist zudem die Wappengabe Frankreichs von 1625 zu betrachten (Süd VIa). Von den vier Stiftungen kann damit als einzige die 1597 vermutlich in einer Luzerner Werkstatt entstandene Püntiner-Scheibe (Süd IIc) mit keinem bestimmten Meisternamen in Verbindung gebracht werden.

Abb. 26: Monogramm Niklaus Bluntschlis (Muri West Ic).

Abb. 27: Monogramm Jakob Wägmanns (Muri West VIb).

Abb. 28: Monogramm Christoph Brandenbergs (Muri Süd IIa).

Abb. 29: Monogramm von «fs» (Muri Süd VIb).

Abb. 30: Kopf des Bannerträgers auf der Stadtscheibe
von Baden (Muri Süd Ia). Ergänzung von Jakob Wägmann.

Die beiden genannten Glasmaler gehören der Zeit der katholischen Regeneration an, als Luzern und andere altgläubige Städte, wie Zug, Solothurn und Freiburg, eine grosse Anziehungskraft auf die Kunstschaffenden ausübten. Nach dem Reformkonzil von Trient leitete Kardinal Karl Borromäus (1538–1584), gefolgt von den Kapuzinern und den Jesuiten, in der Schweiz eine innere Erneuerung der katholischen Kirche ein, der bald auch der äussere Glanz folgte. Die Gotteshäuser füllten sich mit geschnitzten und gemalten Werken aller Art, und die Sakristeien wurden in kurzer Zeit zu Schatzkammern. In diesem Orchester der bildenden Kunst kam der Glasmalerei in der ersten Hälfte des 17. Jahrhunderts zwar nicht mehr der Primat, aber doch weiterhin ein wichtiger Platz zu. Als Vorort der katholischen Schweiz hatte die Stadt Luzern daran wesentlichen Anteil. Für sie schlug um 1600 die eigentliche Sternstunde der Glasmalerei. Die Initianten waren der 1582 aus Zürich zugezogene Hans Heinrich Wägmann (1557–um 1628) und der um die Jahrhundertwende in Luzern tätige Schaffhauser Daniel Lindtmayer (1552–1606/07). In ihren Fussstapfen schufen dort in der Folge die Glasmaler Franz Fallenter (erwähnt 1574–1612) und Jakob Wägmann, der Sohn Hans Heinrichs, für die Kreuzgänge der Frauenklöster Rathausen[140] und St. Anna im Bruch[141] zwei Scheibenzyklen, die zu den reichhaltigsten der ganzen Schweiz gehören.

Das von Wägmann 1616 im Auftrag Rudolf Pfyffers nach Muri gelieferte Glasgemälde ist ein virtuos gestaltetes Werk von kaleidoskophafter Buntheit. Im Vergleich mit ihren flächigen Nachbarscheiben, die noch ganz von der materialgerechten Technik des Mosaiks mit farbigen Gläsern geprägt und dementsprechend voller Leuchtkraft sind, wirkt diese zur Malerei auf Glas gewordene Scheibe jedoch spannungslos. Dasselbe gilt von den beiden knapp ein Jahrzehnt später entstandenen, reich mit Schmelzfarben bemalten Glasgemälden Christoph Brandenbergs, deren tiefenräumlich komponierte Architekturgehäuse ähnlich wie bei Wägmann von farblosen, in Trompe-l'œil-Manier als Fenster eingesetzten Gläsern erhellt werden.

Jakob Wägmann war auch einer jener Glasmaler, die an der unter Singisen erfolgten Reparatur der ganzen Glasgemäldegalerie beteiligt waren, gibt sich doch der ergänzte Kopf des Bannerträgers auf der Badener Stadtscheibe von 1559 (Süd Ia) unzweifelhaft als Werk seiner Hand zu erkennen (Abb. 30). Ein weiterer dieser Glasmaler war der Zuger Michael II. Müller (um 1570–1642). Ihm fiel 1624 die Wiederherstellung der Standesscheibe seines Ortes zu (vgl. Ost VIIa). Bei den anderen damals reparaturbedürftigen Glasgemälden lässt sich nicht mehr mit Bestimmtheit feststellen, von wem sie erneuert wurden. Die Vermutung liegt aber nahe, dass an den Erneuerungsarbeiten ebenfalls Christoph Brandenberg mitwirkte[142], zumal er gleich wie sein Zuger Kollege Michael Müller auch anderweitig für Singisen als Glasmaler tätig war.[143]

Anmerkungen

1 Anderes/Hoegger 1989, S. 26.
2 Rolf Legler, Der Kreuzgang. Ein Bautypus des Mittelalters, Frankfurt am Main/Bern/New York/Paris 1989, S. 209f. – Regine Abegg, Funktionen des Kreuzgangs im Mittelalter. Liturgie und Alltag, in: Kunst+Architektur in der Schweiz 48/1997, Heft 2, S. 6–24.
3 Abt Kassian Lauterer, Zur Einführung: Der Kreuzgang bei den Zisterziensern, in: Anderes/Hoegger 1989, S. 9–12. – Legler 1989 (wie Anm. 2), S. 207–215. – Abegg (wie Anm. 2).
4 Jane Hayward, Glazed Cloisters and their Development in the Houses of the Cistercian Order, in: Gesta 12/1973, S. 93.
5 Hayward 1973 (wie Anm. 4), S. 93–109. – David J. King, The Steinfeld Cloister Glazing, in: Gesta 37/1998, S. 201–210.
6 Zwischen 1400 und 1520 kam in die dortigen Kreuzgänge eine Vielzahl von Glasgemälden, zu deren Stiftern namhafte Kirchenfürsten und bedeutende Vertreter des europäischen Hochadels gehörten (Baer 1941, S. 497–500).
7 Meyer 1884.
8 Boesch 1943. – Schneider 1970, Bd. 1, Nrn. 272–281, 316.
9 Lehmann 1941, S. 145–151. – Schneider 1970, Bd. 2, Nrn. 395f., 403–405, 417–423, 455–459, 487, 503–505, 510f. – Horat 1997, S. 19.
10 Paul Boesch, Die Glasgemälde in den toggenburgischen Klöstern, in: Toggenburger Heimat-Kalender 6/1946, S. 77f. – Bernhard Anderes, Stifterscheiben in und aus Magdenau, in: Bernhard Anderes (Red.), Kloster Magdenau 1244–1994. Festschrift, Wolfertswil 1994, S. 192–194, 200–202.
11 Lehmann 1941, S. 172–179. – Horat 1997.
12 M. Hottinger/H. Zeller-Werdmüller/J. R. Rahn, Heinrich Bullingers Beschreibung des Klosters Kappel und sein heutiger Bestand, in: Mittheilungen der Antiquarischen Gesellschaft in Zürich 23/1892 (Heft 4), S. 229, 255.
13 EA 4 IA, S. 276. – Adolf Reinle, Die Kunstdenkmäler des Kantons Luzern, Bd. V: Das Amt Willisau mit St. Urban, Basel 1959, S. 309, 340. – 1527 hatte Hans Funk im Auftrag des Basler Rates mehrere Scheiben für den dortigen Kreuzgang herzustellen (Paul Ganz, Funk, Hans I., in SKL 1/1905, S. 532). – 1586 wurde der Zofinger Glasmaler Peter Balduin für eine in den Kreuzgang von St. Urban gelieferte Appenzeller Scheibe mit 40 Gulden entlöhnt (Theodor von Liebenau, Notizen über Glasmaler und Glasgemälde, in: ASA 1896, S. 67).
14 Paul Boesch, Die alte Glasmalerei in St. Gallen, in: 96. Neujahrsblatt, hrsg. vom Historischen Verein des Kantons St. Gallen, St. Gallen 1956, S. 9–11.
15 EA 4 II, S. 1029f. – Albert Knoepfli, Die Kunstdenkmäler des Kantons Thurgau, Bd. IV: Das Kloster St. Katharinenthal, Basel 1989, S. 223–225.
16 Karl Schib, Geschichte des Klosters Paradies, Schaffhausen 1951, S. 98, 108 (Anm. 142).
17 EA 4 IA, S. 213f. – EA 5 IA, S. 787, 803. 1606/07 wurden durch den Zuger Glasmaler Michael II. Müller Scheiben in den Kreuzgang von Frauenthal geliefert (Fritz Wyss, Beitrag zur Geschichte der Glasmalerei im Kanton Zug und der zugerischen Glasmaler, in: Zuger Neujahrsblatt 1939, S. 53).
18 EA 5 IB, S. 1377.
19 EA 5 IIA, S. 24. – EA 5 IIB, S. 1715.
20 EA 5 IIA, S. 207, 213.
21 J. Büchi, Die Glasgemälde in der Karthause Ittingen, in: ASA 8/1896, S. 24f. – Früh 1983, S. 191f.
22 Peter Felder, Die Kunstdenkmäler des Kantons Aargau, Bd. IV: Der Bezirk Bremgarten, Basel 1967, S. 230, 246.
23 Anderes/Hoegger 1989, Abb. S. 22f.
24 Boesch 1943, S. 14–16, Abb. 5–7.
25 Lehmann 1941, S. 146, Abb. 185a.
26 Horat 1997, S. 7, Abb. 18.
27 Die unterschiedlichen Formate, welche die heute im Wettinger Kreuzgang befindlichen Scheiben aufweisen, sind ein klares Indiz dafür, dass verschiedene von ihnen ursprünglich zum Fensterschmuck anderer Klosterräume gehörten (Anderes/Hoegger 1989, S. 31).
28 In ihrem Bittgesuch um Geldbeiträge für Scheibenstiftungen, das die Rathauser Äbtissin Verena Feer am 3. Mai 1591 ausstellte, erwünschte diese für ihren Kreuzgang ausdrücklich Fenster mit «geistlichen und andächtigen, ufferbuwlichen Figuren» (Lehmann 1941, S. 146).
29 Heinrich Bullinger sah 1526 im Kreuzgang von Kappel die Scheiben der zehn eidgenössischen Stände sowie weitere 25 Wappenscheiben von Äbten, Bischöfen und Privatpersonen (vgl. Anm. 12). Deren Verlust ist umso mehr zu bedauern, als ihre Entstehung möglicherweise in die Zeit vor 1500 zurückreicht (die Klostergebäude wurden nach einem Brand 1493 wiederhergestellt). Der 1531 bei der Klosterzerstörung vernichtete Zyklus könnte damit früher geschaffen worden sein als die 1501 von Lukas Zeiner für den Tagsatzungssaal in Baden ausgeführten Standesscheiben, die man als Prototyp der «Schweizerscheibe» schlechthin betrachtet.
30 Die meisten der 1508 ins Dominikanerinnenkloster St. Gallen gestifteten 33 Kreuzgangfenster enthielten Glasgemälde mit schildbegleitenden Heiligenfiguren (vgl. Anm. 14).
31 Dem Ittinger Bildersturm von 1524 fiel im Kreuzgang der dortigen Kartause ein solcher Zyklus zum Opfer (vgl. Anm. 21).
32 Der 1623 von Brandenberg geschaffene narrative Zyklus zum Marienleben umfasste ursprünglich alle 13 Fenster des Südarms (Anderes/Hoegger 1989, S. 298).
33 Durch die Stiftung, die ein altgläubiger Donator einer Kirche oder einem Kloster zukommen liess, erwarb er sich Gedenken und Fürbitte durch den beschenkten Klerus sowie die Aussicht auf einen Platz im Himmel (Peter Kurmann/Brigitte Kurmann-Schwarz, Das religiöse Kunstwerk der Gotik als Zeichen der Übereinkunft zwischen Pfaffen und Laien, in: Pfaffen und Laien – ein mittelalterlicher Antagonismus? Freiburger Colloquium 1996, hrsg. von Eckart Conrad Lutz und Ernst Tremp [Scrinium Friburgense, Bd. 10], Freiburg 1999, S. 77–99).
34 Die Beschlüsse des Konzils von Trient (1545–1563) und verschiedene päpstliche Erlasse des 16. Jahrhunderts verboten zwar jedes Betreten

des Klausurbereichs durch weltliche Personen (Markus Stromer, «actum in ambitu monasterii nostri». Kreuzgänge als Orte von Rechtshandlungen, in: Kunst+Architektur in der Schweiz 48/1997, Heft 2, S. 36). So wurde 1553 und wiederum 1579 auch vom Konvent Muri strengere Klausur gefordert (Germann 1967, S. 325; HS III 1 [2], 1986, S. 903). Weil diese Verbote immer wieder erneuert werden mussten, ist jedoch davon auszugehen, dass sie in der Praxis kaum je konsequent durchsetzbar waren.

35 Gleich wie die Tagherren von Luzern und den Urkantonen auf ihren Reisen nach Baden nahmen die in den Freien Ämtern als Landvögte amtierenden Herrschaften oft Herberge in Muri. Die Letzteren hielten dort ebenfalls mit Vorliebe ihre Gerichtssitzungen ab (Kiem 1888, S. 327). Weil Kreuzgänge vielerorts als Rechtsbezirke in Gebrauch standen (vgl. Anm. 34), stellt sich somit die Frage, ob auch jener von Muri als Gerichtsort gedient haben könnte. Angesichts seiner recht engen Raumverhältnisse, die ihn als Versammlungsplatz für eine grössere Menschengruppe kaum geeignet erscheinen lassen (die Gangbreite der einzelnen Arme beträgt zwischen 3,3 und 3,5 m), muss dies allerdings eher bezweifelt werden.

36 Ein Jahr jünger datiert ist die Pforte des Südarms.

37 Kiem 1888, S. 298 (hier weitere Schriftzeugnisse dazu).

38 Liebenau geht ohne nähere Begründung davon aus, dass 1531 auch Glasgemälde im Kreuzgang vernichtet wurden (Liebenau 1892, S. 2).

39 Von den aus der Amtszeit dieses Abtes datierenden Glasgemälden, die heute das Stift Muri-Gries in Sarnen bewahrt, scheint keines für den Kreuzgang bestimmt gewesen zu sein (Henggeler 1965/66, S. 34). Wo im Kloster die Scheiben zur Aufstellung kamen, die 1543 Zürich (vgl. Ost Ib) und 1546 das Kloster Einsiedeln (vgl. Süd IIIa) nach Muri schenkten, weiss man nicht.

40 Lehmann 1897, S. 2f. – Germann 1965/66, S. 45.

41 Die aus dem Besitz des Archivs für Schweizerische Kunstgeschichte in Basel kommenden Aufnahmen bewahrt heute das Schweizerische Zentrum für Forschung und Information zur Glasmalerei in Romont. Massangaben sind darauf keine enthalten.

42 Selbstverständlich scheint es verlockend, das unbekannte Monogramm «MB» auf dem Scheibenfragment von 1547 mit Balthasar Mutschlin von Bremgarten in Verbindung zu bringen, von dem man weiss, dass er von der Äbtissin des Klosters Hermetschwil 1560/61 für nach Muri, Boswil und Wettingen gelieferte Fenster entlöhnt wurde (Kiem 1888, S. 350; Anderes 1974, S. 112). Da bei Glasmalermonogrammen die Initiale des Vornamens jener des Nachnamens normalerweise vorangeht, ist diese Zuweisung aber kaum zutreffend. Von den übrigen Fragmenten erinnern jene mit den musizierenden und auf Wolken knienden Engeln an die Arbeiten von Niklaus Bluntschli.

43 Schmid 1954, S. 67f. – HS III 1 (2), 1986, S. 933 (R. Amschwand/ R. Brüschweiler).

44 Lehmann 1897, S. 4. – Zur speziellen Bedeutung des an die Kirche angrenzenden Kreuzgangflügels im Allgemeinen: Abegg 1997 (wie Anm. 2), S. 18–20.

45 Die erhaltenen Schlusssteine dieses Gewölbes sind skulptiert. Sie zeigen die hl. Ursula sowie die Wappen von Abt und Konvent (Germann 1967, S. 354, 356, Abb. 257).

46 Dass sich einzelne Scheibenstifter an der Finanzierung der über ihren Wappengaben angebrachten Masswerkverglasungen beteiligten, scheint denkbar. Aus den überlieferten Rechnungsbelegen lässt sich darüber leider kein näherer Aufschluss gewinnen.

47 Die aus der Klosterbibliothek Muri stammende Ausgabe der «Quadrins» ist heute im Besitz der Aargauer Kantonsbibliothek (Mb 1488). – Alfred Cartier, Bibliographie des éditions des de Tournes, imprimeurs Lyonnais, 2 Bde., Paris 1937/38, S. 382f.

48 Herta Schubart, Die Bibelillustration des Bernard Salomon, Phil. Diss. Hamburg, Amorbach (Bayern) 1932. – Cartier (wie Anm. 47), S. 13f., 347f., 366, 712f.

49 Eine interessante Parallele dazu bildet das im gleichen Jahr wie Egeris Zyklus in Muri für den Wettinger Abt Peter Eichhorn (1550–1563) geschaffene Lektionar, dessen Initialminiaturen ebenfalls auf Salomons Bilderbibel zurückgehen (Schmid 1954, S. 80, 140f., Abb. 91–94).

50 Germann 1967, S. 234–236, 325f.

51 Germann 1965/66, S. 45f. und 1967/68, S. 189f.

52 Germann 1967, S. 325.

53 Germann 1967, S. 370.

54 Wie bei den meisten Klöstern waren auch in Muri die «profaneren» Zwecken dienenden Gebäudekomplexe in den westlichen und den südlichen Kreuzgangflügel eingebunden.

55 Wahrscheinlich hielt sich von Grüth damit an eine fest verankerte Tradition, kamen doch beispielsweise auch die 1519/20 in den Kreuzgang von Wettingen gestifteten Standesscheiben im Ostflügel vor dem Kapitelsaal zur Aufstellung (Anderes/Hoegger 1989, S. 36f.).

56 Was von Grüth dazu bewog, die Masswerköffnungen im West- und Südflügel ohne eine klar erkennbare ikonographische Linie mit verschiedenen biblischen und profanen Bildmotiven zu füllen, lässt sich nicht schlüssig beantworten. So scheint es denkbar, dass er bewusst darauf verzichtete, die beiden in der «Kreuzganghierarchie» an zweiter Stelle rangierenden Flügel mit einer ikonographisch kohärenten Szenenfolge zu schmücken. Vielleicht musste er aber auch deshalb davon absehen, weil er bei der Bildwahl vereinzelt Wünsche privater Scheibenstifter zu berücksichtigen hatte.

57 Das würde beispielsweise erklären, weshalb von Grüth die heute wohl an ihrem ursprünglichen Standort angebrachten Kaiser- und Königsscheiben (Süd VIa–c), die er in unmittelbarer Nachbarschaft der Standesstiftungen haben wollte, nicht im ehemaligen Nordfenster I, sondern im Südfenster VI zur Aufstellung bringen liess.

58 Eine dieser drei Scheiben war wohl für den Kreuzgang des Zisterzienserinnenklosters Tänikon bestimmt, wohin Jakobs Bruder Erasmus 1558 ebenfalls ein Glasgemälde gestiftet hatte (Meyer 1884, S. 195. – Boesch 1943, S. 40, 45).

59 Germann 1965/66, S. 46f. und 1967/68, S. 190.

60 Henggeler 1965/66, S. 35–37.

61 In der gedruckten Sammlung der älteren eidgenössischen Abschiede (EA 5 IA, S. 260, 273) ist diesbezüglich ausdrücklich von der Erneuerung schadhaft gewordener Fenster im Kreuzgang die Rede. Wie Liebenau glaubhaft begründet, scheint dabei aber eine Verwechslung mit den Fenstern in der Klosterkirche vorzuliegen (Liebenau 1892, S. 2f.).

62 Solche Rechnungen sind aus den Jahren 1598, 1599, 1600, 1600/01,

63 Lehmann 1897, S. 21. – Anderes 1974, S. 26.
64 Liebenau 1892, S. 2f. – Wyss 1957/58, Teil 2, S. 1.
65 Die Stiftung der französischen Krone von 1625 trat wohl an die Stelle einer älteren, beschädigten Wappenscheibe dieses Königshauses.
66 Germann 1967, S. 370.
67 Darauf deuten die zahlreichen Ungereimtheiten auf Gladbachs Zeichnung wie zum Beispiel die Sonne auf der Scheibe Lussis (West IVa), der als Helmzier dienende Flug auf der Scheibe Fuchsbergers (West IVc) oder die auf dem Mittelstück neben dem Wappen Amlehn postierte Hauptmannsgestalt, die ganz offenkundig der Figur Lux Ritters auf der Scheibe West VIa nachgebildet ist. Motive von verschiedenen Fenstern bedenkenlos vereint hat Gladbach auch im Masswerk. Besonders augenfällig macht das die Fischblasenfüllung mit dem tanzenden Bauernpaar aus dem Masswerk West V, die hier bei Gladbach im Westfenster IV erscheint.
68 «Verificirtes Inventarium über das Vermögen des Klosters Muri 1841» (StAA, Inv. 5848, S. 10). – P. Rupert Amschwand, Abt Adalbert Regli und die Aufhebung des Klosters Muri, Beilage zum Jahresbericht des Kollegiums Sarnen 1955/56, Sarnen 1956, S. 190f. – 1848 kam Stantz von Konstanz nach Bern, wo er eine Glasmalerwerkstatt eröffnete. Dort arbeitete ab 1849 für mehrere Jahre auch Johann Heinrich Müller, von dem sich im Schweizerischen Landesmuseum Bleistiftpausen von den Murenser Scheiben Ost IVb und West IIIa sowie den Glasmalereien im Masswerk West V erhalten haben (SLM, Fach 13/Mappe R). Müller wird diese Pausen entweder während seiner damaligen Jahre bei Stantz oder aber erst nach 1860 geschaffen haben, als ihm die Murenser Scheiben in Aarau zugänglich waren.
69 Germann 1967, S. 370.
70 Lehmann 1897, S. 13f.
71 Lehmann 1897, S. 14 (von Wehrli stammen vermutlich die drei Bogenfelder im Masswerk von Südfenster VI). Der Transport der Scheiben von Muri nach Aarau wurde von der Aargauer Regierung 1860 dem in Zürich ansässigen Glasmaler Johann Jakob Röttinger (1817–1877) anvertraut. Gleichzeitig hatte Röttinger für diese ein Inventar der Murenser Scheiben zu erstellen (StAA, Akten zu den Scheiben im Staatsbesitz, DB 01/05 91).
72 Die damals teilweise fehlerhaft zusammengesetzten Masswerkbilder sind in Liebenaus Publikation von 1892 durch die Aufnahmen von Otto Lindt dokumentiert, die dieser gegen 1890 in der Kantonsbibliothek Aarau von den Scheiben gemacht hatte (Liebenau Taf. XXIII–XXX).
73 Lehmann 1897, S. 14. Die im Laufe des 19. Jahrhunderts im Auftrag der Aargauer Regierung durchgeführten Reparaturen und Projekte zur Neuaufstellung der Scheiben sind relativ gut dokumentiert (StAA, Akten zu den Scheiben im Staatsbesitz, DB 01/05 91).
74 Lehmann 1897, S. 15–17.
75 In den Jahren nach 1841 diente der Kreuzgang als Magazin für Marktstände, eine Eisenwarenhandlung und eine Käserei. Zudem wurde er durch ein Treppenhaus verbaut (Lehmann 1897, S. 15).
76 Felder 1957.
77 Dieser Zustand ist durch Aufnahmen der kantonalen Denkmalpflege in Aarau dokumentiert.
78 Germann 1967, S. 354, Anm. 1. – Während sich die meisten dieser Masswerke weitgehend problemlos in ihrer ursprünglichen Form wiederherstellen liessen, konnten einige nicht mehr exakt nachgebildet werden (vgl. Kommentar zu den Masswerkfüllungen West VI und Ost VII). Zu Fragen Anlass bieten diesbezüglich auch die angeblich im Originalzustand erhaltenen Fenstermasswerke Süd V und VI.
79 Bei den Masswerkverglasungen boten diesbezüglich einige Bogenfüllungen Probleme. Diese Füllungen, von denen nicht mehr alle original sind (Süd III und VI), scheinen denn auch nicht immer am richtigen Ort eingesetzt worden zu sein (Süd V/VI). Innerhalb der Standesscheibenfolge kam es vermutlich bei der Glarner (Ost VI) und Zuger (Ost VII) Stiftung zu einer Verwechslung. Wie aus dem Rechnungsrodel von 1624 hervorgeht, muss damals jedenfalls die Zuger im sechsten und die Glarner im siebten Ostfenster platziert gewesen sein.
80 Von Zurlaubens Reihenfolge wich man lediglich insofern ab, als im Westfenster VI und im Südfenster I jeweils die beiden ersten Scheiben vertauscht wurden. Bei Südfenster I widerspiegeln freilich weder die heutige Anordnung noch Zurlaubens Beschrieb den ursprünglichen Zustand, muss doch die 1555 nach Muri gestiftete Stadtscheibe von Bremgarten zusammen mit den beiden im gleichen Jahr entstandenen Wappenscheiben der Bremgarter Schultheissen Bernhard Mutschlin (Süd Va) und Niklaus Honegger (Süd Vc) unter von Grüth in einem Fenster vereint gewesen sein (vgl. Süd Ib).
81 Die damalige Restaurierung betraf unter anderem Sicherungsmassnahmen in Form von Glasdoublierungen (Süd Ia, Va, Vb). Zudem wurden in einigen Fenstern – mehrheitlich neutrale – Ergänzungen eingefügt (Süd Va, Masswerk Süd III und VI, Ost VIc, Masswerk Ost VII).
82 Dieser denkmalpflegerisch fragwürdige Eingriff wurde also 1996/97 korrigiert.
83 Historisches Museum des Kantons Aargau, Schloss Lenzburg: Inv. K 266, K 332–341, K 447–460. Einige dieser Fragmente sind in dem von Liebenau publizierten Masswerkbild-Verzeichnis enthalten, das Professor E. L. Rochholz 1863 in Aarau erstellt hatte, wo damals die Scheiben in Kisten gelagert waren (Liebenau 1892, S. 25f.).
84 In der alten Kantonsbibliothek von Aarau war dieses Bogenfeld fälschlicherweise in die Masswerkkomposition mit den Evangelistenfiguren von Südfenster IV eingesetzt (Liebenau 1892, Taf. XXV).
85 In der alten Kantonsbibliothek von Aarau befand sich dieses Bogenfeld zusammen mit seinem Pendant als «Füllsel» unterhalb des Maria und Joseph auf der Flucht zeigenden Panneaus aus dem Masswerkfenster Ost VII (Liebenau 1892, S. 25, Taf. XXIV).
86 Das Dulliker-Wappen stammt möglicherweise von der gleichen Scheibe wie das 1602 datierte Honegger-Wappen. Wie dieses rechnet es Liebenau irrtümlicherweise zum Originalbestand der vorliegenden Bogenfüllung, was ihn zum Fehlschluss verleitet, es gehöre dem Luzerner Ratsherrn und Stadtbaumeister Ulrich Dulliker († 1559), der in Muri an der Errichtung des Kreuzgangs beteiligt gewesen sei (Liebenau 1892, S. 2, 25, Taf. XXIV).
87 Aufgrund ihrer Breite (46,5–47,5 cm) fallen die nicht mehr die originalen Gläser enthaltenden Bogenfelder von Südfenster V und VI als ursprünglicher Standort für die Lenzburger Fragmente Nrn. 1–3 ausser Betracht. Die Vermutung, wonach die betreffenden Fragmen-

te aus Fenstermasswerken des einstigen Nordflügels stammen, erfährt dadurch eine willkommene Bestätigung (so auch Lehmann 1897, S. 10).

88 Kiem 1888, S. 327.
89 Die eidgenössischen Orte, die im 16. Jahrhundert mit Bittgesuchen um Fenster überhäuft wurden, beschränkten sich in der Regel auf die Schenkung einer einzigen oder einer zweiteiligen Standesscheibe.
90 Kiem 1888, S. 332f.
91 Carl von Egeri, Niklaus Bluntschli, Grosshans Thomann und andere Glasmaler der Zwinglistadt arbeiteten ebenso für katholische wie für reformierte Auftraggeber (Lehmann 1941, S. 87f.; Anderes 1974, S. 42).
92 Viele Stifter gaben damals dem Bittsteller das Geld für ihre Scheibenschenkung und überliessen es diesem, die Auftragsvergabe vorzunehmen (Meyer 1884, S. 202). Derart gingen in Muri offenbar nicht nur die sieben Schirmorte, sondern auch ein Grossteil der anderen Donatoren vor.
93 Diese anerkennenden Worte hielt Antistes Heinrich Bullinger im Totenbuch seiner Pfarrei zum Eintrag von Egeris Sterbetag fest.
94 Zur Person und zum Schaffen Egeris: Meyer 1884, S. 197–206. – Lehmann 1897, S. 17–23. – Anderes 1974, S. 28–41. – Kat. Zürich 1981, S. 16–19, Nrn. 55–64, 77–86. – Germann 1998, S. 289.
95 Schneider 1970, Bd. 1, Nrn. 235, 236, 237, 258. An der Stiftung eines dieser Glasgemälde (Nr. 236) war Konrad Gessner beteiligt.
96 Kat. Zürich 1981, S. 17f.
97 Hasler 1996/97, Bd.1, Nrn. 184–190.
98 Auf die Bedeutung Egeris als Scheibenentwerfer weist Bernhard Anderes hin (Anderes 1974, S. 33–41, Abb. 16–18, 20–23; Kat. Zürich 1981, S. 16, Nrn. 77–86).
99 Meyer 1884, S. 198.
100 Kat. Zürich 1981, S. 17.
101 Yves Jolidon, Die Zürcher Hinterglasmalerei in der ersten Hälfte des 17. Jahrhunderts, in: Hanspeter Lanz/Lorenz Seelig (Hrsg.), Farbige Kostbarkeiten aus Glas. Kabinettstücke der Zürcher Hinterglasmalerei 1600–1650, Ausstellungskatalog Bayerisches Nationalmuseum und Schweizerisches Landesmuseum, München/Zürich 1999, S. 57.
102 Meyer 1884, S. 197–202.
103 Hans Rott, Schaffhausens Künstler und Kunst im XV. und in der ersten Hälfte des XVI. Jahrhunderts (Schriften des Vereins für Geschichte des Bodensees und seiner Umgebung), Lindau 1926, S. 130. – Anderes 1974, S. 28.
104 Leus Werkgruppe, die im Folgenden genauer zu behandeln sein wird, umfasst die aus dem Nordarm stammenden Masswerkfragmente sowie die Masswerkbilder im Südarm. Mit Ausnahme von Bluntschlis Scheibe für den Ittinger Prior Leonhard Janny (West Ic) lassen sich Leu zudem alle Murenser Glasgemälde zuweisen, deren Stifter geistliche Würdenträger waren. Wie bereits ausgeführt wurde, darf vermutet werden, dass diese heute teils im Süd-, teils im Westflügel befindlichen Glasgemälde zur Zeit von Grüths die Fenster des später abgebrochenen Kreuzgangnordtrakts schmückten.
105 Wie Bernhard Anderes am Beispiel der kernigen Kriegergestalten von Egeris Standesscheiben aufzeigt, hat dieser – stets von den gleichen Vorlagen oder Schablonen ausgehend – seine strammen Schildwächter «mit ganz wenigen Grundformeln immer wieder abzuändern gewusst, indem er die Umrisse von Köpfen, Armen und Beinen vertauschte, abdrehte oder spiegelbildlich verwendete und mit variierender Binnenzeichnung verfremdete» (Kat. Zürich 1981, S. 16).
106 Lehmann 1897, S. 20.
107 Die Schweizer Glasmalerei dieser Zeit kennt keine vergleichbaren Arbeiten. Wie bereits Germann bemerkte, finden sich die besten Vergleichsbeispiele dazu in Frankreich (Germann 1967, S. 403), und zwar unter den figürlichen Masswerkkompositionen, welche die Glasmalerateliers in Paris, Troyes und anderenorts während der ersten Hälfte des 16. Jahrhunderts zum Schmuck grosser Kirchenfenster schufen.
108 Die künstlerische Bedeutung dieser Masswerkbilder wurde schon früh erkannt. So ist in den Publikationen des 19. Jahrhunderts die Rede von «meisterhaft ausgeführte[n] Darstellungen» (Lübke 1866, S. 50), von «Meisterstücke[n] der Glasmalerei, die geradezu unerreicht dastehen» (Liebenau 1892, S. 7) und von einem Werk, mit dem die schweizerische Glasmalerei «vielleicht überhaupt den Höhepunkt ihres Könnens erreichte» (Lehmann 1897, S. 5).
109 Germann 1967, S. 402f.
110 Die Glasgemälde Süd IVa und IVb bilden zusammen mit der Scheibe Süd IVc eine gemeinsame Stiftung und dasselbe gilt für die Glasgemälde Süd Va und Vc.
111 Diese auf der Stadtscheibe von Bremgarten und auf den Masswerkscheiben der beiden ersten Südfenster auftretende Kaltbemalung zeichnet sich durch einen matten, fast opaken Charakter aus und ist zum Teil abgeblättert. In den anderen Fällen besitzt die hier zur Diskussion stehende Malsubstanz eine etwas grössere Transparenz. Weil auch sie stellenweise abgesplittert, das heisst mit dem Trägerglas nicht fest verhaftet ist, dürfte es sich aber ebenfalls bei ihr um eine kalt aufgetragene Farbe handeln. Die grüne Kaltbemalung, die bei den Glasmalern des 15. und 16. Jahrhunderts nachweislich Verwendung fand, wurde von der Forschung erst jüngst näher zur Kenntnis genommen. Vgl. dazu: Chantal Fontaine/Marina Van Bos/Helena Wouters, Contribution à l'étude des peintures à froid sur les vitraux anciens. Fonction et identification, in: Grisaille, jaune d'argent, sanguine, émail et peinture à froid. Techniques et conservation. Forum pour la Conservation et la Restauration des Vitraux, Liège 19–22 juin 1996 (Dossier de la Commission Royale des Monuments, Sites et Fouilles 3), Liège 1996, S. 93–101, 115; Uta Bergmann/Yves Jolidon/Jürg A. Meier, Sursees Sammler und Sammlungen (Surseer Schriften, Kataloge 1), Sursee 1998, S. 75f.
112 Wyss 1940. – Germann 1967, S. 368f. – Anderes 1974, S. 43–52.
113 M. Estermann, Glasmaler und Glasmalerei im Dienste des Stifts Bero-Münster, in: ASA 4/1880, S. 84. – Meyer 1884, S. 37 (Wappengaben des Klosters Hermetschwil nach Boswil, Wettingen, Waltenschwil und Bünzen). – Hans Lehmann, Die Fenster- und Wappenschenkungen der Stadt Zofingen, in: ASA 1897, S. 135. – Peter Felder, Die Kunstdenkmäler des Kantons Aargau. Bd. IV: Der Bezirk Bremgarten, Basel 1967, S. 137, Anm. 2 (Wappengabe des Stifts Beromünster ins Schützenhaus von Bremgarten, wohin Füchslin in den folgenden Jahren noch weitere Scheiben lieferte). – Zudem muss Füchslin 1582 für Einsiedeln als

114 Boesch 1943, Nrn. 24–26, Abb. 43–45. – Knoepfli 1950, S. 397f., Abb. 313. – Anderes 1974, Abb. 25–27. – Jenny Schneider, Farbenprächtige Glasmalerei aus dem Kanton Thurgau, in: Von Farbe und Farben. Albert Knoepfli zum 70. Geburtstag, Zürich 1980, S. 269f. (Farbabb. der Segesser-Scheibe).

115 Der heutige Standort der die Hirtenanbetung darstellenden Scheibe Melioras ist unbekannt. Das Glasgemälde Albrecht Segessers mit Christus am Kreuz und jenes Theophil von Grüths mit der Kreuztragung Christi gelangten 1977 beziehungsweise 1978 ins Schweizerische Landesmuseum (Inv. LM 56894 und LM 59500; Jahresbericht SLM 86/1977, S. 72–74, Abb. 81; Jahresbericht SLM 87/1978, S. 76–79, Abb. 87).

116 Diese fragmentarisch erhaltene Bibelscheibe, die ebenfalls die Hirtenanbetung zeigt, befand sich bis um 1970 im Museum «Het Princessehof» in Leeuwarden NL und kam danach in den Kunsthandel (Boesch 1943, S. 52, Abb. 46; Anderes 1974, S. 43).

117 Das trifft für beide Scheiben in Zürich zu.

118 Lehmann 1897, S. 23. – Germann 1967, S. 369.

119 Bei der Initiale «H», deren senkrechte Balken unten quastenartig verstärkt sind und sich leicht berühren, kommt der waagrechte Mittelbalken trotz seiner feinen Zeichnung klar zur Geltung.

120 Paul Ganz, Die Familie des Malers Hans Leu von Zürich, Teil II, in: Zürcher Taschenbuch 1902, S. 194–198.

121 Charlotte Gutscher-Schmid, Leu, Hans d.Ä und d.J., in: Biografisches Lexikon der Schweizer Kunst, Zürich 1998, Bd. 2, S. 623-625.

122 Gutscher-Schmid (wie Anm. 121).

123 Weshalb er nach Aarau übersiedelte, weiss man nicht. Somit muss es auch offen bleiben, ob sein Engagement in Muri damit in irgendeinem Zusammenhang stand.

124 Nach dem Tod von Elsbeth Rüttimann, mit der er sich in jungen Jahren in der Grossmünsterkirche hatte trauen lassen, heiratete Heinrich Leu 1565 in zweiter Ehe Margreth Gessner, die ebenfalls eine Zürcherin war. Ort ihrer Hochzeit war wiederum die Limmatstadt.

125 Zahlungen für Scheiben erhielt er von Aarau 1556, 1561, 1574 und 1575, von Zürich 1565, von Bern 1566 und 1574, von Solothurn 1576, von St. Urban 1574 und 1576 sowie von Beromünster 1572. Da die 1565 für Zürich und 1566 für Bern ausgeführten Wappen als Ehrengaben ins neue Schützenhaus von Aarau kamen, ist anzunehmen, dass Leu dorthin eine ganze Standesscheibenfolge zu liefern hatte (Estermann [wie Anm. 113], S. 84; Meyer 1884, S. 253; Ganz [wie Anm. 120], S. 195f.).

126 Walther Merz-Diebold, Kunst- und kulturgeschichtliche Notizen aus den Königsfelder Jahrrechnungen, in: ASA 8/1896, S. 22. – Hans Lehmann, Die Glasgemälde in den aargauischen Kirchen und öffentlichen Gebäuden, in: ASA NF 4/1902–03, S. 307. – Michael Stettler, Die Kunstdenkmäler des Kantons Aargau. Bd. I: Die Bezirke Aarau, Kulm und Zofingen, Basel 1948, S. 144f.

127 Ganz (wie Anm. 120), S. 197, Anm. 2.

128 Ganz (wie Anm. 120), S. 195. – Walther Merz, Kunst- und kulturgeschichtliche Eintragungen in den Seckelmeisterrödeln der Stadt Aarau 1556–1600, in: ASA NF 7/1905–06, S. 158f.

129 Merz (wie Anm. 128), Fig. 75.

130 1572 wurden sowohl Leu wie Füchslin vom Stift Beromünster für gelieferte Scheiben entlöhnt (vgl. Estermann [wie Anm. 113]).

131 Der Bilderbibel Salomons bedienten sich nach 1560 zahlreiche Schweizer Glasmaler als Vorlagenrepertoire. Mit Niklaus Bluntschli (vgl. Abb. 42 und 70), Grosshans Thomann (vgl. Abb. 75 und 76) und Christoph Murer (Schneider 1970, Bd. 1, Nrn. 358–372) finden sich unter diesen auffallend viele Zürcher Meister. Damit drängt sich die Vermutung auf, dass Carl von Egeri und Heinrich Leu mit ihren auf Salomons Holzschnittfolge basierenden Glasmalereien, die sie Ende der 50er-Jahre im Auftrag des Murenser Abtes schufen, wesentlichen Anteil an deren Verbreitung hatten. In die gleiche Richtung weisen die verschiedenen, ebenfalls darauf zurückgreifenden Arbeiten des St. Galler Glasmalers Andreas Hör (um 1527–1577), auf den Carl von Egeri offenbar einen grossen Einfluss ausübte (Ernst Walter Alther, Hör, Andreas, in: Biografisches Lexikon der Schweizer Kunst, Zürich 1998, Bd. 1, S. 495f.).

132 Zur Person und zum Werk Bluntschlis: Anderes 1974, S. 42. – Anderes/Hoegger 1989, S. 61f. – AKL 11/1995, S. 653. – Malin 1998, Bd. 1, S. 122.

133 Liebenau 1892, S. 6–9, 27f.

134 Boesch 1943.

135 Ähnlich wie Egeri machte Bluntschli von den seit dem mittleren 16. Jahrhundert zunehmend beliebteren Schmelzfarben noch relativ wenig Gebrauch. Stattdessen verwendete auch er mit Vorliebe Farbbeziehungsweise Überfanggläser, die er je nach Bedarf ausschliff. Die von Bluntschli verwendeten Dekorationsmotive und die landschaftlichen Szenerien seiner Bildhintergründe bewegen sich ebenfalls ganz im Rahmen dessen, was man von Egeri kennt.

136 Boesch 1943, S. 71.

137 Anderes/Hoegger 1989, S. 290–294, Farbabb. S. 162–166.

138 Zur Person und zum Werk Wägmanns: Horat 1997. – Sabina Kumschick, Wägmann, Jakob, in: Biografisches Lexikon der Schweizer Kunst, Zürich 1998, Bd. 2, S. 1091.

139 Zur Person und zum Werk Brandenbergs: Anderes/Hoegger 1989, S. 68f., 298–308, Farbabb. S. 174–195. – AKL 13/1996, S. 606f.

140 Vgl. Anm. 9.

141 Vgl. Anm. 11.

142 Lehmann 1897, S. 24. – Germann 1967, S. 370. – Anderes 1975, S. 8.

143 Der 1623 von verschiedenen Klöstern in den Kreuzgang von Wettingen gestiftete Marienzyklus Brandenbergs enthält eine Doppelscheibe des Murenser Abtes Johann Jodok Singisen (Anderes/Hoegger 1989, Abb. S. 188f.). Von den anderen zahlreich überlieferten Wappengaben Singisens scheint zumindest noch eine von Brandenberg zu stammen (Germann 1967/68, Nr. 59).

Die Glasmalereien im Westarm

West I
Masswerkverglasung
Posaunenengel

Wappenscheibe Jodok Krämer
Wappenscheibe Joseph von Cambiano und Oswald Elsener
Figurenscheibe Leonhard Janny

West Ia

Wappenscheibe

Jodok Krämer

Joseph Von Cambia Ritter zu Hommrein Vnd Reiden Haller Zu Hommrein Gaut

Sant Johannes Ordens Conterhur Bruder Oswald Elsner stat Johannes Ordens · 1 5 0 3 ·

West Ib

Wappenscheibe
Joseph von Cambiano u.
Oswald Elsener

West Ic

Figurenscheibe
Leonhard Janny

West II
Masswerkverglasung
Verkündigung an Maria

Wappenscheibe Hans Hug
Wappenscheibe Martha Tammann
Wappenscheibe Erasmus von Hertenstein

West IIa
Wappenscheibe
Hans Hug

West IIb

Wappenscheibe
Martha Tammann

West IIc
Wappenscheibe
Erasmus von Hertenstein

West III
Masswerkverglasung
David und Bathseba

Wappenscheibe Heinrich II. Fleckenstein und Anna Klauser
Wappenscheibe Heinrich I. Fleckenstein und Anna Reichmut
Wappenscheibe Beat Fleckenstein und Anna Mutschlin

56

West IIIa
Wappenscheibe
Heinrich II. Fleckenstein
und Anna Klauser

West IIIb

Wappenscheibe
Heinrich I. Fleckenstein
und Anna Reichmut

West IIIc
Wappenscheibe
Beat Fleckenstein und
Anna Mutschlin

West IV
Masswerkverglasung
Hirsch- und Hasenjagd

Wappenscheibe Melchior Lussi und Katharina Amlehn
Wappenscheibe Wendel Sonnenberg und Klara Ziegler
Wappenscheibe Jakob Fuchsberger

West IVa

Wappenscheibe
Melchior Lussi und
Katharina Amlehn

West IVb

Wappenscheibe
Wendel Sonnenberg und
Klara Ziegler

West IVc

Wappenscheibe
Jakob Fuchsberger

West V
Masswerkverglasung
Bauerntanz

Wappenscheibe Niklaus Amlehn und Elsbeth Zukäs
Wappenscheibe Niklaus von Meggen und Margaretha Schiner
Wappenscheibe Hans Tammann und Maria Magdalena Feer

West Va
Wappenscheibe
Niklaus Amlehn und
Elsbeth Zukäs

West Vb

Wappenscheibe
Niklaus von Meggen und
Margaretha Schiner

West Vc

Wappenscheibe
Hans Tammann und
Maria Magdalena Feer

West VI
Masswerkverglasung
Sechs Büstenmedaillons

Wappenscheibe Lux Ritter
Wappenscheibe Rudolf Pfyffer
Wappenscheibe Ludwig Pfyffer

West VIa

Wappenscheibe
Lux Ritter

West VIb

Wappenscheibe
Rudolf Pfyffer

West VIc

Wappenscheibe
Ludwig Pfyffer

Ausschnitt Masswerk West V
Tanzende Bauernpaare

Ausschnitt Masswerk West V
Tanzende Bauernpaare

Ausschnitt Masswerk West VI
Büstenmedaillons

Ausschnitt Masswerk West VI
Büstenmedaillons

Ausschnitt aus West IIc
Die Stadt Luzern

Die Glasmalereien im Südarm

Süd I
Masswerkverglasung
Mondsichelmadonna

Stadtscheibe Baden
Stadtscheibe Bremgarten
Stadtscheibe Sursee

Süd Ia
Stadtscheibe
Baden

Süd Ib
Stadtscheibe
Bremgarten

Süd Ic
Stadtscheibe
Sursee

Die Statt   Sursee 1500

Süd II
Masswerkverglasung
Blüten- und Rankenwerk

Wappenscheibe Konrad Zurlauben
Wappenscheibe Michael Herster
Wappenscheibe Ulrich Püntiner und Adelheid A Pro

Süd IIa

Wappenscheibe
Konrad Zurlauben

Michaellis von Gottes gnaden Apt des gotzhus Rinow 1560

Süd IIb
Wappenscheibe
Michael Herster

Süd IIc

Wappenscheibe
Ulrich Püntiner und
Adelheid A Pro

Süd III
Masswerkverglasung
Der barmherzige Samariter

Wappenscheibe Joachim Eichhorn
Wappenscheibe Christoph Metzler
Wappenscheibe Diethelm Blarer

Süd IIIa
Wappenscheibe
Joachim Eichhorn

+ S·CONRAT +   + S·PELAY +

+ Cristoff von Gottes gnaden Bischoff zu
Costentz. Vnd Her der Reichen ON · 1 5 5 7 ·

Süd IIIb
Wappenscheibe
Christoph Metzler

Süd IIIc
Wappenscheibe
Diethelm Blarer

Süd IV   Wappenscheibe Kaspar I. Müller
Masswerkverglasung   Figurenscheibe Kaspar I. Müller
Die vier Evangelisten   Wappenscheibe Kaspar I. Müller

Süd IVa

Wappenscheibe
Kaspar I. Müller

Süd IVb

Figurenscheibe

Kaspar I. Müller

Süd IVc

Wappenscheibe
Kaspar I. Müller

Süd V
Masswerkverglasung
Genesisbilder

Wappenscheibe Bernhard Mutschlin
Wappenscheibe Hans Müller
Wappenscheibe Niklaus Honegger

Süd Va
Wappenscheibe
Bernhard Mutschlin

Süd Vb
Wappenscheibe
Hans Müller

Süd Vc
Wappenscheibe
Niklaus Honegger

Süd VI
Masswerkverglasung
Erschaffung Adams und Evas, Sündenfall

Wappenscheibe des französischen Königs Ludwig XIII.
Wappenscheibe von Kaiser Ferdinand I.
Wappenscheibe des spanischen Königs Philipp II.

Süd VIa

Wappenscheibe des franz. Königs Ludwig XIII.

Süd VIb

Wappenscheibe von Kaiser Ferdinand I.

Süd VI c
Wappenscheibe des span. Königs Philipp II.

Ausschnitt Masswerk Süd VI
Die Erschaffung und
Beseelung Adams

Ausschnitt Masswerk Süd VI
Die Erschaffung Evas und
der Sündenfall

Die Glasmalereien im Ostarm

Ost I
Masswerkverglasung
Verkündigung an Maria

Figurenscheibe hl. Felix
Standesscheibe Zürich
Figurenscheibe hl. Regula

Ost Ia
Standespatron
hl. Felix

Ost Ib
Standesscheibe
Zürich

Ost Ic
Standespatronin
hl. Regula

Ost II
Masswerkverglasung
Heimsuchung Mariens

Figurenscheibe hl. Leodegar
Standesscheibe Luzern
Figurenscheibe hl. Mauritius

Ost IIa
Standespatron
hl. Leodegar

Ost IIb
Standesscheibe
Luzern

Ost IIc

Standespatron
hl. Mauritius

Ost III
Masswerkverglasung

Geburt Christi und Verkündigung an die Hirten

Figurenscheibe hl. Martin
Standesscheibe Uri
Muttergottes

Ost IIIa

Standespatron
hl. Martin

Ost IIIb
Standesscheibe
Uri

Ost IIIc
Muttergottes

Ost IV
Masswerkverglasung
Anbetung der Könige

Figurenscheibe hl. Martin
Standesscheibe Schwyz
Figurenscheibe hl. Georg

Ost IVa
Standespatron
hl. Martin

Ost IVb
Standesscheibe
Schwyz

Ost IVc
Standespatron
hl. Georg

Ost V
Masswerkverglasung
Darbringung im Tempel

Figurenscheibe hl. Petrus
Standesscheibe Unterwalden
Figurenscheibe hl. Paulus

Ost Va
Standespatron
hl. Petrus

Ost Vb

Standesscheibe
Unterwalden

Ost Vc

Standespatron
hl. Paulus

127

Ost VI
Masswerkverglasung
Bethlehemitischer Kindermord

Figurenscheibe hl. Fridolin
Standesscheibe Glarus
Figurenscheibe hl. Hilarius

Ost VIa

Standespatron
hl. Fridolin

Ost VIb

Standesscheibe
Glarus

Ost VIc
Standespatron
hl. Hilarius

Ost VII
Masswerkverglasung
Flucht nach Ägypten

Figurenscheibe hl. Michael
Standesscheibe Zug
Figurenscheibe hl. Oswald

Ost VIIa
Standespatron
hl. Michael

Ost VIIb

Standesscheibe
Zug

Ost VIIc
Standespatron
hl. Oswald

Ausschnitt Masswerk Ost IV
Das Zusammentreffen der königlichen Reiterzüge

Ausschnitt aus der Scheibe Ost Va
Der Ort Sarnen

Detail aus der Scheibe Ost VIc
Der Ort Glarus

Detail aus der Scheibe Ost VIIc
Die Stadt Zug

Katalog der Glasgemälde

Kreuzgangarm West

Benutzerhinweise

Die Reihenfolge der Scheiben im Katalog folgt der Anordnung, in der diese seit 1957 in die Fenster der Kreuzgangarme West, Süd und Ost (wieder) eingesetzt sind.

Die einzelnen Scheiben sind im Katalog durchgehend nach dem gleichen System erfasst. Dieses setzt sich aus den folgenden Positionen zusammen:

1. Titel. Ausser der Nennung der Scheibe und ihres Stifters umfasst der Titel die Standortangabe, den Namen des Glasmalers (ein dahinter in Klammern gesetztes z steht für «zugeschrieben») und die Datierung mit belegter oder geschätzter Jahrzahl.

2. Schwarzweissaufnahme und Erhaltungsschema der Scheibe. Die zu verschiedenen Zeiten in eine Scheibe eingesetzten Ergänzungen sind in der Bleiriss-Umzeichnung (Massstab annäherungsweise 1:10 [Wappenscheiben] beziehungsweise 1:15 [Masswerkverglasungen]) folgendermassen gekennzeichnet:

    Originale Gläser

    Vor dem 19. Jahrhundert ergänzte Gläser (mehrheitlich Restaurierung 1624)

    Wahrscheinlich vor dem 19. Jahrhundert ergänzte Gläser

    Wahrscheinlich 1563 ergänztes Glas (Süd VIb)

    Bei der Scheibenerweiterung von 1563 neu zugefügte Gläser (Süd VIb)

    Im 19. Jahrhundert ergänzte Gläser

    Wahrscheinlich im 19. Jahrhundert ergänzte Gläser

    1896 ergänzte Gläser (Masswerk Ost V)

    1956/57 ergänzte Gläser

    Seitenverkehrt eingesetzte Gläser

    Alte, nicht zugehörige Fragmente

    .... Sprünge

3. Kommentar. Ausser ikonographischen Angaben enthält der Kommentar Hinweise zum Stifter und seiner Biographie sowie weitere Hintergrundinformationen zur Scheibe.

4. Inschriften. Wiedergabe aller auf der Scheibe vorhandenen Inschriften.

5. Technik. Die Scheibe wird hier stichwortartig in ihrem materiellen Bestand (Angabe der verwendeten Gläser und Malfarben) und ihrer technischen Ausführung erläutert. Am Schluss dieser Position ist das Scheibenmass angeführt (Höhe vor Breite, jeweils im Licht gemessen und auf einen halben Zentimeter auf- oder abgerundet).

6. Erhaltung. Diese Position gibt eine Kurzbeschreibung des Erhaltungszustandes sowie Hinweise auf Restaurierungen (zur Verdeutlichung der Angaben dient das beigefügte Erhaltungsschema, s. links).

7. Literatur. Angeführt ist die Literatur, die die Scheibe behandelt, erwähnt oder abbildet (von einzelnen Autoren vorgeschlagene Zuschreibungen an Glasmaler sind jeweils in Klammern beigefügt). Vervollständigt werden die Angaben durch Literaturhinweise zum Scheibenstifter. Alle abgekürzt erscheinenden Titel sind in der Bibliographie vollständig zitiert.

West Ia
Wappenscheibe Jodok Krämer, Abt des Klosters Engelberg
Heinrich Leu (z), 1564

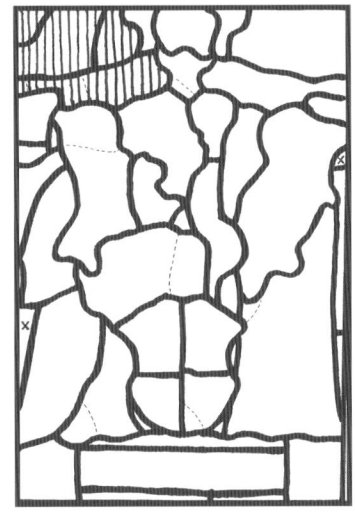

Vor blauem Damastgrund das Wappen des Engelberger Abtes Jodok Krämer (1553–1574) und daneben als Schildwächter die Klosterpatrone, links die Muttergottes mit dem Jesusknaben und rechts der hl. Benedikt. Die auf der Mondsichel stehende Himmelskönigin im weissen Kleid und blauen Mantel zeichnen Krone, Zepter und Strahlenglorie aus. Der hl. Benedikt († 547) erscheint in brauner Mönchskutte und hält in seiner Linken das Pedum und den Giftbecher, aus dem sich die Schlange emporringelt. Die Zwickelbilder über dem roten Volutenbogen zeigen links die Stigmatisation des hl. Franziskus und rechts den hl. Hieronymus in Kasteiung vor dem Kruzifixus.

Im ersten und vierten Feld des Abtwappens ist der Bärenrumpf des Klostergründers Konrad von Sellenbüren dargestellt. Der Engel im zweiten Feld spielt auf den Ortsnamen Engelberg an, obwohl dieser auf die Flurbezeichnung Engiberg zurückgeht. Das Blumenwappen im dritten Feld bezieht sich auf die Krämer, die Familie des Stifters. Im Gegensatz zu den anderen Abtwappen wird hier der Schild nicht von einer Mitra, sondern vom Bärenrumpf Sellenbüren überhöht, womit heraldisch angedeutet wird, dass der Stifter 1564 die Abtweihe noch nicht empfangen hatte.

Jodok Krämer stammte aus Luzern. Seine Eltern waren Jakob Krämer und Apollonia Rothenburger. Die theologische Ausbildung erfuhr er im Kloster Einsiedeln. 1554 wurde er zum Nachfolger des damals verstorbenen Engelberger Abts Bernhard Ernst gewählt, schob aber die Benediktion durch den Diözesanbischof über ein Jahrzehnt auf. Ende Januar 1566 nahm er an der Prälatenversammlung in Rapperswil teil, wo Joachim Eichhorn von Einsiedeln zum Abgeordneten für das Konzil von Trient erkoren wurde (vgl. Süd IIIa). Danach reiste Krämer nach Konstanz und empfing dort am 3. Februar aus der Hand von Bischof Markus Sittich die Abtweihe. Als kränkliche Person hatte er viel unter der Misswirtschaft des von den Schirmorten bestellten Klostervogts zu leiden. 1565/66 und wieder 1574 wütete in Engelberg die Pest, die den Abt und fast alle seine Mitbrüder dahinraffte.

Das Kloster Engelberg scheint 1120 von Muri aus besiedelt worden zu sein, wobei es allerdings umstritten bleibt, ob der erste Abt, der selige Adelhelm, aus Muri oder aus St. Blasien stammte. Muri besass im Tal der Engelberger Aa Alprechte und teilte im 12. Jahrhundert mit dem Talkloster den Kirchensatz in Stans. 1422 erhielt Engelberg das Patronat und die Kollatur über die an Murenser Hoheitsgebiet angrenzende Pfarrkirche Sins. 1555 war der Engelberger Konventuale Laurenz Mannhart Pfarrer in Muri und versah von 1563 bis 1569 die Pfarrei Sins. Nach dem Peststerben in

Abb. 31: Wappenscheibe des Engelberger Abtes Jodok Krämer, 1563 (Wragby, St. Michael's Church [Nostell Priory]).

Engelberg wurde dort 1574 der zuvor in Muri als Prior amtierende Rudolf Gwicht als Abt eingesetzt. Mit Johann Christoph von Grüth stand Jodok Krämer in enger Beziehung. 1555 handelte er mit ihm einen Zehntabtausch zwischen den beiden Klöstern aus und einige Monate vor dessen Tod besuchte er von Grüth in Muri, um mit ihm über einen seiner Engelberger Mitbrüder zu sprechen, der zwangsweise dorthin versetzt worden war. Nachdem Krämer wohl aufgrund der prekären finanziellen Lage seines Klosters sich lange Zeit davor enthalten hatte, Muri mit einer Scheibe zu beehren, sah er sich 1564 aus Dankbarkeit veranlasst, diese Schenkung nachzuholen. Als Scheibenstifter trat Krämer bereits 1563 in Erscheinung. Das betreffende Glasgemälde, dessen Bestimmungsort unbekannt ist, gelangte im 19. Jahrhundert nach England in die Kirche von Nostell (Abb. 31; Boesch 1937, S. 112, Nr. 161).

Inschriften. Sockelinschrift: «Jodokus Von Gottes gnaden Abte / des Gotzhuß Engelberg 1564».

Technik. Farbloses Glas; Überfangglas: rot (Ausschliff vorder- und rückseitig); Farbglas: blau, grün.

Bemalung mit Schwarzlot und Silbergelb (jeweils in diversen Farbstufen) sowie mit blauer und grüner Schmelzfarbe (im Madonnenmantel und Wappen sowie im ergänzten Zwickelbild).

Lichtmass: 68 x 47 cm.

Erhaltung. Das mit blauer und grüner Schmelzfarbe bemalte Stigmatisationsbild oben links und das darunter liegende rote Gebälkstück wurden wohl anlässlich der Reparatur von 1624 ergänzt. Ein altes Flickstück im Strahlenkranz Mariens (unten). Das rote Überfangglas im zweiten Wappengeviert ist – möglicherweise infolge Überbrennens – erloschen. Geringer Schwarzlotverlust, einige Sprünge und Notbleie.

Literatur. LÜBKE 1866, S. 48. LIEBENAU 1892, S. 9, 18 (Balthasar Mutschlin?). HERZOG 1892, S. 64f. LEHMANN 1897, S. 32f., Nr. VIII. STAMMLER 1903, S. 224f. OIDTMANN 1905, S. 227f. (Franz Fallenter). NÜSCHELER 1927, S. 52. WYSS 1940, S. 3, 6. P. PLAZIDUS HARTMANN, Die Wappen der Äbte von Engelberg, in: SAH 65/1951, S. 70, Taf. IX. SCHILTER 1957, S. 21 (Balthasar Mutschlin). WYSS 1957/58, Teil 1, S. 47 (Hans Füchslin). MÜLLER 1957, S. 27. GERMANN 1967, S. 367, 372f., 402, Abb. 279. STREBEL 1967, S. 100f. ANDERES 1974, S. 60, Taf. 1. ANDERES 1975, S. 11f., Farbabb. 7, Abb. 9. FELDER 1982, S. 15.

West Ib
Wappenscheibe der Johanniter Joseph von Cambiano und Oswald Elsener
Heinrich Leu (z), 1562

Zwischen den gestürzten Wappen des Johanniterordens und des Komturs Joseph von Cambiano erscheint im gelben Pelzrock und roten Mantel der Ordenspatron Johannes der Täufer mit dem Gotteslamm auf seinem Buch. Vor leuchtend blauem Hintergrund steht der Heilige in einer volutenbekrönten Säulenarkade, deren Unterbau das ergänzte Wappen Oswald Elseners vorgesetzt ist. Das in Grisaillemalerei ausgeführte, virtuos gestaltete kleinteilige Oberbild schildert rechts aussen im Hintergrund eines von Spaziergängern belebten Platzes die Enthauptung Johannes des Täufers (vgl. Abb. 21), dessen Haupt in der gegenüberliegenden Szene dem tafelnden Herodes überbracht wird (Mt 14, 1–12; Mk 6, 14–29). Das Figurenprogramm steht damit ganz im Zeichen des Schutzpatrons des Johanniterordens, dessen heraldisches Emblem, das durchgehende weisse Kreuz, auf der Scheibe allgegenwärtig ist.

Ritter Joseph von Cambiano und Oswald Elsener schenkten die Scheibe 1562 als Vertreter ihres Ordens nach Muri. Der Erstgenannte entstammte dem Piemonteser Geschlecht der Herren von Ruffia, aus dem mehrere Johanniterritter hervorgingen. 1542 wurde er mit der Leitung der beiden 1523 durch Luzern beschlagnahmten Komtureien Hohenrain und Reiden betraut, und zwar mit der Auflage, alle Schulden zu tilgen, die Gebäude in gutem Zustand zu halten und den Luzerner Bürgern den Zugang zum Orden zu öffnen. Cambiano, der die Kommenden Hohenrain und Reiden bis 1570 verwaltete, war oft landesabwesend. 1563 war er Minister mit Sondervollmachten des Ordens in Rom und als solcher ans Konzil zu Trient delegiert, wo er sich allerdings nie einfand. 1565 nahm er an einer Seeschlacht gegen die Türken teil. Für die Amtsgeschäfte der beiden Luzerner Kom-

Abb. 32: Wappenscheibe der Johanniter Joseph von Cambiano und Oswald Elsener, 1565 (Genf, Musée Ariana, Inv. AD 8695).

tureien setzte er in seiner Abwesenheit Statthalter ein, in Reiden Johann Hürlimann und in Hohenrain Oswald Elsener. Dieser aus Menzingen gebürtige Mitstifter war Ordenspriester und versah den Statthalterposten von 1544 bis zu seinem Tod 1565. Er gründete die in der Pfarrei Hochdorf liegende Kapelle St. Ursula in Urswil (Kanton Luzern) und schenkte dorthin laut Stiftungsrodel ein Glasgemälde. Eine 1550 entstandene Scheibe hat sich von ihm in der Burrell Collection in Glasgow erhalten (Wells 1962, Nr. 270, Abb. S. 61). Ein weiteres durch ihn und Joseph von Cambiano gestiftetes Glasgemälde aus dem Jahre 1565 ist im Besitz des Musée Ariana in Genf. Wie in Muri ist auf dieser mit mehreren Ergänzungen durchsetzten Scheibe Johannes der Täufer zusammen mit den Stifterwappen dargestellt (Abb. 32).

Der im 11. Jahrhundert zum Zwecke der Krankenpflege und Pilgerbeherbergung gegründete Johanniterorden erfuhr nach den ersten Kreuzzügen eine grundlegende Reorganisation, die ihm ein mehr kämpferisches Ziel setzte, nämlich die Rückeroberung beziehungsweise der Schutz des Heiligen Landes sowie die Verteidigung der Christenheit vor dem Islam. Als die Türken im 16. Jahrhundert unaufhaltsam nach Westen vordrangen, erfüllten die damals auch Malteser oder Rhodeser genannten Johanniter mit ihren Inselstützpunkten in der Ägäis, vor allem auf Malta und Rhodos, eine wichtige Verteidigungsrolle. Die über ganz Europa verstreuten Ordenshäuser waren in acht Provinzen eingeteilt, die dem Generalkapitel und dem Grossmeister in Rom unterstanden. Von den ursprünglich zahlreichen Schweizer Ordensniederlassungen gingen die meisten nach der Glaubensspaltung ein. Die gemeinsam verwalteten luzernischen Kommenden Hohenrain und Reiden verschwanden hingegen erst im 19. Jahrhundert, als der Orden in Deutschland aufgehoben wurde. Beide Luzerner Ordenshäuser unterstanden zur Zeit der Reformation dem Freiburger Komtur Peter von Englisberg (1470–1545), der 1510 der Pfarrkirche Bremgarten eine heute im Bernischen Historischen Museum befindliche Wappenscheibe schenkte.

Inschriften. Sockelinschrift: «Joseph Von Cambia Ritter Sant Johannes Ordens Comethür / zů Honnreÿn Vnd Reiden Brůder Oswald Elssner statt / Hallter zů Honnreÿn Sant Johannes Ordens 1562».

Technik. Farbloses Glas; Überfangglas: rot (Ausschliff vorder- und rückseitig), blau (Ausschliff vorderseitig); Farbglas: grün, violett, hellrot.
Bemalung mit Schwarzlot und Silbergelb (jeweils in diversen Farbstufen) sowie mit blauer Schmelzfarbe (im Wappen Cambiano).
Das silberne Kreuz im schwarzen Flug des Oberwappens Cambiano, welches der Glasmaler aus dem blauen Überfangglas vorderseitig ausschliff, wurde von diesem in seinen Umrissen auch rückseitig ins Glas eingeritzt.
Lichtmass: 68 x 45,5 cm.

Erhaltung. Das Wappen Elsener wurde im 19. Jahrhundert ergänzt. Mehrere Sprünge und Notbleie.

Literatur. LIEBENAU 1892, S. 9, 18 (Niklaus Bluntschli?). HERZOG 1892, S. 64f. LEHMANN 1897, S. 32, Nr. VIII. STAMMLER 1903, S. 224f. OIDTMANN 1905, S. 227f. NÜSCHELER 1927, S. 52. WYSS 1940, S. 3, 6. SCHILTER 1957, S. 21. WYSS 1957/58, Teil 1, S. 47 (Hans Füchslin). MÜLLER 1957, S. 28. F. J. SCHNYDER, Heraldische Denkmäler des Seetals und Umgebung, in: SAH 75/1961, S. 32, 37, 42, Fig. 7. GERMANN 1967, S. 367, 373, Abb. 279. STREBEL 1967, S. 105. ANDERES 1974, S. 62, Taf. 2. ANDERES 1975, S. 11, 13, Abb. 5, 9. FELDER 1982, S. 15.

West Ic
Figurenscheibe Leonhard Janny Prior der Kartause Ittingen
Niklaus Bluntschli, 1557

Im Zentrum der Scheibe erscheint der hl. Laurentius, der Patron der Klosterkirche von Ittingen. Begleitet wird er von den Kartäuserheiligen Bruno und Hugo, die als Ordenstracht ein faltenreiches weisses Gewand und ein weisses Skapulier mit Laschen und Kapuze tragen. Ittingens Kirchenpatron ist als Archidiakon mit einer Alba und einer grünen Dalmatika bekleidet. In den Händen hält er Palme und Rost, sein Marterwerkzeug, so wie es auch auf dem Klosterwappen zu seinen Füssen und am Renaissanceportal der Klosterkirche in Ittingen zu sehen ist. Der hl. Bruno von Köln (um 1032–1101) gründete 1084 in der

Wildnis von Chartreuse bei Grenoble den Kartäuserorden. Während sein Buch auf die Ordensgründung anspielt, weist der von ihm gehaltene blühende Stab auf seinen tiefen Glauben, der ihn befähigt haben soll, ein Kruzifix zum Blühen zu bringen. Die vor ihm auf dem Boden liegende Mitra erinnert daran, dass er das vom Papst anerbotene Bischofsamt von Reggio ablehnte. Die Mitra aufgesetzt hat hingegen sein ihm gegenüberstehender Ordensbruder Hugo (1135–1200), welcher 1160 in die Kartause von Grenoble eintrat und 1186 zum Bischof von Lincoln berufen wurde. Der Legende nach soll ihm bei der Messe im Hostienkelch das Jesuskind erschienen sein. Dieser Kelch gehört ebenso zu seinen Attributen wie der Pontifikalstab und der Schwan, der in Lincoln ein treuer Begleiter Hugos gewesen sein soll.

Von den ehemals sieben Kartausen in der Schweiz ist Ittingen die jüngste Gründung. 1461 hielt die strenge Ordensregel des hl. Bruno in der verfallenen Augustinerpropstei Eingang. Konventualen aus den slowenischen Kartausen Frenitz und Pletriarch, welche der Türkengefahr ausgesetzt waren, zogen nach Ittingen und bauten das Kloster zu einer Kartause mit den typischen Mönchshäuschen aus. In den Glaubenswirren hatte Ittingen besonders stark zu leiden. 1524 im so genannten Ittinger Sturm ging das Kloster in Flammen auf, wobei der «costlich mit bilderen und wappen verglaste Krützgang» ebenso wie die Scheiben in der Kirche zerstört wurden (vgl. S. 17). Nach dem Sieg der Katholiken bei Kappel wurde die Kartause am 17. Januar 1532 wieder in ihren Rechten eingesetzt.

Einen wichtigen Beitrag zum Überleben der Kartause lieferte Leonhard Janny, ein geborener Prättigauer, der seine Profess in der Kartause Schnals in Südtirol gemacht hatte. Während der Reformationswirren legte er das Ordenskleid nieder, um die Güter der Kartause weiterhin zu verwalten. Nach der Wiederherstellung des Klosters blieb er Schaffner und liess sich 1538 wieder einkleiden. 1543 wurde er zum Prior der Kartause Asbach ernannt, trat aber das Amt nie an; denn 1549 starb in Ittingen Prior Peter Frey, und Janny wurde vom Generalkapitel in Grenoble zum neuen Oberhaupt bestellt. Damals lebten in Ittingen noch drei Patres. Janny gelang es, das Kloster wieder zu bevölkern, und sein Organisationstalent zeigt sich auch darin, dass er bis zu seinem Tod 1567 Visitator der oberdeutschen Ordensprovinz war. 1551 erbat sich Prior Janny bei der Tagsatzung in Baden Standesscheiben für die wiederhergestellte und zwei Jahre später eingeweihte Kirche. In Auftrag gegeben wurden diese bei Carl von Egeri, welcher dem Prior dafür einen Kostenvoranschlag machte. Wohl schon etwas früher schuf der Sankt Galler Maler Caspar Hagenbuch d. Ä. neue Altargemälde, die sich heute im Historischen Museum des Kantons Thurgau in Frauenfeld befinden (Knoepfli 1950, S. 262–265, Abb. 197–199). Die Kartause erfuhr im 18. Jahrhundert eine späte Blüte, welche in der glanzvollen Barockisierung der Klosterkirche zum Ausdruck kommt. 1848 wurde das Kloster aufgehoben. Kirche und Klostergebäude haben sich erhalten und bilden neben der noch heute blühenden Niederlassung von Valsainte im Kanton Freiburg die intakteste Kartäuseranlage in der Schweiz.

Die Scheibe gibt sich anhand des Monogramms «NB» auf Brunos Buch als Arbeit des Zürcher Glasmalers Niklaus Bluntschli (vor 1525–1605) zu erkennen. Da sie beschnitten ist, muss sie für die Aufstellung in Muri nachträglich angepasst worden sein. Bei ihrer Herstellung wird Bluntschli ihren späteren Bestimmungsort folglich noch nicht gekannt haben. Eine Kopie von Bluntschlis Glasgemälde aus dem Beginn des 20. Jahrhunderts ist im Besitz des Historischen Museums des Kantons Thurgau in Frauenfeld (Inv. SKI 89; 24, 5 x 17, 2 cm).

Inschriften. Sockelinschrift: «Leonhardo Janni von Chur Prior / Zů Jttingenn Cartuser ordens». Auf dem Fussboden: «1557». Im Buch Brunos: «S BRVN / S LORENZ / S HVG». Auf dem Bucheinband: «NB».

Technik. Farbloses Glas; Überfangglas: blau (Ausschliff vorder- und rückseitig), grün (Ausschliff rückseitig); Farbglas: rot, violett, gelb. Bemalung mit Schwarzlot und Silbergelb (jeweils in diversen Farbstufen).
Die drei das Gesamtbild prägenden Figuren werden auf Knie- und Schulterhöhe gleichsam von zwei «Bleischienen» durchschnitten, wodurch das Bleirutennetz auf dieser Scheibe besonders markant in Erscheinung tritt.
Lichtmass: 68,5 x 46,5 cm.

Erhaltung. Das Glasgemälde ist oben und seitlich beidseits beschnitten. Das kleine Glasstück mit den zwei letzten Ziffern der Jahrzahl 1557 wurde im 19. Jahrhundert ergänzt. Der damalige Restaurator dürfte diese Ziffern aber in Kenntnis der originalen Jahresangabe erneuert haben. Einige Sprünge und Notbleie.

Literatur. LÜBKE 1866, S. 58 (Anm. 45). Kat. Zürich 1883, S. 73, Nr. 178. MEYER 1884, S. 301–303. RAHN 1884, S. 54. JOSEF ZEMP, Die schweizerische Glasmalerei. Eine kunsthistorische Skizze, Luzern 1890, S. 45. LIEBENAU 1892, S. 9, 18, Taf. XIV. HERZOG 1892, S. 64f. LEHMANN 1897, S. 23, 44, Nr. II. STAMMLER 1903, S. 224f. OIDTMANN 1905, S. 227f. NÜSCHELER 1927, S. 51. WYSS 1940, S. 6. SCHILTER 1957, S. 21. WYSS 1957/58, Teil 1, S. 47. MÜLLER 1957, S. 28–30. GERMANN 1967, S. 368, 373f., 402, Abb. 274, 279. STREBEL 1967, S. 105. ANDERES 1974, S. 42, 64, Taf. 3. ANDERES 1975, S. 5, 13, Abb. 9. Kat. Zürich 1981, S. 18. FELDER 1982, S. 15. FRÜH 1983, S. 194. ANDERES/HOEGGER 1989, S. 61 (mit Abb.). MALIN 1998, Bd. 1, S. 122.

West I Masswerk
Posaunenengel
Carl von Egeri (z), 1554?

Die in Egeris Werkstatt entstandenen Masswerkfenster im Westflügel stammen mehrheitlich vermutlich aus dem Jahre 1554. Sie gehören damit zu den ältesten Glasmalereien, die für den neu erbauten Kreuzgang ausgeführt wurden (vgl. West II und III).

In den vier grossen Fischblasen des ersten Westfensters ist auf silbergelbem Grund je ein weiss gewandeter Posaunenengel dargestellt, von denen jeder von einem Wolken- und Lorbeerband umkränzt wird. Diesem musizierenden Quartett haben sich in den Zwickelfeldern darunter zwei mürrisch aus den Wolken blickende Cherubim beigesellt.

Technik. Farbloses Glas; Farbglas: blau, rot. Bemalung mit Schwarzlot und Silbergelb (jeweils in diversen Farbstufen) sowie mit Eisenrot.

Erhaltung. Anlässlich der von 1953 bis 1957 durchgeführten Kreuzgangrestaurierung wurde das Masswerk im ersten Westfenster vollständig erneuert (Germann, S. 374, Anm. 2). In der Fischblase rechts aussen wurde ein Teil des Wolken- und Blattkranzes vermutlich 1624 ergänzt. Zwei weitere kleine Ergänzungen stammen aus dem 19. Jahrhundert. Mehrere Sprünge und Notbleie.

Literatur. LEHMANN 1897, S. 11, 47, Nr. V. NÜSCHELER 1927, S. 50. SCHILTER 1957, S. 21. GERMANN 1967, S. 374, Abb. 279. ANDERES 1975, S. 13. FELDER 1982, S. 15.

West IIa
Wappenscheibe Hans Hug Carl von Egeri, 1558

Als Schildbegleiter fungiert Johannes der Täufer, der Namenspatron von Hans Hug, dem ersten Gemahl von Martha Tammann und langjährigen Hauptmann in französischen Diensten. Wie auf der Scheibe der Johanniter Joseph von Cambiano und Oswald Elsener (West Ib) erscheint der Täufer im gelben Pelzrock, roten Mantel und mit dem Lamm Gottes in der Hand. Der in leicht gespreizter Haltung zusammen mit dem Stifterwappen auf einem schmalen Podium stehende Heilige befindet sich in einer Rahmenarchitektur aus korinthischen Pfeilern, denen als Kapitellträger eine männliche und eine weibliche Herme mit verschränkten Armen vorgesetzt sind. Dieses von Hans Holbeins Holzschnitt «Erasmus im Gehäus» her bekannte Motiv (Abb. 33) wurde Egeri möglicherweise durch Grosshans Thomann (1525–1567) vermittelt, einen der damals führenden Schweizer Scheibenentwerfer (Abb. 34). Im Gegensatz zur Darstellung Luzerns auf der Hertenstein-Scheibe (West IIc) hat man es bei der im Hintergrund an einem breiten Flusslauf vor gebirgiger Landschaft gelegenen Stadt nicht mit einer nach der Natur gemalten Ortsansicht zu tun. Gleichwohl könnte aber damit Turin am Po gemeint sein, wo Hans Hug 1555 vermutlich an einer Vergiftung starb.

Der aus einer Luzerner Metzgerfamilie stammende, um 1490/95 geborene Hans Hug nahm 1515 an der Schlacht von Marignano und 1529 am Ersten Kappelerkrieg teil. Spätestens seit 1530 sass er im Grossrat und seit 1535 im Kleinrat. Er war Vogt in Kriens-Horw 1531, Entlebuch 1537 und Rothenburg 1545. Im Jahre 1542, vielleicht schon 1536, war er als Hauptmann in den Dienst des französischen Königs getreten. Das Amt des Luzerner Schultheissen bekleidete er 1548, 1550, 1552 und 1554. In Luzern hatte er Haus und Hof an der Mühlegasse, einen Garten vor dem Mühlentor und einen weiteren an der Reuss, wo er auch das Fischrecht besass. Durch seine Heirat mit Martha Tammann kam er in den Besitz von Schloss und Herrschaft Heidegg. 1554 erhielt er zusammen mit seinen Schultheissenkollegen Heinrich Fleckenstein (West IIIb) und Niklaus von Meggen (West Vb) vom Luzerner Rat die Erlaubnis, im Entlebucher Fontannental nach Gold zu graben. Die drei Schultheissen gründeten darauf eine Bergbaugesellschaft, an der auch mehrere Zürcher Bürger teilhatten. Zu diesen gehörte unter anderen der Goldschmied und Medailleur Jakob Stampfer, welcher der Pate von einem der neun Kinder Carl von Egeris war. Die Stifter dieser drei Jahre nach Hugs Tod entstandenen Scheibe waren dessen Witwe Martha Tammann und ihr zweiter Mann, Erasmus von Hertenstein.

Inschriften. Auf dem Schriftband: «Hanns Hug Schulthes Zů Lucern». Auf dem Nimbus: «S IOHANNES BAPT».

Technik. Farbloses Glas; Überfangglas: rot und blau (Ausschliff jeweils vorderseitig); Farbglas: grün, gelb, violett, hellrot. Bemalung mit Schwarzlot und Silbergelb (jeweils in diversen Farbstufen).

Abb. 33: Hans Holbein d. J. «Erasmus im Gehäus», Holzschnitt, um 1538 (Kupferstichkabinett der Öffentlichen Kunstsammlung Basel, Inv. X.2128).

Abb. 34: Grosshans Thomann. Scheibenriss mit einer Szene aus der Geschichte des römischen Feldherrn Cornelius Scipio, 1558 (Freiburg im Breisgau, Augustinermuseum, Inv. G 25/72).

Die Schattenpartien auf dem roten Mantel von Johannes sind nass gestupft. Egeri brachte diese Maltechnik in Muri auf vielen Arbeiten zur Anwendung, hauptsächlich zur Schattierung von Kleidungsstücken. Beispiele dafür finden sich sowohl auf den Scheiben des Tammann- und Fleckenstein-Fensters (West IIa–c, West IIIa–c) als auch auf zahlreichen Standesscheiben im Ostflügel.
Lichtmass: 69 x 48 cm.

Erhaltung. Das violette Ornamentfeld in der Landschaft hinter Johannes ist ein altes Flickstück. Ursprünglich muss sich dort der Flusslauf fortgesetzt haben. Ein Sprung und mehrere Notbleie.

Literatur. LIEBENAU 1881, S. 174f. Kat. Zürich 1883, S. 73, Nr. 176. MEYER 1884, S. 297–299. LIEBENAU 1892, S. 6, 20. HERZOG 1892, S. 64f. HAENDCKE 1893, S. 173. LEHMANN 1897, S. 22, 39f., Nr. XIII. STAMMLER 1903, S. 224f. OIDTMANN 1905, S. 228. VIVIS 1905, S. 92. NÜSCHELER 1927, S. 53. WYSS 1940, S. 2. SCHNEIDER 1956, S. 560, Abb. S. 564. SCHILTER 1957, S. 21. MÜLLER 1957, S. 30 (mit Taf.-Abb.). GERMANN 1967, S. 368, 374, Abb. 280. ANDERES 1974, S. 17, 28, 33, 66, Taf. 4. ANDERES 1975, S. 13, Abb. 10. FELDER 1982, S. 15. Zum Stifter: MESSMER/HOPPE 1976, S. 115f., 146f., 185.

West IIb
Wappenscheibe Martha Tammann
Carl von Egeri, 1558

Eine antikisierende Phantasiearchitektur aus kannelierten Doppelsäulen und zwei schräg aneinander gelehnten Gesimsplatten, auf denen sich zwei musizierende Putten niedergelassen haben, bildet den majestätischen Rahmen für die Darstellung der hl. Martha, der Namenspatronin der Stifterin und der Patronin der Hausfrauen. Die von ihr getragene Kleidung mit den gepufften, weit ausladenden Ärmeln und dem Häubchen auf dem Kopf entspricht der vornehmen Bürgertracht des 16. Jahrhunderts. Die Heilige steht vor einer gebirgigen Seelandschaft zwischen den elterlichen Wappen von Martha Tammann und hält in ihren Händen ein aufgeschlagenes Buch. Die Vermutung, wonach es sich dabei um ein Kochbuch handeln könnte, ist keineswegs abwegig, weiss man doch, dass ein solches im Büchernachlass Martha Tammanns vorhanden war.

Als Alleinerbin ihrer Eltern, des Luzerner Schultheissen Peter Tammann († 1528) und der Margarethe Hasfurter, war Martha Tammann († 1560) zu immensem Reichtum gekommen. Ihr Grundbesitz umfasste Schloss Heidegg und in Luzern das Rot-Haus samt Reussgärtchen sowie die Musegg innerhalb der Ringmauer. Verheiratet war sie in erster Ehe mit dem Schultheissen Hans Hug († 1555) und in zweiter mit Erasmus von Hertenstein, dem Erbauer des durch Holbeins Malereien bekannten, 1828 abgebrochenen Hertenstein-Hauses. Weil sie von Hans Hug keine Kinder hatte, brachte sie den Grossteil ihres Vermögens in die zweite Ehe ein. Dem seine Gattin um 16 Jahre überlebenden Erasmus von Hertenstein gelang es dadurch, sich aus seinen grossen Geldnöten zu befreien und seine stark verschuldete Herrschaft Buonas zu sanieren. Welch herausragende Rolle Martha Tammann im Leben ihrer beiden Ehegatten spielte, unterstreicht deren Familienfenster in Muri, das ihr Glasgemälde im Zentrum zeigt, während die Scheiben ihrer Männer in die Seitenfelder verbannt sind.

Das bei Carl von Egeri in Auftrag gegebene Tammann-Fenster war bei dessen Tod, 1562, noch nicht bezahlt. Egeris Witwe sah sich deshalb gezwungen, den ausstehenden Betrag von 23 Kronen über die Behörden mühsam eintreiben zu lassen. Laut Ratsprotokoll vom 10. Februar 1562 schickte man damals in dieser Angelegenheit ein Schreiben an Hieronymus Frey in Muri. Ein zweites folgte am 25. Mai 1566. Nun sah sich der Murenser Abt am 11. Juni 1566 seinerseits veranlasst, die Summe beim Rat in Luzern anzufordern. Die dortigen Behörden legten daraufhin fest, dass von den drei Scheiben zwei durch Erasmus von Hertenstein zu bezahlen seien, die dritte aber durch Junker Ludwig Kündig, der über seine Gemahlin Anna Tammann, die Tochter

Marthas, in den Besitz von Schloss Heidegg gekommen war (vgl. S. 264f.).

Inschriften. Auf dem Schriftband: «Frow Martha Damin 1558». Auf dem Nimbus: «S MARTHA».

Technik. Farbloses Glas; Überfangglas: rot (Ausschliff vorder- und rückseitig), blau (Ausschliff rückseitig); Farbglas: grün, violett. Bemalung mit Schwarzlot und Silbergelb (jeweils in diversen Farbstufen).
Die Schattenpartien auf dem violetten Obergewand der hl. Martha sind nass gestupft.
Lichtmass: 67 x 44,5 cm.

Erhaltung. Einige Sprünge und ein Notblei.

Literatur. Lübke 1866, S. 49. Liebenau 1881, S. 174f. Kat. Zürich 1883, S. 44, Nr. 5. Meyer 1884, S. 297–299. Liebenau 1892, S. 6, 20, Taf. XVI. Herzog 1892, S. 64f. Haendcke 1893, S. 173. Lehmann 1897, S. 22, 39, Nr. XIII. Stammler 1903, S. 224f. Oidtmann 1905, S. 228. Nüscheler 1927, S. 53. Wyss 1940, S. 2. Schneider 1956, S. 560. Schilter 1957, S. 21. Müller 1957, S. 30f. Germann 1967, S. 367f., 374f., Abb. 280. Anderes 1974, S. 28, 41, 68, Taf. 5. Anderes 1975, S. 13, Abb. 10. Felder 1982, S. 15. Zur Stifterin: Messmer/Hoppe 1976, S. 146f.

West IIc
Wappenscheibe Erasmus von Hertenstein
Carl von Egeri, 1558

Neben dem Wappen des Stifters postiert ist dessen Namenspatron, der hl. Erasmus, der Bischof von Antiochia. Während er mit seiner Rechten das über der Alba und dem roten Gewand getragene Pluviale hochzieht, hält er in seiner Linken das Pedum mit dem Wappenbild der Hertenstein in der Krümme sowie die Seilwinde, womit ihm der Legende nach die Eingeweide herausgezogen wurden. Die Rahmung um Figur und Wappen entspricht jener der Hug-Scheibe. Über dem Architrav ist hier anstelle von Fries und Kranz allerdings eine Hirschjagd mit Fangnetz dargestellt. Besondere Beachtung verdient die wirklichkeitsgetreu festgehaltene Stadtansicht Luzerns links im Hintergrund (Abb. S. 76). Das erste nach der Natur gezeichnete Stadtbild Luzerns findet sich in der 1507 gedruckten Chronik der Eidgenossenschaft von Petermann Etterlin. Es ist eine singulär gebliebene Ansicht reussabwärts. Eine Globalansicht von Süden her erscheint in Stumpfs Chronik von 1548 (Reinle 1953, Abb. 6). Den gleichen Standort für die Vogelperspektive wählten 1592 der Glasmaler Franz Fallenter für ein Stadtbild im Tagebuch des Jerusalempilgers Rudolf Pfyffer (vgl. West VIb), 1597 Martin Martini für seinen Kupferstichprospekt (Reinle 1953, Abb. 7) und 1642 auch Matthäus Merian in seiner Schweizer Topographie. Auf der vorliegenden Scheibe gibt Carl von Egeri hingegen eine individuelle Sicht von Südwesten. Die Reuss, welche Luzern in die Gross- (links) und die Kleinstadt (rechts) teilt, wird von drei Holzbrücken überspannt. Als Stadtwahrzeichen zu Weltberühmtheit gelangt ist davon die Kapellbrücke mit dem Wasserturm, die am Südufer an den Freienhof und am Nordufer an die Kapelle St. Peter stösst. Die mittlere Brücke, die 1877 durch eine Eisenkonstruktion ersetzte Reussbrücke, führt an der schmalsten Stelle über den Fluss. Die unterste, die Spreuerbrücke – so benannt, weil nur von dort Spreue in den Fluss geworfen werden durfte –, wird am Südufer vom 1771 abgetragenen Judenturm mit den charakteristischen Ecktürmchen bewacht. An der nördlichen Hälfte standen die Flussmühlen, die dem nahen Mühlentor den Namen gaben. Klar erkennbar ist die Museggbefestigung ganz im Norden mit dem runden Nölliturm an der Ecke, dem Männliturm, dem Lueginsland und dem Wachtturm. Vom innern Bering sind das genannte Mühlentor, das Graggentor und das innere Weggistor sichtbar. Im Hintergrund ist offenbar das äussere Weggistor dargestellt. Die Kleinstadt am Südufer zeigt den innern Bering mit dem Burgertor und dem Kriensertor rechts. Der nach Westen verlaufende Strassenzug führt zum Baslertor. Nicht festgehalten ist die Franziskanerkirche, die rechts anschliessen müsste. Die beeindruckende Berglandschaft hinter der Stadt ist frei erfunden. Da Egeri sich bei seinen Stadtprospekten auf den Standesscheiben im Ostflügel an den Holzschnitten von Stumpfs Chronik orientierte, wäre es an sich denkbar, dass ihm auch hier eine für Stumpf angefertigte, von diesem aber nicht veröffentlichte Ansicht vorlag.

Der in zweiter Ehe seit 1556 mit Martha Tammann verheiratete Erasmus von Hertenstein († 1576) sass in Luzern während mehrerer Jahre im Grossrat und von 1573 bis kurz vor seinem Tod im Kleinrat. Das von Martha Tammann in die Heirat eingebrachte Vermögen erlaubte ihm, die Herrschaft Buonas, seinen stark verschuldeten Familienbesitz, zu sanieren. Zur gleichen Zeit wie die Stiftung für Muri gab Erasmus von Hertenstein gemeinsam mit seiner Frau ein Glasgemälde bei Niklaus Bluntschli in Auftrag. Diese Bibelscheibe mit der Darstellung Christi vor Kaiphas gelangte 1558/59 in den Kreuzgang des Zisterzienserinnenklosters Tänikon (Boesch 1943, S. 45, Abb. 30).

Inschriften. Auf dem Schriftband: «Erasmus von Herttenstein 1558». Auf dem Nimbus: «S ERASMVS».

Technik. Farbloses Glas; Überfangglas: rot und blau (Ausschliff jeweils vorderseitig); Farbglas: grün, hellgrün, violett, hellrot.
Bemalung mit Schwarzlot und Silbergelb (jeweils in diversen Farbstufen).
Die Schattenpartien auf dem grünen Pluviale sind nass gestupft.
Lichtmass: 67,5 x 49 cm.

Erhaltung. Die rechte Sockelpartie mit dem Fuss des Heiligen wurde vermutlich 1624 ergänzt. Geringer Schwarzlotverlust (Pluviale). Einige Sprünge und Notbleie.

Literatur. Liebenau 1881, S. 174f. Kat. Zürich 1883, S. 45, Nr. 12. Meyer 1884, S. 297–299. Liebenau 1892, S. 6, 20, Taf. XVII. Herzog 1892, S. 64f. Haendcke 1893, S. 173. Lehmann 1897, S. 22, 40, Nr. XIII. Stammler 1903, S. 224f. Oidtmann 1905, S. 228. Lehmann 1925, S. 109, Abb. 38. Nüscheler 1927, S. 53. Wyss 1940, S. 2. Boesch 1943, S. 45. Kat. Zürich 1945, Nr. 177. Schneider 1956, S. 560, Farbabb. S. 563. Schilter 1957, S. 21f. (mit Abb.). Müller 1957, S. 31f. Germann 1967, S. 375f., Abb. 280. Anderes 1974, S. 28, 70, Taf. 6. Anderes 1975, S. 13, Abb. 6, 10. Kat. Zürich 1981, S. 17. Felder 1982, S. 15. Zum Stifter: Messmer/Hoppe 1976, S. 82, 145f.

West II Masswerk
Verkündigung an Maria
Carl von Egeri (z), 1554?

Die Masswerkteilung mit den S-förmigen Verschneidungen schafft zwei sich spiegelbildlich entsprechende Halbmondfelder, welche die im Lukas-Evangelium geschilderte (Lk 1, 26–38) Verkündigung Mariens aufnehmen. Das dazwischen liegende Masswerkauge zeigt eine gelbe Tartsche mit bekrönender Flamme, offenbar eine Anspielung an die Fackel im Wappen des Abtes Johann Christoph von Grüth. Die Verkündigungsdarstellung ist lapidar: links Gabriel mit Krone und Lilienstab, über dem sich eine Schriftbandspirale mit dem Englischen Gruss entfaltet; rechts die Jungfrau Maria, vor einem Betpult kniend, die Hände erschrocken über der Brust gekreuzt, bereit, den demütigen Ausspruch zu tun: «Ecce ancilla domini». Die sie umgebende Architektur ist schlicht. Ein grüner Fliesenboden und eine braune Balkendecke sind vor einer Zimmerecke kastenförmig aufgeklappt, ohne dass ein klarer Raumeindruck entsteht. Die übrigen Gegenstände sind empirisch eingesetzt. Die bauchigen Karaffen und das Buch auf den Fenstersimsen vermitteln eine wohnliche Atmosphäre, während der Lilienstrauss auf der Bank Mariens Reinheit und Jungfräulichkeit versinnbildlicht. Die Bogenfelder unter der Verkündigungsszene sind als Muschelnischen gestaltet, in denen Lorbeerkränze aufgehängt sind. Davor stehen drei possierliche Kriegerputten, von denen die beiden äusseren tartschenförmige Schilde halten.

Verkündigungsdarstellungen begegnet man bereits in der Katakombenmalerei und auf antiken Mosaiken. Als Empfängerin der Frohbotschaft erscheint dort Maria aber meistens auf einem Thronsessel, oft angetan mit königlichen Emblemen. Die Begegnung zwischen dem Engel und Maria wird erst in der Gotik verinnerlicht und verlebendigt. Durch Haltung, Gestik und Gesichtsausdruck zeichnet sich die Furcht der Jungfrau vor dem übernatürlichen Ereignis ab. Die Thronarchitektur wandelt sich zur bürgerlichen Stube, in der aber bei genauer Betrachtung viele Gegenstände symbolische Bedeutung haben. Auf unserem Glasgemälde sind die Farben attributiv. Gelb, das hier stellvertretend für Gold auf-

Abb. 35: Albrecht Dürer. Verkündigung an Maria, Holzschnitt aus dem «Marienleben», um 1503.

Abb. 36: Grosshans Thomann. Verkündigung an Maria, Ausschnitt aus dem Scheibenentwurf für Sebastian Salzmann von Ulm, 1562 (Zentralbibliothek Zürich, Inv. A II 25).

scheint, versinnbildlicht das göttliche Licht; der Engel als überirdisches Wesen und die Taube des Heiligen Geistes sind in gelbe Farbe eingetaucht. Maria trägt als Lichtempfängerin ein gelbes Untergewand, während ihr Mantel im Blau des Himmels, das Gottvater zuerkannt ist, aufleuchtet.

Bei der seinerzeitigen Aufstellung in der aargauischen Kantonsbibliothek war über dem zentralen Masswerkauge ein Scheitelzwickel mit der Jahrzahl 1554 eingesetzt (Liebenau, Taf. XXIII). Dieses heute im Historischen Museum des Kantons Aargau auf Schloss Lenzburg befindliche Zwickelfeld (Inv. K 334) stammt zwar aus dem 19. Jahrhundert, darin dürfte sich aber ein Originalstück von 1554 widerspiegeln, befand sich doch bis zur Klosteraufhebung von 1841 im Scheitel des folgenden Masswerkfensters ein Zwickelglas mit der gleichen Jahrzahl (vgl. Abb. 9). Egeris Verkündigungsgruppe, die in ähnlicher Form auch auf der Scheibe Michael Hersters (Süd IIb) auftritt, lehnt sich an den Holzschnitt aus Albrecht Dürers «Marienleben» an (Abb. 35). Daran inspirierte sich auch Grosshans Thomann bei seinem Riss mit der Anbetung der Könige (vgl. Abb. 76) und bei seinem Scheibenentwurf von 1562 für Propst Sebastian Salzmann in Ulm (Abb. 36). Ein weiterer Zürcher Glasmaler, der auf Dürers Holzschnitt zurückgriff, war Niklaus Bluntschli. Darauf weisen die beiden seiner Werkstatt zuweisbaren, der Verkündigung gewidmeten Scheiben, die 1558 und 1563 im Auftrag der Äbtissin Sophia von Grüth in die Klöster von Tänikon und Wettingen gelangten (Anderes/Hoegger 1989, S. 291f., Abb. S. 164 und 292).

Inschriften. Auf dem Spruchband Gabriels: «Ave Maria Gracia plena Domiñs Tecum».

Technik. Farbloses Glas; Farbglas: blau, grün, braun.
Bemalung mit Schwarzlot und Silbergelb (jeweils in diversen Farbstufen) sowie mit Eisenrot.

Erhaltung. Das Gesäss des Engels wurde im 19. Jahrhundert erneuert. Mehrere Sprünge und Notbleie (mehrheitlich im Engelsrock).

Literatur. LIEBENAU 1892, S. 24, Taf. XXIII. LEHMANN 1897, S. 11f., 46, Nr. IV. SCHILTER 1957, S. 21. GERMANN 1967, S. 376, Abb. 280. ANDERES 1974, S. 70, Taf. 6 (Carl von Egeri). ANDERES 1975, S. 13. Kat. Zürich 1981, S. 19. FELDER 1982, S. 15.

West IIIa
Wappenscheibe Heinrich II. Fleckenstein und Anna Klauser
Carl von Egeri (z), 1558

Das dreiteilige Fleckenstein-Fenster wurde von Heinrich I. von Fleckenstein und seiner Gemahlin (West IIIb) sowie von ihren verheirateten Söhnen Heinrich II. (West IIIa) und Beat (West IIIc) gestiftet. Wie beim Tammann-Fenster (West IIa–c) handelt es sich also um eine Familienschenkung. Die enge stilistische und kompositionelle Verwandtschaft dieser beiden Fenster lässt keinen Zweifel an ihrer gemeinsamen Herkunft aus der Werkstatt Egeris. Ein gegenüber dem Tammann-Fenster neues und für die damalige Schweizer Glasmalerei ungewöhnliches Element bildet auf den Fleckenstein-Scheiben die italienische Tartschen- oder Rossstirnform der Wappenschilde. Möglicherweise widerspiegelt sich darin der Einfluss des von 1551 bis 1557 in Muri tätigen, aus Aosta gebürtigen Buchmalers Claudio Rofferio, der in seinen dort illuminierten Büchern das Wappen von Grüth verschiedentlich in dieser Form festhielt (Schmid 1954, S. 66–76, Nr. 65, Abb. 97).

Auf der Allianzscheibe Heinrich Fleckensteins tritt die hl. Anna Selbdritt, die Namenspatronin seiner Frau Anna Klauser, als Schildwächterin auf. Von den Wappen Fleckenstein und Klauser flankiert, steht sie vor einer gebirgigen, dunstverschleierten Seelandschaft. Der Patron des Stifters, Kaiser Heinrich II., ist hingegen als Nebenfigur in die Bildecke oben links verbannt. Diese Anordnung geschah aus Gründen der Gesamtkomposition des Fensters, blieb doch der betreffende Heilige als Hauptfigur dem Glasgemälde von Heinrich Fleckensteins gleichnamigem Vater (West IIIb) vorbehalten. Dementsprechend hat auf den beiden anderen Fleckenstein-Scheiben auch die hl. Anna Selbdritt als Patronin von Anna Reichmut beziehungsweise Anna Mutschlin ihren Platz jeweils in der Bildecke oben rechts. Analog zum Tammann-Fenster sind bei jenem der Fleckenstein die zwei Aussenscheiben als Pendants komponiert. Ihre Rahmenarchitekturen bestehen aus ionischen Pfeilern mit Hermenpaaren in lässig eleganter Körperhaltung sowie aus Giebelverdachungen, die mit Kaiser- oder Dichtermedaillons und mit Groteskengebinden belegt sind.

Heinrich II. von Fleckenstein († 1589) wurde 1555 Stadtrechner, 1559 Grossrat und 1575 Kleinrat. Während mehrerer Jahre verwaltete er luzernische sowie eidgenössische Vogteien und als Abgesandter seiner Stadt befand er sich oftmals auf Missionen im In- und Ausland. 1576 wurde er zum Luzerner Stadtfähnrich und durch Papst Gregor XIII. zum römischen Ritter erhoben. Von 1581 bis zu seinem Tod versah er im Wechsel mit Ludwig Pfyffer (West VIc) das Schultheissenamt. 1550 heiratete er Anna Klauser, die Witwe des 1548 verstorbenen Aurelian Zurgilgen. Diese war die Tochter des Zürcher Apothekers und Finanziers Konrad Klauser, der zu seiner Zeit als einer der reichsten Männer in der Eidgenossenschaft galt und seit 1509 Bürger von Luzern war, wo er das Klauser-Haus an der Reuss errichten liess. Eine Allianzwappenscheibe von Heinrich Fleckenstein und Anna Klauser befindet sich im Gotischen Haus in Wörlitz. Diese Scheibe, die Fleckenstein als Badener Landvogt 1571 stiftete, war möglicherweise für das Kloster Wettingen bestimmt (Anderes/Hoegger 1989, Abb. S. 50; Harksen 1939, Nr. 170). Nach dem Tod seiner Frau Anna verheiratete sich Fleckenstein noch zweimal, zunächst mit Dorothea Anderhalden und danach mit Barbara Hertenstein. Letztere überlebte ihn und ging 1608 eine Ehe mit Rudolf Pfyffer von Altishofen (West VIb) ein. Von der Fleckenstein-Scheibe in Muri hat sich im Schweizerischen Landesmuseum eine Pause des seit 1837 in Bern tätigen Glasmalers Johann Heinrich Müller (1822–1903) erhalten (vgl. S. 43, Anm. 68).

Inschriften. Auf dem Schriftband: «Heinrÿch [Fl]äckensteÿn vnnd Anna Clauserin 1558». Auf dem Nimbus: «S ANNA».

Technik. Farbloses Glas; Überfangglas: rot, purpurviolett und hellviolett (Ausschliff jeweils rückseitig), blau (Ausschliff vorder- und rückseitig), grün (Ausschliff vorderseitig); Farbglas: hellblau.
Bemalung mit Schwarzlot und Silbergelb (jeweils in diversen Farbstufen).
Die Schattenpartien auf den Kleidungen Annens und Mariens sind nass gestupft.
Lichtmass: 69 x 50 cm.

Erhaltung. Der Kopf und Nimbus Annens, die Himmelspartie oben rechts sowie das rote Friesstück in der Giebelverdachung oben links sind Ergänzungen aus dem 19. Jahrhundert. Einige Sprünge und Notbleie.

Literatur. LIEBENAU 1892, S. 21, Taf. XVIII. HERZOG 1892, S. 64f. LEHMANN 1897, S. 22, 40, Nr. XIV. STAMMLER 1903, S. 224f. OIDTMANN 1905, S. 228. VIVIS 1905, S. 86. NÜSCHELER 1927,

S. 53. WYSS 1940, S. 2. SCHNEIDER 1956, S. 560. SCHILTER 1957, S. 21. MÜLLER 1957, S. 32. GERMANN 1967, S. 367, 376f., Abb. 281. Unsere Kunstdenkmäler 18/1967, Abb. S. 109. ANDERES 1974, S. 24 (Abb. 5), 72, Taf. 7. ANDERES 1975, S. 13f., Abb. 11. FELDER 1982, S. 15f., Abb. S. 18. TRÜMPLER 1997, S. 168f. (mit Farbabb.). EGGENBERGER 2001, Abb. 1. Zum Stifter: MESSMER/HOPPE 1976, S. 130f., 147f.

West IIIb
Wappenscheibe Heinrich I. Fleckenstein und Anna Reichmut
Carl von Egeri (z), 1558

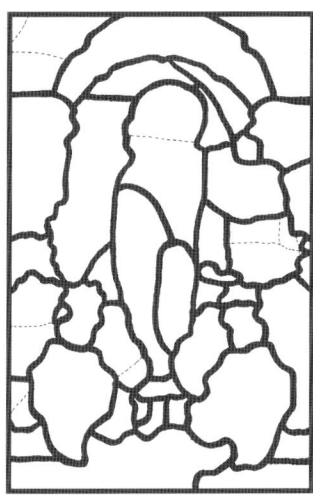

Zwischen den beiden Schilden mit den Wappen Fleckenstein und Reichmut ist Kaiser Heinrich II. (973–1024) postiert, der 1146 heilig gesprochene Stifter des Bamberger Doms und des Basler Münsters. Das von Heinrich Fleckensteins Namenspatron emporgehaltene Kirchenmodell ist allerdings weder dem einen noch dem andern dieser Gotteshäuser, sondern dem Grossmünster in Zürich nachgebildet. Damit gibt der Glasmaler Carl von Egeri seine Zürcher Herkunft zu erkennen. Es ist fast wörtlich jenes Modell, dem man auf zwei 1545 und 1551 in dessen Werkstatt entstandenen Chorherrenscheiben des Grossmünsters begegnet (Schneider 1970, Bd. 1, Nrn. 235, 258). Das Grossmünster ist darauf in einer Ansicht von Südwesten gegeben, wie es auch auf dem 1576 bei Froschauer gedruckten Stadtprospekt von Jos Murer (1530–1580) vorkommt. Auf der Murenser Scheibe ist das Modell insofern «verfremdet», als die romanische Architekturgliederung durch Renaissance-Pilaster ersetzt ist und die damals am Südturm angebrachte Sitzfigur Karls des Grossen fehlt. Der in einen roten, hermelinbesetzten Mantel gehüllte Kaiser steht unter einem Triumphbogen, auf dessen rechtem Kapitell die Namenspatronin Anna Reichmuts dargestellt ist. Indem die kassettierte Tonne mit dem Scheiteltambour in (perspektivisch verzeichneter) Untersicht wiedergegeben ist, suggeriert diese Bogenarchitektur eine gewisse Tiefenräumlichkeit, wodurch sie sich von den Rahmungen auf den Nebenscheiben abhebt. Die beiden Hermen, von denen die bärtige in offensichtlicher Anlehnung an Herkules ein Löwenfell trägt, sind hier zudem stämmiger und kräftiger gebaut als die dortigen, elegant gebildeten Hermenpaare.

Heinrich I. Fleckenstein (1484–1559) sass seit 1515 im Grossrat und von 1522 bis 1558 im Kleinrat. Er war Landvogt in Baden 1523/24, in Willisau 1527/28 und in Rothenburg 1531/33. Als Hauptmann stand er in kaiserlichen Diensten und befehligte im Kappelerkrieg 1531 eine Schützenkompanie. 1535 und von 1540 bis 1546 war er in Luzern Schultheiss im Turnus mit Werner von Meggen, Mangold von Wyl und Niklaus von Meggen (West Vb). Häufige Gesandtschaftsreisen führten ihn nach Frankreich und nach Rom. 1555 wurde er von Papst Paul IV. zum Ritter geschlagen. Fleckenstein, zu seiner Zeit einer der reichsten Luzerner, war ein erfolgreicher Geschäftsmann. Zu seinen florierenden Handelsunternehmungen zählten der Export und Import von Getreide, Reis, Vieh, Wein und Käse sowie eine Tuchfabrik in Lugano. Im Verbund mit Zürcher Geschäftsleuten und seinen Schultheissenkollegen Hans Hug und Niklaus von Meggen (West Vb) lancierte er 1554 ein Unternehmen zur Goldgewinnung im Entlebucher

Fontannental (vgl. West IIa). Weit erspriesslicher waren für ihn freilich seine Geldgeschäfte. Gleich wie sein Sohn Beat (West IIIc) beteiligte er sich beispielsweise 1558 mit 24000 Gulden an einem Darlehen für den französischen König Heinrich II. Nach seiner Ehe mit Martha von Meggen verheiratete sich Fleckenstein mit Anna Reichmut, der Tochter des Schwyzer Landammanns Gilg Reichmut. Aus dieser zweiten Ehe gingen drei Töchter und vier Söhne hervor, von denen Heinrich II. und Beat zusammen mit ihren Eltern und Gattinnen das Fleckenstein-Fenster nach Muri stifteten.

Inschriften. Auf dem Schriftband: «Heinrÿch Flåckensteÿn Ritter Schulthes Zů Lucern». Auf dem Nimbus: «S HEINRYCVS».

Technik. Farbloses Glas; Überfangglas: rot (Ausschliff vorder- und rückseitig), blau und grün (Ausschliff jeweils rückseitig); Farbglas: purpurviolett, violett, hellblau.
Bemalung mit Schwarzlot und Silbergelb (jeweils in diversen Farbstufen) sowie mit blauer Schmelzfarbe (im Wappen Reichmut und im Marienmantel oben rechts).
Der rote Königsmantel und die Tonne sind in den Schattenpartien nass gestupft.
Während Carl von Egeri für das Wappen Reichmut und dessen Helmdecke farbloses Glas benutzte und darauf blaues Email aufschmolz, gebrauchte er für die Fleckenstein-Wappen auf den Scheiben West IIIa–c durchweg blaues Überfangglas. Das erlaubte ihm, dieses Familienwappen partiell auch grün zu tingieren, indem er das Überfangglas an den entsprechenden Stellen mit Silbergelb hintermalte. Daraus darf geschlossen werden, dass Egeri über keine grüne Schmelzfarbe verfügte.
Eine technische Besonderheit stellt das hier praktizierte Ausschleifen mit dem Bohrer dar. Mit diesem Werkzeug wurden die Kugeln auf den Turmspitzen des Grossmünstermodells aus dem blauen Überfangglas ausgeschliffen.
Lichtmass: 68 x 43,5 cm.

Erhaltung. Einige Sprünge und Notbleie.

Literatur: Kat. Zürich 1883, S. 72f., Nr. 175. LIEBENAU 1892, S. 21. HERZOG 1892, S. 64f. LEHMANN 1897, S. 22, 40f., Nr. XIV. STAMMLER 1903, S. 224f. OIDTMANN 1905, S. 228. VIVIS 1905, S. 86. NÜSCHELER 1927, S. 53. WYSS 1940, S. 2. SCHNEIDER 1956, S. 560. SCHILTER 1957, S. 21. MÜLLER 1957, S. 32f. GERMANN 1967, S. 367, 378, Abb. 281. Unsere Kunstdenkmäler 18/1967, Abb. S. 109. ANDERES 1974, S. 24 (Abb. 5), 74, Taf. 8. ANDERES 1975, S. 14, Abb. 11. FELDER 1982, S. 16, Abb. S. 18. TRÜMPLER 1997, S. 168f. (mit Farbabb.). EGGENBERGER 2001, Abb. 2.

West IIIc
Wappenscheibe Beat Fleckenstein und Anna Mutschlin
Carl von Egeri (z), 1558

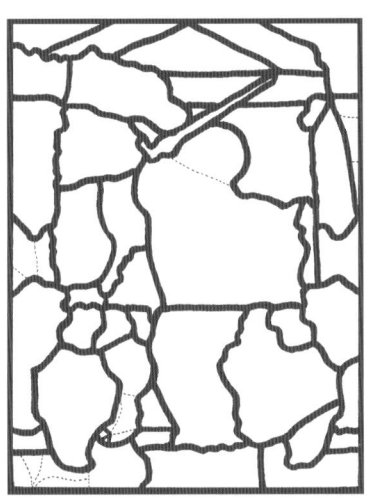

Die Scheibe des Beat von Fleckenstein bildet in ihrem architektonischen Aufbau das Pendantstück zu jener seines Bruders (West IIIa). Zwischen den Wappen des Stifters und seiner Frau erscheint darauf als zentrale Figur dessen Namenspatron. Wie die Legende berichtet, kam der hl. Beatus, nachdem er von Petrus zum Priester geweiht worden war, von England als erster Glaubensbote in die Schweiz, wo er sich bei Beatenberg am Thunerseeufer als Einsiedler niederliess. Dort soll es ihm gelungen sein, einen die Menschen peinigenden furchtbaren Drachen in die Flucht zu schlagen. Auf unserem Glasgemälde, einem

Glanzstück des szenischen und farblichen Bildaufbaues, ist der in einen braunen Kapuzenmantel gehüllte Heilige gerade im Begriff, das feuerspeiende Untier mit seinem Stock aus der Höhle am Beatenberg zu verscheuchen. Als Inspirationsquelle für diese Darstellung diente Carl von Egeri der Holzschnitt aus dem Illustrationszyklus Urs Grafs (um 1485–1527), den jener für die 1511 in Basel gedruckte Beatusvita des Franziskaners Daniel Agricola schuf (Abb. 37). Von Grafs spiegelbildlicher Vorlage nicht übernommen wurden allerdings die Begleitpersonen und die laut der Legende den Drachen verfolgenden Raben.

Die Beatushöhle, wo 1494 die Gebeine des Heiligen gehoben und eine Kapelle gebaut wurde, war bis zur Reformation ein beliebter Wallfahrtsort. Dorthin pilgerte 1528 auch der Murenser Abt Laurenz von Heidegg. Nach der Reformation wurden Reliquienstücke des Heiligen in die Innerschweiz gebracht, was dort zum Weiterleben des Beatuskultes führte.

Hauptmann Beat von Fleckenstein († 1596), der seit 1576 in Luzern als Grossrat amtierte, war politisch weniger profiliert als sein Bruder und Vater. Gleich wie der Letztere beteiligte er sich 1558 mit 24000 Gulden an einem Darlehen für den französischen König Heinrich II. Seine Frau Anna Mutschlin (1544–1601), die Tochter des Junkers Hans Jakob Mutschlin von Bremgarten, brachte ihm die Herrschaft Zufikon in die Ehe und gebar ihm vier Söhne und fünf Töchter. Barbara, eine dieser Töchter, heiratete Johann Lussi, den Sohn Melchior Lussis (West IVa). Von Beats Sohn Niklaus Fleckenstein (1580–1645), Malteserritter und seit 1611 Komtur zu Hohenrain und Reiden, weiss man, dass er 1624 das väterliche Fenster in Muri erneuern liess (vgl. S. 265).

Vom Hauptmotiv der Scheibe – dem hl. Beat als Drachenbezwinger – existiert eine Nachzeichnung von Ernst Georg Gladbach (1812–1896) im Schweizerischen Landesmuseum Zürich (LM 28464).

Inschriften. Auf dem Schriftband: «Batt Fläckensteÿn vnnd Anna Mutschlin 1558». Auf dem Nimbus: «S BATT».

Technik. Farbloses Glas; Überfangglas: rot und grün (Ausschliff jeweils vorderseitig), blau (Ausschliff vorder- und rückseitig); Farbglas: hellrot, hellblau.
Bemalung mit Schwarzlot und Silbergelb (jeweils in diversen Farbstufen) sowie mit blauer Schmelzfarbe (im Zwickelbild oben rechts). Die hellrötlichen Steine der Beatushöhle sind in den Schattenpartien nass gestupft.
Lichtmass: 68 x 49 cm.

Erhaltung. Laut dem Rechnungsrodel von 1624 liess damals Niklaus von Fleckenstein, der Sohn Beats, «Schild und Fenster» seines Vaters für 4 Kronen «erneuern». Da auf der Scheibe keine Ergänzungen auszumachen sind, darf vermutet werden, dass diese Erneuerung ausschliesslich Glaserarbeiten betraf (Ersetzung von Butzenscheiben, Neuverbleiung?). Mehrere Sprünge und Notbleie.

Literatur. Kat. Zürich 1883, S. 73, Nr. 181. LIEBENAU 1892, S. 21. HERZOG 1892, S. 64f. LEHMANN 1897, S. 22, 41, Nr. XIV. STAMMLER 1903, S. 224f. OIDTMANN 1905, S. 228. VIVIS 1905, S. 86. GOTTFRIED BUCHMÜLLER, St. Beatenberg. Geschichte einer Berggemeinde, Bern 1914, S. 631f., Abb. 17. MERZ 1920, S. 219. HENSELER 1924, S. 12. NÜSCHELER 1927, S. 53. WYSS 1940, S. 2. SCHNEIDER 1956, S. 560. SCHILTER 1957, S. 21. MÜLLER 1957, S. 33f. GERMANN 1967, S. 367, 378f., Abb. 281. Unsere Kunstdenkmäler 18/1967, Abb. S. 109. ANDERES 1974, S. 24, 33 (Abb. 5), 76, Taf. 9. ANDERES 1975, S. 14, Abb. 11. FELDER 1982, S. 16, Abb. S. 18. TRÜMPLER 1997, S. 168f. (mit Farbabb.). EGGENBERGER 2001, Abb. 3.

Abb. 37: Urs Graf. Holzschnitt zur Beatusvita, 1511 (Kupferstichkabinett der Öffentlichen Kunstsammlung Basel, Inv. 17.96).

**West III Masswerk
David und Bathseba
Carl von Egeri (z), 1554?**

Wohl kein Masswerkbild in Muri fasziniert den Beschauer so sehr wie dasjenige mit König David und Bathseba. In zwei nierenförmigen Öffnungen sehen wir links David, aus der Loggia seines Palastes schauend, und rechts Bathseba, die Frau von Urias, die in einem Brunnenbecken ein Fussbad nimmt und sich von zwei Frauen bedienen lässt. Die Szene ist bekannt (2 Sam 11, 2–4): David ist von der Schönheit der Frau überwältigt, begeht mit ihr Ehebruch und lässt ihren Mann im Krieg umkommen. Bathsebas in der Sünde gezeugter Sohn stirbt; hingegen wird ihr ehelicher Sohn Salomo leben und König von Juda werden. Thematische oder typologische Zusammenhänge zu anderen Fenstern – man könnte zum Beispiel an eine Serie von Weiberlisten denken – fehlen.

Die badende Bathseba ist nicht wie üblich nackt dargestellt, sondern – wie bei Lukas Cranach d. Ä. und seiner Nachfolge (Kat. Basel 1976, Nr. 475, Abb. 298/299) – reich gekleidet und taucht nur ihre entblössten Beine ins Wasser. Der von Atlanten umkränzte und von einem Triton und einer Nereide bekrönte Brunnenstud ist von grosser Üppigkeit und passt eher zu einem Jungbrunnen denn zu einem Badebassin. Als Inspirationsquelle dafür diente Carl von Egeri vielleicht Niklaus Manuels Bathsebabild von 1517 in Basel, wo der Brunnen von Leben überbordet (Kat. Bern 1979, Nr. 77, Farbabb. 21). Zur Jugend gehört auch die blühende Rosenhecke im Hintergrund. Die modisch gekleideten Dienerinnen tragen eine Schüssel mit Früchten und einen gebuckelten Deckelpokal heran, um ihre Herrin zu erfrischen. Das Federnhäubchen der einen erinnert an den Kopfputz von Musen. Vor David sitzt ein Hündchen, ein Symbol ehelicher Treue, das vorwurfsvoll zum lüsternen

Abb. 38: Hieronymus Lang. Scheibenriss mit David und Bathseba, um 1560–1570 (Kupferstichkabinett der Öffentlichen Kunstsammlung Basel, Inv. 1948.200.6).

König emporschaut. Von der gleichen Lebensfülle geprägt wie der Liebe und Fruchtbarkeit versinnbildlichende Garten Bathsebas ist das Rankenwerk in den Bogenfüllungen darunter, dem zwei Fabelwesen – halb Menschen, halb Pflanzen – einverleibt sind. Auf Ludwig Vogels Aquarell ist auf dem Glasstück im Bogenscheitel die Jahrzahl 1554 erkennbar (vgl. Abb. 9). Dieses wahrscheinlich zum Originalbestand gehörende Stück ist heute verschollen und durch ein Glas ersetzt, welches mit den ornamentalen Zwickelfeldern links und rechts korrespondiert. Das Bathsebabild dürfte somit vier Jahre früher entstanden sein als die darunter angebrachten Hertenstein-Scheiben von 1558. Dass deren Glasmaler, Carl von Egeri, auch der Schöpfer dieses Bildes ist, steht ausser Zweifel. Für Egeri sprechen einerseits technische und farbliche Eigenheiten, andererseits aber auch stilistische und motivische Übereinstimmungen mit seinem gesicherten Œuvre: die Akanthusgebinde und Arabeskenornamente, die Maserierung und das Setzsteinpflaster.

Wie von Christoph Eggenberger vor kurzem aufgezeigt wurde, ist es Carl von Egeri bestens gelungen, in dem mit höchster Raffinesse ausgeführten Glasgemälde die Figur Bathsebas in ihrer heilsgeschichtlichen Bedeutung offen zu legen, indem er diese in einem von einem Rosenhag umzäunten Garten erscheinen lässt und sie so in Parallele zur Maria im Rosenhag, zur Madonna im «hortus conclusus» setzt. Das Motiv mit Bathseba im Rosenhag dürfte Egeri allerdings kaum selbst erfunden haben. Darauf deutet die künstlerisch weit weniger qualitätvolle, in Privatbesitz überlieferte Wappenscheibe Niklaus Imfelds von 1549 (Lehmann 1941, S. 79f., Abb. 113). Sie zeigt im Oberbild die von David im Garten beobachtete Bathseba zwar vor einem ohne Rosen bestückten Holzzaun, ansonsten aber in der von Muri her bekannten Darstellungsweise. Die Vermutung liegt somit nahe, dass dem Glasmaler der Imfeld-Scheibe eine Vorlage zur Verfügung stand, die auch das Rosenhag-Motiv enthielt. Der im Murenser Glasgemälde ohne strenge Perspektive in die Tiefe gestaffelte Palast Davids lässt dabei am ehesten an eine Arbeit aus dem Holbein-Kreis denken. Die gleiche, unter den damaligen Schweizer Glasmalern offenbar weit verbreitete Vorlage widerspiegeln ebenfalls die Bathseba-Darstellungen auf einem undatierten Scheibenriss von Hieronymus Lang (Abb. 38) und auf einem Riss von dessen Sohn Daniel, den dieser 1568 für eine Allianzscheibe Heinrich Peyers anfertigte (Thöne 1939, S. 36, Abb. 14).

Technik. Farbloses Glas; Überfangglas: blau (Ausschliff rückseitig); Farbglas: grün, rot, hellrot.
Bemalung mit Schwarzlot und Silbergelb (jeweils in diversen Farbstufen) sowie mit Eisenrot (der mit blauer und violetter Schmelzfarbe bemalte Rock Bathsebas ist eine Ergänzung). Im Fischblasenfeld mit Bathseba ist am oberen Bildrand die Schwarzlotvorzeichnung der Baumkrone stellenweise erkennbar.

Erhaltung. Das einen Ausbruch aufweisende Glasstück mit der in blauer und violetter Schmelzfarbe aufgemalten Kleidung Bathsebas muss 1624 eingesetzt worden sein (violettes Email stand in der Werkstatt Egeris nicht in Gebrauch). Das Aussenstück im rechten Bogenfeld wurde im 19. Jahrhundert erneuert. Es stammt vermutlich von der gleichen Hand wie die Ergänzungen auf der Scheibe West Va. Aus dem 19. Jahrhundert datiert wohl auch das ornamentale Zwickelfeld im Bogenscheitel, an dessen Stelle bis um 1830 in Muri noch ein Glas mit der Jahrzahl 1554 zu sehen war. Einige Sprünge und Notbleie.

Literatur. LÜBKE 1866, S. 50. LIEBENAU 1892, S. 24f., Taf. XXIX. LEHMANN 1897, S. 12, 21, 45, Nr. III (Carl von Egeri). NÜSCHELER 1927, S. 49. BOESCH 1955, S. 140, Abb. 83f. (Carl von Egeri). SCHNEIDER 1956, S. 561 (Carl von Egeri). SCHILTER 1957, S. 21. GERMANN 1967, S. 379, Abb. 281. Unsere Kunstdenkmäler 18/1967, Abb. S. 109. ANDERES 1974, S. 24 (Abb. 5), 90, Taf. 16 (Carl von Egeri). ANDERES 1975, S. 14, Abb. 11. ELISABETH VON WITZLEBEN, Bemalte Glasscheiben. Volkstümliches Leben auf Kabinett- und Bierscheiben, München 1977, Farbabb. I. Kat. Zürich 1981, S. 19. FELDER 1982, S. 16, Abb. S. 18. TRÜMPLER 1997, S. 168f. (mit Farbabb.). EGGENBERGER 2001, Abb. 4, 5.

**West IVa
Wappenscheibe Melchior Lussi
und Katharina Amlehn
Heinrich Leu (z), 1563**

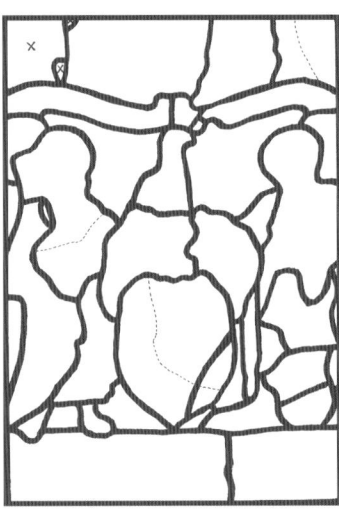

Das vor einen roten Damastgrund gesetzte Wappen Melchior Lussis begleiten der Apostel Petrus, der Patron der Stanser Kirche, sowie Katharina von Alexandrien, die Namenspatronin von Lussis erster Gemahlin, Katharina Amlehn, deren Familienwappen zu Füssen der Heiligen platziert ist. Gekrönten Hauptes und in fürstlicher Kleidung erscheint diese mit ihren Marterwerkzeugen, dem zerbrochenen Rad und dem Schwert. Aktueller Anlass für Lussis Scheibenstiftung dürfte das von ihm besuchte Konzil von Trient gewesen sein, auf welches das Oberbild Bezug nimmt. Darin festgehalten ist eine Deputationsversammlung, die nicht wie damals üblich in der Tridentiner Kirche S. Maria Maggiore oder im dortigen Dom, sondern in einem profanen Raum abgehalten wird. Das eifrig diskutierende Plenum besteht aus Theologen, schwarz gekleideten weltlichen Würdenträgern (links) sowie an ihren roten Hüten erkennbaren Kardinälen (rechts). Über der Versammlung schwebt die Taube des Heiligen Geistes mit dem wohl vom Auftraggeber eigens gewünschten Anfangstext aus der Pfingstsequenz: «Komm, Heiliger Geist.» Im Eckfeld links neben der Konzilsversammlung, wo heute ein Flickstück eingesetzt ist, war ursprünglich der auf seine Wundmale weisende thronende Christus mit Krone und Zepter zu sehen. Zusammen mit der Taube und der majestätischen Figur Gottvaters im gegenüberliegenden Eckfeld bildete er Teil der Trinität, unter deren Obhut hier das Konzil tagt. Analogen Dreifaltigkeitsdarstellungen begegnet man auf verschiedenen St. Galler Abtsscheiben, wie beispielsweise auf jener Diethelm Blarers von 1549 (vgl. Abb. 48).

Melchior Lussi (1529–1606) entstammte einem alten Stanser Landleutegeschlecht. Als Gesandter der katholischen Orte wurde er 1556 in Rom durch Paul IV. mit dem päpstlichen Ritterorden ausgezeichnet. Danach stand er als Oberst in päpstlichen und später in venezianischen Diensten. Seit 1561 in regelmässigen Intervallen als Ammann Nidwaldens amtierend, wurde Lussi 1593 zum Landeshauptmann von Ob- und Nidwalden erkoren. Daneben bekleidete er zahlreiche weitere politische Ämter. 1580 übernahm er in Lugano als Nachfolger seines dort verstorbenen Bruders Johann das Landvogtamt. Als Gesandter und Pilger hielt er sich oftmals im Ausland auf. Eine seiner Reisen führte ihn 1583 zusammen mit Rudolf Pfyffer (West VIb) ins Heilige Land, wo er das Ritterkreuz des Heiligen Grabes und den Katharinenorden empfing. Auf einer weiteren Pilgerfahrt besuchte er 1590 das Grab des Apostels Jakobus in Santiago de Compostela. Lussi war zeitlebens ein Exponent der päpstlich-spanischen Partei und somit Widersacher des französisch gesinnten Ludwig Pfyffer (West VIc). Auf der Scheibe widerspiegelt sich seine Romtreue einerseits in der Figur Petri und andererseits in seinem Familienwappen, welches früher ein Hauszeichen und einen Widder zeigte, unter ihm aber zum religiösen Emblem in Gestalt des Agnus Dei umgestaltet wurde. Dieses in eine kunstvolle Rollwerkkartusche gesetzte Wappen geht wohl auf ein päpstliches oder venezianisches Diplom zurück. Lussi war viermal verheiratet, in erster Ehe mit der 1562 verstorbenen Katharina Amlehn, der Tochter des Luzerner Schultheissen Niklaus Amlehn (West Va), in zweiter seit 1563 mit Marie Cleopha Zukäs aus Luzern, in dritter mit Anna Auf der Maur aus Schwyz und in vierter mit Agatha Wingartner († 1615) aus Stans.

Auf dem 1545 von Rom nach Trient einberufenen Reformkonzil glänzten die sieben katholischen Orte lange Zeit durch Abwesenheit. Erst 1562 beschlossen sie auf Bitten des damals in Altdorf residierenden Nuntius Giovanni Antonio Volpi, einen offiziellen Vertreter dorthin zu delegieren, und wählten als diesen auf der Tagsatzung zu Luzern den angesehenen, sprachgewandten und mit dem Vatikan gut vertrauten Staatsmann Melchior Lussi. Der Klerus erkor zur gleichen Zeit Abt Joachim Eichhorn von Einsiedeln als geistlichen Vertreter (Süd IIIa). Am 18. März 1562 hielt die Schweizer Delegation in Trient Einzug, feierlich empfangen von rund 50 Bischöfen und Prälaten, und zwei Tage später wurde sie in die Kirchenversammlung eingeführt. Abt Joachim erhielt einen Ehrenplatz vor allen anderen Äbten, Lussi gleich nach den königlichen Gesandten, wobei ihm allerdings die Herzöge von Florenz und Bayern diesen Rang streitig machten. Lussi, der Trient im Juni 1563 wieder verliess, war es auch, der die Reformdekrete entgegennehmen durfte. In den katholischen Orten gelangten die Reformbeschlüsse des Tridentinums allerdings nur zögernd zum Durchbruch. Erst die Visitationsreise des Mailänder Kardinals Karl Borromäus (1538–1584) durch die Schweiz im Jahre 1570, die 1579 erfolgte Errichtung einer ständigen Nuntiatur in Luzern sowie die Berufung der Kapuziner und

Jesuiten, verbunden mit der Gründung von Klöstern und Kollegien, führten die katholische Kirche in der Schweiz zur grundlegenden Regeneration. Als Freund und Mitstreiter von Karl Borromäus gehörte Lussi zu den Vorkämpfern der Gegenreformation und der damit einhergehenden Erneuerung des religiösen und sittlichen Lebens. 1583 gründete er das Kapuzinerkloster in Stans, das 1585 als erste Kapuzinerniederlassung nördlich der Alpen eingeweiht wurde. Anlässlich der Vollendung stiftete er dorthin zwei Altarbilder, die er über Karl Borromäus in Mailand bestellt hatte (Carlen 1980, S. 102). Das Tridentiner Konzil liess Lussi übrigens nicht nur auf der Scheibe in Muri verewigen, sondern ebenfalls in der von ihm erbauten Stempachkapelle in Stans sowie im Winkelriedhaus, seinem dortigen Wohnsitz. Von dieser einstmals den Festsaal seines Hauses schmückenden Malerei haben sich Kopien in den Stanser Klöstern der Kapuziner und Kapuzinerinnen erhalten (Kat. Luzern 1986, Nr. 57, Abb. 57; Achermann/Horat, S. 93, 124, Abb. 12).

Inschriften. Auf dem Sockel: «Melchior Lussÿ Landtaman nidt dem kchern Wald / der Heligen Romschen kilchen Ritter vnd der vjj alten/ Cristenlichen Ortte Loblicher Eidtgnoschafft gsanter / Vff dem Heligē Conzilium zů Thrient 1563», «Kathrinna Am Len Von / Lutzern was sin Egmachel / Gott begnad Jr Sell». Im Oberbild: «VENI SANCTE SPIRITVS». Auf den Nimben: «SANCTVS PETRVS OR[A PRO NOBIS]», «SANCTA CATHARINA ORA PRO NOBIS».

Technik. Farbloses Glas; Überfangglas: blau und grün (Ausschliff jeweils vorderseitig), rot (Ausschliff vorder- und rückseitig).
Bemalung mit Schwarzlot und Silbergelb (jeweils in diversen Farbstufen), mit Eisenrot sowie mit blauer und hellblauer Schmelzfarbe.
Im gewohnt dickflüssigen Auftrag, der ihm eine tiefdunkle, fast opake Qualität verleiht, fand blaues Email in den beiden Wappen, in den Schulterpartien des Mantels Petri und im Zwickelbild oben rechts Verwendung. Der Schlüssel Petri ist rückseitig hingegen mit einer blauen Schmelzfarbe von höchst wässriger Konsistenz bemalt, so wie sie auf einigen weiteren Murenser Scheiben auch zur Charakterisierung anderer Metallgegenstände (Rüstungen) eingesetzt wurde.
Lichtmass: 69 x 48,5 cm.

Erhaltung. Das alte Flickstück im Oberbild aussen links mit der Muttergottes und dem Jesuskind stammt aus einer Geburt Christi. Einige Sprünge und Notbleie.

Literatur: LÜBKE 1866, S. 49. LIEBENAU 1892, S. 9, 22 (Niklaus Bluntschli). HERZOG 1892, S. 64f. LEHMANN 1897, S. 42, Nr. I. STAMMLER 1903, S. 224f. VIVIS 1905, S. 96. NÜSCHELER 1927, S. 54. WYSS 1940, S. 3, 6. P. LEUTFRIED, Bilder, in: Stanser Student, 13. Jahrgang, Heft 4, September 1956, S. 150 (Gedenkschrift zum 350. Todestag von Ritter Melchior Lussy). SCHILTER 1957, S. 21–23 (Niklaus Bluntschli). MÜLLER 1957, S. 34f. P. PLAZIDUS HARTMANN, Das Wappen des Geschlechtes Lussy von Nidwalden und seine Entwicklung, in: SAH 73/1959, S. 8, Fig. 11. GERMANN 1967, S. 367, 379f., 402, Abb. 282. ANDERES 1974, S. 24, 44 (Abb. 5), 78, Taf. 10. ANDERES 1975, S. 8–11, 14f., Abb. 13. FELDER 1982, S. 16. Zum Stifter: Kat. Luzern 1986, S. 58, 62. HANSJAKOB ACHERMANN/HEINZ HORAT (Red.), Das Winkelriedhaus. Geschichte, Restaurierung, Museum, Stans 1993, S. 32–36, 93ff.

West IVb
Wappenscheibe Wendel Sonnenberg und Klara Ziegler
Heinrich Leu (z), 1563

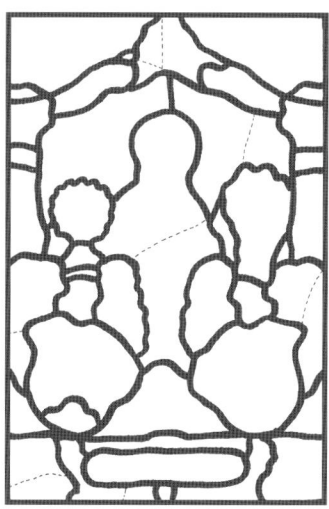

Die farbenprächtige Scheibe zeigt als Schildwächter den hl. Wendelin, den Namenspatron des Stifters. Der Heilige, ein iroschottischer Königssohn, der auf die Königskrone verzichtete und sein Leben als Hirt und Klausner beschloss († 617), trägt eine Schäfertracht aus Rock, Schultermantel und breitkrempigem Hut. Mit der Rechten greift er nach der Hirtentasche und mit der Linken umfasst er eine Hirtenschaufel. Flankiert von den Wappen des Stifters und dessen Gemahlin, steht er zusammen mit dem ihm als Attribut beigefügten Schaf auf der Sockelplatte, vor welcher sich zwei musizierende Engelputten niedergelassen haben. In den Zwickeln der giebelförmigen Renaissance-Bekrönung hebt sich die mit Silbergelb untermalte Schwarzlotzeichnung des Kampfes zwischen David und Goliath ab (1 Sam 17, 49f.). Das Vorbild dazu findet sich in den «Icones», der Bilderbibel Hans Holbeins d. J. von 1538 (Abb. 39). Der Glasmaler hat die Szene allerdings zweigeteilt und in die Breite gezogen. Das dadurch entstandene weite Landschaftspanorama bereichern zeitgenössische Reiterei und Kanonen, womit wohl auf die damals entbrannten Hugenottenkriege angespielt wird, in denen sich die Luzerner auf katholischer Seite stark engagierten.

Wendel Sonnenberg († 1563) gehörte einer regimentsfähigen Luzerner Familie an, deren Stammvater Jost Sonnenberg († 1467) aus Feldkirch bei Breisach im Elsass 1418 das Luzerner Bürgerrecht erworben hatte. Dessen Sohn Hans († 1506), durch König Matthias von Ungarn mit einem Adelsbrief ausgestattet, wurde 1499 bereits Schultheiss. Der Enkel Christoph Sonnenberg († 1540), seit 1537 Besitzer des in der Kleinstadt an der Reuss gelegenen Sonnenberg-Hauses, war der Vater unseres Scheibenstifters. Dieser amtete im Laufe seiner politischen Karriere als Grossrat (1526), als Vogt von Kriens (1529), Büron (1533), Ruswil (1543) und Willisau (1549), seit 1541 als Kleinrat und schliesslich als Bannerherr (1545–1561). Den Höhepunkt seiner Laufbahn erreichte Wendel Sonnenberg 1562, als er von den alternierenden Schultheissen Jost Pfyffer und Niklaus Amlehn (West Va) in den Geheimen Rat Luzerns aufgenommen wurde. Als Hauptmann war Sonnenberg, der 1531 als Teilnehmer an der Schlacht von Kappel wohl auch in Muri vorbeikam, in französischen Diensten. 1523 hatte er sich mit Anna Bili und 1540 mit Anna von Hallwyl verheiratet. Seine dritte Lebensgefährtin war Klara Ziegler, die Tochter des Schultheissenstatthalters Itelhans Ziegler von Schaffhausen. Sie überlebte ihren Gatten um mehrere Jahre und heiratete in der Folge Ludwig Pfyffers (West VIc) jüngeren Bruder Hans. Die 1563 datierte Scheibe, von der eine moderne Kopie in Privatbesitz existiert (Foto SLM 4760), gab Wendel Sonnenberg kurz vor seinem Tod in Auftrag, als er sich auf dem Höhepunkt seiner Macht befand. Er ist auch als Stifter des Bildes mit der Darstellung von Christi Blutschweiss bekannt, das auf der 1854 abgebrochenen Hofbrücke in Luzern zur Aufstellung kam.

Inschriften. Sockelinschrift: «Wendel Sunenberg Frow Clara / Zieglerin sin Eliche hußfrow 1563». Auf dem Nimbus: «SANCTVS WENDELINVS».

Technik. Farbloses Glas; Überfangglas: rot (Ausschliff rückseitig), blau (Ausschliff vorder- und rückseitig); Farbgläser: grün, hellblau. Bemalung mit Schwarzlot und Silbergelb (jeweils in diversen Farbstufen).
Lichtmass: 67 x 44 cm.

Erhaltung. Einige Sprünge und ein Notblei.

Literatur. Lübke 1866, S. 48. Kat. Zürich 1883, S. 73, Nr. 179. Liebenau 1892, S. 22, Taf. XXI (Niklaus Bluntschli). Herzog 1892, S. 64f. Lehmann 1897, S. 38, Nr. XII. Stammler 1903, S. 224f. Oidtmann 1905, S. 228. Vivis 1909, S. 56. Nüscheler 1927, S. 54 (Niklaus Bluntschli). Wyss 1940, S. 3, 6. Schilter 1957, S. 23. Wyss 1957/58, Teil 1, S. 47 (Hans Füchslin). Müller 1957, S. 35. Germann 1967, S. 367, 380, 402, Abb. 282. Anderes 1974, S. 24 (Abb. 5). Anderes 1975, S. 15. Felder 1982, S. 16. Zum Stifter: Messmer/Hoppe 1976, S. 78f., 192f.

Abb. 39: Hans Holbein d. J. Davids Kampf gegen Goliath, Holzschnitt aus der Bilderbibel von 1538 (Kupferstichkabinett der Öffentlichen Kunstsammlung Basel, Inv. X.2189.35).

West IVc
Wappenscheibe Jakob Fuchsberger
Heinrich Leu (z), 1562

Im Gegensatz zu den sich voller Stolz auf ihren Glasgemälden präsentierenden Militärkommandanten Lux Ritter (West VIa) und Ludwig Pfyffer (West VIc) erscheint hier der Stifter in devoter knieender Haltung. Der im vorgerückten Alter dargestellte, offenbar genau porträtierte Jakob Fuchsberger hat seine Hände mit dem Rosenkranz zum Gebet erhoben. Er trägt einen Harnisch und zu seiner Ausstattung gehören Ehrenkette, Anderthalbhänder, Schweizerdolch sowie, vor ihm niedergelegt, Helm und Kommandostab. Vor ihm erhebt sich sein sprechendes Vollwappen.

Am Fuss der Scheibe tummeln sich Putten auf den Rücken von zwei Tritonen. Das Inschriftentäfelchen wird seitlich von zwei ins Profil gerückten weiblichen Hermen gerahmt. Die flott gezeichnete Figurenszene über dem Volutenbogen zeigt eine ikonographisch bemerkenswerte Darstellung. Links kniet wiederum der Stifter im Gebet vor einem Beinhaus, aus dem Totenskelette mit Dreschflegeln und Mistgabeln – also wohl verstorbene Bauern – herausstürmen und eine wild fliehende Reiterschar verfolgen (vgl. Abb. 22). Die ungewöhnliche Szene bezieht sich auf die Legende der dankbaren Toten, die in der ersten Hälfte des 16. Jahrhunderts auch auf Wandgemälden in der Kapelle von St. Jakob an der Birs (Baer 1941, S. 403–415, Abb. 421) und in den Beinhäusern von Muttenz bei Basel (Heyer 1969, S. 355–359, Abb. 399) sowie von St. Anna in Baar und St. Michael in Zug (Grünenfelder 1999, S. 52, Abb. 40) zur Darstellung gelangte. Von dieser in den Bereich des Armeseelen-Kults gehörenden Erzählung weiss die Legenda aurea Folgendes zu berichten: «Es pflegte einer, wann er über den Kirchhof ging, allezeit den Psalm ‹De profundis› zu sprechen für die Toten. Es geschah, dass er von Feinden verfolgt ward und über den Kirchhof floh, da stunden die Toten auf, ein jeglicher mit seinem Handwerkszeug, und beschirmten ihn kräftiglich wider seine Feinde, dass sie voll Schreckens von dannen flohen.» Weil auf Fuchsbergers Scheibe die Toten offenbar auf dessen Fürbitte die Verfolgung der Feinde aufnehmen, ist zu vermuten, dass ein tieferer Bezug zum Stifter vorliegt. 1562 zog Fuchsberger in den Krieg gegen die Hugenotten. Ahnte er seinen Tod auf dem Schlachtfeld voraus, oder sollte er zum Zeitpunkt, als die Scheibe in Auftrag gegeben wurde, bereits nicht mehr am Leben gewesen sein? Mit der in Richtung zur Kirche knienden Figur Fuchsbergers erweckt das Glasgemälde jedenfalls den Eindruck eines Votivbildes. Die Frage scheint deshalb berechtigt, ob die Scheibe nicht postum durch dessen Gemahlin beziehungsweise Witwe Margaretha Krieg von Bellikon gestiftet worden sein könnte.

Der Söldnerführer Jakob Fuchsberger (1502–1562), ein Freund Lux Ritters (West VIa), ist einer der weniger profilierten Scheibenstifter in Muri. Über sein Leben ist man nur spärlich unterrichtet. Gebürtig war er aus der mit der Eidgenossenschaft verbündeten, freien Reichsstadt Rottweil. Zürich hatte 1528 erreicht, dass dort die Reformation zum Durchbruch kam. Als Kaiser Karl V. mit dem Entzug des Hofgerichts drohte, sah sich Rottweil 1529 jedoch gezwungen, die Neugläubigen, darunter wohl auch Jakob Fuchsberger, auszuweisen. 1531 kämpfte dieser an der Seite Ulrich Zwinglis in der Schlacht bei Kappel. Nach der dortigen Niederlage kehrte er aber wieder zum katholischen Glauben zurück. Zwischen 1536 und 1539 wurde Fuchsberger Bürger von Mellingen und Besitzer des dortigen Schlösschens Hünegg, wo er in der Folge Söldnertruppen anwarb, die er in zahlreiche Schlachten nach Frankreich führte. Als Hauptmann in französischen Diensten fand er dort in der blutigen, wenn auch siegreichen Schlacht von Dreux gegen die Hugenotten am 19. Dezember 1562 zusammen mit zahlreichen Schweizern den Tod.

Inschriften. Sockelinschrift: «Jacob Fuchsberger 1562». Auf der Schriftkartusche oben: «1562».

Technik. Farbloses Glas; Überfangglas: rot (Ausschliff vorder- und rückseitig), blau (Ausschliff vorderseitig); Farbglas: grün, violett, hellblau.
Bemalung mit Schwarzlot und Silbergelb (jeweils in diversen Farbstufen) sowie mit hellblauer Schmelzfarbe (auf den Rüstungsteilen rückseitig in wässriger Konsistenz aufgetragen, vgl. dazu West IVa).
Lichtmass: 68 x 47,5 cm.

Erhaltung. Einige Sprünge und Notbleie.

Literatur. Lübke 1866, S. 49. Liebenau 1892, S. 22, Taf. XX (Niklaus Bluntschli). Herzog 1892, S. 64f. Lehmann 1897, S. 38f., Nr. XII. Nüscheler 1927, S. 54. Wyss 1940, S. 3, 6. Boesch 1955, S. 122, Abb. 66. Schneider 1956, S. 560. Schilter 1957, S. 23 (Niklaus Bluntschli). Wyss 1957/58, Teil 1, S. 47 (Hans Füchslin). Willy Rotzler, Die Begegnung der drei Lebenden und der drei Toten. Ein Beitrag zur Forschung über die mittelalterlichen Vergänglichkeitsdarstellungen, Winterthur 1961, S. 235–238. Germann 1967, S. 367, 380, 402, Abb. 282. Anderes 1974, S. 24 (Abb. 5), 80, Taf. 11. Anderes 1975, S. 11. Felder 1982, S. 16. Zum Stifter: Rainer Stöckli, Geschichte der Stadt Mellingen von 1500 bis zur Mitte des 17. Jahrhunderts, Fribourg 1979, S. 109, 350.

**West IV Masswerk
Hirsch- und Hasenjagd
Carl von Egeri (z), 1554?**

Schauplatz der Hirsch- und Hasenhatz ist eine Waldlandschaft, in der sich Jäger, teils zu Fuss und teils zu Pferd, mit ihren Hunden auf der Pirsch befinden.

Die Masswerkfenster IV und V des Westflügels sind profanen Bildthemen gewidmet, die zwei unterschiedliche Gesellschaftsschichten repräsentieren. Während der im folgenden Fenster dargestellte Dorftanz nicht nur im Mittelalter, sondern auch in der Renaissance ganz dem Bauernvolk gehörte, war die Jagd damals das Privileg von Adel und Patriziat. Jagdbilder gehörten dementsprechend zu jenen Motiven, die das reiche städtische Bürgertum und Patriziat mit Vorliebe auf seinen Scheibenschenkungen anbringen liess. Beispiele dafür bieten in Muri die Glasgemälde von Erasmus von Hertenstein (West IIc), Niklaus Amlehn (West Va) und Niklaus von Meggen (West Vb). Möglicherweise hatte Johann Christoph von Grüth bei der Themenwahl für diese Masswerkfenster Stifterwünsche mit zu berücksichtigen.

Technik. Farbloses Glas; Farbglas: blau, grün. Bemalung mit Schwarzlot und Silbergelb (jeweils in diversen Farbstufen) sowie mit Eisenrot.

Erhaltung. Mehrere Sprünge und ein Notblei.

Literatur. LEHMANN 1897, S. 20f., 43, Nr. II (Carl von Egeri). NÜSCHELER 1927, S. 50. SCHNEIDER 1956, S. 561 (Carl von Egeri). SCHILTER 1957, S. 21. GERMANN 1967, S. 380, Abb. 282. ANDERES 1975, S. 15. FELDER 1982, S. 16.

**West Va
Wappenscheibe Niklaus Amlehn
und Elsbeth Zukäs
Heinrich Leu (z), 1566**

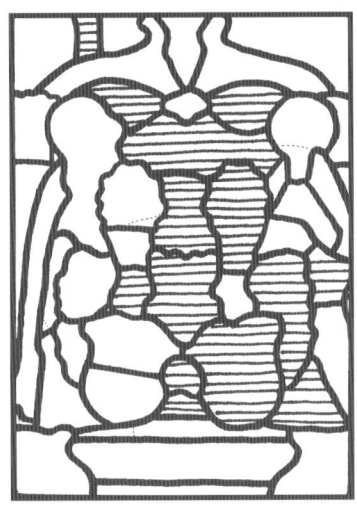

Die Wappen von Niklaus Amlehn und seiner Frau Elsbeth Zukäs begleiten der hl. Nikolaus und die hl. Elisabeth von Thüringen, die Namenspatrone des Stifterpaares. Der hl. Nikolaus, Bischof von Myra († um 350), ist in ein rotes Pluviale gehüllt und führt auf seinem Buch drei goldene Kugeln oder Äpfel mit sich. Nach der Legende soll er diese drei armen Mädchen geschenkt haben, um sie davor zu bewahren, von ihrem Vater in ein Freudenhaus verkauft zu werden. Ihm gegenüber steht Elisabeth († 1231), die 1235 heilig gesprochene Tochter König Andreas' II. von Ungarn. Sie wird in den Legendenberichten als grosse Wohltäterin beschrieben. Sinnbild ihrer sprichwörtlichen Nächstenliebe ist das als Armengabe bestimmte Brot, welches sie in der Hand hält. Figuren und Wappen stehen in einer von einem Doppelbogen bekrönten Säulenrahmung, an der als Groteskenmotiv das aus Fischschwänzen herauswachsende Menschenpaar an den beiden unteren Eckkonsolen hervorsticht. Das Oberbild zeigt eine Hirschjagd.

Der Luzerner Niklaus Amlehn, Hauptmann und Mitglied der Safran-Gesellschaft, handelte mit Wachs, Blei und Kriegsmaterialien wie zum Beispiel Schiesspulver, das er in einer eigenen Salpeterhütte produzierte. In Luzern, wo er Besitzer mehrerer Häuser und Baumgärten war, nahm er lange Zeit eine politisch führende Stellung ein. Seit 1538 sass er im Grossrat und von 1552 bis 1573 im Kleinrat. Wie sein Schwager Melchior Lussi (West IVa), der mit seiner Schwester Katharina verheiratet war, stand er auf Seiten der spanisch-päpstlichen Partei, womit er in seiner nach Frankreich orientierten Vaterstadt die Position der Minderheit vertrat. Folgenschwer war für ihn das Schwurbündnis, das er nach dem Ableben Lux Ritters (West VIa) 1559 mit dessen Nachfolger, dem französisch gesinnten Jost Pfyffer († 1584), schloss. In geheimer Absprache einigten sich die beiden Luzerner Politgrössen darin auf einen regelmässigen Wechsel im Schultheissenamt und auf ein gemeinsames Vorgehen beim Verteilen der von der französischen Krone jährlich ausbezahlten Pensionsgelder. Bis 1566, das heisst bis ins Jahr seiner Heirat mit Elsbeth Zukäs und seiner Scheibenstiftung nach Muri, amtierte Amlehn in der Folge turnusgemäss als Schultheiss. Bald danach ging das für beide politische Parteien einträgliche Stillhalteabkommen in die Brüche. Eine erste Kontroverse entstand, als Amlehn für seinen einzigen Sohn Melchior umsonst eine Hauptmannsstelle im Regiment Ludwig Pfyffers (West VIc) verlangte und danach erleben musste, wie dieser als Leutnant 1567 beim Rückzug von Meaux tödlich verwundet wurde. Nun begann Amlehn einen politischen Amoklauf gegen die Pfyffer. 1569 liess er den als Pfyffer-Amlehn-Handel in die Luzerner Geschichte eingegangenen Geheimbund platzen, indem er Jost Pfyffer wegen Unterschlagung, Ämterschachers und Bestechung vor Gericht anklagte. Dieser wurde denn auch für schuldig befunden, seiner Ämter enthoben und in die Verbannung geschickt. Josts Neffe, der «Schweizerkönig» Ludwig Pfyffer, der in den Handel impliziert war, parierte Amlehns Angriffe aber äusserst geschickt, sodass er sich nicht nur von der Anklage reinwaschen konnte, sondern 1571 sogar zum Schultheiss gewählt wurde. Amlehn selber wurde wegen seiner Komplizenschaft im Geheimbund zu einer saftigen Geldbusse verurteilt. Sein Schicksalsblatt wendete sich vollends, als man ihn 1573 der Unterschlagung von Pensionsgeldern bezichtigte. Nun ging der Hexentanz gegen ihn los. Den Verlust seines Vermögens und Ratssitzes beklagend, floh er zu Melchior Lussi nach Stans. Auf Vermittlung der drei Waldstätte und seines Schwiegervaters, Ratsherr Zukäs', wurde Amlehn 1575 zwar begnadigt; seine politische Karriere war aber dahin, und er starb als Letzter seines Geschlechts im Jahr 1580.

Inschriften. Sockelinschrift: «niclaus Amleenn Schultheß zů Lutzern vnd / Frow Elsbet zu Kesin Sin Eliche hußfrow 1566». Auf dem Nimbus: «SANCTVS NICOLAVS ORA».

Technik. Farbloses Glas; Überfangglas: rot (Ausschliff vorder- und rückseitig); Farbglas: blau, grün, violett.
Bemalung mit Schwarzlot und Silbergelb (jeweils in diversen Farbstufen) sowie mit blauer Schmelzfarbe (im Wappen Amlehn).
Lichtmass: 68 x 47,5 cm.

Erhaltung. Die Scheibe wurde im 19. Jahrhundert in verschiedenen Teilen erneuert, und zwar vermutlich durch den gleichen Glasmaler, der die Reparatur im Masswerkfenster West III ausführte. Weitgehend ergänzt wurde damals das Wappen Zukäs. Von derselben Restaurierung stammt vermutlich auch der giftgrüne Grund. Wie aus dem kleinen Originalfragment oberhalb der rechten Schulter des Bischofs hervorgeht, befand sich an seiner Stelle ursprünglich ein lindengrüner Damastgrund ähnlich wie jener auf der jetzigen Nachbarscheibe (West Vb). Geringer Schwarzlotverlust (auf dem Pluviale). Einige Sprünge und Notbleie.

Literatur: LIEBENAU 1892, S. 22 (Niklaus Bluntschli). HERZOG 1892, S. 64f. LEHMANN 1897, S. 37, Nr. XI. VIVIS 1905, S. 93, 96. NÜSCHELER 1927, S. 54. WYSS 1940, S. 6. SCHILTER 1957, S. 23 (Niklaus Bluntschli). WYSS 1957/58, Teil 1, S. 47 (Hans Füchslin). MÜLLER 1957, S. 35f. GERMANN 1967, S. 381, Abb. 283. ANDERES 1975, S. 8, 15f. FELDER 1982, S. 16. Zum Stifter: MESSMER/HOPPE 1976, S. 78f., 150, 177.

West Vb
Wappenscheibe Niklaus von Meggen und Margaretha Schiner
Heinrich Leu (z), 1558–1560

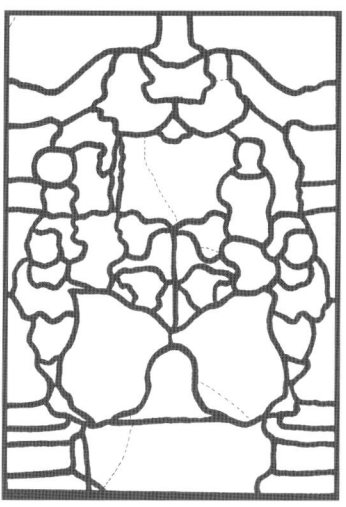

Das volle Allianzwappenpaar Niklaus von Meggens und Margaretha Schiners hebt sich effektvoll vom hellgrünen Damastgrund ab. Das rein heraldische und flächige Kompositionsschema fusst in der Spätgotik und Frührenaissance. Mehr als bei allen anderen Scheiben in Muri spürt man hier einen Altmeister, dessen Schaffen noch stark von der Glasmalerei der Zwanziger- und Dreissigerjahre geprägt ist. Die korinthischen Rahmensäulen und der Volutenbogen mit dem aus Akanthushüllen herauswachsenden Menschenpaar geben dem Glasgemälde jedoch ein modernes Gepräge, und im Oberbild, wo eine Sauhatz dargestellt ist, entpuppt sich ein aussergewöhnliches Zeichnertalent. Die Scheibenstiftung dürfte kurz nach 1557 erfolgt sein, als Niklaus von Meggen nur noch ehrenhalber den Namen eines Schultheissen trug.

Der Stifter († 1565) entstammte einem luzernischen Dienstadelsgeschlecht und war als Tuchhändler sowie zusammen mit seinen Schultheissenkollegen Heinrich Fleckenstein (West IIIb) und Hans Hug (West IIa) für kurze Zeit auch als Bergbauunternehmer tätig. Seine Bildung hatte er sich in Basel vor allem beim Humanisten Glarean (1488–1563) geholt, mit dem er zeitlebens in Briefverkehr stand. Im politischen Leben der Stadt Luzern spielte Niklaus von Meggen eine bedeutende Rolle. Zahlreiche Vogteien wurden ihm anvertraut, so Münster 1517, Entlebuch 1527, 1531 und 1535, Rothenburg 1539 und Willisau 1543. 1519 unternahm er zusammen mit anderen Luzernern eine Pilgerfahrt ins Heilige Land, von wo er mit dem Ritterkreuz des Heiligen Grabes und dem Katharinenorden zurückkehrte. Daran erinnern auf seiner Scheibe die neben dem Helmkleinod angebrachten Ordenszeichen, das umkränzte Jerusalemkreuz sowie das Rad und Schwert der hl. Katharina vom Sinai. 1531 folgte eine Pilgerreise nach Santiago de Compostela, und im gleichen Jahr führte er ein Fähnlein in den Kappelerkrieg. Damals wird er wohl auch Gast in Muri gewesen sein. In Luzern war er seit 1511 Grossrat, seit 1515/16 Kleinrat, von 1520 bis 1563 Bannerherr und zwischen 1545 und 1557 insgesamt fünfmal Schultheiss. Lange Zeit amtete er zudem als Pfleger des Klosters St. Urban.

Als Luzerner Schultheiss ermöglichte Niklaus von Meggen dem Zürcher Naturforscher Konrad Gessner (1516–1565) am 20. August 1555 die Besteigung des sagenumwobenen Pilatus. Er pflegte gute Beziehungen zu Rom, die er dank seiner Heirat mit Margaretha Schiner, einer Nichte des berühmten Kardinals und Söldnerführers Matthäus Schiner (um 1465–1522), intensivieren konnte. Er bezog die höchste päpstliche Pension, die einem Luzerner bezahlt wurde. 1547 hielt er sich zwecks Neubelebung der Schweizergarde bei Papst

Paul III. auf, dem er als ersten Hauptmann seinen Neffen Jost von Meggen (1509–1559) vorschlug.

Das Familienwappen auf seiner Murenser Scheibe beruht auf einem Adelsbrief, den ihm Kaiser Karl V. 1521 ausgestellt hatte. Zusammen mit seiner Gemahlin ist Niklaus von Meggen auf einer der insgesamt 237 Bildtafeln festgehalten, die sich ehemals auf der Hofbrücke in Luzern befanden. Da dieselbe das Datum 1573 trägt, muss es sich dabei um eine Nachstiftung seiner Frau handeln.

Inschriften. Sockelinschrift: «Niclaus von Meggen Schulthes zů Lutzern».

Technik. Farbloses Glas; Überfangglas: blau und grün (Ausschliff jeweils rückseitig), rot (Ausschliff vorder- und rückseitig); Farbglas: purpurviolett, hellblau.
Bemalung mit Schwarzlot und Silbergelb (jeweils in diversen Farbstufen) sowie mit blauer Schmelzfarbe (im Wappen Schiner).
Lichtmass: 68,5 x 48 cm.

Erhaltung. Einige Sprünge und Notbleie.

Literatur: Kat. Zürich 1883, S. 73, Nr. 182. LIEBENAU 1892, S. 21 (Carl von Egeri). HERZOG 1892, S. 64f. LEHMANN 1897, S. 36, Nr. XI. STAMMLER 1903, S. 224f. NÜSCHELER 1927, S. 53. WYSS 1940, S. 3, 6. SCHNEIDER 1956, S. 560. SCHILTER 1957, S. 23 (Carl von Egeri). WYSS 1957/58, Teil 1, S. 47 (Hans Füchslin). GERMANN 1967, S. 381f., 402, Abb. 283. ANDERES 1974, S. 82, Taf. 12. ANDERES 1975, S. 17. FELDER 1982, S. 16. Zum Stifter: MESSMER/HOPPE 1976, S. 79, 115f., 151, 169.

West Vc
Wappenscheibe Hans Tammann und Maria Magdalena Feer
Heinrich Leu (z), 1566

Zwischen den Allianzwappen Tammann und Feer steht vor blauem Damastgrund Johannes der Täufer, der Patron des Scheibenstifters. In einer aus kompositen Doppelsäulen und einem Stichbogen gebildeten Arkadenrahmung postiert, erscheint er analog zu den Johannesfiguren auf den Scheiben Joseph von Cambianos (West Ib) und Hans Hugs (West IIa) im Pelzkleid und roten Mantel sowie mit dem Gottesslamm in der Hand. Wie bei der Cambiano-Scheibe ist zudem auch hier im Oberbild die Enthauptung Johannes des Täufers festgehalten, dessen Haupt die Tochter von Herodias dem tafelnden Herodes überbringt (Mt 14, 1–12; Mk 6, 14–29). In mehr oder weniger übereinstimmender Form sind diese Oberbildszenen ebenfalls auf verschiedenen durch Johann Christoph von Grüth gestifteten Wappenscheiben anzutreffen, wovon einige angeblich von Niklaus Bluntschli stammen sollen (Kat. Philadelphia 1925, Nr. 19, Taf. VI; Lehmann 1911, Nr. 16; Germann 1967/68, Nr. 16b). Junker Hans Tammann, Sohn des Peter Tammann und der Maria Kiel, war ein Vetter der Schultheissen Jost und Ludwig Pfyffer (West VIc). 1559 ernannte man ihn zum Vormund seiner Tante Anna Kiel, der Frau des Schultheissen Lux Ritter (West VIa). In seiner Vaterstadt Luzern wurde er 1556 Grossrat, 1559 Kleinrat und 1560 Schützenmeister. Als Landvogt amtierte er in Münster 1561/62, in den Freien Ämtern 1565/66 und in Willisau 1571/72. Seit 1567 diente er der französischen Krone als Hauptmann im Regiment von Ludwig Pfyffer. Nachdem dieser infolge der Aufdeckung des Pfyffer-Amlehn'schen Schwurbündnisses 1569 von Frankreich nach Luzern zurückgekehrt war, übernahm Tammann 1570 das Kommando über dessen Truppe, welche sich von da an «Regiment der fünf alten Orte» nannte. Als Oberst fand er am 22. Juli 1573 in der Schlacht bei Barbézieux den Tod. Verehelicht war er mit der Luzernerin Maria Magdalena Feer (1542–1597), der Tochter von Junker Beat Feer († 1552), dem Herrn zu Wyher, und einer Enkelin des Schultheissen Peter Feer († 1519). Seiner Gemahlin, die nach dessen Ableben den Urner Landammann Sebastian Tanner († 1590) heiratete, vermachte Hans Tammann den Hof Bramberg auf der Musegg, den er von seiner Base Martha Tammann (West IIb) geerbt hatte.

Inschriften. Sockelinschrift: «Hans Dammañ von Lucern der Zÿt / Lantuogt Jn Frÿen Empteren 1566». Auf dem Nimbus: «SANCTVS IOANNES ORA PRO NOBI[S]».

Technik. Farbloses Glas; Überfangglas: rot (Ausschliff rückseitig); Farbglas: blau, grün. Bemalung mit Schwarzlot und Silbergelb (je-

weils in diversen Farbstufen).
Lichtmass: 68 x 48 cm.

Erhaltung. Die heraldisch linke Helmdeckenhälfte des Wappens Feer wurde im 19. Jahrhundert erneuert. Einige Sprünge und Notbleie.

Literatur: LIEBENAU 1892, S. 23 (Niklaus Bluntschli). HERZOG 1892, S. 64f. LEHMANN 1897, S. 36f., Nr. XI. STAMMLER 1903, S. 224f. VIVIS 1905, S. 102. NÜSCHELER 1927, S. 54. WYSS 1940, S. 6. SCHILTER 1957, S. 23. WYSS 1957/58, Teil 1, S. 47 (Hans Füchslin). MÜLLER 1957, S. 37. GERMANN 1967, S. 367, 382, 402, Abb. 283. ANDERES 1975, S. 17. FELDER 1982, S. 16. Zum Stifterpaar: EDUARD A. FEER, Die Familie Feer in Luzern und im Aargau, Bd. 2, Aarau 1964, S. 220f. MESSMER/HOPPE 1976, S. 150 (Anm. 49).

West V Masswerk
Bauerntanz
Carl von Egeri (z), 1554?

Das fünfte Masswerkfenster des Westflügels zeigt sechs im Rankenwerk tanzende Bauernpaare. Deren lustvolles Treiben untermalen zwei oberhalb von ihnen mit Sackpfeife und Schalmei zum Tanz aufspielende Musikanten, so wie man sie in ähnlicher Gestalt auch in den Randdekorationen des damals als Buchmaler in Muri tätigen Claudio Rofferio antrifft (Schmid 1954, 157f., Abb. 68). Mit grossem Geschick hat der Glasmaler die derben Bauernpaare und Einzelgestalten in die Masswerköffnungen komponiert, wo er ihnen im Rankenwerk Blütenkelche als Tanz- und Spielflächen zuwies (vgl. dazu Masswerk Süd II). Eine andere Welt verkörpern die Halbfiguren in den drei kleinen, das Masswerk nach unten abschliessenden Zwickelfeldern. Der bärtige Mann in höfischer Tracht sowie die zwei ihm auf Cister und Laute vorspielenden Musikanten sind Vertreter des Patriziats, jenes Standes also, den die Hirschjagd im vorangehenden Masswerkfenster darstellt. Wenn Johann Christoph von Grüth ins Bildfenster mit dem Bauerntanz auch Figuren aus der «höfischen» Sphäre aufnehmen liess, dann tat er dies wohl im Hinblick auf seine dem Patriziat entstammenden Scheibenstifter.

Die vom Mittelalter her überlieferte Gesellschaftsordnung wurde auch von der Reformation – abgesehen vom kurzfristigen Aufmucken in den Bauernkriegen – nicht in Frage gestellt. Die unfreien Bauern versuchten gar nicht erst, aus ihrem Stand auszubrechen; um so begieriger griffen sie die wenigen Gelegenheiten zur Belustigung bei Kirchweihen, Erntedankfesten, Hochzeiten und an Fasnachten auf, um sich auszutoben. Die Volksfeste waren ganz auf sie zugeschnitten, Bürger oder adelige Personen hüteten sich, an diesen bäurischen Bacchanalen teilzunehmen.

Bauerntänze wurden in der Kunst der Renaissance von bekannten Malern wie Albrecht Dürer (1471–1527) und Pieter Brueghel (um 1520–1569) häufig zur Darstellung gebracht. Auch in der Schweiz wurde das Thema von grossen Meistern wie Niklaus Manuel, Urs Graf und Hans Holbein d. J. behandelt, von Letzterem etwa in einer monumentalen Komposition für das Haus zum Tanz in Basel. Ungeachtet dieser berühmten Vorbilder zeugt Egeris Bauerntanz in Muri von einer grossen formalen Originalität.

Von den tanzenden Bauernpaaren im Masswerk West V gibt es mehrere Pausen des Glasmalers Johann Heinrich Müller (1822–1903). Die eine davon ist heute im Schweizerischen Landesmuseum aufbewahrt (vgl. S. 43, Anm. 68). Die anderen befinden sich als Depositum des Bernischen Historischen Museums im Schweizerischen Zentrum für Forschung und Information zur Glasmalerei in Romont. Das Museum in Bern ist zudem im Besitz einer von Ludwig Stantz (1801–1871) angefertigten Bleistiftzeichnung des im Zwickelfeld unten rechts dargestellten Lautenspielers (BHM, Inv. 21902).

Technik. Farbloses Glas; Überfangglas: rot, grün und purpurviolett (Ausschliff jeweils vorderseitig), blau (Ausschliff rückseitig). Bemalung mit Schwarzlot und Silbergelb (jeweils in diversen Farbstufen) sowie mit Eisenrot.
In der Fischblase mit dem Tanzpaar und dem Bläser sind über der Schalmei Spuren der Schwarzlotvorzeichnung erkennbar.

Erhaltung. In der Fischblase links aussen wurde ein kleines Rankenstück im 19. Jahrhundert – möglicherweise durch Ludwig Stantz – erneuert. Zahlreiche Sprünge und einige Notbleie.

Literatur. HANS EDUARD VON BERLEPSCH, Die Entwickelung der Glas-Malerei in der Schweiz. Vortrag, gehalten im bayer. Kunstgewerbeverein zu München am 17. März 1885, in: Zeitschrift des Kunstgewerbevereins in München, Jahrgang 1886, Abb. 12–14. LIEBENAU 1892, S. 25, Taf. XXX. LEHMANN 1897, S. 20f., 42, Nr. I (Carl von Egeri). OIDTMANN 1905, S. 228. LEHMANN 1925, S. 64, 97, 109, Abb. 41. NÜSCHELER 1927, S. 50. HANS LEHMANN, Aus der Kulturgeschichte der Heimat, Trogen 1949, Abb. S. 34. SCHNEIDER 1956, S. 560f. (Carl von Egeri). SCHILTER 1957, S. 23. GERMANN 1967 S. 382, Abb. 283. ANDERES 1974, S. 24, 48 (Abb. 5), 90, Taf. 16. ANDERES 1975, S. 17. FELDER 1982, S. 16.

West VIa
Wappenscheibe Lux Ritter
Heinrich Leu (z), 1558

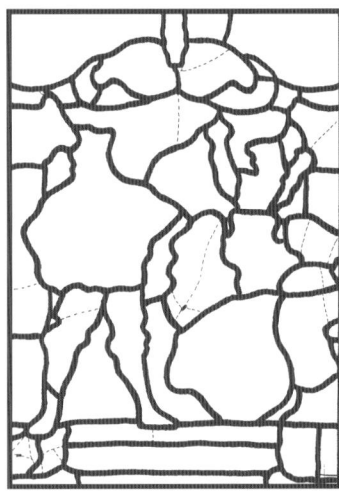

Unter einer von Balustersäulen getragenen blauen Volutenverdachung steht der porträtierte Stifter in Feldherrenpose neben seinem vollen Wappen. Er ist mit Säbel und Schweizerdolch bewaffnet und mit einer doppelten Ehrenkette geschmückt. Das geschlitzte, schwarze Wams, das er über einem Halbharnisch trägt, ist von goldenen, an Frankreich erinnernden Lilien übersät. In der Rechten hält er einen Kommandohammer, offenbar in Anspielung auf seinen Rang als Oberst in der Picardie. 1557 zog Ritter als Kommandant eines Schweizerregiments nach Calais, dem letzten Réduit der Engländer in Frankreich. Die Stadt, die mit habsburgischen Hilfskräften hätte gehalten werden sollen, fiel am 7. Januar 1558 den Franzosen in die Hände. Dieses denkwürdige Ereignis hielt der Glasmaler im Oberbild von Ritters Scheibe fest. Links ist eine eidgenössische Einheit sichtbar. Auf tänzelndem Pferd erteilt ein schwarz gekleideter Ritter Befehle. Es könnte Herzog François de Guise sein, der wenige Jahre später die Hugenottenkriege entfachte. Rechts ist die belagerte, mit Türmen und geschweiften Mauern bewehrte Hafenstadt Calais dargestellt. Ähnlichkeiten zum 1655 von Caspar Merian veröffentlichten Stadtbild von Calais («Topographia Galliae») sind vorhanden.

Lux Ritter, dessen Wappen mit den drei Sattlermessern daran erinnert, dass er einer Sattlerfamilie entstammte, gehört zu den schillerndsten Figuren der Luzerner Geschichte. Seine enge Bindung zur französischen Krone geht auf die Vierzigerjahre zurück, als er Hauptmann in ihren Diensten wurde. Von 1551 bis 1555 stand er für den französischen König im Piemont im Einsatz, und zwar unter Oberst Wilhelm Fröhlich, dem Vorgänger Ludwig Pfyffers (West VIc). In seiner Heimat ist er als Landvogt 1539 in Reussegg, 1547 in Münster, 1551/52 in Ruswil und 1555 in Baden nachweisbar. In Luzern, wo er auch Wein- und Fischhandel betrieb, sass Ritter seit 1537 im Grossrat und von 1548 bis zu seinem Tod 1559 im Kleinrat. Das Schultheissenamt bekleidete er, alternierend mit Jost Pfyffer, 1556 und 1558. Als er die Scheibe nach Muri stiftete, stand Ritter, der reichste und einflussreichste Mann Luzerns, im Zenit seines Ruhms. Ausschlaggebend für seine uneingeschränkte Macht waren die von Frankreich alljährlich ausbezahlten Soldgelder, über die er seit 1555 als Pensionenausteiler verfügen konnte. Es erstaunt deshalb nicht, dass nach Ritters Ableben der vakant gewordene Posten des Pensionenverteilers, der begehrteste und einträglichste Posten in der alten Eidgenossenschaft, den Anstoss zum folgenschweren Pfyffer-Amlehn'schen Schwurbündnis gab. Seinen Reichtum verdankte Ritter auch Geldgeschäften. 1558, im Jahr der Belagerung von Calais, beteiligte er sich beispielsweise zusammen mit Heinrich und Beat Fleckenstein (West IIIb/c), Ludwig Pfyffer und weiteren Kreditgebern an einem Darlehen für den französischen König Heinrich II. Von seinem Ruhm und seiner Macht kündet noch heute der Rittersche Palast in Luzern, der schönste Renaissancebau der Innerschweiz (Reinle 1953, S. 300–304, Abb. 225). Die Vollendung des 1556 begonnenen Palastes, der seit 1804 als Regierungsgebäude dient, konnte Ritter allerdings nicht mehr erleben. Zwei Töchter, aber keine Söhne hinterlassend, starb er wenige Monate nach der Auftragserteilung für seine Murenser Scheibenstiftung. Seine Gemahlin Anna Kiel, Tochter des Luzerner Unterschreibers Hans Kiel und der Cecilia Rizzi, hatte er nach einem Ehestreit bereits 1553 aus dem Hause gejagt.

Inschriften. Sockelinschrift: «Lux Ritter der Zÿt Schulthess zů Lutzern 1558».

Technik. Farbloses Glas; Überfangglas: rot und grün (Ausschliff jeweils vorderseitig), blau (Ausschliff vorder- und rückseitig).
Bemalung mit Schwarzlot und Silbergelb (jeweils in diversen Farbstufen) sowie mit blauer Schmelzfarbe.
Den Grossteil der Helmdecke setzte der Glasmaler aus Blankgläsern zusammen, die er mit Silbergelb und blauer Schmelzfarbe bemalte. Für den Wappenschild und das an seine heraldisch rechte Seite angrenzende kleine Helmdeckenstück verwendete er hingegen ein blaues Überfangglas, dessen ausgeschliffene Teile er rückseitig mit einem Silbergelbauftrag überzog.
Lichtmass: 68 x 48 cm.

Erhaltung. Mehrere Sprünge und Notbleie. Im heraldisch rechten Helmdeckenteil und im Säulenpostament unten links ist das mehrfach gesprungene Glas durch Bleiverzapfungen gesichert.

Literatur. LIEBENAU 1892, S. 21, Taf. XIX (Carl von Egeri). HERZOG 1892, S. 66. LEHMANN 1897, S. 5, 37f., Nr. XII (Carl von Egeri). STAMMLER 1903, S. 224f. VIVIS 1905, S. 99. NÜSCHELER 1927,

S. 54. Wyss 1940, S. 3, 6. Boesch 1955, S. 124. Schilter 1957, S. 23. Wyss 1957/58, Teil 1, S. 47 (Hans Füchslin). Kuno Müller, Lux Ritter, Schultheiss 1556–1559. Ein Bauherr im alten Luzern, Luzern 1964 (Privatdruck), S. 24, Farbabb. S. 5. Germann 1967, S. 367, 382, Abb. 284. Anderes 1974, S. 44, 84, Taf. 13. Anderes 1975, S. 8, 17, Abb. 12. Felder 1982, S. 16. Anderes/Hoegger 1989, S. 52 (Anm. 5), 253. Zum Stifter: Messmer/Hoppe 1976, S. 56f., 190f.

West VIb
Wappenscheibe Rudolf Pfyffer
Jakob Wägmann, 1616

In sinniger Anspielung auf den benediktinischen Bestimmungsort Muri amtiert auf dieser Scheibe als Schildbegleiter der hl. Benedikt mit Pedum und Giftbecher. Zusammen mit dem Wappenschild ist er in eine zweiteilige Loggienarchitektur gesetzt, deren Unterbau mit einer grossen, von zwei Engelskindern gehaltenen Rollwerkkartusche belegt ist. Das Oberbild zeigt die Stigmatisierung des hl. Franziskus. Dieses franziskanische Thema soll vermutlich daran erinnern, dass Kaspar Pfyffer, ein Onkel des Scheibenstifters, der Gründer des Kapuzinerklosters auf dem Wesemlin war.

Rudolf Pfyffer (1545–1630), ein klassisch gebildeter Mann von ungewöhnlicher Vitalität, war der jüngste Bruder Ludwigs, des «Schweizerkönigs» (West VIc), und der Begründer der Rudolf'schen Linie der Pfyffer. Als Oberst stand er in französischen Diensten. Wie sein berühmter Bruder wandte er sich aber zeitweise von der französischen Krone ab. 1589 führte er ein Söldnerregiment für die katholische Liga der Guisen, welche Herzöge von Lothringen waren und denen er in der Folge als Gardeoberst diente. 1591 hielt er sich als Gesandter beim Papst in Rom auf. In seiner Vaterstadt, wo er zwei Seitenaltäre in die Jesuitenkirche stiftete, bekleidete er nach dem Tod seines Bruders Ludwig zahlreiche Ämter. So wurde er 1611 Kleinrat und 1629 Bannerherr. Die Scheibenstiftung nach Muri machte er zu einem Zeitpunkt, als er sich bereits auf seinen politischen Lorbeeren ausruhen konnte. Erstaunlich ist auf dieser Scheibe die Wappenanordnung, hat doch Pfyffers Familienwappen seinen Platz hier nur als Anhängsel auf dem Brustschild des Kleinods, während die Wappen seiner fünf Ehefrauen das grosse Schildfeld für sich allein beanspruchen (1 Wappen Hässi, 2 Wappen Hertenstein, 3 Wappen Klauser, 4 Wappen Feer und Herzschild mit Wappen Segesser). Verheiratet war er in erster Ehe mit Margaretha Feer († 1583), in zweiter seit 1586 mit Katharina Klauser († 1608), in dritter seit 1608 mit Barbara Hertenstein († 1612), der Witwe von Heinrich II. Fleckenstein (West IIIa), in vierter seit 1612 mit Maria Salome Hässi von Glarus und in fünfter mit Beatrix Segesser. Die das Helmkleinod flankierenden Embleme des Ritterordens vom Heiligen Grab und des Katharinenordens vom Berge Sinai erinnern an Pfyffers Pilgerreise ins Heilige Land, die er 1583 zusammen mit Melchior Lussi (West IVa) und anderen Innerschweizern unternahm. Das Tagebuch, das er darüber schrieb, liess er 1592 im Atelier des Luzerner Glasmalers und Miniaturisten Franz Fallenter illustrieren (Kat. Luzern 1986, Nr. 23).

Pfyffers Scheibe stammt von Jakob Wägmann (1586–um 1656), der die Glanzzeit der luzernischen Glasmalerei vertritt. Ihm gelang es dank der Schmelzfarben, farbenvolle Glasgemälde mit reichen Bildprogrammen zu kreieren. Ein Prunkstück dafür bildet seine Wappenscheibe in Muri, welcher er mit Hilfe eines perspektivischen Fliesenbodens eine unaufdringliche Raumtiefe verlieh. Während auf den flächigen Nachbarscheiben grosse, leuchtkräftige Farbgläser vorherrschen, ist Wägmanns Arbeit von kaleidoskophafter Buntheit geprägt. Farblose Gläser sind effektvoll eingesetzt und kommen dem damaligen Wunsch nach mehr Licht entgegen. Die Bleiruten sind kaum mehr als Konturen spürbar, und die Zeichnung ist von einer berückenden Eleganz und Geschmeidigkeit. Der Glasmaler und Maler Jakob Wägmann fertigte für Rudolf Pfyffer noch zwei weitere Scheiben an. Die eine davon kam 1618 in das Zisterzienserinnenkloster von Rathausen und die andere 1624 in das Frauenkloster St. Anna im Bruch in Luzern. Diese heute im Schweizerischen Landesmuseum (Schneider 1970, Bd. 2, Nr. 510) und im Kloster Gerlisberg (Horat 1997, S. 68f.) befindlichen Glasgemälde zeigen beide figurenreiche Passionsszenen. Ebenfalls als Arbeit Wägmanns betrachtet Hans Lehmann die von Pfyffer 1619 in die Kapelle St. Karl Borromäus in Flüeli-Ranft gestiftete Figurenscheibe (Lehmann 1941, S. 170).

Inschriften. Kartuscheninschrift: «Oberster Rudolff Pfiffer Ritter Panerhauptman / Der Statt Lucern Fürstlicher Durchleücht Von / Luthringen Guardi Oberster der Eidgnossen / 1616» und «IW» (Monogramm Wägmanns).

Technik. Farbloses Glas; Überfangglas: rot (Ausschliff rückseitig); Farbglas: blau und purpurviolett.
Bemalung mit Schwarzlot und Silbergelb (jeweils in diversen Farbstufen), mit Eisenrot sowie mit blauer Schmelzfarbe.
Lichtmass: 67 x 47 cm.

Erhaltung. Germann betrachtet Benedikts Kopf und Oberkörper irrigerweise als moderne Ergänzung. Als unzutreffend erweist sich ebenfalls die von Wyss (1957) vertretene Ansicht, die Schrifttafel mit Wägmanns Monogramm stamme vom Zuger Glasmaler Michael IV. Müller. Einige Sprünge und Notbleie.

Literatur. Liebenau 1892, S. 23. Herzog 1892, S. 64f. Lehmann 1897, S. 24, 45, Nr. III. Lehmann 1941, S. 168–170, Abb. 225. Stammler 1903, S. 224f., 241 Oidtmann 1905, S. 228. Vivis 1909, S. 28. Nüscheler 1927, S. 54. Wyss 1940 S. 8f. Schilter 1957, S. 23. Wyss 1957/58, Teil 1, S. 48. Müller 1957, S. 37. Hunkeler 1961, S. 182 (Anm. 96). Schnyder 1966, S. 34f., Abb. 2. Germann 1967, S. 367, 370, 382f., Abb. 276, 284. Anderes 1974, S. 53, 86, Taf. 14. Anderes 1975, S. 7, 17, Abb. 12. Felder 1982, S. 16. Horat 1997, S. 19, 97 (Anm. 102). Zum Stifter: Messmer/Hoppe 1976, S. 492f.

West VIc
Wappenscheibe Ludwig Pfyffer
Heinrich Leu (z), 1569

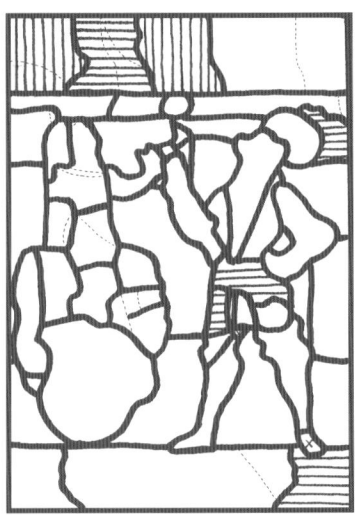

Vor grünem Damastgrund ist Ludwig Pfyffer breitbeinig neben seinem mit einem Mühleisen und drei Lilien bestückten Wappen postiert, so wie er dieses seit 1566 dank eines durch Kaiser Maximilian II. verliehenen Adelsdiploms führen durfte. In voller Lebenskraft porträtiert, hat er die Linke in die Hüfte gestemmt und die Rechte mit dem Kommandohammer erhoben. Der als «Schweizerkönig» bekannte Scheibenstifter ist mit einem Plattenharnisch bekleidet sowie mit Schweizerdolch und Anderthalbhänder bewaffnet. Um seinen Hals trägt er die Kette des Michaelsordens, den er nach der Schlacht von Moncontour vom französischen König Karl IX. erhalten hatte. Zusammen mit dem Wappen ist er in eine von den Farben Rot und Blau dominierte Rahmenarchitektur gestellt, die sich aus kannelierten Säulen und einem Architrav zusammensetzt. Das Oberbild schildert vermutlich die Schlacht von Moncontour (Département Vienne), wo am 3. Oktober 1569 das französische Königsheer mit Unterstützung von Ludwig Pfyffers eidgenössischen Söldnertruppen die Hugenotten besiegte. Links kämpfen Schweizer Söldner zu Fuss in altbewährter Phalanxordnung unter dem Kommando von Oberst Ludwig Pfyffer, der eine Söldnerfahne mit durchgehendem Kreuz und Streifen schwingt. Auf der Gegenseite erscheinen hugenottische Reiter in schwarzen Mänteln. Dahinter flattern die an den Andreaskreuzen erkennbaren Fahnen der berüchtigten deutschen Landsknechte. Da das Glasgemälde 1569 datiert ist, muss es Pfyffer bald nach der Schlacht von Moncontour, das heisst im Spätherbst 1569, in Auftrag gegeben haben. Seine Fertigstellung dürfte jedoch erst 1570 erfolgt sein. Knapp zwei Jahrzehnte später liess Ludwig Pfyffers gleichnamiger Sohn dasselbe Ereignis auf einem Gemälde in der Vogelperspektive verewigen, und zwar zusammen mit einem Hüftbild seines Vaters (Wüthrich/Ruoss 1996, Nr. 195; Kat. Luzern 1986, Nr. 18).

Ludwig Pfyffer (1524–1594) entstammte einer Luzerner Tuchhändlerfamilie. In seiner Vaterstadt, wo er als Handelsunternehmer Geschäfte mit Tuch, Vieh und Getreide betrieb, war er seit 1548 Grossrat, seit 1554 Kleinrat und von 1571 bis zu seinem Tod im regelmässigen Turnus Schultheiss. Nach dem Hinschied Niklaus von Meggens (West Vb) 1564 amtete Pfyffer als Chef der luzernischen Militärorganisation. Politisch stand er auf Seiten der katholisch ausgerichteten französischen Krone. Seine glänzende militärische Laufbahn hatte er 1553 in deren Diensten begonnen, zunächst als Fähnrich in einem von Oberst Wilhelm Fröhlich aus Solothurn kommandierten Regiment und nach dem Sieg gegen die Hugenotten in der blutigen Schlacht von Dreux (1562) als dessen Nachfolger. 1569 nahm das Regiment Pfyffer als Garde- und Kerntrupp des königlichen Heeres an den siegreichen Schlachten von Jarnac und Moncontour teil. Ruhmbekrönt kehrte Ludwig Pfyffer 1569 nach Luzern zurück, wo damals seinem Oheim Jost nach der Aufdeckung des Pfyffer-Amlehn'schen Schwurbündnisses der Prozess gemacht wurde. Die Scheibenstiftung nach Muri erfolgte somit zu einem für Pfyffer äusserst kritischen Zeitpunkt. Letztlich ging dieser aus dem Streit mit seinen politischen Gegnern aber gestärkt hervor, wurde doch 1573 mit der Entmachtung Niklaus Amlehns (vgl. West Va) der Weg für den politischen Aufstieg seiner Familie definitiv geebnet. Ludwig Pfyffer war nun unbestritten die führende Figur Luzerns sowie reichster und mächtigster Mann der Eidgenossenschaft. In seiner Politik vertrat er den römisch-kirchlichen Standpunkt gemäss dem Tridentinum. Luzern baute er zum Vorort der katholischen Eidgenossenschaft aus, indem er die Jesuiten in die Leuchtenstadt berief und dort den päpstlichen Nuntius Residenz nehmen liess. Von seinen diesbezüglichen Bemühungen zeugt die durch ihn finanzierte zweite Jesuitenkirche, deren Hochaltar 1590/91 von Hans Heinrich Wägmann ausgeführt wurde (Reinle 1953, S. 304f.; Kat. Luzern 1986, Nr. 115). Als er die französische Krone in ihrer katholischen Haltung erschüttert sah, schwenkte er ins Lager der Katholischen Liga der Guisen über. Als führende Gestalt der katholischen Orte stand er oft im Widerspruch zu Melchior Lussi (West IVa), der eine päpstlich-spanische Politik betrieb.

Pfyffer, der seit 1571 Besitzer der Herrschaft Altishofen war und dort ein noch heute in voller Pracht erhaltenes Schloss erbauen liess, war dreimal verheiratet: in erster Ehe mit Anna von Wyl, in zweiter mit Jakobea Segesser von Brunegg und in dritter mit Maria Salome Bodmer aus Baden. Das Historische Museum Luzern besitzt eine von ihm 1587 ins Zisterzienserinnenkloster Tänikon gestiftete Bibelscheibe (HMLU 662), worauf er in ähnlicher Pose wie in Muri, jedoch merklich gealtert erscheint (Boesch 1943, S. 58, Abb. 52; Knoepfli 1950, S. 400). Überliefert ist uns Pfyffers Bildnis ebenfalls auf dem Gemälde mit der Schlacht von Moncontour (s.o.) sowie auf einer prächtigen, durch Johann Kaspar Winterlin 1603 in Muri geschaffenen Miniatur, bei der es sich wohl um ein postumes Gedächtnisblatt oder einen Entwurf für ein Epitaphgemälde handelt (Hartmann 1948a, S. 49–52, Fig. 75).

Inschriften. Sockelinschrift: «Ludwÿg Pfiffer Panner Herr zů Lutzern Vnd Oberster / Vber 22 Fenlin Eidgnossen Jn künigklicher Magistadt / zů Franckrich dienst 1569».

Technik. Farbloses Glas; Überfangglas: rot und grün (Ausschliff jeweils rückseitig); Farbglas: hellblau.
Bemalung mit Schwarzlot und Silbergelb (jeweils in diversen Farbstufen) sowie mit blauer und hellblauer Schmelzfarbe (Wappenlilien und linkes Säulenkapitell beziehungsweise Rüstung).
Lichtmass: 68,5 x 47 cm.

Erhaltung. Das Oberbild enthält zwei Ergänzungen von 1624 sowie eine weitere aus dem 19. Jahrhundert. Modern erneuert sind ebenfalls Kapitell und Postament der rechten Rahmensäule sowie ein Teil von Pfyffers Rüstung. Mehrere Sprünge und Notbleie.

Literatur. LIEBENAU 1892, S. 23 (Niklaus Bluntschli). HERZOG 1892, S. 66. LEHMANN 1897, S. 6, 43, Nr. I. STAMMLER 1903, S. 224f. NÜSCHELER 1927, S. 54. WYSS 1940, S. 6. SCHILTER 1957, S. 23. WYSS 1957/58, Teil 1, S. 47 (Hans Füchslin). SCHNYDER 1966, S. 34, Abb. 1. GERMANN 1967, S. 367, 383, Abb. 284. ANDERES 1974, S. 44, 88, Taf. 15. ANDERES 1975, S. 8, 17f., Farbabb. 8, Abb. 12. FELDER 1982, S. 16. ANDERES/HOEGGER 1989, S. 253. Zum Stifter: ANTON PHILIPP VON SEGESSER, Ludwig Pfyffer und seine Zeit. Ein Stück französischer und schweizerischer Geschichte im sechzehnten Jahrhundert. Band III: Die Zeit der Ligue in Frankreich und in der Schweiz, 1585–1594, Bern 1882, S. 304, 306. MESSMER/HOPPE 1976, S. 77–80, 84, 147, 189.

West VI Masswerk
Sechs Büstenmedaillons
Carl von Egeri (z), 1554–1557

Das letzte Masswerkfenster des Westflügels enthält sechs Rundbilder (Durchmesser: 28–30 cm) mit je drei umkränzten Männer- und Frauenbüsten, die mit virtuosem Pinsel und feinster Schwarzlottechnik auf kleine Monolithscheibchen (Durchmesser: 18,5–20,5 cm) aufgemalt und mit Silbergelb hinterlegt sind. Bei ihrer Wiederaufstellung in Muri 1956/57 wurden diese allerdings nicht in ihrer ursprünglichen Reihenfolge ins Masswerk eingesetzt, müssen doch einstmals jeweils Mann und Frau einander paarweise zugeordnet gewesen sein (Abb. 40). Derart zu Paaren vereint waren in der unteren Reihe die mittlere der drei Frauen und der Mann unten rechts (linkes Paar) sowie die Frau aussen links und der Mann oben rechts (rechtes Paar). Darüber angeordnet waren die nach rechts blickende Frau und der Mann oben links, der heute noch als einziger Kopf seinen originalen Standort innehat.

Abgesehen von der Jugendgeschichte Christi im Kreuzgangostarm lässt sich bei den Murenser Masswerkbildern zwar von keiner zusammenhängenden Ikonographie sprechen. Im Westflügel haben aber zumindest drei Oberlichtverglasungen einen inneren Zusammenhang: die Jagdszenen im Fenster IV verkörpern Adel und Patriziat, die tanzenden Paare im folgenden Fenster den Bauernstand und unsere sechs kriegerisch aufgemachten Büsten den Soldatenstand. Sicher ist es auch kein Zufall, dass mit den Glasgemälden von Lux Ritter und Ludwig Pfyffer unterhalb dieser Büsten die Stiftungen von zwei dem Kriegsdienst verpflichteten Haudegen angebracht sind, die sich als Obristen von Schweizer Söldnerregimentern auf französischen Schlachtfeldern im Kampf gegen die Hugenotten hervortaten (das Glasgemälde Rudolf Pfyffers hatte 1616 vermutlich eine zerstörte Scheibe zu ersetzen). In diesem Zusammenhang stellt sich die Frage, wie die Büsten zu deuten sind. Die kriegerische Montur der drei bärtigen Männer und der haubenförmige Haarputz ihrer weiblichen Pendants gehören als römisch zu bezeichnende Theaterkostümierung der Renaissance an. Bekanntlich richtete das 16. Jahrhundert den Blick besonders intensiv auf die Antike. Kaiser, Könige und Fürsten füllten nicht nur ihre Kunstkabinette mit Antiquitäten, sondern liessen auch ihre Stammbäume Wurzeln im Altertum schlagen. Helden der griechischen, römischen und jüdischen Antike wurden hochstilisiert und in die höfische Scheinwelt einbezogen (Wyss 1957).

Ein beliebtes Mittel zur Vergegenwärtigung der Antike und zur heldischen Selbstverkörperung bildeten die damals mannigfach reproduzierten alten Medaillen. Auch unsere Medaillons sind gleichsam auf Glas projizierte Schaumünzen. Sie könnten beispielsweise die antiken Helden Hektor, Alexander den Grossen und Caesar sowie die römischen Heldinnen Veturia, Virginia und Lukretia verkörpern. Die Kostümierung erinnert an die Büstenmedaillons des Zürchers Jost Ammann oder die Kupferstiche des Nürnbergers Virgil Solis, etwa an dessen Folge der neun Helden, von denen einstmals Repliken am Dulliker-Haus in Luzern zu sehen waren (Wyss 1957, Taf. 30; Reinle 1954, Abb. 137). Die Büstenfolge in Muri als Heldengalerie zu interpretieren, liegt umso näher, als der ehrgeizige «Schweizerkönig» Ludwig Pfyffer ebenso wie sein Rivale Melchior Lussi (West IVa) im «Teutscher Nation Heldenbuch» verewigt wurden, das in Basel 1565 auf Lateinisch und 1567 auf

Abb. 40: Ursprüngliche Anordnung der Medaillons im Masswerk VI des Murenser Kreuzgangs.

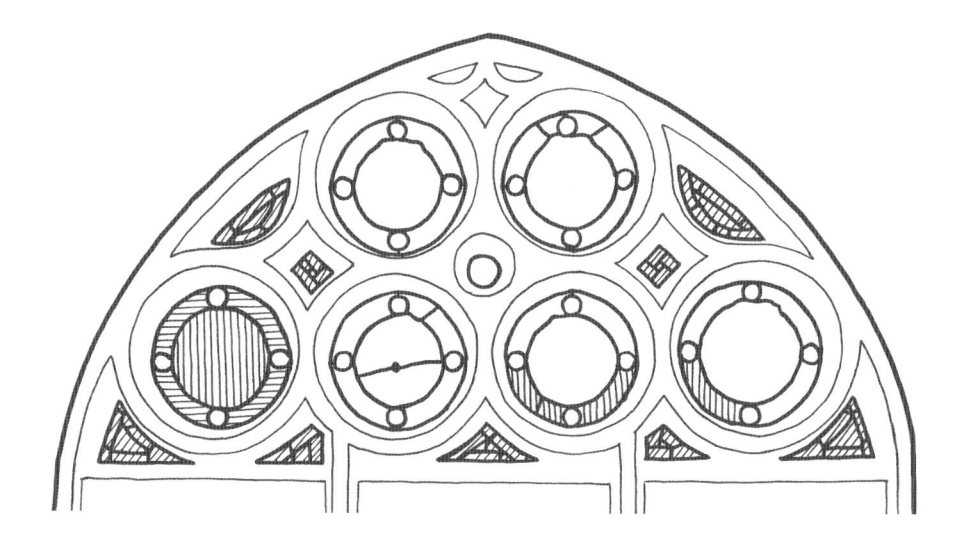

Deutsch erschien. So besehen, sind diese vermutlich in Anlehnung an eine unbekannte Vorlage aus dem damals reichen druckgraphischen Angebot entworfenen Büsten als eine Reverenz an jene auf äusserliche Anerkennung bedachte Kriegergeneration zu werten, die sich in Muri mit ihren Scheibenstiftungen selber ein Denkmal gesetzt hat.

1923 befanden sich im amerikanischen Kunsthandel acht hexagonale Grisaillescheibchen mit Büsten antiker Philosophen (16,5 x 14 cm), von denen zwei das Monogramm Carl von Egeris tragen (The John W. Palmer Collection of Stained Glass Panels, Auktionskatalog vom 17. Dezember 1923, The American Art Galleries, Nr. 50 [mit Abb.]). Durch ihre Rollwerkrahmungen heben sich diese aus Egeris Spätzeit stammenden Figurenscheibchen zwar deutlich von den um einige Jahre älteren Büstenmedaillons in Muri ab. Thematisch bilden sie dazu aber gewissermassen eine Parallelserie.

Technik. Farbloses Glas; Überfangglas: rot (Ausschliff vorderseitig); Farbglas: blau, hellrot.
Bemalung mit Schwarzlot und Silbergelb (jeweils in diversen Farbstufen).

Erhaltung. Bei der zwischen 1953 und 1957 erfolgten Kreuzgangrestaurierung wurde das weitgehend zerstörte Masswerk nicht exakt in seiner Originalform wiederhergestellt. Wie aus alten Aufnahmen hervorgeht, waren die beiden äussersten Kreise ursprünglich nicht geschlossen, sondern im Sinn der Astwerkgotik stumpf (Germann, S. 383, Anm. 3). Nicht dem Originalzustand entsprechen somit auch die kleinen Zwickelfüllungen zwischen den Medaillons, die bei der damaligen Restaurierung unter teilweiser Verwendung alter Gläser neu gebildet wurden. Der Frauenkopf im Medaillon links aussen sowie ein Teil der Blattkränze in den beiden Medaillons unten rechts sind vermutlich barocke Erneuerungen aus dem Jahre 1624. Der Blattkranz um den barock ergänzten Frauenkopf stammt aus dem 19. Jahrhundert. In der unteren Reihe ist im zweiten Medaillon von links das mehrfach gesprungene Glas durch eine Bleiverzapfung gesichert. Mehrere Sprünge und einige Notbleie.

Literatur. LIEBENAU 1892, S. 5, 9. HAENDCKE 1893, S. 173. LEHMANN 1897, S. 5, 18, 26, Nr. I. OIDTMANN 1905, S. 228. NÜSCHELER 1927, S. 50. SCHILTER 1957, S. 23. GERMANN 1967, S. 383, Abb. 284. ANDERES 1975, S. 18, Abb. 12. FELDER 1982, S. 16.

Kreuzgangarm Süd

**Süd Ia
Stadtscheibe Baden
Heinrich Leu (z), 1559**

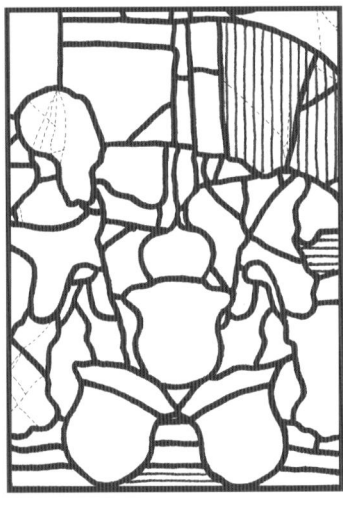

Auf dem Glasgemälde sind die zwei gestürzten Badener Stadtschilde zusammen mit dem bekrönten Reichsschild zur Wappenpyramide vereint. Begleitet wird diese von zwei geharnischten Bannerträgern mit Federbarett, Schwert und Schweizerdolch. Die Stadtfahne mit dem schwarzen Pfahl und dem roten Schildhaupt hält ein älterer Mann, der möglicherweise Junker Christoph Grebel, Schultheiss in Baden von 1541 bis 1565, darstellt. Entgegen dem im Landvogteischloss aufbewahrten Juliusbanner von 1512 zeigt seine Fahne die Muttergottes nicht im weissen Feld bei der Fahnenstange, sondern auf dem schwarzen Pfahl. Der jugendliche Kommandant rechts schwingt eine Auszugsfahne mit liegendem Wappenzeichen. Obwohl sein Kopf und ein Grossteil seiner Fahne barocke Erneuerungen sind, scheint keine heraldische Fehlinterpretation vorzuliegen; denn schon auf der prachtvollen Stadtscheibe von 1500, die der Zürcher Glasmaler Lukas Zeiner zusammen mit den Standesfenstern für den Tagsatzungssaal in Baden schuf, sind die beiden Fahnen unterschieden (Schneider 1954, S. 49, Abb. 13). Vervollständigt wird das Figurenprogramm durch den Trommler und Pfeifer in den Bogenzwickeln über der Rahmenarkade. Wie bei den Bannerträgern ist ihre Kleidung in den Stadtfarben Schwarz und Weiss gestreift.

Der Landvogt zu Baden, der im Zweijahresturnus bestellt wurde, residierte auf dem Landvogteischloss jenseits des Limmatüberganges, wo heute das Museum eingerichtet ist. In den Religionswirren blieb Baden beim alten Glauben, und die katholischen Stände nahmen darauf Bedacht, die Vogtei mit den besten Leuten zu besetzen. 1559, im Jahr der Fensterschenkung, amtete der nachmalige Schwyzer Landammann Kaspar Abyberg als Landvogt, der 1561 das Badener Burgrecht erhielt. Er könnte die Scheibenstiftung mit veranlasst haben.

In Baden arbeiteten der 1555 eingebürgerte Balthasar Widersatz aus Esslingen und zwischen 1584 und 1602 ein Heinrich Suter als Glasmaler. Mit Durs von Egeri (erwähnt 1552–1595), dem Vetter Carls, war dort zudem ein vorzüglicher, sich vielleicht auch als Scheibenreisser betätigender Maler wohnhaft. Herstellungsort der 1559 nach Muri gestifteten Wappengabe dürfte jedoch nicht eine Badener Werkstatt, sondern jene Leus in Aarau gewesen sein. Dort geschaffen wurde möglicherweise auch die 1565 entstandene Scheibe der Stadt und des Spitals Baden, die sich heute in unbekanntem Privatbesitz befindet (Abb. 41). Sie zeigt als Hauptmotiv die Muttergottes im Strahlenkranz, die seit 1316 als Patronin der Stadtkirche von Baden bezeugt ist. Als Schutzheilige ihrer Stadt liessen die Badener die Himmelskönigin selbstverständlich auf zahlreichen ihrer Wappenschenkungen zur Darstellung bringen, sei es als kleinfigurige Fahnenzierde wie auf jener in Muri und auf den Stadtscheiben von 1500, 1542 und 1638 im Rathaus Baden oder als bilddominierende Gestalt wie auf der Stadt- und Spitalscheibe von 1565 und auf dem 1623 nach Wettingen vergabten Glasgemälde (Anderes/Hoegger 1989, S. 334).

Abb. 41: Figurenscheibe mit den Wappen der Stadt Baden und des dortigen Agnesenspitals, 1565 (heutiger Standort unbekannt).

Inschriften. Zwischen den Stadtwappen: «1559».

Technik. Farbloses Glas; Überfangglas: blau und grün (Ausschliff jeweils vorderseitig), rot (Ausschliff rückseitig); Farbglas: hellblau. Bemalung mit Schwarzlot und Silbergelb (jeweils in diversen Farbstufen) sowie mit Eisenrot (im ergänzten Vennerkopf).
Lichtmass: 69,5 x 48 cm.

Erhaltung. Laut dem Rechnungsrodel von 1624 wurden damals für etwas mehr als 4 Gulden Reparaturen an der Badener Stadtscheibe vorgenommen. Davon betroffen waren offensichtlich der Kopf und die Fahne des Venners rechts. Die stilistische Verwandtschaft des erneuerten Vennerkopfs (Abb. 30) zur Figur Benedikts auf der Scheibe Rudolf Pfyffers (West VIb) lässt keinen Zweifel daran, dass die

Scheibe Badens 1624 von Jakob Wägmann repariert wurde. Die linke Hand dieses Venners und der am unteren Rand zwischen den beiden Stadtwappen verlaufende Blattfries sind Ergänzungen aus dem 19. Jahrhundert. Mehrere Notbleie und vereinzelt Glasstücke mit zahlreichen Sprüngen.

Literatur. Kat. Zürich 1883, S. 44, Nr. 4. Meyer 1884, S. 34. Liebenau 1892, S. 3, 8, 15 (Carl von Egeri). Herzog 1892, S. 66. Lehmann 1897, S. 5, 47f., Nr. V. Stammler 1903, S. 224f. Oidtmann 1905, S. 227f. Nüscheler 1927, S. 50. Wyss 1940, S. 6. Schneider 1956, S. 560. Schilter 1957, S. 24. Wyss 1957/58, Teil 1, S. 47 (Hans Füchslin). Otto Mittler, Geschichte der Stadt Baden. Bd. I. Von den frühesten Zeiten bis um 1650, Aarau 1962, Taf. 31a. Georg Boner, Siegel, Fahnen und Wappen der Stadt Baden, in: Badener Neujahrsblätter 38/1963, S. 25, Abb. 6. Germann 1967, S. 367, 384, 402, Abb. 285. Anderes 1974, S. 92, Taf. 17. Anderes 1975, S. 12, 18, Abb. 16. Felder 1982, S. 16. Bergmann/Hasler/Trümpler 2001, S. 9–11, Farbabb. 4.

Süd Ib
Stadtscheibe Bremgarten
Heinrich Leu (z), 1555

Die Wappenpyramide mit den beiden gestürzten Stadtschilden und dem Reichsschild wird von einem die Reichskrone emporhebenden Löwenpaar gehalten. Diese Löwen erinnern deutlich an jene auf Zürcher Standesscheiben der 50er- und 60er-Jahre, nicht zuletzt an diejenigen im Kreuzgang selbst (Ost Ib). Durchaus vergleichbar sind sie ebenfalls mit den ebenso sorgfältig ausgeführten Löwenpaaren auf den beiden Berner «Rundelen», die Heinrich Leu fast 20 Jahre später in die Kirche von Obererlinsbach lieferte (Abb. 25). Um sie herum erstreckt sich ein in seiner zentralperspektivischen Komposition den Architekturgehäusen der St.-Blasien-Scheiben (Süd IVa–c) verwandter Architekturrahmen mit Säulenpaaren und Volutenbogen. Darauf sitzen zwei Engelkinder und ziehen eine Lorbeergirlande durch kreisrunde Löcher. Während ein weiteres Engelpaar das Schrifttäfelchen am unteren Rand hält, schauen zwischen den Balusterdoppelsäulen zwei bärtige Männlein staunend und gestikulierend hervor.

Die Scheibe wurde im gleichen Jahr wie jene der Bremgarter Schultheissen Bernhard Mutschlin (Süd Va) und Niklaus Honegger (Süd Vc) gestiftet. Zusammen mit diesen dürfte sie ursprünglich in einem Fenster vereint gewesen sein, bevor man sie vermutlich bereits vor 1624 in das Fenster mit den Stadtscheiben von Baden und Sursee versetzte (vgl. S. 265).

Nachdem die Stadt Bremgarten 1415 unter die Herrschaft von sieben der acht Alten Orte (es fehlte Bern) gekommen war, erlangte sie gleichen Jahrs die Bestätigung der Reichsfreiheit, was ihr erlaubte, den Reichsadler über das Stadtwappen zu setzen. Im Alten Zürichkrieg schwenkte sie nochmals ins österreichische Lager, was vorübergehend zum Verlust von Freiheitsrechten führte. Trotzdem erfreute sich Bremgarten einer starken politischen Eigenständigkeit, die sich unter anderem im Recht des Blutbanns und in der freien Schultheissenwahl äusserte. Unter Pfarrer Heinrich Bullinger (1469–1533) und seinem gleichnamigen Sohn (1504–1575) hielt die Reformation Einzug in die Reussstadt. Nach der Schlacht bei Kappel 1531 kam sie aber wieder unter das Regiment der Altgläubigen.

Bremgarten pflegte seit alters enge Beziehungen zum Kloster Muri. Zur Verwaltung seines ausgedehnten Grundbesitzes unterhielt dasselbe dort seit dem 14. Jahrhundert einen Amtshof, den Abt Laurenz von Heidegg, der Erbauer des Kreuzgangs, neu errichten liess. Das stattliche Gebäude mit dem 1584 zugebauten «Schneggen» hat sich erhalten, ebenso die frühbarocke Hauskapelle samt Ausstattung. Das Selbstbewusstsein der Stadt widerspiegelt sich in ihren zahlreichen Scheibenschenkungen, von denen die ältesten uns bekannten 1501 und 1510 in der Berner Funk-Werkstatt entstanden (Kat. Bern 1979, Nrn. 261, 268, Abb.154f.). Aus dem Jahre 1514 datiert ein die Stadtpatrone Nikolaus von Myra und Maria Magdalena darstellendes Glasgemäldepaar, das Bremgarten damals nach Muri oder Hermetschwil stiftete (Henggeler 1965/66, Nrn. 12–13; Taf. 21a/b). Eine weitere Scheibe gab Bremgarten 1547 in Auftrag. Diese befindet sich heute in Privatbesitz. Auch später machte die Stadt Wappenstiftungen, so 1592 ins Kloster Rathausen (Schneider 1970, Bd. 2, Nr. 396) und 1623 ins Kloster Wettingen (Anderes/Hoegger 1989, S. 225, 334).

Inschriften. Sockelinschrift: «Die Statt bremgārt 1555» (die gleiche Jahrzahl wiederholt auf der kleinen Tafel zwischen den Stadtwappen).

Technik. Farbloses Glas; Überfangglas: rot (Ausschliff rückseitig), blau (Ausschliff vorder- und rückseitig), grün (Ausschliff vorderseitig); Farbglas: purpurviolett.
Bemalung mit Schwarzlot und Silbergelb (jeweils in diversen Farbstufen). Im Sockelfeld sind Engelflügel und Blattwerk mit einer kalt aufgetragenen bräunlichgrünen Farbe bemalt, die nur geringe Transparenz besitzt (vgl. dazu S. 35).
Lichtmass: 69 x 48,5 cm.

Erhaltung. Die Reparaturen in der Höhe von gut 4 Gulden, die der Rechnungsrodel von 1624 für die Scheibe von Bremgarten anführt, betrafen Teile der Volutenverdachung, die erhobene Vorderpranke des Löwen links und vermutlich auch die Krone sowie je ein Stück im Damastgrund und im linken Säulenpostament. Das weisse Glas zwischen den beiden gestürzten Stadtwappen mit der Jahrzahl 1555 ist möglicherweise eine Ergänzung aus dem 19. Jahrhundert. In der Fusszone ist der bräunlichgrüne Farbauftrag stellenweise abgesplittert. Verschiedene Gläser weisen leichte Verbräunungsspuren auf. Einige Sprünge und Notbleie.

Literatur. Meyer 1884, S. 35. Liebenau 1892, S. 3, 15 (Carl von Egeri). Herzog 1892, S. 66. Lehmann 1897, S. 4, 48, Nr. V. Oidtmann 1905, S. 227f. (Balthasar Mutschlin). Nüscheler 1927, S. 46, 50. Wyss 1940 S. 3, 5. Schilter 1957, S. 24. Wyss 1957/58, Teil 1, S. 47 (Hans Füchslin). Germann 1967, S. 367f., 384, 402, Abb. 285. Anderes 1974, S. 44, 94, Taf. 18. Anderes 1975, S. 6, 12, 18, Abb. 16. Felder 1982, S. 16.

Süd Ic
Stadtscheibe Sursee
Heinrich Leu (z), 1560

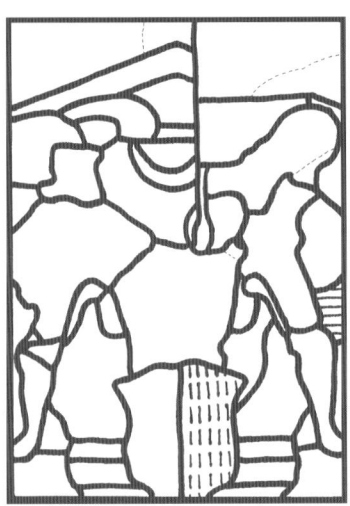

Das Stadtwappen von Sursee flankieren Feldhauptmann und Bannerherr, zwei robuste, in raumgreifender Spreizstellung dastehende Kriegergestalten, deren Hosen, Strümpfe und Wams den Stadtfarben entsprechend im rot-weissen Mi-parti gehalten sind. Die vor einen gelben Nelkendamast gesetzten Schildbegleiter sind mit Anderthalbhänder und Schweizerdolch bewaffnet; den Hauptmann zeichnen zudem Kommandohammer und Ehrenkette aus. Auffallend ist das Fehlen jeglichen Wappenschmucks, das heisst des Reichsadlers und der Krone, so wie sie auf den Nachbarscheiben von Baden und Bremgarten festgehalten sind. Dass auch Sursee diese

Kleinode der Reichsfreiheit führen durfte, belegen die von der Stadt später in Auftrag gegebenen Glasgemälde. Das Zwickelbild über der Dreieckverdachung der Säulenrahmung zeigt den hl. Georg zu Pferd, der mit erhobenem Schwert den bereits von einem Speer durchbohrten Drachen niederkämpft. Den Hintergrund bildet eine an die Lage Sursees erinnernde Seelandschaft, in der die zu befreiende Prinzessin mit dem Lamm auf einem Felsen niederkniet. Dieses flott gemalte Oberbild, in dem sich die aussergewöhnlichen zeichnerischen Qualitäten Leus manifestieren, nimmt Bezug auf das Georgspatrozinium der Surseer Pfarrkirche, deren Kollatur von 1399 bis 1841 dem Kloster Muri gehörte.

Vom Wohlstand Sursees im 16. Jahrhundert zeugt noch heute das zwischen 1539 und 1545 erbaute Rathaus, welches im Verhältnis zur damaligen Einwohnerzahl von rund 1000 Seelen ausserordentlich monumental konzipiert ist. 1547 erhielt die Stadt Sursee, die Rivalin Luzerns, für ihr neues Rathaus einen prächtigen Standesscheibenzyklus, der von einem im Einflussbereich Egeris stehenden Glasmaler angefertigt wurde und sich jetzt im Rathaus von Winterthur befindet. In Sursee war das Kloster Muri bereits 1399 durch eine Schenkung von Herzog Leopold IV. in den Besitz eines festen Hauses gekommen, das seit alters den Grafen von Kyburg, von Lenzburg und von Habsburg gehört hatte. Bis 1841 diente dieses als Absteigequartier der Äbte und als Wohnsitz des Schaffners, der die ausgedehnten Klostergüter in der Umgebung der Stadt verwaltete. Das im Kern noch mittelalterliche, im 17. und 18. Jahrhundert mehrmals umgebaute Gebäude erfuhr in jüngerer Zeit eine umfassende Restaurierung. Es bildet heute noch, zusammen mit dem St.-Urban-Hof, einen Teil der ehemaligen Stadtbefestigung im Norden.

Inschriften. Sockelinschrift: «Die Statt Sursee 1560».

Technik. Farbloses Glas; Überfangglas: rot (Ausschliff vorder- und rückseitig), blau (Ausschliff rückseitig), grün (Ausschliff vorderseitig); Farbglas: purpurviolett, hellblau.
Bemalung mit Schwarzlot und Silbergelb (jeweils in diversen Farbstufen).
Lichtmass: 68 x 47,5 cm.

Erhaltung. Die heraldisch linke Schildhälfte mit dem weissen Spiralrankenmuster wurde wahrscheinlich 1624 erneuert. Weil mit Ausnahme des aus dem 19. Jahrhundert stammenden Glasstücks in der rechten Rahmensäule keine weiteren Ergänzungen feststellbar sind, werden die im Rechnungsrodel von 1624 genannten Reparaturen in der Höhe von gut 4 Gulden hauptsächlich Glaser- und Schlosserarbeiten betroffen haben. Reinigungsspuren am Kopf des Bannerträgers (Schwarzlotabreibung). Einige Sprünge und Notbleie.

Literatur. MEYER 1884, S. 35. LÜBKE 1866, S. 49. Kat. Zürich 1883, S. 44, Nr. 1. LIEBENAU 1892, S. 3, 15 (Carl von Egeri). HERZOG 1892, S. 66. LEHMANN 1897, S. 5, 48, Nr. V. STAMMLER 1903, S. 224f. OIDTMANN 1905, S. 227f. NÜSCHELER 1927, S. 50. WYSS 1940, S. 3, 6. BOESCH 1955, S. 86 (Carl von Egeri). SCHNEIDER 1956, S. 560. SCHILTER 1957, S. 24 (Carl von Egeri). WYSS 1957/58, Teil 1, S. 47 (Hans Füchslin). GERMANN 1967, S. 367, 384, 402, Abb. 285. ANDERES 1975, S. 12, 18, Abb. 16. FELDER 1982, S. 16.

Süd I Masswerk
Mondsichelmadonna, umringt von Putten und Fabelwesen
Heinrich Leu (z), um 1557/58

Im ersten Masswerkfenster des Südflügels sind Figuren, Pflanzenmotive (vgl. Masswerk Süd II) und Elemente aus der Welt der Groteske zu einer feingliedrigen Gesamtkomposition vereint. In deren Zentrum steht die in einen tiefblauen Mantel gehüllte, wolkenumringte Mondsichelmadonna, so wie man sie in vergleichbarer, jedoch wesentlich monumentalerer Form vom Urner Standesfenster her kennt (Ost IIIc). In einer verblauenden Landschaft erscheinend, hebt sie sich deutlich von den in den benachbarten Masswerkkompartimenten dargestellten Fabelwesen und Putten ab, die sich auf silbergelbem Grund im dekorativen Ranken- und Blütenwerk herumtreiben. Ihnen beigesellt ist im zentralen Bogenfeld eine blattumkränzte Frauenbüste zwischen bunten Blütenkelchen.

Technik. Farbloses Glas; Überfangglas: blau und grün (Ausschliff jeweils vorderseitig), rot (Ausschliff vorder- und rückseitig).
Bemalung mit Schwarzlot und Silbergelb (jeweils in diversen Farbstufen). Blattwerk und mehrere Figuren sind mit einer kalt aufgetragenen bräunlichgrünen Farbe bemalt, die nur geringe Transparenz besitzt (vgl. dazu S. 35).

Erhaltung. Das Bogenfeld der mittleren Fensterbahn wurde im 19. Jahrhundert teilweise erneuert. Aus derselben Zeit stammt das links darüber angebrachte rotblumige Ornamentfeld. Dort eingesetzt war ursprünglich vermutlich das partiell ergänzte Stück, das sich heute im Besitz des Historischen Museums des Kantons Aargau auf Schloss Lenzburg befindet (Inv. K 451). Die bräunlichgrüne Kaltbemalung ist stellenweise abgesplittert. Mehrere Sprünge und einige Notbleie.

Literatur. LEHMANN 1897, S. 27, Nr. II. NÜSCHELER 1927, S. 49. SCHILTER 1957, S. 24. GERMANN 1967, S. 384, Abb. 285. ANDERES 1974, S. 48. ANDERES 1975, S. 18, Abb. 16. FELDER 1982, S. 16.

Süd IIa
Wappenscheibe Konrad Zurlauben
Christoph Brandenberg, 1624

Das von einer ovalen Schriftleiste umfasste Stifterwappen steht im Zentrum eines hallenartigen, filigranen Rahmengerüsts, das mit zahlreichen Figuren besetzt ist. Flankiert wird es von der «Geduld» und der «Liebe». Letztere hält in ihren Armen einen Säugling und einen Hund, das Symbol ehelicher Treue, derweil vor ihr ein weiteres Kind mit einem Windhaspel spielt. Ihre Gefährtin auf der gegenüberliegenden Seite steht in Begleitung eines Lammes mit verschränkten Armen in gelassener Ruhe da. In der Ecke unten links sitzt das «Gesetz», eine Frauengestalt mit Krone, Buch und Zepter, dessen Lilienspitze andeutet, dass der Scheibenstifter auf dem europäischen Kriegsschauplatz des Dreissigjährigen Krieges Frankreich als ordnende Hand betrachtete. Ihr gegenüber erscheint die bekränzte, Schild und Palmzweig mit sich führende Figur des «Friedens», auf deren Schulter eine Taube mit einem Ölzweig im Schnabel verweilt. Das Oberbild zeigt ein bezugreiches, ungewöhnliches Figurenensemble, in dem das Bildthema des Gnadenstuhls auf originelle Art und Weise abgewandelt und erweitert ist. Den Heiligen Geist repräsentiert hier nicht wie sonst üblich eine Taube, sondern ein Kind, welches an der Hand Gottvaters in den Wolkenkranz gezogen wird. Zudem wendet sich der Gekreuzigte als zweite Person Gottes mit seraphinischen Flügeln dem hl. Franziskus zu, um ihm die Wundmale zu geben. Der Einbezug des die Wundmale empfangenden Heiligen in die Darstellung des Gnadenstuhls gründet in der hohen Wertschätzung, die der Ordensvater der Franziskaner und Kapuziner damals in Zug genoss. Sein Kult wurde insbesondere durch die Kapuziner gefördert, die sich dort 1595 mit Unterstützung von Beat I. Zurlauben, Konrads Vater, niedergelassen hatten und für deren Kirche der Zuger Maler Jakob Warttis um 1615 einen umfangreichen Franziskuszyklus schuf (Horat 1995, S. 8f.; Carlen 1980, S. 108–113). Dem Gnadenstuhl mit Franz von Assisi sind im Oberbild weitere Heilige beigesellt. Beim Thronenden mit Kelch und Spinne in der Ecke oben links handelt es sich um den hl. Konrad, den Namenspatron des Scheibenstifters, und bei den Figuren rechts oben um die hl. Anna Selbdritt sowie den hl. Beat als Drachenbezwinger. Zusammen mit dem hl. Jakob waren Beat und Anna Selbdritt auch auf einer heute verschollenen spätgotischen Tafel aus Zürich zu sehen, die auf Wunsch Zurlaubens in der 1623 bei dessen Wohnsitz in Zug erbauten Konradskapelle zur Aufstellung kam. Im Oberbild seiner nach Muri geschenkten Scheibe hat dieser also offenbar seine Familienheiligen in Form einer Figurengalerie zur Darstellung bringen lassen.

Der Scheibenstifter (1571–1629) reiht sich unter die glanzvollsten Persönlichkeiten der Familie Zurlauben, des politisch, militärisch und kirchlich bedeutsamsten Zuger Geschlechts. Nach Studienjahren in Luzern, Lyon und Paris, wo er Französisch und Latein lernte, bekleidete Zurlauben in seiner Vaterstadt von 1590 bis 1612 das Amt des Stadtschreibers. 1592/93 war er Obervogt in Cham, 1604 bis 1617 Vogt in Hünenberg, 1604 bis 1629 Kastvogt zu Frauenthal, 1613 Statthalter in Zug sowie 1614 bis 1617 Ammann von Stadt und Amt Zug. Als Gardehauptmann stand er in französischen Diensten und führte 1619 dem König ein Fähnlein mit 300 selber geworbenen Schweizer Söldnern zu. Seine militärische Karriere erreichte ihren Höhepunkt 1626, als er im Veltlin im Rang eines Obersten unter General Henri de Rohan diente und aus dessen Hand den Michaelsorden in Empfang nehmen durfte. Als Abholer und Austeiler der für Zug bestimmten französischen Pensionen hatte Zurlauben in seiner Vaterstadt eine politisch führende Stellung inne. Dort liess er zwischen 1597 und 1621 den Zurlaubenhof erbauen, der dank seiner vorzüglichen Ausstattung zu den bedeutendsten Renaissancepalästen der Schweiz zählt. Die sprichwörtliche Franzosentreue des Bauherrn zeigt sich darin, dass er im grossen Saal 63 Bilder französischer Könige anbringen liess. Verheiratet war Zurlauben mit Eva Zürcher von Schwend aus Menzingen. Der Ehe entsprossen sechs Kinder. Über eines seiner Enkelkinder wurde er zum Urgrossvater des Murenser Fürstabtes und Kirchenbauers Plazidus Zurlauben (1684–1723).

Die Zurlauben-Scheibe ist eine signierte Arbeit (vgl. Abb. 28) des Zuger Glasmalers Christoph Brandenberg (1598/1600–1663), dessen eindrücklichstes Werk der 1623 für den Kreuzgang des Klosters Wettingen geschaffene Marienzyklus bildet. Ähnlich wie Jakob Wägmann aus Luzern ist Brandenberg ein vortrefflicher Zeichner und Techniker. Mit einer virtuos gehandhabten Wischtechnik versteht er dem modellierenden Schwarzlot überraschende plastische Effekte abzugewinnen. Er beherrscht alle Register der damaligen Glasmalerei, vor allem das anspruchsvolle Verfahren der Schmelzfarbenmalerei. Dem im 17. Jahrhundert immer stärker werdenden

Wunsch nach grösserer Lichtdurchlässigkeit der Scheiben Rechnung tragend, hat er auf Zurlaubens Glasgemälde den Hintergrund farblos belassen und anstelle eines festen Architekturrahmens eine luftige Loggia gesetzt.

Inschriften. Auf der Schriftkartusche: «H Hauptman Conradt Zur Lauben Allt / Amman derr Statt vnd Ambtt Zug Jr Aller / Christenlichisten Königkhlich Māÿt: zu Franckre[ic]h vnd / Navarra Hauptman über ein fendli dess Gwa[rdi] / Regiments der Eÿdtgnossen Habende Besatzung der / Statt Poittiers Año Dom͂j 1624». Auf dem Löwenhalsband (Kleinod): «Fauore Et labore». Auf dem ovalen Wappenrahmen: «O CONCEDE FINEM BONVM QVOD EST SVPER OME DONVM / IN TVA LEGE ET PACE CONSERVA NOS DOMINE». Auf dem Gebälk: «SVMMA RERVM». Auf den Figurenpostamenten: «CVM PACIETIA / ET AMORE». Bei den Sitzfiguren unten: «LEX», «PAX». Links neben der Schriftkartusche: «CB b» (der Buchstabe «b» auf dem durch ein Notblei zweigeteilten Schild der Pax ist der Überrest eines weiteren Brandenberg-Monogramms).

Technik. Farbloses Glas; Überfangglas: rot (Ausschliff vorder- und rückseitig); Farbglas: blau, violett, grün.
Bemalung mit Schwarzlot und Silbergelb (jeweils in diversen Farbstufen), mit Eisenrot sowie mit blauer, grüner und violetter Schmelzfarbe.
Lichtmass: 68 x 50 cm.

Erhaltung. Die Schrifttafel wurde im 19. Jahrhundert geringfügig ergänzt. Die violette Schmelzfarbe auf dem Unterkleid der «Lex» ist abgesplittert. Mehrere Sprünge und Notbleie.

Literatur. LÜBKE 1866, S. 58 (Anm. 45). LIEBENAU 1892, S. 3, 23. HERZOG 1892, S. 66. LEHMANN 1897, S. 24, 46, Nr. III. STAMMLER 1903, S. 224f. OIDTMANN 1905, S. 228. LEHMANN 1926, S. 133. NÜSCHELER 1927, S. 55. WYSS 1940, S. 9. KOCH 1956, S. 56f. (mit Abb.). SCHILTER 1957, S. 24. WYSS 1957/58, Teil 1, S. 48. HUNKELER 1961, S. 182 (Anm. 96). GERMANN 1967, S. 367, 370, 384f., Abb. 278, 286. WYSS 1968, S. 78, Abb. 38. ANDERES 1974, S. 53, 96, Taf. 19. ANDERES 1975, S. 8, 18–21. FELDER 1982, S. 16. ANDERES/HOEGGER 1989, S. 68f. (mit Abb.). AKL 13/1996, S. 606f. – Zum Stifter: KURT-WERNER MEIER, Die Zurlaubiana. Werden, Besitzer, Analysen. Eine Zuger Familiensammlung, Grundstock der Aargauischen Kantonsbibliothek, Aarau/Frankfurt a. M./Salzburg 1981, Zweiter Teil, S. 883–890.

Süd IIb
Wappenscheibe Michael Herster, Abt des Klosters Rheinau
Heinrich Leu (z), 1560

Eine Säulenarkade mit giebelförmiger Verdachung bildet den Rahmen für den von zwei schlichten Mönchsgestalten begleiteten, infulierten Stifterschild, dessen vier Felder die Wappen des Klosters (1) sowie der Zuger Familien Herster (2, 3) und Schell (4) enthalten. Bei den in brauner Flocke erscheinenden Schildwächtern handelt es sich um den hl. Benedikt und den hl. Fintan. Während Ersterer sich durch Giftbecher und Pedum zu erkennen gibt, zeichnen den aus Irland gebürtigen hl. Fintan († 878) Brevier und Pilgerstab sowie die auf seiner Schulter niedergelassene Taube aus. Dieser war 851 ins Kloster Rheinau gekommen, wo er fortan als Einsiedler lebte, der Klostergemeinschaft seltenes Vorbild wurde und mannigfache Wunder tat. So soll er auf Geheiss der Taube, seiner treuen Begleiterin, die in Rheinau ruhenden Gebeine des hl. Blasius in das kleine Priorat der Rheinauer Mönche an der oberen Alb im Schwarzwald gebracht haben, wo aus der unbedeutenden Albzelle in der Folge das fürstliche Stift St. Blasien emporwuchs. Das Figurenprogramm der Scheibe wird durch die beiden die Verkündigung an Maria darstellenden Zwickelbilder vervollständigt.

Michael Herster entstammte einer im 19. Jahrhundert ausgestorbenen Zuger Familie. Sein Vater Wolfgang Herster, der mit einer Angehörigen der Familie Schell verheiratet war, amtierte von 1547 bis 1549 als Landvogt in Baden. Nach einer längeren Zeit als Konventuale im Benediktinerkloster Rheinau wurde Michael Herster am 19. Dezember 1559 dort zum Abt gewählt. Unter den bei der Wahl Anwesenden war auch Johann Christoph von Grüth aus Muri, welcher den neu Gewählten bei dieser Gelegenheit vermutlich um eine Scheibe für sein Kloster bat. Im Januar 1562 nahm Herster zusammen mit Johann Christoph von Grüth, Jodok Krämer von Engelberg (West Ia), Leonhard Janny von Ittingen (West Ic), Diethelm Blarer von St. Gallen (Süd IIIc) sowie weiteren Kirchenvertretern an der Prälatenversammlung in Rapperswil teil, auf welcher Joachim Eichhorn von Einsiedeln (Süd IIIa) ans Konzil von Trient delegiert wurde. Bald danach begann sich bei Herster eine Geisteskrankheit bemerkbar zu machen. 1564 sahen sich die katholischen Schirmorte deshalb gezwungen, den Wettinger Subprior Johannes Schweizer als Statthalter im Kloster Rheinau einzusetzen. Nach dem schweren Schicksalsschlag blieb der unglückliche Abt bis zu seinem Tod 1565 in der Pflege seiner Mitbrüder. 1560, kurz nach seinem Amtsantritt, stiftete Herster in die Kreuzgänge von Muri und Wettingen (Abb. 42) je ein Glasgemälde. Obwohl die beiden Scheiben im kompositionellen Aufbau nahe verwandt sind, hat man es bei ihnen nicht mit Arbeiten aus einer Werkstatt zu tun, wurde doch die Stiftung für Wettingen allem Anschein nach im Atelier von Niklaus Bluntschli (Anderes/Hoegger 1989), die Wappengabe für Muri hingegen in jenem Heinrich Leus ausgeführt.

Die auf einer Rheininsel gelegene, laut der Überlieferung 778 durch die Welfenherzöge gegründete Benediktinerabtei Rheinau, die im Spätmittelalter lange Zeit unter habsburgischer Schirmherrschaft stand, gelangte 1455 als freies Reichsstift unter den Schutz der eidgenössischen Orte. Einen schweren Einschnitt bedeutete für die Abtei die Reformation mit dem verheerenden Bildersturm von 1529. Die damals stark in Mitleidenschaft gezogene Klosterkirche konnte durch Abt Bonaventura I. von Wellenberg nach dem Kappeler Frieden von 1531 neu eingeweiht werden. Nachdem es 1656 im Villmergerkrieg zu einer zweiten grossen Verwüstung gekommen war, liess Abt Gerold II. Zurlauben (1697–1735) zwischen 1704 und 1710 durch Franz Beer an der Stelle des alten romanischen Baues eine Barockkirche errichten. Ende des 18. Jahrhunderts wurde der unter Zurlauben neu erblühte Konvent vorübergehend und 1862 endgültig aufgehoben.

Abb. 42: Wappenscheibe des Rheinauer Abts Michael Herster, 1560 (Kreuzgang Wettingen West XVa).

Inschriften. Sockelinschrift: «Michaellis von Gottes gnaden Aptt / deß gotzhuß Rinow 1560». Auf den Nimben: «SANCTVS BENEDICTVS», «SANCTVS FINDANVS». Im Oberbild auf der Schriftrolle Gabriels: «AVE [MARIA] GRACIA [PLE]NA [DOMINV]S TECVM».

Technik. Farbloses Glas; Überfangglas: rot und blau (Ausschliff jeweils rückseitig); Farbglas: grün.
Bemalung mit Schwarzlot und Silbergelb (jeweils in diversen Farbstufen).
Lichtmass: 67 x 49 cm.

Erhaltung. Im Rechnungsrodel von 1624 sind für die Rheinauer Scheibe Reparaturen in der Höhe von 13 Gulden ausgewiesen. Ergänzungen aus dieser Zeit stellen darauf allerdings nur die Mitra und das rechte Säulenkapitell dar. Die Restauration von 1624 betraf also offenbar nur zum geringen Teil Glasmalerarbeiten. Was mit dem in der Rechnung genannten «brochen wo noch in die form manglet» genau gemeint ist, entzieht sich unserer Kenntnis (eventuell ein Teil der Butzenverglasung?). Ein Stück der Dreieckverdachung wurde im 19. Jahrhundert erneuert. Schwarzlotverlust im Zwickelbild oben rechts. Einige Sprünge und Notbleie.

Literatur. LÜBKE 1866, S. 48. LIEBENAU 1892, S. 3, 9, 18 (Niklaus Bluntschli?). HERZOG 1892, S. 66. LEHMANN 1897, S. 5, 32, Nr. VIII. STAMMLER 1903, S. 224f. OIDTMANN 1905, S. 227f. NÜSCHELER 1927, S. 51. HERMANN FIETZ, Die Kunstdenkmäler des Kantons Zürich, Bd. I: Die Bezirke Affoltern und Andelfingen, Basel 1938, Abb. 358. WYSS 1940, S. 3, 6. SCHILTER 1957, S. 24. WYSS 1957/58, Teil 1, S. 47 (Hans Füchslin). MÜLLER 1957, S. 37. GERMANN 1967, S. 367, 386, 402, Abb. 286. STREBEL 1967, S. 102. ANDERES 1975, S. 21. FELDER 1982, S. 16. ANDERES/HOEGGER 1989, S. 293f. (mit Abb.).

Süd IIc
Wappenscheibe Ulrich Püntiner und Adelheid A Pro
Unbekannter Luzerner Glasmaler, 1597

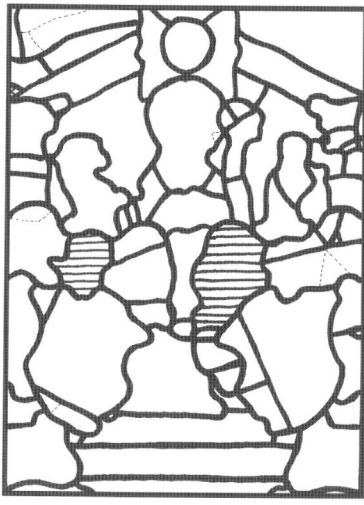

Zwischen den Wappen von Ulrich Püntiner und Adelheid A Pro steht vor leuchtend rotem Grund der hl. Ulrich, der 995 heilig gesprochene Bischof von Augsburg († 973). Die Fische, die der in Pontifikaltracht gehüllte Namenspatron des Stifters auf seinem Buch mitführt, erinnern an ein legendarisch überliefertes Wunder, soll doch das von ihm an einem Freitag als Botengeschenk dargebrachte Gänsebein sich unversehens in einen Fisch verwandelt haben. Figur und Wappen umschliesst ein ähnlich wie auf der vorangehenden Scheibe gebildeter Ädikularahmen. Die Zwickelfelder über der mit einem Büstenmedaillon geschmückten Dreieckverdachung zeigen in figurenreichen Szenen das Urteil Salomos (3 Kg 3, 16ff.) und die Enthauptung Johannes' des Täufers (Mt 14, 1–12; Mk 6, 14–29). Zwei weitere Bibelszenen sind auf den beiden Säulensockeln festgehalten, links Kain und Abel beim Brudermord (Gn 4, 8), rechts die Anbetung der Hirten (Lk 2, 6–7, 8–14).

Ulrich Püntiner entstammte einem Urner Regimentsgeschlecht, das in Altdorf, Schattdorf und Erstfeld verbürgert war und eine ganze Reihe von Landammännern stellte. Ulrichs Vater, Heinrich III., war Tagsatzungsabgeordneter und zweimal Vogt im Tessin. Ulrichs Mutter, Anna Wichser aus Glarus, wurde nach dem Tod ihres Gatten 1569 die dritte Frau des Politikers und Chronisten Gilg Tschudi († 1572). Ulrich selbst war 1595 bis 1597 Landvogt in den Freien Ämtern. Auf das Richteramt, das er dabei innehatte, spielen auf der Murenser Scheibe die Oberbilder mit dem salomonischen Urteil und der Enthauptung des Täufers an. Seine Gattin Adelheid A Pro war eines der vier Kinder von Landammann Jakob A Pro, dem Erbauer des Schlösschens A Pro bei Seedorf. Diesem hatte der französische König Franz I. 1544 ein Wappendiplom verliehen, das ihm erlaubte, die beiden Wappenhunde die französische Lilie tragen zu lassen.

In den Kreuzgang von Muri wurden zwischen 1569 und 1624 nur vier Glasgemälde in verhältnismässig grossen Zeitabständen gestiftet. Der Grund liegt vielleicht darin, dass damals kein Platz mehr für neue Scheiben vorhanden war und die vereinzelten Nachstiftungen Lückenbüsser für zufällig zerstörte Einzelstücke waren. Es ist sicher kein Zufall, dass Ulrich Püntiner sein Glasgemälde nicht während der Wirren um die Absetzung des unwürdigen Abtes Jakob Meier (1585–1596) schenkte, sondern im ersten Jahr des grossen Reformabtes Johann Jodok Singisen (1596–1644). Eben damals begann in Muri auch einer der letzten bedeutenden Buchmaler der Schweiz, der Priestermönch Johann Caspar Winterlin († 1634) aus Luzern, seine künstlerische Tätigkeit. Nicht er, aber wohl ebenfalls ein Luzerner schuf die Vorlage für Püntiners Scheibe. In Frage kommen am ehesten die Glasmaler Hans Heinrich Wägmann (1557–um 1628) oder Franz Fallenter (erwähnt 1574–1612). Auf jeden Fall ist gerade dieses Glasgemälde, das einen noch flächigen Habitus zeigt, aber in den Zwickelbildern die Freude an szenischer Bereicherung ankündigt, ein wichtiges Bindeglied zwischen der ausklingenden, durch die Scheiben Egeris und Leus vertretenen Zürcher Renaissance und der künstlerisch aufwendigen Luzerner Glasmalerei der Jahrhundertwende.

Inschriften. Sockelinschrift: «Vlrich Büntiner des Raths Zů Vrÿ disser Zÿt Landtuogt Jnn / Frÿen Ämpteren des Ergöws vnd Frouw Adelheida Büntinerin / ein Gebornne von Pro sein Elicher Gemachell 1597».

Technik. Farbloses Glas; Überfangglas: rot, grün, violett (Ausschliff jeweils rückseitig); Farbglas: blau, hellrot.
Bemalung mit Schwarzlot und Silbergelb (jeweils in diversen Farbstufen) sowie mit blauer und violetter Schmelzfarbe.
Lichtmass: 67,5 x 50,5 cm.

Erhaltung. Der Helm des Wappens Püntiner und ein Teil der Helmdecke des Wappens A Pro sind Ergänzungen des 19. Jahrhunderts. Einige Sprünge und Notbleie sowie mehrere Ölfarbenkleckse auf der Rückseite der rechten Rahmensäule.

Literatur. LIEBENAU 1892, S. 3, 23 (Franz Fallenter?). HERZOG 1892, S. 66. LEHMANN 1897, S. 8, 45, Nr. III. STAMMLER 1903, S. 224f. NÜSCHELER 1927, S. 54. WYSS 1940, S. 3, 5f. SCHILTER 1957, S. 24 (Franz Fallenter?). WYSS 1957/58, Teil 1, S. 47 (Hans Füchslin). MÜLLER 1957, S. 38. HUNKELER 1961, S. 182 (Anm. 96). GERMANN 1967, S. 367, 386f., Abb. 286. ANDERES 1974, S. 98, Taf. 20. ANDERES 1975, S. 7, 21. FELDER 1982, S. 16.

Süd II Masswerk
Blüten- und Rankenwerk mit zwei schildhaltenden Engeln
Heinrich Leu (z), um 1557/58

Das ornamental komponierte Masswerkfenster zeigt feinblättriges Rankenwerk, aus dem grosse farbenprächtige Blütenkelche hervorspriessen. In dieses auf Blankglas gemalte Ranken- und Blütenornament haben als einzige Figuren zwei Engel in Diakonengewandung Eingang gefunden. Als Schildhalter des Abtswappens von Grüth sind sie ins Zentrum der beiden äusseren Bogenfelder gesetzt.

Die Anregungen zu diesem grossblumigen Rankenmuster, das in ähnlicher Form ebenfalls in den Masswerkfenstern Süd I und West V auftritt, stammen nach Bernhard Anderes von dem aus Aosta gebürtigen Kanoniker Claudio Rofferio, der von 1551 bis 1557 im Kloster Muri für Johann Christoph von Grüth als Buchmaler und Schreiber tätig war. Anderes räumt allerdings selbst ein, dass die von Rofferio geschaffenen Buchmalereien – vornehmlich Initialminiaturen und dekorative Randleisten – sich zum Vergleich nur bedingt eignen (Schmid 1954, S. 66–75, Nrn. 6, 13f., 64–67, 72f., Taf. 27–31; Hartmann 1948b, S. 37–41, Taf. VII, Fig. 66, 67). Dessen Arbeiten bildeten denn auch keineswegs die einzige Inspirationsquelle dafür. Vorbildhaft müssen nämlich ebenfalls die dekorativen Blumenrankenmalereien gewesen sein, mit denen Laurenz von Heidegg (1508–1549) die Gewölbe von Krypta und Kirchenchor hatte schmücken lassen (Germann, S. 228–230, 232, Abb. 172, 175). Dass Carl von Egeri und Heinrich Leu bei der Anfertigung ihrer ornamentalen Bildfenster durch die ihnen in Muri vor Augen stehenden Wandmalereien inspiriert waren, macht das Pollenfriesmuster an der Gehäuserückwand auf der Scheibe des hl. Blasius (Süd IVb) evident, war doch dieses damals weit verbreitete Muster auch am spätgotischen Chorgewölbe der Klosterkirche sowie an den Fensterbögen des Kreuzganghofs zu sehen.

Technik. Farbloses Glas; Überfangglas: rot (Ausschliff vorder- und rückseitig), blau (Ausschliff vorderseitig); Farbglas: grün.
Bemalung mit Schwarzlot und Silbergelb (jeweils in diversen Farbstufen) sowie mit blauer Schmelzfarbe (im Bogenfeld aussen rechts). Blattwerk und Figuren sind mit einer kalt aufgetragenen bräunlichgrünen Farbe bemalt, die nur geringe Transparenz besitzt (vgl. dazu S. 35).
Während das Rankenwerk in den meisten Masswerkkompartimenten mittels feiner Schraffuren schattiert ist, sind die einen intensiveren Gelbton aufweisenden Blätter in der Fischblase rechts vom Bogenscheitel gestupft. Dieser aus altem Glas bestehende Panneau dürfte aber ebenfalls zum Originalbestand gehören.

Erhaltung. Der rote Blütenkelch im zentralen Bogenfeld und die beiden kleinen Zwickelfelder sind vermutlich Ergänzungen des 19. Jahrhunderts. Einige Sprünge und Notbleie.

Literatur. HAENDCKE 1893, S. 173f. LEHMANN 1897, S. 27, Nr. III. NÜSCHELER 1927, S. 50. SCHILTER 1957, S. 24. GERMANN 1967, S. 388, Abb. 286. ANDERES 1974, S. 48. ANDERES 1975, S. 21. FELDER 1982, S. 16.

Süd IIIa
Wappenscheibe Joachim Eichhorn, Abt des Klosters Einsiedeln
Heinrich Leu (z), 1557

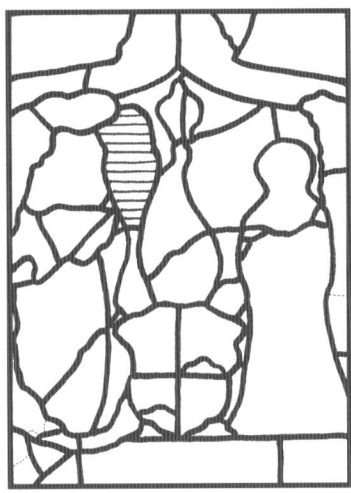

Der gevierte Schild, über dem die Pontifikalien angebracht sind, zeigt das Rabenwappen des Klosters Einsiedeln (1 und 4) sowie das persönliche Wappen des Abts mit dem sitzenden Eichhörnchen (2 und 3). Als Schildwächter amtieren die als Mater immaculata im Glorienschein auf der Mondsichel stehende Gottesmutter und der im Benediktinerhabit dargestellte hl. Meinrad. Das Brot und das Weinfässchen, das dieser in seinen Händen hält, erinnern daran, dass er die beiden Räuber, von denen er in seiner Einsiedlerzelle im Finstern Wald – dem späteren Kloster Einsiedeln – 861 erschlagen wurde, mit Speis und Trank bewirtet hatte. Zunächst auf der Reichenau verwahrt, wurden seine Reliquien 1039 an den Ort des Verbrechens übergeführt, wo aus seiner Zelle inzwischen die Benediktinerabtei Einsiedeln herangewachsen war. Die dem hl. Meinrad gegenüberstehende Marienfigur kennt man in ähnlicher Gestalt von einer 1558 in der Bluntschli-Werkstatt ausgeführten Einsiedler Konventscheibe (1933 im Kunsthandel) und von einem analog zu jenem in Muri komponierten Glasgemälde Joachim Eichhorns aus dem Jahre 1560, das sich einstmals im Pennsylvania Museum befand (Abb. 43; Kat. Philadelphia 1925, Nr. 24). Noch um 1601 hielt sich der Kupferstecher Martin Martini für seine Radierung des unteren Münsters an diesen offenbar auf eine gemeinsame graphische Vorlage zurückgehenden Marientypus (Birchler 1927, Abb. 5). Auf die Gottesmutter Maria bezieht sich auf unserer Scheibe auch die Verkündigungsszene im Oberbild. Analog zum Glasgemälde Hersters (Süd IIb) spielt sich die durch die Volutenverdachung in zwei Kompartimente unterteilte Begegnung Mariens mit Gabriel in einem durchgehenden Interieur ab.

Das Kloster Einsiedeln, das Mutterhaus Muris, wurde 934 gegründet. Damals siedelte sich bei der Meinradszelle im Finstern Wald eine Gemeinschaft von Eremiten an, die nach der Regel des hl. Benedikt lebte. 947 wurde die Klostergründung durch Kaiser Otto I. bestätigt und dem Abt die Reichsfürstenwürde verliehen. Bedeutende Änderungen erfuhr die Abtei im 15. Jahrhundert, als sie unter die Schirmherrschaft der Schwyzer gelangte sowie vom Bistum Konstanz losgelöst wurde. Zur gleichen Zeit erlebte die seit dem 12. Jahrhundert nachgewiesene Marienwallfahrt einen ungeahnten Aufschwung. Einsiedeln entwickelte sich in der Folge zu einem viel besuchten Wallfahrtsort, der in der Barockzeit eine grandiose Klosteranlage erhielt.

Abt Joachim Eichhorn († 1569), dessen Bruder Peter das gleiche Amt in Wettingen ausübte, entstammte einer Wiler Familie. 1536 trat er ins Stift Einsiedeln ein und empfing 1541 die Priesterweihe. Nach seiner Wahl zum Fürstabt 1544 reorganisierte er die Abtei nach innen und nach aussen, was ihm später den Ruf des zweiten Klostergründers einbrachte. Zu diesem Ruf trugen auch seine grossen Bauvorhaben bei, die er an Kirche und Kloster in Gang setzte. Auf der Prälatentagung vom 25. Januar 1562 in Rapperswil, bei der die Äbte von St. Gallen, Wettingen, Rheinau, Muri, St. Urban, Fischingen und Engelberg, der Prior von Ittingen und die Pröpste von Bischofszell,

Abb. 43: Wappenscheibe des Einsiedler Abts Joachim Eichhorn, 1560 (heutiger Standort unbekannt).

Abb. 44: Wappenscheibe des Einsiedler Abts Joachim Eichhorn, 1555 (heutiger Standort unbekannt).

Luzern und Zurzach zugegen waren, erhielt er den Auftrag, auf dem Konzil von Trient die Kirche der katholischen Orte zu vertreten. Mit dem weltlichen Gesandten Melchior Lussi (West IVa) trat er die Reise nach Trient am 4. März 1562 an und wurde dort zwölf Tage später in die Kirchenversammlung eingeführt. Als gut geschulter Theologe nahm er an den Religionsgesprächen regen Anteil, musste aber wegen Erkrankung die Rückreise vor Konzilsschluss antreten. Wie sein Murenser Kollege Johann Christoph von Grüth, mit dem er 1555 die Inkorporation von St. Johann im Thurtal in den Rechtsverband des Klosters St. Gallen durchführte, machte es sich Eichhorn zur Aufgabe, sein Kloster im Sinne des Tridentinums zu reformieren. Der daraus resultierende enge Kontakt zwischen beiden Prälaten äusserte sich unter anderem darin, dass Eichhorn während seines Aufenthalts in Trient für von Grüth mehrere Gebetbücher und ein Messgewand besorgte.

Als Scheibenstifter ist uns Fürstabt Joachim Eichhorn ebenfalls durch ein 1555 entstandenes Glasgemälde dokumentiert, das sich 1924 im Pariser Kunsthandel befand (Abb. 44; Catalogue des Objets d'Art, Hotel Drouot Paris, 13. Februar 1924, Nr. 18). Zwei weitere Scheiben sind für ihn archivalisch verbürgt. Bei der einen handelt es sich um eine 1544 erfolgte Schenkung an Niklaus von Meggen (vgl. West Vb), bei der anderen um eine für den Murenser Abt Laurenz von Heidegg bestimmte Wappengabe aus dem Jahre 1546 (Henggeler, S. 213). Gegenüber Muri als Fensterstifter erkenntlich zeigte sich später auch der Einsiedler Abt Augustin Hofmann (1600–1629). Seine Scheibe gelangte 1601 ins dortige Refektorium (Henggeler, S. 214).

Inschriften. Sockelinschrift: «Joachim Appte des Gotzhuß / Einsidlen 1557». Im Oberbild auf der Schriftrolle Gabriels: «AVE MARI[A] [GRA]CIA PLENA DOM[INVS TECVM]».

Technik. Farbloses Glas; Überfangglas: rot, hellblau und grün (Ausschliff jeweils vorderseitig); Farbglas: blau.

Bemalung mit Schwarzlot und Silbergelb (jeweils in diversen Farbstufen).
Lichtmass: 68 x 49 cm.

Erhaltung. Ein Teil des Wolkenkranzes wurde im 19. Jahrhundert erneuert. Einige Sprünge und Notbleie.

Literatur. Lübke 1866, S. 48. Liebenau 1892, S. 9, 17, Taf. XIII (Carl von Egeri). Lehmann 1897, S. 5, 33, Nr. IX. Stammler 1903, S. 224f. Oidtmann 1905, S. 227. Nüscheler 1927, S. 51 (mit Abb.). Wyss 1940, S. 3, 6. Henggeler 1947, S. 223 (Nr. 6). Schneider 1956, S. 560. Schilter 1957, S. 24 (Carl von Egeri). Wyss 1957/58, Teil 1, S. 47 (Hans Füchslin). Müller 1957, S. 38f. Germann 1967, S. 367, 388, 402, Abb. 287. Strebel 1967, S. 99. Anderes 1974, S. 100, Taf. 21. Anderes 1975, S. 11, 21, Abb. 17. Felder 1982, S. 16.

Süd IIIb
Wappenscheibe Christoph Metzler, Bischof von Konstanz
Heinrich Leu (z), 1557

Unter einer Stichbogenarkade stehen der hl. Konrad (links) und der hl. Pelagius (rechts) Schildwache. Der gevierte, von Mitra und Pedum überhöhte Schild enthält die Wappen des Bistums Konstanz (1 und 4 sowie Herzschildchen) und der Familie Metzler (2 und 3). Der in pontifikaler Messkleidung dargestellte hl. Konrad war von 934 bis 975 Bischof von Konstanz und Erbauer zahlreicher Kirchen in und ausserhalb der Stadt. 1089 wurden seine Gebeine ins Konstanzer Münster überbracht und 1123 anlässlich seiner Heiligsprechung feierlich gehoben. In der Reformation warf man die Reliquien in den Rhein, und nur das Haupt, 1613 in einer Silberstatue kostbar gefasst, überdauerte. Der von Konrad gehaltene Kelch und die Spinne auf seiner Patene nehmen auf die Legende Bezug, wonach der Heilige während des Messopfers aus Ehrfurcht vor dem Blut des Herrn eine in den Kelch gefallene Spinne mitgenossen habe, die dann später lebendig aus seinem Mund hervorgekrochen sei. Der hl. Pelagius, ein frommer Laie in vornehmer Bürgertracht, erlitt im Jahre 283 in Istrien den Märtyrertod. Seine Reliquien brachte Bischof Salomon III. 904 nach Konstanz, wo Pelagius Mitpatron des Münsters und des Bistums wurde. Heute sind seine Gebeine in einer Pendantstatuette zum hl. Konrad eingeschlossen. Beide Heiligen haben in der Schweiz keinen grossen Nachhall gefunden. Auf der Scheibe wacht über ihnen die Muttergottes als Patronin des Konstanzer Münsters in Gestalt einer halbfigurigen, wolkenumkränzten Mondsichelmadonna, zu der von oben herab zwei Engel mit Kränzen herbeifliegen.

Vom Bistum Konstanz weiss man, dass es um 600 bestand und sich entsprechend der alemannischen Landnahme vom Bodensee in die Einzugsgebiete der Flüsse Thur, Reuss und Aare ausdehnte. Da auch weite Gebiete Südwestdeutschlands zu Konstanz gehörten, war es das grösste Bistum im deutschen Sprachgebiet. Seit dem 13. Jahrhundert wohnte der Bischof – mindestens zeitweise – im thurgauischen Gottlieben. Als 1526 die Reformation in Konstanz Einzug hielt, verlegte Bischof Hugo von Hohenlandenberg (1496–1526) die Residenz nach Meersburg, während das Domkapitel nach Radolfzell zog. 1540 fiel dem Bischof die Herrschaft über die Abtei Reichenau und damit ein grosser Güterbesitz zu. 1821 wurde das Bistum aufgelöst und das schweizerische Diözesangebiet den Bistümern Basel, Chur und St. Gallen zugeschlagen.

Christoph Metzler von Andelberg aus Feldkirch, Doktor der Rechte und Domherr von Konstanz und Chur, wurde 1548 vom Domkapitel in Radolfzell zum Bischof gewählt. Im gleichen Jahr öffnete Konstanz den österreichischen Truppen die Tore und fand allmählich wieder zum alten Glauben zurück. Am 11. März 1551 ritt Bischof Christoph Metzler hoch zu Ross in Konstanz ein und liess sich vom Stadtrat huldigen. Er starb 1561. Das Verhältnis zur Eidgenossenschaft war während seiner Amtszeit durch Streitigkeiten um Hoheitsrechte und seelsorgerliche Übelstände belastet. Die katholischen Orte, vor allem Luzern, trugen sich mit dem Gedanken, ein innerschweizerisches Bistum zu gründen, an dessen Spitze sie gerne Abt Joachim Eichhorn von Einsiedeln (Süd IIIa) gesehen hätten. Unter Metzler kam es zu keiner inneren Erneuerung der Kirche, obwohl dieser 1551 persönlich am Konzil von Trient teilnahm. Auch unter seinem Nachfolger Kardinal Mark Sittich von Hohenems (1561–1589), der fast immer in Rom weilte, wäre die Reform ausgeblieben, hätte nicht dessen Koadjutor Balthasar Wurer von Schemberg (1574–1596) den Reformbeschlüssen des Tridentinums zum Durchbruch verholfen.

Eine Wappenscheibe Metzlers von 1558 befand sich vormals in der Sammlung Sudeley (Lehmann 1911, Nr. 186, Abb. 186). Ein weiteres Glasgemälde dieses Kirchenfürsten, das 1565 entstand, hat sich im fragmentarischen Zustand in der Eremitage von St. Petersburg erhalten (Abb. 45).

Inschriften. In der Kartusche: «Cristoff von Gottes gnaden Bischoff zů / Costentz. Vnd Her der Reichen OW 1557». Unter den Säulen: «S CONRAT» (links), «S PELAY» (rechts).

Technik. Farbloses Glas; Überfangglas: rot (Ausschliff rückseitig); Farbglas: blau, hellblau, grün, violett.
Bemalung mit Schwarzlot und Silbergelb (jeweils in diversen Farbstufen).
Lichtmass: 68 x 49 cm.

Erhaltung. Weil Liebenau in seiner 1892 erschienenen Publikation bei der Wappenscheibe Metzlers von einem Violettgrund spricht, gehen Germann und Anderes davon aus, dass der blaue Hintergrund in neuerer Zeit ergänzt wurde. Mit der Farbbezeichnung «Violett» kann Liebenau jedoch nichts anderes als das zum Originalbestand der Scheibe gehörende tiefblaue Glas gemeint haben. Wenn der Glasmaler dieses kostbare Glas ausnahmsweise nicht damaszierte, dann sicher in der Absicht, dessen Leuchtkraft voll zur Geltung zu bringen. Einige Sprünge und Notbleie.

Literatur: LIEBENAU 1892, S. 9, 16 (Carl von Egeri). LEHMANN 1897, S. 5, 33f., Nr. IX. STAMMLER 1903, S. 224f. OIDTMANN 1905, S. 227f. NÜSCHELER 1927, S. 50. WYSS 1940, S. 3, 6. SCHNEIDER 1956, S. 560. SCHILTER 1957, S. 24. MÜLLER 1957, S. 39f. GERMANN 1967, S. 367, 389, Abb. 287. STREBEL 1967, S. 98f. ANDERES 1974, S. 102, Taf. 22. ANDERES 1975, S. 11, 21, Abb. 17. FELDER 1982, S. 16. MARGRIT FRÜH, Glasmalereien im Umkreis der Bischöfe von Konstanz, in: Die Bischöfe von Konstanz, Bd. II: Kultur, Friedrichshafen 1988, S. 155–157 (mit Abb.).

Abb. 45: Wappenscheibe des Konstanzer Bischofs Christoph Metzler mit teilweise zerstörtem beziehungsweise falsch ergänztem Wappen, 1565 (St. Petersburg, Ermitage).

Süd IIIc
Wappenscheibe Diethelm Blarer, Abt des Klosters St. Gallen
Heinrich Leu (z), 1557

Die auf die Spitze gestellte Wappenpyramide begleiten die St. Galler Stiftspatrone, der hl. Gallus (links) und der hl. Otmar (rechts), der 864 kanonisierte, in Pontifikaltracht wiedergegebene erste Abt St. Gallens. Von seinen Neidern und Gegnern entmachtet, starb der Letztere 759 in Verbannung auf der Rheininsel Werd, nachdem sich unter seiner Leitung die von Gallus um 612 am Wasserfall der Steinach gegründete kleine Einsiedelei in ein blühendes Benediktinerkloster verwandelt hatte. Zehn Jahre später wurde Otmars Leichnam von seinen Mitbrüdern nach St. Gallen zurückgeführt. Wie die «Vita sancti Otmari» berichtet, stand diesen dabei ein Weinfläschchen als Wegzehrung zur Seite, das sich während der Überfahrt auf wunderbare Weise immer wieder füllte. Dieses Fläschchen oder Fässchen, welches zum Standardattribut Otmars wurde, ist auf der Murenser Scheibe in dessen rechter Hand zu sehen. Auf der gegenüberliegenden Seite steht in brauner Flocke und blauem Pluviale der hl. Gallus († 645). Als Klostergründer erscheint er zusammen mit dem ihm beim Bau seiner Klause behilflichen Bären, dem er zum Dank einen Laib Brot entgegenreicht. Die zwei Schildwächter und die von Mitra und Pedum überhöhte Wappenpyramide umfasst eine wie auf Eichhorns Scheibe (Süd IIIa) komponierte Säulenarkade. Auf die Gründungssage des Klosters nimmt das Oberbild Bezug. Dort erscheinen im linken Bogenzwickel der hl. Gallus und der ihn begleitende Diakon Hiltibold in einer Waldlandschaft, dem Steinachtal. Gallus hat eben den Ort, wo er seine Zelle bauen wird, durch göttliche Eingebung erkannt und an einem von ihm gezimmerten Kreuz die Tasche mit den Reliquien von Mauritius und Desiderius aufgehängt. In der gegenüberliegenden Szene wird der im Hintergrund unter Bäumen liegende Hiltibold Zeuge davon, wie Gallus vom Bären Holz für Feuer und Zellenbau erhält. Diese zwei bereits in der Zeit um 900 auf den Tuotilotafeln (Stiftsbibliothek St. Gallen) festgehaltenen Szenen kennt man in analoger Form von einem Scheibenriss, den der Schaffhauser Glasmaler Hieronymus Lang 1543 für unseren Scheibenstifter schuf (Abb. 46).

Fürstabt Diethelm Blarer von St. Gallen (1530–1564) entstammte der St. Galler Linie von Wartensee, deren Stammschloss noch heute über Rorschach thront. Er wurde an die Spitze des Klosters berufen, als der Konvent im Exil weilte. Erst nach dem Sieg der Katholiken bei Kappel 1531 trat die entscheidende Wende ein. Ende Februar 1532 ritt Abt Diethelm in St. Gallen ein und nahm wieder Besitz von der ausgeplünderten Abtei. Danach galt es, die in Auflösung begriffenen Stiftslande zu reorganisieren, die gesetzmässige Ordnung herzustellen und den alten Glauben wieder einzuführen. Die im Bildersturm ausgeräumten Kirchen mussten neu ausgestattet und rekonziliiert werden. Das abtrünnige Toggenburg kehrte durch den Landfrieden von 1538 unter den Krummstab zurück. 1549 nahm Diethelm Blarer in Muri an der Abtswahl von Grüths teil. Im Dezember 1555 unterstellte er unter Beizug der Äbte von Muri und Einsiedeln das Kloster St. Johann im Thurtal dem Stift St. Gallen.

Abb. 46: Hieronymus Lang. Riss zu einer Wappenscheibe des St. Galler Abtes Diethelm Blarer, 1543 (Berlin, Kunstbibliothek der Staatlichen Museen, Inv. Hdz 1705).

Abb. 47: Wappenscheibe des St. Galler Abts Diethelm Blarer, 1546 (heutiger Standort unbekannt).

Mehrmals wurde er zum Konzil von Trient eingeladen, schickte aber schliesslich im Einvernehmen mit den anderen Prälaten Joachim Eichhorn von Einsiedeln in die Konzilsstadt. Unter ihm wurde in St. Gallen die Klosterbibliothek neu errichtet und mit zahlreichen illuminierten Handschriften bereichert. Auf vielen sanktgallischen Kirchenzierden jener Zeit findet sich sein Familienwappen mit dem Hahn. Im Südflügel des Klosters Mariaberg in Rorschach liess er sich 1540 eine Kurfürstengalerie mit Kaiser Karl V. und König Ferdinand malen, offensichtlich um die Reichsunmittelbarkeit seiner Abtei zu dokumentieren.

Wohl von keinem Schweizer Kirchenfürsten des 16. Jahrhunderts haben sich so viele Glasgemälde erhalten wie von Diethelm Blarer. Seine Aufträge gingen dabei sämtliche auswärts. Auf den meisten davon erscheinen in Form einer auf der Spitze stehenden Pyramide die drei von St. Gallens Stiftspatronen flankierten Wappen der Abtei (Bär), der Grafschaft Toggenburg (Dogge) und der Familie Blarer (Hahn). Dieser Wappentrias begegnet man auf einer 1546 entstandenen Scheibe im unbekannten Besitz, deren Oberbild wiederum die Gründungssage zeigt (Abb. 47), sowie auf den beiden im Schweizerischen Landesmuseum befindlichen Glasgemälden von 1549 (Abb. 48)

Abb. 48: Wappenscheibe des St. Galler Abts Diethelm Blarer, 1549 (SLM Zürich, Dep. 3139 [Eigentum der Gottfried Keller-Stiftung]).

und 1551 (Schneider 1970, Bd. 1, Nrn. 249, 256). Die gleiche Wappentrias enthalten zwei Blarer-Scheiben, die einstmals im Besitz des Berliner Kunstgewerbemuseums waren (Schmitz 1913, Bd. 2, S. 19f., Abb. 387, 392; Lehmann 1941, S. 80f., Abb. 115). Den Prototyp dazu schuf vermutlich Hieronymus Lang, von dem man in dieser Art gestaltete Scheibenentwürfe aus den 40er-Jahren des 16. Jahrhunderts kennt (Anderes 1974, Abb. 28f.). Dass der St. Galler Fürstabt auch bei anderen Schaffhauser Künstlern Visierungen für Glasgemälde bestellte, dokumentiert der im Bernischen Historischen Museum aufbewahrte Scheibenriss mit dem gevierten Wappen Blarers von 1578, dem ein verschollener Entwurf Tobias Stimmers aus der Zeit nach 1555 zugrunde liegt (Hasler 1996/97, Bd. 1, Nr. 220). Zu den Wappenstiftungen dieses Kirchenfürsten gehören im Weiteren ein Glasgemälde von 1549 aus der Sammlung König Maximilians II. von Bayern (Fischer 1912, S. 33f., Abb. 27), ein Glasgemälde von 1560 im Historischen Museum Basel (Foto SLM 16694) sowie eine undatierte Scheibe in der Eremitage von St. Petersburg (Inv. NB 182).

Von Blarers Scheibe in Muri existiert im amerikanischen Privatbesitz eine Kopie aus dem 19. Jahrhundert (Caviness 1987, S. 96). Eine weitere Kopie befand sich 1917 im Kunsthandel (44 x 32 cm; Auktionskatalog Hugo Helbing, München 17.–19. April 1917, Nr. 232, Abb. 232).

Inschriften. Sockelinschrift: «Diethelm Von Gottes Gnadē / Aptt Zů Santt Gallen 1557».

Technik. Farbloses Glas; Überfangglas: rot (Ausschliff vorder- und rückseitig), blau (Ausschliff vorderseitig); Farbglas: grün, violett. Bemalung mit Schwarzlot und Silbergelb (jeweils in diversen Farbstufen).
Lichtmass: 68 x 49,5 cm.

Erhaltung. Das Klosterwappen von St. Gallen und ein Stück von der Hand des hl. Gallus wurden im 19. Jahrhundert erneuert. Einige Sprünge und Notbleie.

Literatur: LÜBKE 1866, S. 48. Kat. Zürich 1883, S. 73, Nr. 177. Meisterwerke 1888–1890, S. 10, Taf. 22. LIEBENAU 1892, S. 9, 17, Taf. XII (Carl von Egeri). LEHMANN 1897, S. 34, Nr. IX. STAMMLER 1903, S. 224f. OIDTMANN 1905, S. 227f. LEHMANN 1925, S. 109, Abb. 40. NÜSCHELER 1927, S. 51. WYSS 1940, S. 3, 6. SCHNEIDER 1956, S. 560. SCHILTER 1957, S. 24. WYSS 1957/58, Teil 1, S. 47 (Hans Füchslin). MÜLLER 1957, S. 40–42. JOHANNES DUFT, Sankt Otmar in Kult und Kunst, II. Teil: Die Kunst, in: 106. Neujahrsblatt, hrsg. vom Historischen Verein des Kantons St. Gallen, St. Gallen 1966, S. 21. GERMANN 1967, S. 367, 389f., 402, Abb. 287. STREBEL 1967, S. 102. ANDERES 1974, S. 52, 104, Taf. 23. ANDERES 1975, S. 11, 21f., Abb. 6, 17. ERNST W. ALTHER, Andreas Hör, der Sanktgaller Maler Mitte des sechzehnten Jahrhunderts, St. Gallen 1979, S. 12 (Hans Füchslin). ERNST W. ALTHER, Vier Wappenscheiben des Sankt Galler Glasmalers Andreas Hör, in: SAH 94/1980, S. 57 (Carl von Egeri). FELDER 1982, S. 16.

Süd III Masswerk
Der barmherzige Samariter
Heinrich Leu (z), 1558

Das dritte Masswerkfenster des Südflügels ist der Parabel des barmherzigen Samariters gewidmet (Lk 10, 30–37). Ihren Anfang nimmt die Geschichte in der Fischblase oben rechts, wo die drei Banditen Hab und Gut des Beraubten teilen, während im Bildfeld darunter Priester und Levit achtlos am Opfer vorübergehen. Ihre Fortsetzung findet die Erzählung in der Bildszene unten links mit der Auffindung und Betreuung des Beraubten durch den Samariter, der diesen schliesslich auf seinem Pferd zur Herberge führt, wo er ihn dem Wirt gegen Entgelt zur Pflege überlässt (Fischblase oben links). Im Lanzettfeld darunter ist das von Mitra und Pedum überhöhte Wappen des Abtes Johann Christoph von Grüth festgehalten. Es steht vor einer durchlaufenden, mit zwei Singvögeln besetzten Brüstung, welche die Jahrzahl 1558 trägt. Jahrzahl und Singvögel wiederholen sich in den erneuerten seitlichen Bogenfeldern.

In der Glasmalerei der französischen Kathedralgotik wurde die Parabel des barmherzigen Samariters vielfach zur Darstellung gebracht. In typologischer Verbindung mit Motiven aus dem Alten und dem Neuen Testament begegnet man ihr beispielsweise auf Fenstern in den Kathedralen von Chartres, Sens, Bourges und Rouen. Auch in nachmittelalterlicher Zeit gehörte der barmherzige Samariter als Tugendexempel zu den beliebten Bildthemen. Seine Geschichte wurde auf Schweizerscheiben des 16. und 17. Jahrhunderts denn auch mehrmals aufgegriffen (Schneider 1970, Bd. 2, Nr. 473; Hasler 1996/97, Bd. 1, Nr. 192).

Unter den Murenser Bibelfenstern ist jenes mit dem barmherzigen Samariter das einzige, welches sich nicht auf die Bilderbibel von Bernard Salomon zurückführen lässt. Der Glasmaler muss in diesem Fall demnach über eine andere, unbekannte Vorlage verfügt haben.

Inschriften. Zu Seiten des Wappens: «15 58» (dieselbe Jahrzahl wiederholt in den Bogenfeldern der beiden äusseren Fensterbahnen).

Technik. Farbloses Glas; Überfangglas: rot und blau (Ausschliff jeweils rückseitig); Farbglas: grün, purpurviolett.
Bemalung mit Schwarzlot und Silbergelb (jeweils in diversen Farbstufen).

Erhaltung. Drei der vier Fischblasen enthalten Ergänzungen, von denen die eine aus dem Jahre 1624, die restlichen mehrheitlich aus dem 19. Jahrhundert stammen (die eingeschliffenen Glasstücke in der Fischblase aussen links gehen auf die Restaurierung von 1956/57 zurück). Im 19. Jahrhundert erneuert wurden ebenfalls das linke und das rechte Bogenfeld. Die drei kleinen Zwickelfüllungen sind Ergänzungen von 1956/57. Geringer Farbverlust am Priestergewand. Zahlreiche Sprünge und mehrere Notbleie.

Literatur. LEHMANN 1897, S. 12, 28, Nr. IV. NÜSCHELER 1927, S. 49. SCHILTER 1957, S. 24. GERMANN 1967, S. 367, 390, Abb. 287. ANDERES 1975, S. 22, Abb. 17. FELDER 1982, S. 16.

Süd IVa
Wappenscheibe Kaspar I. Müller, Abt des Klosters St. Blasien
Heinrich Leu (z), 1558

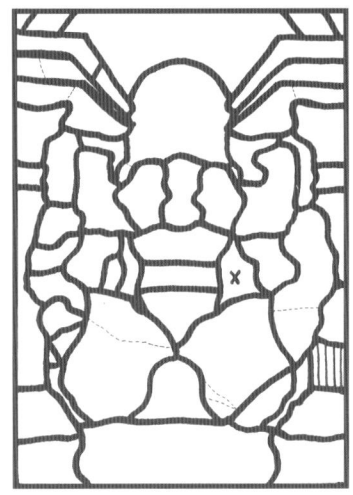

Auf der ersten Scheibe des von Kaspar I. Müller gestifteten dreiteiligen Fensters, das wie jene der Schirmorte künstlerisch und ikonographisch eine Einheit bildet, erscheinen in pyramidenförmiger Anordnung die Wappen von St. Blasien, Sellenbüren und Österreich. Der über dem Hirschwappen des Klosters St. Blasien als Kleinod angebrachte Wolfsrumpf mit dem Ferkel in der Schnauze knüpft an die Legende an, wonach der hl. Blasius das einzige Schwein einer armen Witwe aus dem Rachen eines Wolfes errettet habe. Das Wappen mit dem Bärenrumpf gehört den Freiherrn von Sellenbüren, die als Gründer und grosse Wohltäter des Klosters galten. Der auf diese Wappen gesetzte österreichische Bindenschild mit dem Pfauenstutz erinnert daran, dass St. Blasien unter habsburgischer Oberhoheit stand. Die Wappentrias wird von einer prunkvollen Rahmenarchitektur in Form eines von vier Kompositsäulen getragenen Triumphbogens umfasst. Dessen herausragendes Element bildet die mit einem Scheiteltambour versehene, auf zwei sich stark verkürzenden Gebälkstücken aufruhende Tonne.

Die kostbare Scheibenschenkung Abt Kaspars zeugt einerseits vom damaligen materiellen Wohlstand seines Klosters und andererseits von den weit zurückreichenden, engen Beziehungen, die zwischen St. Blasien und Muri existierten. Wie aus den Acta Murensia zu erfahren ist, war Muri schon in seiner Frühzeit eng mit St. Blasien verbunden. Das wohl im 10. Jahrhundert entstandene, 1065 reichsfrei gewordene Schwarzwaldkloster übernahm 1072 die von Cluny beeinflussten Reformregeln des Klosters Fruttuaria bei Turin und verbreitete sie – parallel zur Hirsauer Reform – vor allem im Bistum Konstanz. Abt Giselbert von St. Blasien schickte damals vier Konventualen nach Muri, um dort die «Consuetudines Fructuarienses» einzuführen. Von 1082 bis 1085 stand Rupert, einer dieser Konventualen, dem Kloster Muri als Prior vor, kehrte aber dann vorübergehend nach St. Blasien zurück. Ihm folgte in Muri als Abt Luitfrid aus St. Blasien (1085–1096). Nach dessen Tod kehrte Rupert nach Muri zurück, wo er den Konvent – diesmal als Abt – bis 1109 leitete. Erst sein Nachfolger wurde dann aus der Mitte des Murenser Konvents gewählt.

Dank der Schenkungen des habsburgischen Adels besass St. Blasien seit dem Hochmittelalter südlich des Rheins ausgedehnte Ländereien, welche dem Kloster als Kornkammer dienten. Sie unterstanden den Verwaltungsstellen in Klingnau und Zürich. Der Kern der Besitzungen der Klingnauer Propstei lag am Unterlauf der Aare, am Rhein und an der Limmat. Nahe bei Muri hatte St. Blasien Güter in Sarmenstorf und Zufikon. Die an Bedeutung geringeren Besitzungen in Zürich und in Zug unterstanden dem Amtmann des St.-Blasien-Hauses Stampfenbach in Zürich, wo die Familie Edlibach die Schaffnerei innehatte. Gerade die Zürcher Domänen waren nach der Reformation gefährdet, blieben aber schliesslich im Besitz des Klosters bis zu dessen Aufhebung im Jahre 1807. Zu St. Blasien gehörte auch ein Amtshof in Kleinbasel (Bläserhof), von wo aus die nahen Besitzungen rechts des Rheins verwaltet wurden.

Inschriften. Sockelinschrift: «Von Gottes gnadē Caspar Aptt deß ...» (die Inschrift fortgesetzt auf Süd IVc).

Technik. Farbloses Glas; Überfangglas: rot (Ausschliff vorder- und rückseitig), blau (Ausschliff rückseitig), grün (Ausschliff vorderseitig); Farbglas: violett, gelb, hellblau.
Bemalung mit Schwarzlot und Silbergelb (jeweils in diversen Farbstufen).
Lichtmass: 68 x 48 cm.

Erhaltung. Der untere Teil der rechten Rahmensäule wurde im Barock, das heisst vermutlich 1624, erneuert. Die Helmdecke des Wappens von Sellenbüren enthält ein altes Flickstück. Der undamaszierte blaue Grund, den Germann als Ergänzung betrachtet, gehört hingegen zum Originalbestand. Stellenweise geringer Schwarzlotverlust. Einige Sprünge und Notbleie.

Literatur. LÜBKE 1866, S. 48. LIEBENAU 1892, S. 9, 16 (Carl von Egeri). LEHMANN 1897, S. 22, 35, Nr. X (Carl von Egeri). STAMMLER 1903, S. 224f. OIDTMANN 1905, S. 227f. (Carl von Egeri). NÜSCHELER 1927, S. 50f. WYSS 1940, S. 3, 6. SCHNEIDER 1956, S. 560. SCHILTER 1957, S. 25 (Carl von Egeri). WYSS 1957/58, Teil 1, S. 47. GERMANN 1967, S. 367, 390, 401, Abb. 288. STREBEL 1967, S. 105. ANDERES 1974, S. 44, 52, 106, Taf. 24. ANDERES 1975, S. 11, 22f. Felder 1982, S. 16. Kat. Karlsruhe 1986, Bd. 1, S. 247, 281f., Farbabb. D 37.

Süd IVb
Figurenscheibe Kaspar I. Müller, Abt des Klosters St. Blasien
Heinrich Leu (z), 1558

Das Mittelstück der St. Blasianer Fensterstiftung ist als Figurenscheibe komponiert. In leicht abgedrehter Haltung auf einem Thronsessel sitzend, ist in ihm der hl. Blasius festgehalten. Der Klosterpatron, welcher 287 als Bischof von Sebaste (Armenien) unter Kaiser Diokletian den Märtyrertod erlitt, erscheint in pontifikaler Gewandung und mit dem Pedum in der Hand. Zu seinen Füssen liegt, ihm huldigend, der Hirsch aus dem Wappen von St. Blasien. In seiner Linken hält der zu den 14 Nothelfern zählende Heilige eine Kerze. Sie nimmt Bezug auf die Legende, wonach er das Ferkel einer Witwe dem Rachen eines Wolfs entriss. Als er im Gefängnis sass, soll die Witwe das Schwein geschlachtet und ihm dessen Kopf und Füsse als Geschenk dargebracht haben, worauf Blasius zu ihr sagte: «Spende alle Jahre in einer auf meinen Namen geweihten Kirche eine Kerze.» Daran erinnert noch heute der jeweils am 3. Februar mittels eines Kerzenpaares erteilte Blasiussegen. Das vom grossen zeichnerischen Talent des Glasmalers zeugende Fussbildchen, welches sich zwischen den beiden mit einem spielenden Knabenpaar geschmückten Säulenpostamenten ausbreitet, stellt wohl einen Triumphzug der Liebe dar. Dieser eine unbekannte druckgraphische Vorlage widerspiegelnde Figurenfries zeigt einen von Einhörnern gezogenen und von nackten Männern geführten Wagen mit der sitzenden Diana, vor welcher ein Amor einen Pfeil auf ein Einhorn abschiesst. Den Schluss des Zugs bilden ein Satyr, erkennbar an seinem Pferdeohr, sowie ein mit Putten besetzter Kahn, dem Frauen mit Weinkrug, Siegeskranz und brennender Schale nachfolgen.

Die Scheibe zählt zu den schönsten und prunkvollsten Glasgemälden im Kreuzgang von Muri. In offensichtlicher Anlehnung an Egeris Standesscheiben schuf hier Leu in virtuoser Weise eine räumlich anspruchsvolle Komposition. Das in Zentralperspektive wiedergegebene kastenähnliche Gehäuse erinnert einerseits an gewisse Scheibenrisse Hans Holbeins d. J., andererseits an «Exempla» des Architekturtheoretikers Sebastiano Serlio (1475–1554). Trotzdem ist das Gehäuse alles andere als klassisch. Gotik und Manierismus geben sich darin ein Stelldichein. Die stabwerkartigen, letztlich auf die Porta della Rana am Dom in Como zurückgehenden Kandelabersäulchen sind möglicherweise dem 1537 in Strassburg erschienenen Kunstbüchlein Heinrich Vogtherrs entnommen. Die Gotik bleibt präsent im Masswerk der zwei angeschnittenen Fenster an der Rückfront, deren Ornamentfries das Pollenmuster am spätgotischen Chorgewölbe von Muris Klosterkirche aufgreift, ein Muster, das einstmals übrigens auch die Fensterbögen des Kreuzganghofs zierte (Germann S. 354, Abb. 175). Die Baldachinarchitektur, so streng perspektivisch sie aufgebaut ist, wird durch die dekorativen Einsprengsel wie die Medaillons und die skurrilen, aus Füllhörnern herauswachsenden Satyrn zur unwirklichen Szenerie, zu der auch der Ausblick in die abendlich verblauende Seelandschaft beiträgt.

Technik. Farbloses Glas; Überfangglas: rot (Ausschliff vorder- und rückseitig), blau (Ausschliff vorderseitig); Farbglas: grün, purpurviolett.
Bemalung mit Schwarzlot und Silbergelb (jeweils in diversen Farbstufen).
Das in den seitlichen Bogenöffnungen eingesetzte blaue Überfangglas wurde vom Glasmaler über den Bergen ganz leicht angeschliffen. Dadurch gelang es diesem, den Himmel nach hinten aufzuhellen und der Landschaft eine tiefenräumliche Dimension zu verleihen.
Lichtmass: 70 x 48,5 cm.

Erhaltung. Einige Sprünge und Notbleie sowie eine störende «Bleinase» im Hirschkopf.

Literatur. Lübke 1866, S. 48f. Liebenau 1892, S. 9, 16f., Taf. XI (Carl von Egeri). Lehmann 1897, S. 19, 22, 35, Nr. X (Carl von Egeri). Stammler 1903, S. 224f., Taf. LXXXIV. Oidtmann 1905, S. 227f. (Carl von Egeri). Nüscheler 1927, S. 50f. Wyss 1940, S. 3, 6. Schneider 1956, S. 560. Schilter 1957, S. 25 (Carl von Egeri). Wyss 1957/58, Teil 1, S. 47. Müller 1957, S. 42f. Germann 1967, S. 354 (Anm. 1), 367, 390, 401f., Abb. 1, 288. Strebel 1967, S. 105. Anderes 1974, S. 44, 52, 108, Taf. 25. Anderes 1975, S. 11, 22f., Farbabb. 14. Felder 1982, S. 16. Kat. Karlsruhe 1986, Bd. 1, S. 247, 282, Farbabb. D 38.

Süd IVc
Wappenscheibe Kaspar I. Müller, Abt des Klosters St. Blasien
Heinrich Leu (z), 1558

Abt Kaspar I. Müller (Molitor) von Schönau regierte in St. Blasien von 1541 bis 1571. Er war der eigentliche Restaurator des seit dem Bauernkrieg darniederliegenden Schwarzwaldklosters. Er stellte die durch Plünderungen und Brand beschädigten Konventsgebäude und Kirchen – damals bestanden noch zwei romanische Basiliken – wieder her und sorgte vor allem auch dafür, dass die auf Schweizer Boden liegenden Besitzungen dem Kloster erhalten blieben. Dank der Biographie des Schönauer Pfarrers Johannes Strölin weiss man gut Bescheid über diesen tatkräftigen Abt, dessen Haupteigenschaften religiöse Toleranz und diplomatisches Geschick waren. Bevor er zum Nachfolger des aus Zurzach gebürtigen Abtes Johannes II. Wagner gewählt wurde, war er Propst in Weitenau und verkehrte oft in Basel mit der Familie von Bonifacius Amerbach. Laut einer im Historischen Museum Basel bewahrten Wappentafel liess er 1565 das Basler Amtshaus seines Klosters grosszügig umbauen. Unter Kaiser Ferdinand I. (1556–1564) musste St. Blasien grosse Kontributionen an die Türkenkriege leisten. Abt Kaspar I. Müller konnte dafür Einsitz in den Ensisheimer Landrat von Vorderösterreich nehmen.

Für Kaspar I. Müller sind mehrere Scheibenstiftungen verbürgt. Dazu gehören ein undatiertes, fragmentarisch erhaltenes Glasgemälde im Los Angeles County Museum (Caviness 1989, S. 68) und ein mit der Murenser Scheibe eng zusammengehendes Glasgemälde von 1557 im Victoria & Albert Museum in London (Abb. 49), das vermutlich aus dem Basler Amtshaus von St. Blasien stammt (Rackham 1936, S. 92). Ein weiteres von 1563 in Basler Privatbesitz dürfte eine Arbeit des Basler Glasmalers Hans Jörg Riecher sein (Ganz 1966, S. 37, Abb. 27). Vermutlich für den Kreuzgang in Wettingen bestimmt war die im Historischen Museum des Kantons Aargau auf Schloss Lenzburg befindliche Scheibe von 1569, die das Abtswappen Kaspar Müllers in Begleitung zweier Wildmänner zeigt (Anderes/Hoegger 1989, S. 39f.). Im gleichen Jahr schuf der Basler Hans Hug Kluber im Auftrag Müllers einen ähnlich komponierten Scheibenentwurf (Ganz 1966, S. 59, Abb. 50). Zwei Scheibenrisse mit demselben Bildsujet hatte Müller durch den Schaffhauser Glasmaler Hieronymus Lang bereits 1547 (Abb. 50) und 1565 (Berlin, Kunstbibliothek der Staatlichen Museen; Foto SLM 3220) herstellen lassen.

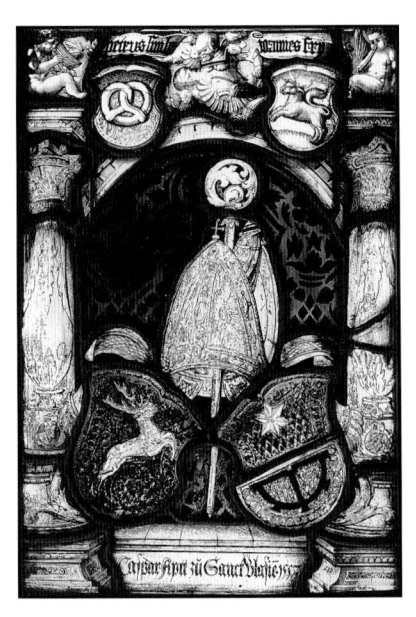

Abb. 49: Wappenscheibe des Abts von St. Blasien Kaspar I. Müller, 1557 (London, Victoria & Albert Museum, Inv. C 91–1934).

Inschriften. Sockelinschrift (Fortsetzung von Süd IVa): «... gotzhuß Sanct Blasiē vff dem schwartzßWald».

Die zentralperspektivische Bühnenarchitektur mit dem stark verkürzten Gebälk und der von einem Oculus durchbrochenen Tonne stimmt mit derjenigen auf der Pendantscheibe (Süd IVa) weitgehend überein. Während das dortige Architekturgehäuse drei Wappen umschliesst, sind hier darin allerdings nur zwei enthalten, nämlich wiederum jenes des Klosters sowie jenes der Familie Müller. Pyramidenförmig überhöht wird das gestürzte Wappenpaar durch Mitra und Pedum, in dessen Knauf der hl. Blasius als Sitzfigur zusammen mit dem Hirsch erscheint.

Abb. 50: Hieronymus Lang. Riss zu einer Wappenscheibe des Abts von St. Blasien Kaspar I. Müller, 1547 (heutiger Standort unbekannt).

Technik. Farbloses Glas; Überfangglas: rot und blau (Ausschliff jeweils vorder- und rückseitig), grün (Ausschliff vorderseitig); Farbglas: violett, purpurviolett, gelb.
Bemalung mit Schwarzlot und Silbergelb (jeweils in diversen Farbstufen).
Lichtmass: 68 x 48 cm.

Erhaltung. Ein kleines Flickstück im roten Damastgrund. Mehrere Sprünge.

Literatur: LÜBKE 1866, S. 48. LIEBENAU 1892, S. 9, 16f. (Carl von Egeri). LEHMANN 1897, S. 22, 35, Nr. X (Carl von Egeri). STAMMLER 1903, S. 224f. OIDTMANN 1905, S. 227f. (Carl von Egeri). NÜSCHELER 1927, S. 50f. WYSS 1940, S. 3, 6. SCHNEIDER 1956, S. 560. SCHILTER 1957, S. 25 (Carl von Egeri). WYSS 1957/58, Teil 1, S. 47. GERMANN 1967, S. 367, 390, 401f., Abb. 288. STREBEL 1967, S. 105. ANDERES 1974, S. 44, 52, 110, Taf. 26. ANDERES 1975, S. 11, 22f. FELDER 1982, S. 16. Kat. Karlsruhe 1986, Bd. 1, S. 247, 283, Farbabb. D 39.

**Süd IV Masswerk
Die vier Evangelisten
Heinrich Leu (z), 1557**

Die vier Hauptöffnungen des Masswerkfensters sind mit den Figuren der Evangelisten gefüllt, die in blauen Wolkenkränzen vor leuchtend gelbem Grund schreibend an ihren Pulten sitzen. Ihre Namen sind in Verbindung mit der Jahrzahl 1557 unterhalb von ihnen auf Schriftrollen festgehalten, die sich um die wiederum von Wolken umfangenen Evangelistensymbole winden. Bei ihnen handelt es sich von links nach rechts um den Engel (Matthäus), den Löwen (Markus), den Stier (Lukas) und den Adler (Johannes). Die betreffenden Symbole gründen auf dem viergesichtigen Wesen vor dem Himmelsthron (Tetramorph), so wie es in der Apokalypse beschrieben ist (Kap. 4). Die erste Deutung der Kirchenväter war diese: Christus wird in seiner Geburt Mensch, im Tod Opferstier, in der Auferstehung Löwe und in der Himmelfahrt Adler. Eine spätere Auslegung sieht die Symbolik in den Evangelienanfängen: Johannes der Adler – nach dem Gedankenflug des Prologs, Markus der Löwe – nach der Stimme des Rufers Johannes, Lukas der Stier – nach dem Opfer des Zacharias und Matthäus der Mensch – nach dem Geschlechterregister Christi.

Als einziges Masswerkkompartiment nicht biblischen, sondern profanen Inhalts ist das zentrale Bogenfeld. Darin erscheinen als Groteskenmotiv zwei voneinander abgekehrte, hornblasende Satyrn, von denen jeder einen Schild mit dem Wappen des Abts Johann Christoph von Grüth hält. Auf dem Rücken tragen sie gemeinsam einen Korb, aus dem Früchte quellen und in dem als dritter Musikant ein Dudelsackpfeifer hockt. In der aar-

Abb. 51a: Evangelist Matthäus. Holzschnitt aus Bernard Salomons Bilderbibel, Lyon 1554 (Stadt- und Universitätsbibliothek Bern, Kp VI. 34 [Ausgabe von 1681]).

Abb. 51b: Evangelist Markus. Holzschnitt aus Bernard Salomons Bilderbibel, Lyon 1554 (Stadt- und Universitätsbibliothek Bern, Kp VI. 34 [Ausgabe von 1681]).

Abb. 51c: Evangelist Lukas. Holzschnitt aus Bernard Salomons Bilderbibel, Lyon 1554 (Stadt- und Universitätsbibliothek Bern, Kp VI. 34 [Ausgabe von 1681]).

Abb. 51d: Evangelist Johannes. Holzschnitt aus Bernard Salomons Bilderbibel, Lyon 1554 (Stadt- und Universitätsbibliothek Bern, Kp VI. 34 [Ausgabe von 1681]).

gauischen Kantonsbibliothek befand sich anstelle dieses Bildfeldes, welches dort fälschlicherweise ins Masswerk mit der Flucht nach Ägypten eingesetzt war, das heute im Historischen Museum des Kantons Aargau aufbewahrte Stück mit dem nackten Jüngling (Abb. 13a).

Der erstmals 1554 veröffentlichte neutestamentliche Teil von Bernard Salomons Bilderbibel, woraus Carl von Egeri für seine Masswerkbilder im Kreuzgangostarm wesentliche Anregungen schöpfte, stand offenbar auch der Werkstatt Leus als Vorlage zur Verfügung. Die vier Evangelisten sind zwar keineswegs getreue Kopien der darin enthaltenen Autorenbilder (Abb. 51a–d). Dass der Glasmaler durch diese inspiriert war, daran lässt der Vergleich der Figuren von Matthäus und Lukas aber kaum einen Zweifel.

Inschriften. Auf den Schriftbändern: «SANCTVS MATHEVS», «SANCTTVS MARCVS 1557», «SANCTVS LVCAS 1557», «SANCTVS IOHANNES 1557».

Technik. Farbloses Glas; Überfangglas: rot und blau (Ausschliff jeweils vorderseitig), grün (Ausschliff rückseitig); Farbglas: violett. Bemalung mit Schwarzlot und Silbergelb (jeweils in diversen Farbstufen). Einige Figuren und Gegenstände sind mit einer bräunlichgrünen Farbe bemalt, die vermutlich kalt aufgetragen wurde (vgl. dazu S. 35).

Erhaltung. In den Bogenfeldern der beiden äusseren Fensterbahnen wurde das Blankglas im 19. Jahrhundert teilweise erneuert. Im Bogenfeld links ist bei der Engelsgloriole zudem ein kleines Glasstück ausgebrochen. Die bräunlichgrüne Bemalung weist vereinzelte Absplitterungen auf. Sprünge und Notbleie.

Literatur. LIEBENAU 1892, S. 24, Taf. XXV. LEHMANN 1897, S. 12, 29, Nr. V. NÜSCHELER 1927, S. 49. SCHILTER 1957, S. 25. GERMANN 1967, S. 367, 390f., Abb. 288. ANDERES 1974, S. 124, Taf. 33. ANDERES 1975, S. 23. FELDER 1982, S. 16. Kat. Karlsruhe 1986, Bd. 1, S. 283, Farbabb. D 37–39.

Süd Va
Wappenscheibe
Bernhard Mutschlin
Heinrich Leu (z), 1555

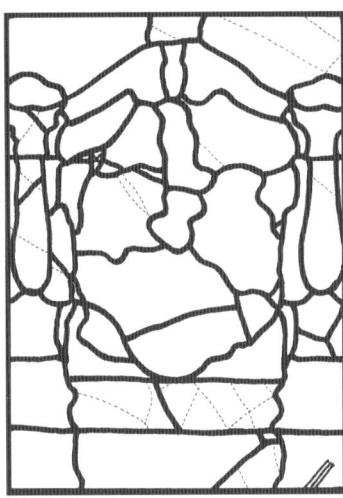

In Muri bildet die Wappenscheibe Bernhard Mutschlins zusammen mit jener Niklaus Honeggers (Süd Vc) die früheste private Fensterstiftung. Zu dieser Stiftung gehörte auch die Stadtscheibe von Bremgarten (Süd Ib), die ursprünglich wohl das gleiche Fenster wie die beiden Schultheissenscheiben schmückte.

Das von den Farben Gelb und Schwarz dominierte Wappen Bernhard Mutschlins hebt sich wirkungsvoll vom blauen Damastgrund ab, einem Schnittmuster aus Nelken, Vasen sowie geflammten und herzförmigen Blättern, welches in Muri die meisten der aus der Leu-Werkstatt stammenden Glasgemälde auszeichnet. Als Wappenstandfläche dient eine Brüstung mit blinden, an Masswerk gemahnenden Ovalringen. Die gepflegte Inschrift ist auf eine Schriftrolle komponiert. Bemerkenswert ist der dekorative Reichtum des Rahmens. Hier breitet uns der Glasmaler sein ganzes Renaissance-Repertoire aus. Die Architektur ist kunstvoll geschmückt und mit einer phantastischen Figurenwelt bevölkert. Putten steigen in Schlupflöcher ein und aus, nackte Gestalten zieren sich in manierierter Körperdrehung auf Konsolen, auf übergehängten Schilden heben sich Frauen mit Füllhörnern ab und im Scheitel hält eine Göttin Schilde und Pfeile bereit. Hinzu kommt eine arabeskenhafte, exakte Ornamentierung der Volutenbögen und der Schriftrolle. Und dies alles in einer berückenden Buntheit von Überfanggläsern, in welche helle Binnenfelder ausgeschnitten sind. Die beiden Zwickelbilder sind vorbildliche Grisaillen mit gekonnter Figurendarstellung und malerischer Tiefenwirkung in der landschaftlichen Staffage. Links kniet ein Abt vor der Muttergottes im Wolkenkranz, offenbar der Namenspatron des Stifters, der Zisterzienserheilige Bernhard von Clairvaux, der hier allerdings eine schwarze und nicht wie meist üblich eine weisse Flocke trägt. Im rechten Zwickelfeld erscheint vor dem überwundenen Drachen die kreuzbewehrte hl. Margareta, bei der es sich entgegen allen Gepflogenheiten nicht um die Namenspatronin von Mutschlins Gemahlin Verena Bodmer handelt.

Bernhard Mutschlin, der 1533 in Bremgarten als Bürger aufgenommen und ein Jahr später in den Rat der Vierziger gewählt wurde, bekleidete das Amt des Schultheissen in regelmässigem Turnus von 1540 bis 1578. Seine 1555 erfolgte Wahl zum Obervogt bildete wohl den äusseren Anlass für die vorliegende Stiftung. Ein weiteres Glasgemälde Mutschlins bewahrt das Württembergische Landesmuseum in Stuttgart (Inv. G 8, 273; Boesch 1950a, S. 109). Es handelt sich um eine runde Allianzscheibe von 1554 mit den Wappen Mutschlins und seiner Frau Verena Bodmer. Eine dritte Scheibenstiftung Mutschlins, die jener 1567 als Schultheiss von Bremgarten machte, befindet sich im Gotischen Haus zu Wörlitz (Harksen 1939, S. 153, Nr. 211).

Die von Liebenau und Lehmann vertretene Zuschreibung unserer Scheibe an den angeblich mit dem Scheibenstifter verwandten Glasmaler Balthasar Mutschlin aus Bremgarten erweist sich als reine Hypothese, weiss man von diesem doch nur, dass er für das Kloster Hermetschwil 1560/61 Fenster nach Muri, Boswil und Wettingen lieferte.

Inschriften. Auf dem Schriftband unten: «Bernhart Mutschli 1555».

Technik. Farbloses Glas; Überfangglas: blau, grün und purpurviolett (Ausschliff jeweils vorderseitig), rot (Ausschliff rückseitig); Farbglas: hellblau.
Bemalung mit Schwarzlot und Silbergelb (jeweils in diversen Farbstufen). Im Oberbild sind verschiedene Partien mit einer bräunlichgrünen Farbe bemalt, die vermutlich kalt aufgetragen wurde (vgl. dazu S. 35).
Lichtmass: 70 x 49 cm.

Erhaltung. Mehrere Notbleie und zahlreiche Sprünge. Erhebliche Sprungschäden weisen insbesondere die Masswerkbrüstung unterhalb des Wappens und das hellblaue Postament unten rechts auf, in das bei der letzten Restaurierung ein kleines Glasstück eingeschliffen wurde.

Literatur. LIEBENAU 1892, S. 19 (Balthasar Mutschlin?). LEHMANN 1897, S. 24, 43, Nr. II (Balthasar Mutschlin?) STAMMLER 1903, S.224f. OIDTMANN 1905, S. 227 (Balthasar Mutschlin). MERZ 1920, S. 219, Abb. 175. HENSELER 1924, S. 12. LEHMANN 1926, S. 85. NÜSCHELER 1927, S. 46, 52f. WYSS 1940, S. 6. SCHILTER 1957, S. 25. WYSS 1957/58, Teil 1, S. 46f. (Hans Füchslin). GERMANN 1967, S. 367f., 391, 402, Abb. 289. ANDERES 1974, S. 43f., 112, Taf. 27. ANDERES 1975, S. 6, 23, Abb. 18. FELDER 1982, S. 16.

Süd Vb
Wappenscheibe Hans Müller
Unbekannter Zürcher Glasmaler, 1573

Die Müller-Scheibe entstand in einem Jahrzehnt, in dem keine anderen nachweisbaren Scheibengaben nach Muri erfolgten. Im dortigen heraldischen Zyklus ist sie zudem das einzige Glasgemälde, das ein Gleichgewicht zwischen Wappen und Bild zeigt. Das volle Wappen Müller wird von der ebenso grossen Darstellung der vom Holzschnitt aus Dürers Marienleben (Abb. 52) herleitbaren Krönung Mariens überhöht. Die Rahmenarchitektur ist fast vollständig verschwunden beziehungsweise verdeckt durch das Marienbild und die beiden Johannesfiguren, die Namenspatrone des Stifters. Im Hintergrund erscheint eine Phantasielandschaft mit einer Mühle und einer Burg links, einer Stadtkulisse rechts sowie zwei Dörfern an einem See weiter hinten. Die Inschrifttafel und der mehrfach geschlitzte Wappenschild verraten sehr schön den Durchbruch vom vegetabilen Renaissancedekor zum abstrakten Rollwerk, wie es in der Schweiz unter anderem durch Tobias Stimmer (1539–1584) heimisch gemacht wurde. Das Kompositionsschema der Scheibe mit der Seelandschaft und der Krönung Mariens kennt man von einem Glasgemälde des Wettinger Abtes Peter Eichhorn (Abb. 53), das jener 1556 vermutlich für sein eigenes Kloster in Auftrag gab (Genf, Musée Ariana, Inv. AD 8593, 36,5 x 25 cm). Unser Glasmaler dürfte diese Carl von Egeri zuweisbare Scheibe gekannt haben.

Hans Müller, Sohn des gleichnamigen Färbers, war ebenfalls Färber und amtierte von 1542 bis zu seinem Tod 1585 als Stadtschreiber von Zug. Seit 1565 war er in seiner Vaterstadt Ratsmitglied und von 1573 bis 1575 Landvogt in den Freien Ämtern. Sein Vater und er wohnten an der Neugasse und besassen Güter im Oplisbül und im Gebiet von Lauried, weshalb ihr Geschlecht in der Folge den Beinamen ab Lauried erhielt. Von Müllers Söhnen übernahm Hans Melchior Haus und Beruf seines Vaters, Kaspar wurde vielleicht ebenfalls Färber, und Melchior († 1617) folgte dem Vater im Amt des Stadtschreibers nach. Franz Wyss vermutet im Letzteren auch einen Glasmaler, ohne jedoch zwingende Belege dafür beizubringen. Margaretha, eine Tochter Kaspar Müllers, wurde Äbtissin in Frauenthal (1580–1586). Die Müller-Lauried waren Kollatoren der 1883 abgetragenen Niklauskapelle, welche an der Aa stand. Nach einer alten Beschreibung waren dort zwei Gruppen von Glasgemälden vorhanden, eine ältere von 1511/12 und eine jüngere von 1567, die folgende Stifter aufwies: Seckelmeister Niklaus Wickart, Stadtschreiber Hans Müller, Bannermeister Paulus Kolin und Baumeister Wolfgang Brandenberg. Eine weitere Wappenstiftung Müllers, die sich einstmals in Nostell Priory befand, ist heute im Besitz des Museums der Burg Zug (Wyss 1968, S. 186f., Abb. 11).

Abb. 52: Albrecht Dürer. Himmelfahrt und Krönung Mariens, Holzschnitt aus dem «Marienleben», 1510.

Wie auf seiner Scheibe in Muri erscheint auf diesem etwas älteren und von einer schwächeren Hand gemalten Glasgemälde die Krönung Mariens nach Dürer.

Als ebenso vielfältig wie fragwürdig erweisen sich die bisherigen Zuschreibungsvorschläge, die den Zürcher Jos Murer sowie die Zuger Michael I. Müller, Melchior Müller und Bartholomäus Lingg als Glasmaler zur

Abb. 53: Bild- und Wappenscheibe des Wettinger Abts Peter Eichhorn, 1556 (Genf, Musée Ariana).

Abb. 54: Fragment einer Wappenscheibe mit der Krönung Mariens, 1564 (Karlsruhe, Badisches Landesmuseum, Inv. C 6251).

Diskussion stellen. Auch wenn sich die Identität des Malers nicht sicher bestimmen lässt, spricht einiges dafür, dass er im Umfeld von Niklaus Bluntschli tätig war. Darauf deutet das der Müller-Scheibe in Muri nahe stehende Glasgemälde mit der Krönung Mariens (Abb. 54), welches 1564 vermutlich in der Werkstatt Bluntschlis entstand, wo in den Jahren zuvor die Holzschnitte von Dürers Marienleben häufig als Vorlagen benutzt worden waren (Boesch 1943). Dieses von Hans Waltmann (Altmannshausen) nach Tänikon gestiftete, fragmentarisch erhaltene Glasgemälde bewahrt heute das Badische Landesmuseum Karlsruhe (Schneider 1950, S. 39f.; Knoepfli 1950, S. 398).

Inschriften. Sockelinschrift: «Hans Müller Stattschrÿber / Zug Diser Zÿtt Landtvogtt Jn / Frÿen Empttern des Ärgöüws 1573».

Technik. Farbloses Glas; Überfangglas: rot (Ausschliff rückseitig); Farbglas: blau, hellblau, violett, purpurviolett.
Bemalung mit Schwarzlot und Silbergelb (jeweils in diversen Farbstufen) sowie mit blauer und grüner Schmelzfarbe (in der Landschaft).
Lichtmass: 71,5 x 51 cm.

Erhaltung. Die Scheibe erhielt im 19. Jahrhundert zwei unbedeutende Ergänzungen. Zahlreiche Notbleie und vereinzelt Gläser mit zahlreichen Sprungschäden. In eines dieser Gläser (rote Figurenkonsole am rechten Bildrand) wurden bei der letzten Restaurierung kleine Ersatzstücke eingeschliffen.

Literatur. LÜBKE 1866, S. 45. MARKWART 1889, S. 60. LIEBENAU 1892, S. 23, Taf. XXII (Michael I. Müller?). LEHMANN 1897, S. 6, 42f., Nr. I. STAMMLER 1903, S. 224f. OIDTMANN 1905, S. 228 (Michael I. Müller?). ADOLF BOOSER, Etwas über Glasmalerei, in: Zuger Neujahrsblatt 1905, S. 46 (Michael I. Müller). NÜSCHELER 1927, S. 54. HANS LEHMANN, Das alte Schützenhaus am Platz zu Zürich, sein Fensterschmuck und dessen Ersteller Jos Murer, in: Jahresbericht SLM 41/1932, S. 79 (Jos Murer). FRANZ WYSS, Nochmals Glasmaler Barth. Lingg, in: Der Volksfreund, Beilage zum Zuger Volksblatt, 18. Januar 1939, S. 5f. (Bartholomäus Lingg). HANS LEHMANN, Rezension zu: F. Wyss, Beitrag zur Geschichte der Glasmalerei im Kt. Zug und der zugerischen Glasmaler, in: ZAK 1/1939, S. 255 (Jos Murer). WYSS 1940, S. 6–8. KOCH 1956, S. 56f. (Bartholomäus Lingg). SCHILTER 1957, S. 25. WYSS 1957/58, Teil 1, S. 47f. (Melchior Müller). MÜLLER 1957, S. 43f. GERMANN 1967, S. 367, 392, Abb. 289. WYSS 1968, S. 186f., Abb. 14. ANDERES 1974, S. 114, Taf. 28 (Meister aus dem Umkreis Niklaus Bluntschlis). ANDERES 1975, S. 23, Abb. 18. FELDER 1982, S. 16.

Süd Vc
Wappenscheibe Niklaus Honegger
Heinrich Leu (z), 1555

Die Wappenscheibe Niklaus Honeggers bildet das Pendant zu jener Bernhard Mutschlins (Süd Va). Während dort wie bei den meisten anderen Glasgemälden aus der Leu-Werkstatt ein Damastmuster den Wappenhintergrund bildet, ist hier mit feinem, in Schwarzlot getränktem Pinsel ein dekoratives, flockiges Spiralrankenmuster auf weisses Glas aufgetragen, so wie man ihm auch auf Leus Arbeiten in Lenzburg begegnet (vgl. Abb. 13d/e). Indem Leu dieses sehr anspruchsvolle, eine grosse kalligraphische Könnerschaft verratende Rankenmuster der farbigen Damaszierung vorzog, sah er sich in der Lage, die Scheibe lichtdurchlässiger zu gestalten. Glasgemälde mit solchen weissen Ornamenthintergründen waren bereits 1539 für das Zunfthaus der Gesellschaft zum Affen in Bern in Auftrag gegeben worden, und zwar ausdrücklich verbunden mit dem Wunsch, den Raum dadurch zu erhellen (Lehmann 1916, S. 135, 149). Diese farblosen Ziergründe markierten damals den Beginn einer Entwicklung, welche in der Folgezeit die Glasmalerei entscheidend prägte (vgl. Süd IIa). Im Oberbild unserer Scheibe ist der Drachenkampf des hl. Georg dargestellt, wiederum ein zeichnerisches Meisterstück. In den Rahmenpilastern heben sich aus dem grünen Überfangglas ausgeschliffene Grotesken und Trophäen ab. Als Träger dieser imaginären Gebilde fungiert je ein Satyrpaar, ähnlich wie es auch im Masswerk des vierten Südfensters beim Wappen von Grüth auftritt.

Von 1544 bis zu seinem Tod am 1. März 1570 teilte Niklaus Honegger zusammen mit Bernhard Mutschlin das Schultheissenamt in Bremgarten. Sein Vater war Schultheiss Johannes Honegger, der als einer der vier Präsidenten an der Glaubensdisputation 1526 in Baden teilnahm und 1530 in Luzern das ewige Burgrecht erhielt. Die Brüder Niklaus Honeggers gehörten fast alle dem geistlichen Stand an. Johannes war Prior in Muri von 1534 bis 1556; Ulrich († 1558) immatrikulierte sich 1534 an der Universität Freiburg im Breisgau, wurde danach Chorherr in Beromünster und schliesslich Pfarrer in Bremgarten; Sebastian († 1587) war Pfarrer in Zufikon und Dekan des Kapitels Bremgarten. Ein weiterer Bruder war Ritter Christoph, dessen Sohn wiederum als Schultheiss in Bremgarten amtierte und dessen Tochter als Äbtissin (1602–1625) dem Kloster Frauenthal bei Zug vorstand. Ein Sohn unseres Niklaus Honegger, Hans Jakob, amtierte als Kanzler im Kloster Wettingen. Dorthin schenkte dieser 1583 eine Wappenscheibe, die im heraldischen Aufbau jener seines Vaters von 1555 in Muri sehr ähnlich ist und im Oberbild ebenfalls Georgs Drachenkampf zeigt (Abb. 55, Anderes/Hoegger 1989, S. 256).

Inschriften. Auf dem erneuerten Schriftband: «Niclaus Honeger».

Technik. Farbloses Glas; Überfangglas: rot (Ausschliff vorder- und rückseitig), grün (Ausschliff vorderseitig); Farbglas: blau, hellblau, purpurviolett.
Bemalung mit Schwarzlot und Silbergelb (jeweils in diversen Farbstufen) sowie mit blauer Schmelzfarbe (im Wappen). Im Oberbild sind verschiedene Partien mit einer bräunlichgrünen Farbe bemalt, die vermutlich kalt aufgetragen wurde (vgl. dazu S. 35).
Lichtmass: 69 x 49 cm.

Erhaltung. Bei der Masswerkbrüstung und beim Fussstück mit dem Schriftband handelt es sich um vermutlich aus dem 19. Jahrhundert stammende Ergänzungen. In der Helmdecke und in der Ecke unten rechts sind zwei alte Flickstücke eingesetzt. Mehrere Sprünge und Notbleie.

Literatur. LIEBENAU 1892, S. 20 (Balthasar Mutschlin?). LEHMANN 1897, S. 24, 44, Nr. II (Balthasar Mutschlin?). STAMMLER 1903, S. 224f. OIDTMANN 1905, S. 228. LEHMANN 1926, S. 85. NÜSCHELER 1927, S. 46, 53. WYSS 1940, S. 6. SCHILTER 1957, S. 25 (Balthasar Mutschlin?). WYSS 1957/58, Teil 1, S. 47 (Hans Füchslin). GERMANN 1967, S. 367f., 392, Abb. 289. ANDERES 1974, S. 43f., 116, Taf. 29. ANDERES 1975, S. 6, 23f., Abb. 18. FELDER 1982, S. 16. ANDERES/HOEGGER 1989, S. 256 (mit Abb.).

Abb. 55: Wappenscheibe von Hans Jakob Honegger, 1583 (Kreuzgang Wettingen Nord VIIc).

Süd V Masswerk
Genesisbilder
Heinrich Leu (z), um 1557/58

Die drei oberen Figurenbilder zeigen von links nach rechts Abraham beim Empfang der drei Engel (Gn 18, 1–33), den gemeinsam mit seinen Töchtern aus Sodom fliehenden Lot, der sein zur Salzsäule erstarrtes Weib zurücklässt (Gn 19, 16–26), sowie die Töchter Lots, die ihren trunkenen Vater in der Höhle verführen (Gn 19, 30–38). Ein anderes Kapitel aus dem Buch Genesis thematisieren die Bildszenen in den drei darunter liegenden Bogenfeldern. Sie schildern die Folgen des Sündenfalls, nämlich Gottvater bei der Verurteilung von Adam, Eva und der Schlange, die vom Tode begleiteten Stammeltern bei der Vertreibung aus dem Paradies sowie das erste

Abb. 56a: Abraham empfängt die Engel. Holzschnitt aus Bernard Salomons Bilderbibel, Lyon 1553 (Aargauische Kantonsbibliothek, Mb 1488 [Ausgabe von 1555]).

Abb. 56b: Lots Flucht aus Sodom. Holzschnitt aus Bernard Salomons Bilderbibel, Lyon 1553 (Aargauische Kantonsbibliothek, Mb 1488 [Ausgabe von 1555]).

Abb. 56c: Lot und seine Töchter. Holzschnitt aus Bernard Salomons Bilderbibel, Lyon 1553 (Aargauische Kantonsbibliothek, Mb 1488 [Ausgabe von 1555]).

Abb. 56d: Adam und Eva vor Gottvater. Holzschnitt aus Bernard Salomons Bilderbibel, Lyon 1553 (Aargauische Kantonsbibliothek Mb 1488 [Ausgabe von 1555]).

Abb. 56e: Vertreibung aus dem Paradies. Holzschnitt aus Bernard Salomons Bilderbibel, Lyon 1553 (Aargauische Kantonsbibliothek, Mb 1488 [Ausgabe von 1555]).

Abb. 56f: Adam und Eva, dem verlorenen Paradies nachtrauernd. Holzschnitt aus Bernard Salomons Bilderbibel, Lyon 1553 (Aargauische Kantonsbibliothek, Mb 1488 [Ausgabe von 1555]).

Menschenpaar, das, auf seinem kargen irdischen Acker sitzend, dem himmlischen Garten nachtrauert (Gn 3, 7–24). Diese drei Szenen, die 1956/57 bei der Rückführung nach Muri in die Bogenöffnungen von Südfenster V eingesetzt wurden, fügen sich inhaltlich nahtlos an den Paradieseszyklus im folgenden Fenster an. Analog zu ihrer einstmaligen Aufstellung in Aarau (Abb. 57) dürften die beiden Szenenfolgen demnach ursprünglich im gleichen Masswerk vereint gewesen sein (vgl. dazu Süd VI). Darauf deutet ebenfalls die auf ihnen vorkommende bräunlichgrüne Bemalung, die auf den Gläsern mit der Geschichte Lots nicht nachweisbar ist.

Die Figurenszenen mit Abraham und Lot greifen ebenso wie die Paradiesesszenen die entsprechenden Holzschnitte in Bernard Salomons Bilderbibel auf, deren alttestamentlicher Teil, die «Quadrins historiques de la Bible», in einer Ausgabe von 1555 im Besitz der Klosterbibliothek von Muri war (Abb. 56a–f). Bei dieser heute in der Aargauischen Kantonsbibliothek befindlichen Ausgabe wird es sich um jenes Exemplar gehandelt haben, das der Werkstatt Leus als Vorlage zur Verfügung stand.

Technik. Farbloses Glas; Überfangglas: rot (Ausschliff vorder- und rückseitig), blau (Ausschliff rückseitig); Farbglas: grün, purpurviolett, violett, hellblau.
Bemalung mit Schwarzlot und Silbergelb (jeweils in diversen Farbstufen). Die Paradiesesszenen sind in verschiedenen Partien mit einer bräunlichgrünen Farbe bemalt, die vermutlich kalt aufgetragen wurde (vgl. dazu S. 35).

Erhaltung. Die Gläser mit der Geschichte Lots wurden im 19. Jahrhundert geringfügig ergänzt. Mehrere Sprünge und einige Notbleie.

Literatur. LIEBENAU 1892, S. 25. LEHMANN 1897, S. 12, 30f., Nrn. VI/VII. NÜSCHELER 1927, S. 50. BOESCH 1950b, S. 27 (Carl von Egeri?). SCHNEIDER 1956, S. 561 (die Lot-Szenen Carl von Egeri zugeschrieben). SCHILTER 1957, S. 25. GERMANN 1967, S. 392, Abb. 289. ANDERES 1974, S. 124, Abb. 30. ANDERES 1975, S. 24. FELDER 1982, S. 16.

Abb. 57: Rekonstruiertes Genesisbildfenster aus dem Kreuzgang Muri, ehemals ausgestellt im kantonalen Kunst- und Gewerbemuseum von Aarau.

Süd VIa
Wappenscheibe des französischen Königs Ludwig XIII.
Christoph Brandenberg (z), 1625

Das 1625 nach Muri gestiftete Glasgemälde hatte vermutlich eine ältere, zerstörte Schenkung der französischen Krone zu ersetzen. Es zeigt das von den Ordensketten des hl. Michael und des Heiligen Geistes umspannte, von einer Bügelkrone überhöhte Doppelwappen Frankreich-Navarra, hinter dem sich ein blauer, liliengeschmückter Vorhang ausbreitet. Der Schriftkartusche darunter sind zwei Schilde mit dem Wappen des Gesandten Robert Myron aufgesetzt. In der Bühnenarchitektur stehen als Schildwächter links Karl der Grosse und rechts Ludwig der Heilige. In den unteren Ecken erscheinen die Allegorien von Krieg und Frieden, denen als Attribute Lanze und Fahnenschild beziehungsweise Palmzweig und Taubenschild beigefügt sind.

Nach den siegreichen Freiheitskämpfen gegen den Erbfeind Habsburg stellten die Eidgenossen ihre Kampfkraft fremden Mächten zur Verfügung. Nach den lombardischen Kriegen, die noch im Zeichen des Papstes standen, zog Frankreich die Schweizer Söldner mit Geld und Diplomatie in seinen Bann. Schon 1522 besass es als einziges europäisches Land einen ständigen Gesandten in der Schweiz, der in Solothurn residierte. Der Allerchristlichste König stellte seine Person unter den Schutz einer Schweizergarde. 6000 bis 16000 Schweizer Söldner, namentlich aus Luzern und den anderen katholischen Orten, leisteten ihm während der Hugenottenkriege Dienst. Erst der konfessionelle Umschwung unter Heinrich III. (1574–1589) und das Toleranzedikt von Nantes 1598 kühlten die Beziehungen vorübergehend ab. Der Machtkampf Frankreichs gegen Habsburg fand im konfessionell zerstrittenen Graubünden einen blutigen Kriegsschauplatz (Bündner Wirren). In den 20er-Jahren des 17. Jahrhunderts schwang dort die Politik Kardinal Richelieus kurzfristig obenauf. Der Gesandte Robert Myron (1617–1627) wurde 1624 mit der Wahrung der französischen Interessen in Rätien beauftragt. In dieser Zeit stiftete er im Namen König Ludwigs XIII. je eine Wappenscheibe in die Kreuzgänge von Muri und Wettingen (Abb. 58, Anderes/Hoegger 1989, S. 336).

1866 sah Lübke auf einem der dazumal in Aarau aufbewahrten Murenser Glasgemälde die Jahrzahl 1625 und Brandenbergs Monogramm «CBb». Sollte die Wappenscheibe Frankreichs, die heute als einzige von allen 1625 datiert ist, 1866 also womöglich noch dessen Initialen enthalten haben? Ihre stilistische Verwandtschaft mit der 1624 von Brandenberg ausgeführten Zurlauben-Scheibe (Süd IIa) lässt jedenfalls kaum einen Zweifel daran, dass es sich um eine Arbeit dieses Zuger Meisters handelt. Die um die gleiche Zeit nach Wettingen gestiftete Frankreich-Scheibe dürfte hingegen ein Werk des Aarauer Glasmalers Hans Ulrich I. Fisch sein.

In Muri durfte das Königreich Frankreich mit einer Wappengabe allein schon deshalb nicht fehlen, weil auch Spanien und Habsburg präsent waren. Die französische Krone war sich des propagandistischen Zwecks solcher Stiftungen voll bewusst. Von daher erklärt sich auch die Vielzahl von Wappenschenkungen, welche diese während des 16. und 17. Jahrhunderts in die Schweiz machte. Schon 1503 stiftete Ludwig XII. eine heute

Abb. 58: Hans Ulrich I. Fisch. Wappenscheibe des französischen Königs Ludwig XIII., um 1625 (Kreuzgang Wettingen Ost XVIa).

Abb. 59: Fragment einer Wappenscheibe des französischen Königs Heinrich IV., um 1606 (Historisches Museum Luzern, Inv. HMLU 682).

nicht mehr nachweisbare Scheibe in das Zunfthaus zum Affenwagen in Luzern. Eine Wappenstiftung des französischen Königs prangte ebenfalls im grossen Saal des Zuger Rathauses. Vom ersten in Solothurn niedergelassenen Botschafter Ludwig Dangerant (1522–1544) haben sich zwei Scheiben von 1529 und 1530 in Basler Privatbesitz und im Bernischen Historischen Museum erhalten. Von Heinrich IV. (1589–1610) gelangten Wappenscheiben 1593 ins Kapuzinerkloster Solothurn (heute im dortigen Museum Blumenstein), 1598 ins Frauenkloster Rathausen (Schneider 1970, Bd. 2, Nr. 419), 1606 ins Schützenhaus von St. Gallen (Egli 1927, Nr. 173) und 1610 ins Refektorium des Klosters Wettingen (Hoegger 1998, S. 288). Besonderes Interesse verdient hier aber vor allem das vermutlich von Heinrich IV. in die 1606 vollendete und 1667 abgebrochene Dreikönigskapelle in Luzern gestiftete Glasgemälde, findet sich doch auf diesem im fragmentarischen Zustand erhaltenen Stück die zentrale Wappenkomposition der Murenser Scheibe mit den beiden den Lilienvorhang haltenden Putten vorgebildet (Abb. 59, Reinle 1953, S. 392f.). Dem gleichen Kompositionsschema folgt auch eine Wappengabe Ludwigs XIII. Der ursprüngliche Bestimmungsort dieser ebenfalls erheblich beschädigten Scheibe, die durch eine Aufnahme des Schweizerischen Landesmuseums dokumentiert ist (Abb. 60), liegt leider ebenso im Dunkeln wie ihr gegenwärtiger Standort.

Inschriften. Auf der Schriftkartusche: «Ludouico Iusto XIII Franciæ / et Nauarræ Regi Christianissimo / Robertus Myron Apud Heluetios / Posuit Anno 1625».

Technik. Farbloses Glas; Überfangglas: rot (Ausschliff rückseitig); Farbglas: grün, violett. Bemalung mit Schwarzlot und Silbergelb (jeweils in diversen Farbstufen), mit Eisenrot sowie mit blauer, violetter und grüner Schmelzfarbe.
Lichtmass: 69 x 50,5 cm.

Erhaltung. Die Scheibe erhielt im 19. Jahrhundert einige geringfügige Ergänzungen. Mehrere Sprünge und Notbleie.

Literatur. LÜBKE 1866, S. 48, 50 (Anm. 45). LIEBENAU 1892, S. 10, 19 (französischer Glasmaler). LEHMANN 1897, S. 8, 46f., Nr. IV. STAMMLER 1903, S. 224f. OIDTMANN 1905, S. 228f. (französischer Glasmaler). LEHMANN 1926, S. 133. NÜSCHELER 1927, S. 52. WYSS 1940, S. 9. SCHILTER 1957, S. 25. MÜLLER 1957, S. 44f. WYSS 1957/58, Teil 1, S. 48 (Christoph Brandenberg). HUNKELER 1961, S. 182 (Anm. 96). GERMANN 1967, S. 367, 392f., Abb. 290. WYSS 1968, S. 78. ANDERES 1974, S. 118, Taf. 30. ANDERES 1975, S. 8, 12, 24, Abb. 19. FELDER 1982, S. 16f. ANDERES/HOEGGER 1989, S. 336 (mit Abb.). AKL 13/1996, S. 606f.

Abb. 60: Fragment einer Wappenscheibe des französischen Königs Ludwig XIII., um 1625 (heutiger Standort unbekannt).

Süd VIb
Wappenscheibe von Kaiser Ferdinand I.
Monogrammist fs, 1562

Das von der Ordenskette des Goldenen Vlieses umfangene Wappen Ferdinands I. ist dem gekrönten Doppeladler des Kaiserhauses vorgesetzt, der sich mit seinen ausgebreiteten schwarzen Schwingen markant vom aufgeschmolzenen und fleckig geratenen Silbergelb des Hintergrunds abhebt. Wappen und Adler werden seitlich von Säulen gerahmt, deren Basen paarweise eine Satyrfrau und ein Satyrmann schmücken. Das in Grisaille ausgeführte, figurenreiche Oberbild stellt Salomos Urteil dar (3 Kg 3, 16ff.).

Laut dem Schreiben der Tiroler Landeskammer in Innsbruck vom 20. Mai 1562 wurde damals Johann Melchior Heggenzer beauftragt, für den Abt von Muri, der «ain gueter Oesterreicher» sei, eine kaiserliche Schenkscheibe herstellen zu lassen, und zwar in Zürich, «da ain gueter Maler und Schmelzer sein solle». Damit gemeint ist zweifelsohne Carl von Egeri, bei dem Heggenzer († 1587), unter Karl V. und Ferdinand I. kaiserlicher Rat und Gesandter in der Schweiz, 1549 für sich selbst ein Glasgemälde bestellt hatte (Schneider 1970, Bd. 1, Nr. 248). Weil Egeri im Juni 1562 starb, konnte die Arbeit jedoch nicht mehr durch ihn realisiert werden. Dass Heggenzer den Auftrag in der Folge nicht an eine andere Schweizer Werkstatt weitervergab, macht der Stil der Scheibe deutlich, die in ihrer auffällig flächigen Kompositionsweise und faden Kolorierung im Vergleich zu den anderen Murenser Glasmalereien fremdartig wirkt. Wie von der Forschung seit langem erkannt, bieten die besten Vergleichsstücke dazu die Glasgemälde aus der Werkstatt von Hans Gitschmann d. Ä. von Ropstein († 1564), welcher seit 1508 als Glasmaler in Freiburg im Breisgau tätig war. Genannt zu werden verdienen hier namentlich dessen Scheiben im Rathaus von Rheinfelden (vgl. Abb. 68) sowie die Glasgemälde Kaiser Karls V. von 1538 und 1547 im Städtischen Museum Villingen (Kat. Karlsruhe 1986, Bd. 1, S. 277, Abb. D 31) und im Schloss Heiligenberg

Abb. 61: Wappenscheibe von Kaiser Karl V., 1547 (Schloss Heiligenberg, Fürstlich Fürstenbergische Sammlungen).

(Abb. 61; Giesicke 1989, S. 108–111). Als Schöpfer der Murenser Kaiserscheibe kommt Hans Gitschmann selber allerdings nicht in Frage, setzt sich doch das von Wyss (1957/58) am Schluss der Stifterinschrift erkannte Monogramm aus den Initialen «fs» und bestimmt nicht aus den Initialen «jg» (Johann Gitschmann) zusammen (vgl. Abb. 29). Der unbekannte Monogrammist fs dürfte demnach einer der Mitarbeiter Gitschmanns gewesen sein, zu denen mit Thomas von Egeri und dem später in Bern tätigen Jakob Kallenberg nachweislich auch Schweizer gehörten (Lehmann 1940, S. 43–50). Weil der seit 1549 für einige Zeit in der Werkstatt Hans Gitschmanns als Geselle dokumentierte Thomas von Egeri archivalisch nicht näher fassbar ist, muss leider offen bleiben, ob er ein Verwandter Carl von Egeris war und ob Heggenzer möglicherweise über ihn an die Ropsteinwerkstatt gelangte. Die laut Jahresangabe 1562 ausgeführte Scheibe scheint freilich bereits vollendet gewesen zu sein, als sie Heggenzer dort erwarb, hatte man sie doch im Hinblick auf ihre Aufstellung in Muri zu vergrössern, das heisst im Format den anderen dortigen Glasgemälden anzupassen. Wie aus der Anstückung am unteren Rand hervorgeht, wurde diese Anpassung 1563 vorgenommen. Das Glasgemälde wird die betreffenden Anstückungen, die sich in ihrer Farbintensität deutlich von den übrigen Scheibenteilen abheben, wohl erst nach seiner Überführung in die Schweiz erhalten haben. Man kann sich somit fragen, ob mit ihrer Anfertigung nicht die Werkstatt Heinrich Leus betraut gewesen sein könnte.

Ferdinand I. (1503–1564), der von seinem Bruder Karl V. 1556 die Kaiserwürde samt der Regierung über die habsburgischen Erblande übernahm, trat bereits in den 30er-Jahren als Scheibenstifter in Erscheinung. Zu seinen damaligen Schenkungen gehören die 1533 dem Rathaus in Rheinfelden verehrte Wappenscheibe (Lehmann 1940, Abb. 15) und ein Glasgemälde unbekannter Herkunft von 1538 (Foto SLM 29470). Aus späterer Zeit stammen die undatierte Scheibe aus der Sammlung von Lord Sudeley (Lehmann 1911, Nr. 188, Abb. 188), eine Rundscheibe mit dem Wappen Ferdinands I. von 1556 (Foto SLM 13119) sowie das Glasgemälde, das der Kaiser in seinem Todesjahr 1564 ins Davoser Rathaus stiftete (Poeschel 1937, S. 156–158, Abb. 147). Während Lehmann die meisten dieser kaiserlichen Wappengaben in der Ropsteinwerkstatt entstanden sieht, schreibt er jene in Davos dem Konstanzer Glasmaler Hans Balthasar Federlin zu. Nicht unerwähnt bleiben darf schliesslich die einstmals in der Sammlung Sidney befindliche Wappenscheibe Kaiser Ferdinands von 1562, die im Auktionskatalog Fischer ebenfalls als Konstanzer Arbeit angesprochen wird (58 x 47 cm; Galerie Fischer Luzern, Grosse Auktion in Zürich, 18.–21. Mai 1938, Nr. 356). Da sie nach der Katalogbeschreibung mit jener in Muri genau übereinstimmt, dürfte es sich bei ihr aber um nichts anderes als eine Kopie handeln.

Inschriften. Sockelinschrift: «Ferdinandus Von Gots gnaden Erwölter Romischer Kaiser zuo allē / Zeiten merer des reichs Jn Germanien Zuo Hungern Behenn dallmatiē / Croatien vnd Sclauonien künig Jnfant inhispanien Ertzhertzog / zuo Osterich hertzog zuo Burgundi Steir kerndtē krain vnd / Wirttemberg gefürster graf zuo hapspurg Flandren tirol vnd inBurg[enland] fs». Auf der oberen Randleiste des Schriftfelds: «1562». Auf der Anstückung am unteren Rand: «1563» (bei der letzten, durch den Bleifuss teilweise überdeckten Ziffer handelt es sich zweifelsfrei um eine 3).

Technik. Farbloses Glas; Überfangglas: rot (Ausschliff vorderseitig); Farbglas: blau, grün, violett.
Bemalung mit Schwarzlot und Silbergelb (jeweils in diversen Farbstufen) sowie mit blauer Schmelzfarbe (im Wappen).
Lichtmass: 67 x 50,5 cm.

Erhaltung. Die Scheibe besass ursprünglich ein etwas kleineres Format als die übrigen in den Kreuzgang gestifteten Glasgemälde. Vor ihrer dortigen Aufstellung musste man sie deshalb am unteren Rand und seitlich beidseits durch Anstückungen vergrössern (die punktierten Randfelder im Riss). Bei dieser 1563 erfolgten Scheibenerweiterung scheint ein Stück im Kapitell der linken Rahmensäule beschädigt und erneuert worden zu sein. Auf den beiden Adlerflügeln sind mit dem Diamanten Inschriften eingeritzt. Erkennbar sind auf dem linken Flügel das Wort «Zvg» und auf dem rechten die Jahrzahl «1581», ein nicht entzifferbarer Name («...nbacher»?) sowie ein Wappen mit Querbalken, also vermutlich jenes von Zug. Da Glasmaler bei der Reparatur einer Scheibe zuweilen ihren Namen darauf festhielten, wäre es an sich denkbar, dass es sich hier um einen solchen Fall handelt. Auf unserem Glasgemälde sind jedoch keine Eingriffe feststellbar, die auf eine umfassende Erneuerung im Jahre 1581 hinweisen (mit einer damals durchgeführten Reparatur liesse sich höchstens das eingangs erwähnte erneuerte Kapitellstück in Verbindung bringen). Stellenweise geringer Schwarzlotverlust. Ein grosser Bleifuss als Glasersatz im Zentrum des 1563 datierten Fussstückes. Einige Sprünge und Notbleie.

Literatur: LÜBKE 1866, S. 48. MEYER 1884, S. 299 (Anm. 1). KIEM 1888, S. 332f., 357. LIEBENAU 1892, S. 10, 19, Taf. XV (deutscher Glasmaler). LEHMANN 1897, S. 5, 47, Nr. IV (deutscher Glasmaler). STAMMLER 1903, S. 224f. OIDTMANN 1905, S. 228f. NÜSCHELER 1927, S. 52. HANS LEHMANN, Zur Geschichte der oberrheinischen Glasmalerei im 16. Jahrhundert, in: ZAK 2/1940, S. 41f. (Hans Gitschmann d. Ä.?). WYSS 1940, S. 6. SCHILTER 1957, S. 25. WYSS 1957/58, Teil 1, S. 47. GERMANN 1967, S. 367f., 370, 393f., Abb. 277, 290. ANDERES 1974, S. 120, Taf. 31 (Hans Gitschmann d. Ä.?). ANDERES 1975, S. 7, 12, 24, Abb. 19 (Hans Gitschmann d. Ä.?). FELDER 1982, S. 17. BARBARA GIESICKE, Kabinettscheiben des 16. und 17. Jahrhunderts von Schloss Heiligenberg, Magisterarbeit Univ. Freiburg i. Br. 1989, S. 110, Abb. 33d.

Süd VIc
Wappenscheibe des spanischen Königs Philipp II.
Unbekannter Glasmaler aus dem Umfeld Heinrich Leus (z), 1580

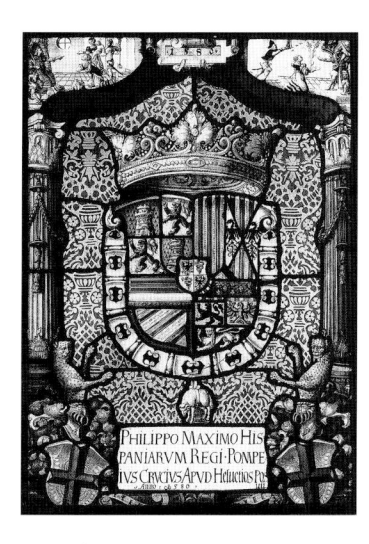

Vor blauem Damastgrund prangt, umsäumt von der Kette des Goldenen Vlieses, das die Machtfülle seines Besitzers widerspiegelnde Wappen König Philipps II. von Spanien (1556–1598), des Erzherzogs von Österreich, Herzogs von Burgund, Mailand und Brabant sowie Grafen von Flandern und Tirol. Darunter befinden sich zu Seiten der Schrifttafel die sprechenden Vollwappen des spanischen Gesandten Pompeo della Croce. Über dem auf kannelierten Säulen ruhenden Volutenbogen sind in den Zwickelbildern links das Urteil Salomos (3 Kg 3, 16ff.) und rechts das Blumenrätsel der Königin von Saba festgehalten. Wie in der apokryph überlieferten Geschichte dieser Herrscherin berichtet wird, soll sie Salomos Klugheit geprüft haben, indem sie ihm zwei Lilien brachte, von denen die eine echt, die andere künstlich war. Auf ihre Frage, welche die echte sei, liess Salomo einen Bienenstock herbeischaffen, worauf die Bienen die echte Lilie anflogen. Gleich wie in der Gerichtsszene auf der Gegenseite steht also auch im Blumenrätsel der Königin von Saba Salomo im Mittelpunkt, der als Inbegriff des weisen Herrschers und Richters hier zum Vorbild für den Scheibenstifter erhoben ist.

Das Verhältnis der Eidgenossenschaft zu Karl V. (1519–1556), der über Spanien und Österreich gebot, war ausgesprochen kühl. Erst das konfessionelle Denken der katholischen Orte überwand die alten Gegensätze zum Erbfeind Habsburg. In Uri regte sich der Widerstand gegen Frankreich zuerst; auch in Luzern gab es eine kaiserliche Partei. Die ennetbirgische Politik brachte vor allem Uri in engen Kontakt mit Mailand, das seit 1535 spanisch war. 1549 nahm der spanische Gesandte festen Wohnsitz in Altdorf, und 1574 rief der Condottiere Walter von Roll das erste Schweizerregiment unter die spanische Fahne. Der damalige Gesandte, der Mailänder Pompeo della Croce († 1594), ein Freund Melchior Lussis, war diplomatisch äusserst rege und erschien häufig auf den eidgenössischen Tagsatzungen. In seine Legatszeit von 1570 bis 1594 fielen die Abkehr der fünf katholischen Orte von Frankreich, die Bündnisse mit Savoyen von 1581 und 1586 sowie das Soldbündnis mit Spanien von 1587. Es ist auch die Zeit der katholischen Reform unter Nuntius Giovanni Francesco Bonhomini (1579–1581), dem Bischof von Vercelli, der die Gründungen der Kapuzinerklöster in Altdorf, Stans, Luzern, Schwyz und anderswo nachhaltig förderte.

Die Wappenscheibe der spanischen Krone gelangte rund zwei Jahre nach Heinrich Leus Ableben zur Ausführung. Weil ihrem blauen Damastgrund die gleiche Schablone zugrunde liegt wie dem Grossteil von Leus anderen Murenser Scheiben, muss sie von einem

Abb. 62: Peter Bock. Wappenscheibe König
Philipps II. von Spanien, 1582
(Kreuzgang Wettingen Ost XVIb).

Glasmaler aus dessen Umfeld stammen, der 1578 in den Besitz von diesen Schablonen gelangt war. Zwei Jahre nach Muri erhielt ebenfalls das Kloster Wettingen für seinen Kreuzgang eine Wappengabe Philipps II. (Anderes/Hoegger 1989, S. 337). Diese die Schlacht von Lepanto (1571) und die Eroberung Lissabons (1580) darstellende Scheibe entstand 1582 in der Werkstatt Peter Bocks in Altdorf (Abb. 62). Analog zu Muri wurde der Auftrag dazu durch Pompeo della Croce erteilt. Derselbe ist uns auch als Stifter des 1592 in die Kapuzinerkirche von Baden gelangten Altarbildes bekannt, das er bei einem Maler aus dem Umkreis von Annibale Carracci herstellen liess (Carlen 1980, S. 102, 105–108).

Inschriften. Auf der Schrifttafel: «PHILIPPO MAXIMO HIS: / PANIARVM REGI POMPE: / IVS CRVCIVS APVD Heluetios Posuit / Anno 1580». Auf der Tafel oben: «1580».

Technik. Farbloses Glas; Überfangglas: rot (Ausschliff vorder- und rückseitig); Farbglas: blau, grün.
Bemalung mit Schwarzlot und Silbergelb (jeweils in diversen Farbstufen) sowie mit blauer Schmelzfarbe (im Wappen).
Lichtmass: 68 x 48,5 cm.

Erhaltung. Einige Sprünge und Notbleie.

Literatur. LÜBKE 1866, S. 48. LIEBENAU 1892, S. 10, 19 (Franz Fallenter). LEHMANN 1897, S. 7, 47, Nr. IV. STAMMLER 1903, S. 224f. OIDTMANN 1905, S. 228. NÜSCHELER 1927, S. 52. WYSS 1940, S. 3, 6. SCHILTER 1957, S. 25 (Franz Fallenter). WYSS 1957/58, Teil 1, S. 47 (Hans Füchslin). SCHNEIDER 1960, S. 157. GERMANN 1967, S. 367, 394, 402, Abb. 290. ANDERES 1974, S. 122, Taf. 32 (Meister aus dem Umkreis von Niklaus Bluntschli?). ANDERES 1975, S. 12, 24f., Abb. 19. FELDER 1982, S. 17. ANDERES/HOEGGER 1989, S. 337 (Meister aus dem Umkreis von Niklaus Bluntschli?).

Süd VI Masswerk
Erschaffung Adams und Evas,
Sündenfall
Heinrich Leu (z), um 1557/58

Das nach Germann (S. 354, Anm. 1) im Originalbestand erhaltene Masswerk des letzten Südfensters zeigt in seinen vier Hauptkompartimenten die Erschaffung und die Beseelung Adams (Gn 2, 7), die Erschaffung Evas (Gn 2, 21–22) sowie den Sündenfall (Gn 3, 1–7). Im Kunst- und Gewerbemuseum von Aarau waren seinerzeit in den Bogenfeldern darunter die drei den Paradieseszyklus fortsetzenden Szenen angebracht (Abb. 57), welche 1956/57 bei der Rückführung nach Muri ins Südfenster V integriert wurden. An ihre Stelle kamen damals ins Südfenster VI die aus dem 19. Jahrhundert stammenden Gläser mit den girlandenhaltenden Putten und Satyrn, die man durch Ergänzungen den dortigen Bogenöffnungen anzupassen hatte. Auch wenn diese angeblich originalen Bogenöffnungen von ihrer Form her mit den heute im vorangehenden Fenster eingefügten drei Paradiesesbildern nicht genau übereinstimmen, ist kaum zu bezweifeln, dass alle sieben Szenen ursprünglich im Südfenster VI vereint waren.

Der seit 1956/57 auf die Südfenster V und VI verteilte Paradieseszyklus mit seinen ebenso einfach wie überzeugend gestalteten Bildbühnen und auffallend grazilen Figuren geht auf die Holzschnitte in der Bilderbibel von Bernard Salomon zurück (Abb. 63a–d). Indem der Glasmaler Salomons weitläufige Landschaftsprospekte wesentlich reduzierte und einzelne Bildelemente neu arrangierte, ist es ihm bestens gelungen, die kleinen Figurenbilder seiner Vorlage (4 x 4,6 cm) in die kompositorisch alles andere als einfach zu handha-

Abb. 63a: Erschaffung Adams. Holzschnitt aus Bernard Salomons Bilderbibel, Lyon 1553 (Aargauische Kantonsbibliothek, Mb 1488 [Ausgabe von 1555]).

Abb. 63b: Beseelung Adams. Holzschnitt aus Bernard Salomons Bilderbibel, Lyon 1553 (Aargauische Kantonsbibliothek, Mb 1488 [Ausgabe von 1555]).

Abb. 63c: Erschaffung Evas. Holzschnitt aus Bernard Salomons Bilderbibel, Lyon 1553 (Aargauische Kantonsbibliothek, Mb 1488 [Ausgabe von 1555]).

Abb. 63d: Der Sündenfall. Holzschnitt aus Bernard Salomons Bilderbibel, Lyon 1553 (Aargauische Kantonsbibliothek, Mb 1488 [Ausgabe von 1555]).

benden Masswerkformen zu intergrieren. Von diesen Holzschnittvorlagen verdient jene des Sündenfalls mit dem vor Eva sitzenden Adam insofern besondere Beachtung, als ihr eine Bildschöpfung aus Raffaels Freskenzyklus im Vatikan als Prototyp zugrunde liegt. Das betreffende Motiv hat auch Eingang in das Werk anderer Schweizer Glasmaler gefunden, und zwar vermutlich über einen Stich von Marcantonio Raimondi (vgl. Boesch). An diesem Stich des Raffael-Schülers Raimondi (um 1475–1534) wird sich auch Bernard Salomon bei der Schaffung seines Holzschnitts orientiert haben.

Technik. Farbloses Glas; Überfangglas: rot (Ausschliff rückseitig), grün (Ausschliff vorder- und rückseitig); Farbglas: blau, purpurviolett.
Bemalung mit Schwarzlot und Silbergelb (jeweils in diversen Farbstufen). Die Paradiesesszenen sind in verschiedenen Partien mit einer bräunlichgrünen Farbe bemalt, die vermutlich kalt aufgetragen wurde (vgl. dazu S. 35).

Erhaltung. Die drei Bogenfelder wurden im 19. Jahrhundert in Anlehnung an die heute im Ostfenster VII eingesetzten Originalstücke mit den girlandenhaltenden Putten und Satyrn geschaffen (möglicherweise handelt es sich um Arbeiten Karl Wehrlis von 1868). Als man sie bei ihrer Rückführung 1956/57 ins Masswerk des Südfensters VI einfügte, mussten die beiden äusseren nach oben hin streifenförmig ergänzt werden. Die bräunlichgrüne Bemalung ist stellenweise leicht abgesplittert. Einige Sprünge und Notbleie.

Literatur. LIEBENAU 1892, S. 25. LEHMANN 1897, S. 12, 30f., Nr. VII. NÜSCHELER 1927, S. 50. BOESCH 1950b, S. 26f. SCHILTER 1957, S. 25. GERMANN 1967, S. 394, Abb. 290. ANDERES 1974, S. 50–52 (Abb. 30f.), 124, Taf. 33 (Carl von Egeri?). ANDERES 1975, S. 25. FELDER 1982, S. 17.

Kreuzgangarm Ost

Ost Ia
Standesscheibe Zürich: hl. Felix
Carl von Egeri, 1557

Die Standesscheibenfolge im Kreuzgangostflügel beginnt mit dem Fenster von Zürich, das unter den Schirmorten den Primat besass und deshalb sein Wappen stets an erster Stelle anbringen durfte. Die Zürcher Standesstiftung, die durch das Monogramm und durch einen Seckelmeisterrechnungseintrag als Werk Egeris gesichert ist, zeigt auf den beiden Aussenscheiben die Stadtpatrone Felix und Regula. Nach der Legende entrann dieses angeblich aus Afrika stammende Geschwisterpaar dem Blutbad der Thebäischen Legion in St-Maurice und gelangte über das Rhonetal, das Urserental und das Linthgebiet, wo heute noch ein Hügel den Namen Regulastein besitzt, nach Zürich. Hier verkündigten die beiden das Christentum, bis der römische Statthalter Decius sie auf einem Felsen, der heute die Wasserkirche trägt, enthaupten liess. Wie die Legende weiter berichtet, sollen die beiden Heiligen ihr abgeschlagenes Haupt aufgehoben und zu jenem Ort getragen haben, wo später die Grossmünsterkirche erbaut wurde. Felix und Regula fanden auf den Siegeln und Wappenscheiben der Stadt Zürich Eingang und überdauerten auch die Reformation.

Auf unserer Scheibe steht der in einen rubinroten Mantel gehüllte hl. Felix in einer Säulenloggia, welcher wie ihrem Gegenstück auf der Regula-Scheibe eine Vorlage Hans Holbeins d. J. zugrunde liegt (Abb. 69). In der Bildecke links oben erscheint Gottvater in einem Wolkenkranz und ruft die Märtyrer mit dem für sie üblichen Willkommgruss zu sich (Text auf der Schriftrolle). Der Eindruck von luftiger Weite wird durch den tiefen Horizont der Hintergrundlandschaft verstärkt. Bei der Darstellung dieser Panoramalandschaft, die das linke Limmatufer mit der «mindern» Stadt Zürich zeigt, nahm Egeri einen etwas südlicheren Standpunkt ein als Hans Leu d. Ä. für die Stadtansicht auf seinem zwischen 1497 und 1502 entstandenen Altarbild (Wüthrich/Ruoss 1996, Nr. 44). In dieser persönlichen Schau, die erst im 17. Jahrhundert wieder aufgenommen wurde, verrät Egeri beziehungsweise sein Reisser eigene topographische Erfahrung, so wie sie auch für die Ansicht Luzerns auf der Hertenstein-Scheibe festzustellen ist (West IIc). Links hebt sich das Fraumünster mit dem östlichen Turmpaar ab, und in der Limmat steht der 1837 abgetragene Wellenbergturm, der als Gefängnis diente. Rechts erkennt man den ummauerten Lindenhof und die Kirche des Dominikanerinnenklosters Oetenbach, das in der Reformation aufgehoben und 1902 abgebrochen wurde. Im Vordergrund steht die Häuserzeile der Schipfe an der Limmat.

Eine moderne Kopie der Scheibe befand sich 1987 und 1988 im Kunsthandel (32 x 20,5 cm; Galerie Jürg Stuker Bern, Auktionen 304–311, 21. Mai–4. Juni 1987, Nr. 3253; Galerie Fischer Luzern, Kunstauktion 9./10. Dezember 1988, Nr. 3600).

Inschriften. Auf dem Schriftband oben links: «VENITE BENEDICTI PATRIS MEI». Auf der Schrifttafel oben rechts: «1557». Auf dem Nimbus: «SANCTVS FELIX».

Technik. Farbloses Glas; Überfangglas: blau (Ausschliff rückseitig); Farbglas: rot, hellrot, grün, violett.
Bemalung mit Schwarzlot und Silbergelb (jeweils in diversen Farbstufen), mit Eisenrot sowie mit blauer Schmelzfarbe (im ergänzten Landschaftsstück).
Die Schattenpartien auf dem roten Mantel von Felix sind nass gestupft.
Lichtmass: 68 x 47 cm.

Erhaltung. Am Zürcher Fenster waren 1624 laut dem damals ausgestellten Rechnungsrodel Glasmalerreparaturen in der Höhe von 9 Gulden und 6 Schilling notwendig (vgl. S. 265). Im Gegensatz zur weitgehend intakt erhaltenen zentralen Standesscheibe, die sich heute im Gesellschaftshaus der Schildner zum Schneggen in Zürich befindet, waren von dieser Reparatur die Scheiben mit den beiden Zürcher Stadtheiligen betroffen. So hatte man 1624 auf der Scheibe von Felix den Nimbus, einen Teil von Gottvaters Strahlenkranz, das kleine Landschaftsstück hinter Felix sowie Partien in der Scheibenfusszone zu ergänzen. Der Text auf der Schriftrolle wurde möglicherweise (zu einem späteren Zeitpunkt?) übermalt. Einige Flickstücke, Sprünge und Notbleie.

Literatur. LÜBKE 1866, S. 49. Kat. Zürich 1883, S. 45, Nr. 6. RAHN 1883, S. 329. MEYER 1884, S. 200–204, 297. RAHN 1884, S. 52. KIEM 1888, S. 356f. LIEBENAU 1892, S. 11f., Taf. I. LEHMANN 1897, S. 26f., Nr. I. STAMMLER 1903, S. 224f. GANZ 1903, S. 200. OIDTMANN 1905, S. 227. NÜSCHELER 1927, S. 46f. PAUL GANZ, Die Handzeichnungen Hans Holbeins d. J. Kritischer Katalog, Berlin 1937, Nr. 198 (S. 48). BOESCH 1955, S. 78. SCHNEIDER 1956, S. 560 (mit Abb.).

Schilter 1957, S. 26. Müller 1957, S. 45f. (mit Taf.-Abb.). Germann 1967, S. 367, 394, Abb. 291. Anderes 1974, S. 126, Taf. 34. Anderes 1975, S. 25, Abb. 20. Kat. Zürich 1981, Nr. 56, Abb. 56. Felder 1982, S. 17.

Ost Ib
Standesscheibe Zürich (Kopie)
Hans Meyer, 1958

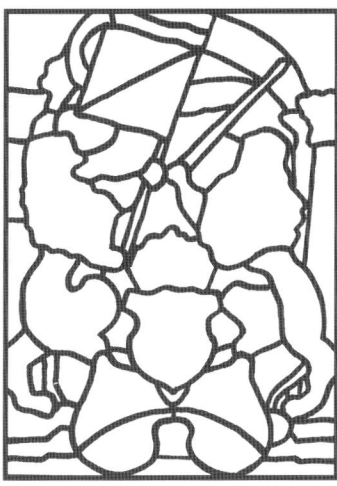

Das Zürcher Fenster lässt heute die originale Standesscheibe vermissen. Diese wurde vermutlich 1841 bei der Aufhebung des Klosters entwendet. In der Folge gelangte sie auf unbekannten Wegen in den Besitz von Pfarrer Urech in Aarau, der sie 1879 an Friedrich Bürki (1819–1880) in Bern verkaufte. Als dessen Kunstbesitz 1881 in Basel versteigert wurde, erwarb sie die Gesellschaft der Schildner zum Schneggen in Zürich, wo sie sich noch heute befindet (Abb. 64). An ihre Stelle kam 1958 in den Kreuzgang von Muri eine prächtige Kopie des Glasmalers Hans Meyer, bei der es sich um eine Stiftung der Schildnerschaft zum Schneggen handelt, der Carl von Egeri einstmals selber angehört hatte.

Die aus zwei gestürzten Zürichschilden und dem bekrönten Reichsschild bestehende Wappenpyramide begleiten zwei vor rotem Damastgrund gesetzte Löwen, von denen der eine das Zürcher Banner mit Schweizer Schwenkel, der andere Schwert und Reichsapfel hält. Der um Wappen und Löwen gelegten Pfeilerarkade mit dem arabeskenverzierten Segmentbogen sind Säulen vorgestellt, auf deren Kapitellen geflügelte Putten als Girlandenhalter stehen.

Die Schildwache haltenden Löwen zählten im 16. und 17. Jahrhundert zu den bevorzugten Motiven auf Standes- und Stadtscheiben. Von Egeri selber wurden sie in ähnlicher Gestalt bereits 1548 auf einem Glasgemälde für den Bündner Gotteshausbund dargestellt (Schneider 1970, Bd. 1, Nr. 244). Aus Egeris Werkstatt stammt wohl auch der um 1530/40 entstandene, für eine Stadtscheibe von Frauenfeld bestimmte Riss, dessen Löwe mit dem bannertragenden in Muri spiegelbildlich übereinstimmt (Abb. 65). In der von Egeri ausgeprägten Form wurde das schildbegleitende Löwenpaar vielfach aufgegriffen und variiert. Ihm begegnet man beispielsweise auf einer 1561 wahrscheinlich durch Ulrich Ban angefertigten Zürcher Standesscheibe (Abb. 66). Analog komponiert ist der 1555 datierte Riss zu einer Zürcher Standesscheibe mit dem Monogramm des Berner Glasmalers Abraham Bickhart (Abb. 67). Der damals möglicherweise in Zürich bei Egeri tätige Bickhart (1535–1577) dürfte ebenfalls der Schöpfer der identisch gestalteten Berner Standesscheibe von 1554 gewesen sein, die sich 1916 im Amsterdamer Kunsthandel befand (Auktionskatalog Frederik Muller & Cie, Amsterdam 12. Mai 1916, Nr. V, Taf. V).

Laut den Zürcher Seckelamtsrechnungen erhielt Carl von Egeri 1560/61 für das von ihm in den Kreuzgang von Muri gelieferte Standesfenster die stattliche Summe von 53 Pfund und 12 Schilling (Schneider 1956, S. 560). Wie aus den betreffenden Rechnungen weiter hervorgeht, war Egeri bereits 1551/52 für eine nach Muri gestiftete Scheibe entlöhnt worden. Wo jene im Kloster zur Aufstellung

Abb. 64: Carl von Egeri. Zürcher Standesscheibe aus dem Kreuzgang Muri, 1557 (Zürich, Gesellschaftshaus der Schildner zum Schneggen).

Abb. 65: Carl von Egeri. Riss zu einer Stadtscheibe von Frauenfeld, um 1530/40 (Privatbesitz).

Inschriften. Zwischen den Standeswappen: «1557». Unterhalb der rechten Rahmensäule: «Cop. HM 1958» (Monogramm Hans Meyers). Am unteren Rand: «Schenk der Schildner z. Schneggen in Zürich Eigentümer des Originals».

Technik. Farbloses Glas; Überfangglas: rot und grün (Ausschliff jeweils vorderseitig); Farbglas: blau, hellblau, violett.
Bemalung mit Schwarzlot und Silbergelb (jeweils in diversen Farbstufen) sowie mit blauer Schmelzfarbe.
Lichtmass: 69,5 x 49 cm.

Erhaltung. Die in Muri eingesetzte Kopie von 1958 befindet sich in gutem Zustand.

kam, ist darin leider nicht vermerkt (Meyer 1884, S. 199). Als Scheibenstifter zeigte sich der Zürcher Rat gegenüber Muri während des ganzen 16. Jahrhunderts sehr freizügig. So weiss man, dass er dem Kloster auch 1536 eine Scheibe zukommen liess. Sie bildete vermutlich Teil jener Ehrenwappen, die Laurenz von Heidegg am 1. Dezember 1531 auf der Tagsatzung in Zug von den Schirmorten als Ersatz für die beim Einfall der Berner zerstörten Kirchenfenster erbeten hatte (Lehmann 1897, S. 2f.). Archivalisch dokumentiert sind zudem Scheibenschenkungen Zürichs nach Muri in den Jahren 1543 und 1605, wovon die letztere für den dortigen Konventbau bestimmt war (Germann 1965/66, S. 46, Nr. 47; Germann 1967/68, S. 189f., Nrn. 10a, 45a).

Literatur (zur Originalscheibe). LÜBKE 1866, S. 48. Catalog der Sammlungen des verstorb. Hrn. Alt-Grossrath Fr. Bürki, welche von den Erben am 13. Juni 1881 und folgenden Tagen in Basel, Kunsthalle, zur Versteigerung kommen wird, Basel 1881, Nr. 49. RAHN 1883, S. 329. MEYER 1884, S. 200–204, 296f. KIEM 1888, S. 356f. LIEBENAU 1892, S. 11. LEHMANN 1897, S. 26, Nr. I. STAMMLER 1903, S. 224f. OIDTMANN 1905, S. 227. NÜSCHELER 1927, S. 46. ESCHER 1939, S. 464. SCHNEIDER 1954, S. 113. BOESCH 1955, S. 78. SCHNEIDER 1956, S. 560. SCHILTER 1957, S. 26. USTERI 1960, S. 188, Abb. nach S. 272. GERMANN 1967, S. 394f., 449, Abb. 291. ANDERES 1975, S. 25, Abb. 20. Kat. Zürich 1981, Nrn. 57 (Abb. 57), 81, 88. FELDER 1982, S. 17.

Abb. 66: Ulrich Ban. Zürcher Standesscheibe, 1561 (SLM Zürich, Inv. IN 67/3).

Abb. 67: Abraham Bickhart. Riss zu einer Zürcher Standesscheibe, 1555 (Berlin, Kunstbibliothek der Staatlichen Museen, Hdz. 1767).

Ost Ic
Standesscheibe Zürich: hl. Regula
Carl von Egeri, 1557

Die ihr abgeschlagenes Haupt in den Händen haltende hl. Regula erscheint in der gleichen palladianischen Säulenarchitektur wie ihr Bruder Felix. In weit ausgeprägterem Masse als auf der Felix-Scheibe fällt dabei auf, dass die das Rahmengehäuse tragenden, mit einer originellen Marmorierung belegten Säulenpaare nach unten leicht zusammenwachsen. Egeri hat also Bedacht darauf genommen, dass die Scheiben in Muri nicht auf Augenhöhe, sondern in einem Blickwinkel von unten gesehen werden. Über dem Gebälk halten sitzende Putten Täfelchen mit dem grossen Monogramm Egeris und der Jahrzahl 1557.

Aus Oculi schauen zwei Köpfe, als hätten sie sich aus Bildnismedaillons befreit. Die flott gezeichnete Groteske am Fuss der Scheibe zeigt akanthusgeschwänzte Figuren eines Mannes und einer Frau mit je einer Urne. Der perspektivisch vertieften Säulenhalle mit den Putten als Tafelhalter begegnet man in ähnlicher Form auf dem Glasgemälde Kaiser Karls V. von 1533 im Rathaus von Rheinfelden (Abb. 68) sowie auf der einige Jahre älteren Wappenscheibe des 1553 verstorbenen Basler Bischofs Jakob Philipp von Gundelsheim (Lehmann 1911, S. 98, Abb. 147). Die Vorlage dazu geht auf den Scheibenriss mit dem Wappen des Basler Apothekers Ludwig Lachner († 1544) zurück, eine Arbeit Hans Holbeins d.J. aus der Zeit um 1528–30, die im Besitz des Nationalmuseums von Stockholm ist (Abb. 69). In Fortsetzung der Panoramansicht Zürichs auf der Scheibe des hl. Felix ist im Hintergrund die «mehrere» Stadt am rechten Limmatufer zu sehen. Links, die Wasserkirche und die Münsterbrücke teilweise verdeckend, das Grossmünster mit dem westlichen Turmpaar. Davor scharen sich die Häuser der Stadt, geschützt vom alten gezinnten Mauerring und dem Wolfsturm. Das grosse Dach daneben gehört wohl dem ehemaligen Barfüsserkloster. Aus dem Dachgewirr erheben sich zwei Familientürme, von denen der eine den Grimmenturm darstellen dürfte. Rechts ist der aufragende Chor der Predigerkirche mit Dachreiter sichtbar. Der Turm am

Abb. 68: Wappenscheibe von Kaiser Karl V., 1533 (Rheinfelden, Rathaus).

Abb. 69: Hans Holbein d.J. Scheibenriss mit dem Wappen Ludwig Lachners von Basel, um 1528–1530 (Stockholm, Nationalmuseum, Inv. NM H 4/1869).

äusseren Rand ist der Ketzerturm, dessen Uhrwerk 1534 von der Peterskirche hierher versetzt wurde. Dem Bering entlang verläuft der künstlich ausgehobene Seilergraben, der auf unserer Scheibe phantasievoll mit Wasserlachen gefüllt ist.

Eine moderne Kopie der Scheibe befand sich 1987 und 1988 im Kunsthandel (32 x 20,5 cm; Galerie Jürg Stuker Bern, Auktionen 304–311, 21. Mai bis 4. Juni 1987, Nr. 3253; Galerie Fischer Luzern, Kunstauktion 9./10. Dezember 1988, Nr. 3600).

Inschriften. Auf der Schrifttafel oben links: «CVE» (ligiert). Auf der Schrifttafel oben rechts: «1557». Auf dem Nimbus: «SANCTA REGVLA».

Technik. Farbloses Glas; Überfangglas: rot und blau (Ausschliff jeweils rückseitig); Farbglas: grün, violett, hellrot.
Bemalung mit Schwarzlot und Silbergelb (jeweils in diversen Farbstufen) sowie mit Eisenrot.
Die Schattenpartien auf dem grünen Mantel Regulas sind nass gestupft.
Lichtmass: 68 x 47 cm.

Erhaltung. Die Ergänzungen in der Fusszone stammen von 1624 (vgl. Ost Ia). Nach Germann dürfte damals auch der Kopf der Heiligen erneuert worden sein. Beim Nimbus handelt es sich vermutlich um eine Ergänzung des 19. Jahrhunderts. Einige Sprünge und Notbleie.

Literatur. LÜBKE 1866, S. 49, 58 (Anm. 45). Kat. Zürich 1883, S. 45, Nr. 7. RAHN 1883, S. 329. MEYER 1884, S. 200–204, 297. RAHN 1884, S. 52. KIEM 1888, S. 356f. MARKWART 1889, S. 63. LIEBENAU 1892, S. 5, 11f., Taf. II. HAENDCKE 1893, S. 173, Taf. 14. GUSTAV SCHNEELI, Renaissance in der Schweiz. Studien über das Eindringen der Renaissance in die Kunst diesseits der Alpen, München 1896, S. 95. LEHMANN 1897, S. 27, Nr. I. STAMMLER 1903, S. 224f. GANZ 1903, S. 200. OIDTMANN 1905, S. 227. LEHMANN 1925, S. 109, Abb 39. NÜSCHELER 1927, S. 46f. PAUL GANZ, Die Handzeichnungen Hans Holbeins d. J. Kritischer Katalog, Berlin 1937, Nr. 198 (S. 48). Kat. Zürich 1945, Nr. 173, Abb. 11. BOESCH 1955, S. 78. SCHNEIDER 1956, S. 560. SCHILTER 1957, S. 26. MÜLLER 1957, S. 45f. GERMANN 1967, S. 367f., 395, Abb. 291. ANDERES 1974, S. 128, Taf. 35. ANDERES 1975, S. 25, Abb. 20. Kat. Zürich 1981, S. 17 (Abb. 5), Nr. 58, Abb. 58, Farbtaf. 7. FELDER 1982, S. 17. BARBARA GIESICKE/MYLENE RUOSS, In Honor of Friendship: Function, Meaning and Iconography in Civic Stained-Glass Decorations in Switzerland and Southern Germany, in: Barbara Butts/Lee Hendrix, Painting on Light. Drawings and Stained Glass in the Age of Dürer and Holbein, Ausstellungskatalog J. Paul Getty Museum/Saint Louis Art Museum, Los Angeles 2000, S. 54f., Anm. 28.

Ost I Masswerk
Verkündigung an Maria
Carl von Egeri (z), 1557

Die zu den herausragendsten Leistungen der Schweizer Renaissanceglasmalerei gehörende Masswerkfolge der Jugendgeschichte Christi beginnt im Zürcher Fenster mit der Verkündigung an Maria, über die im Lukas-Evangelium berichtet wird (Lk 1, 26–38). Durch die kreisförmig aufgelöste Figuration des Masswerks sah sich Carl von Egeri gezwungen, das Thema in die Breite zu ziehen. Links erscheint der weiss gekleidete Engel Gabriel mit der um seinen Heroldsstab geschlungenen Heilsbotschaft: «Sei gegrüsst, du Begnadete! Der Herr ist mit dir.» Auf der Gegenseite kniet Maria am Betpult und schaut erschrocken rückwärts, von wo ihr, ausgehend von Gottvater über einer Wolke, ein Strahlenbündel mit der Taube des Heiligen Geistes entgegenschwillt. Das goldene Haar umfängt die Gestalt Mariens wie eine Mandorla. Im Mittelgrund öffnet sich eine flussdurchzogene Landschaft mit zwei kirchlichen Gebäuden, überhöht von einer Bergkulisse. Als Aktionsbühne ist eine Tempelvorhalle mit Arkadenpfeilern, Treppe und Fliesenboden angedeutet.

Während die deutsche Spätgotik die Verkündigung meist in bürgerlicher Häuslichkeit abspielen lässt, greift die Renaissance wieder bewusst auf die idealisierte Antike zurück. Auch der Einbezug der Natur und die symbolträchtigen Ausstattungsgegenstände sind zeittypisch. Die Lilie in der Vase ist Sinnbild für Christus und für die Jungfräulichkeit der Gottesgebärerin. Auf dem purpurbekleideten Altar, der auf den Tempeldienst Mariens hinweist, steht ein Leuchter mit zwei ausgelöschten Kerzen, gleichsam das irdische Licht, ausgelöscht durch den göttlichen Lichtstrahl. Daneben liegen eine Perlenkette, ein unbeflecktes Handtuch und zwei Bücher, Zeichen bräutlichen Schmucks der vom Heiligen Geist beschatteten Jungfrau. Das Fest der «Concep-

Abb. 70: Verkündigung an Maria. Holzschnitt aus Bernard Salomons Bilderbibel, Lyon 1554 (Stadt- und Universitätsbibliothek Bern, Kp VI. 34 [Ausgabe von 1681]).

tio Mariae» ist seit dem Frühmittelalter im Kirchenkalender nachgewiesen, und zwar am 25. März. Vor der Festlegung dieses Marienfestes galt der betreffende Tag als Todestag Christi und war auch dem Gedächtnis an Adam gewidmet. Darin kommt der Zusammenhang zwischen dem Sündenfall der Stammeltern und der Erlösung durch Christus zum Ausdruck.

Bei seinen der Jugendgeschichte Christi gewidmeten Masswerkkompositionen orientierte sich Egeri an den Holzschnitten von Bernard Salomons Bilderbibel, deren neutestamentlicher Teil, die «Figures du Nouveau Testament», von Jean de Tournes in Lyon erstmals 1554 vollständig veröffentlicht worden war. Salomons Vorlagen wurden von Egeri freilich alles andere als sklavisch kopiert. Exemplarisch dafür steht sein Verkündigungsbild, dessen Hauptfiguren er eigenschöpferisch in eine perspektivische Bühnenlandschaft setzte, die er gleich wie bei den folgenden Fenstern kühn über die einzelnen Masswerkfelder hinweg komponierte. Aus Salomons Holzschnitten entnahm Egeri dementsprechend nur Einzelmotive, die seinen künstlerischen Intentionen entgegenkamen. Im vorliegenden Fall (Abb. 70) waren das die Marienfigur am Betpult und die Lilienvase. Bei der Gestalt Gabriels scheint sich Egeri hingegen wie bei seiner Verkündigung im Masswerkfenster West II am Holzschnitt aus Dürers «Marienleben» (vgl. Abb. 35) inspiriert zu haben.

Inschriften. Auf dem Spruchband: «AVE MARIA GRATIA PLENA DOMINVS TECVM».

Technik. Farbloses Glas; Überfangglas: rot und blau (Ausschliff jeweils rückseitig), grün (Ausschliff vorderseitig); Farbglas: hellrot, purpurviolett, violett.
Bemalung mit Schwarzlot und Silbergelb (jeweils in diversen Farbstufen).

Erhaltung. Einige Sprünge und Notbleie.

Literatur. LEHMANN 1897, S. 31f., Nr. VIII. SCHILTER 1957, S. 26. GERMANN 1967, S. 367f., 395f., Abb. 291. ANDERES 1975, S. 25, Abb. 20. FELDER 1982, S. 17.

Ost IIa
Standesscheibe Luzern:
hl. Leodegar
Carl von Egeri, 1557/1624

Der hl. Leodegar, seit 659 Bischof von Autun, erlitt unter den Merowingern im Jahr 680 den Märtyrertod. Auf unserer Scheibe trägt er Pontifikaltracht, das heisst eine Alba, eine grüne Dalmatika, ein violettes Pluviale und eine madonnengeschmückte Mitra sowie als weitere Amtsinsignie den Bischofsstab mit Pannisellus. Der Bohrer in seiner Rechten deutet darauf hin, dass er vor seiner Enthauptung damit geblendet wurde. Der Kult des Heiligen kam über die zu dessen Ehren gegründete Benediktinerabtei Murbach im Elsass nach Luzern, wo diese seit 840 das Kloster Im Hof – das Leodegarkloster und spätere Chorherrenstift – besass und bis 1291 über die Stadt die geistliche und weltliche Herrschaft ausübte. Die monumental gestaltete Figur Leodegars steht in einer aus korinthischen Säulen und einem verkröpften Gebälk gebildeten Rahmenarchitektur, die analog aufgebaut ist wie jene auf der weitgehend noch im Originalzustand erhaltenen Pendantscheibe (Ost IIc).

Die Leodegar-Scheibe musste 1624 in vielen Teilen ergänzt werden. Für diese Ergänzungen verantwortlich war derselbe Glasmaler, der damals die zentrale Standesscheibe komplett zu erneuern hatte, also wohl Michael II. Müller oder Christoph Brandenberg.

Inschriften. Auf dem Nimbus: «SANCTVS LEODEGARIVS ORA PRO [NOBIS]».

Technik. Farbloses Glas; Überfangglas: rot und blau (Ausschliff jeweils rückseitig); Farbglas: grün, violett, hellrot, purpurviolett.
Bemalung mit Schwarzlot und Silbergelb (jeweils in diversen Farbstufen), mit Eisenrot sowie mit blauer und grüner Schmelzfarbe (in den ergänzten Landschaftspartien und bei den Fabelwesen am Podest).
Lichtmass: 68 x 47 cm.

Erhaltung. 1624 wies das Fenster von Luzern überaus gravierende Schäden auf. Zeugnis dafür gibt der damals angelegte Rechnungsrodel, worin die Kosten für Glasmalerreparaturen an «schilt vnd pfenster» Luzerns mit 28 Gulden und 6 Schilling drei- bis viermal mehr betragen als für jene der übrigen Standesscheiben (vgl. S. 265). Die in der Forschungsliteratur (Lehmann, Germann, Anderes) vertretene Ansicht, wonach die Leodegar-Scheibe ebenso wie die zentrale Standesscheibe 1624 vollständig neu geschaffen wurde, ist allerdings zu korrigieren. Das im Hintergrund eingesetzte blaue Überfangglas mit den ausgeschliffenen Wolken und dem in Silbergelb aufgemalten Tannenwald (links hinter dem Heiligen) stammt zweifellos noch von der Scheibe Egeris. Auf die Restaurierung von 1624 zurückführbar sind hingegen alle blau und grün emaillierten Glasstücke (Landschaft mit Gebäuden, Fabelwesen am Podest). Zu keinen durchweg schlüssigen Resultaten führt die Bestandesanalyse im Hinblick auf die Frage, inwieweit damals die Bischofsfigur und die Säulenrahmung mit neuen Gläsern ergänzt wurden. Einige Sprünge und Notbleie.

Literatur. LIEBENAU 1892, S. 12, Taf. IV. LEHMANN 1897, S. 21, 27, Nr. II (Christoph Brandenberg). STAMMLER 1903, S. 224f., Taf. LXXXV. OIDTMANN 1905, S. 227. NÜSCHELER 1927, S. 47 (mit Abb.). WYSS 1940, S. 9. BOESCH 1955, S. 78. SCHILTER 1957, S. 26. WYSS 1957/58, Teil 2, S. 2 (Michael II. Müller). MÜLLER 1957, S. 46. GERMANN 1967, S. 396, Abb. 292. WYSS 1968, S. 78. ANDERES 1974, S. 154, Taf. 48 (Christoph Brandenberg oder Michael II. Müller). ANDERES 1975, S. 8, 25. FELDER 1982, S. 17. BERGMANN/HASLER/TRÜMPLER 2001, S. 9f., Farbabb. 3.

Ost IIb
Standesscheibe Luzern
Michael II. Müller oder Christoph Brandenberg (z), 1624

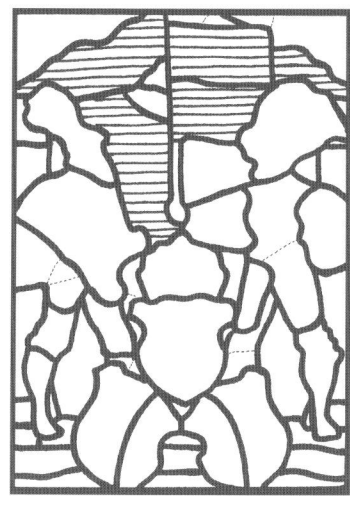

Auf der Luzerner Standesscheibe von 1624 wird die sich kontrastreich vom roten Damastgrund abhebende Wappenpyramide von einem geharnischten Hauptmann und Bannerträger flankiert. Während der Feldhauptmann Kommandostab, Schwert, Schweizerdolch und Ehrenkette mit sich führt, ist sein Kollege, der Wams und Strümpfe im blauweissen Mi-parti trägt, mit Schweizerdolch und Anderthalbhändern ausgerüstet. Die von ihm emporgehaltene Stadtfahne schmückt ein Eckquartier mit der Darstellung Christi am Ölberg. Dieses auch das Luzerner Juliusbanner von 1512 auszeichnende Eckquartier geht auf ein Bannerprivileg von Papst Sixtus IV. aus dem Jahr 1479 zurück (Mühlemann 1991, S. 44–46). Die Zwickelbilder über der auf korinthischen Säulen aufruhenden Dreieckverdachung schildern ein Lanzenstechen.

Egeris Standesscheibe von 1557 muss 1624 stark beschädigt gewesen sein, hatte man sie doch damals vollständig zu ersetzen. Das neue, der zerstörten Scheibe offenbar genaunachgestaltete Glasgemälde scheint durch einen Zuger Glasmaler ausgeführt worden zu sein, wobei vor allem an Michael II. Müller (um 1570–1642) oder Christoph Brandenberg (1598/1600–1663) zu denken ist. Eine weitere Fensterstiftung Luzerns nach Muri ist für das Jahr 1515 verbürgt (Meyer 1884, S. 290).

Inschriften. Zwischen den Schilden: «1624».

Technik. Farbloses Glas; Überfangglas: rot und blau (Ausschliff jeweils rückseitig); Farbglas: grün, purpurviolett, gelb.
Bemalung mit Schwarzlot und Silbergelb (jeweils in diversen Farbstufen), mit Eisenrot sowie mit hellblauer und blauer Schmelzfarbe.
Lichtmass: 68 x 48 cm.

Erhaltung. Auf der 1624 erneuerten Scheibe wurden im 19. Jahrhundert das Banner, ein Grossteil der Dreieckverdachung und ein Stück des Damastgrundes ergänzt. An zwei Randstellen ist dieser Damastgrund geringfügig übermalt. Einige Sprünge und ein Notblei.

Literatur. LÜBKE 1866, S. 48. LIEBENAU 1892, S. 12, Taf. III (Christoph Brandenberg). HAENDCKE 1893, S. 173. LEHMANN 1897, S. 21f., 24, 27, Nr. II (Christoph Brandenberg). STAMMLER 1903, S. 224f. OIDTMANN 1905, S. 227. NÜSCHELER 1927, S. 47. WYSS 1940, S. 9. BOESCH 1955, S. 78. SCHILTER 1957, S. 26. WYSS 1957/58, Teil 2, S. 1 (Michael II. Müller). HUNKELER 1961, S. 182 (Anm. 96). GERMANN 1967, S. 367, 370, 396, Abb. 292. WYSS 1968, S. 78. ANDERES 1974, S. 154, Taf. 48 (Christoph Brandenberg oder Michael II. Müller). ANDERES 1975, S. 8, 25. FELDER 1982, S. 17. BERGMANN/HASLER/TRÜMPLER 2001, S. 9f., Farbabb. 3.

Ost IIc
Standesscheibe Luzern: hl. Mauritius
Carl von Egeri, 1557

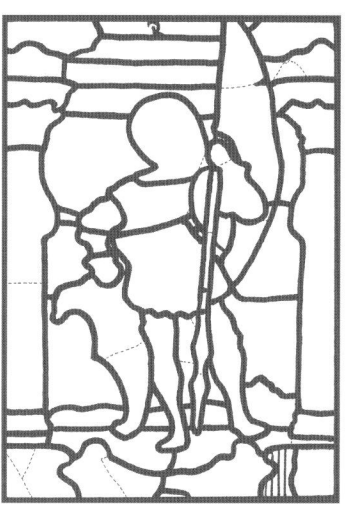

Mauritius, der zweite Luzerner Standesheilige, der voll gerüstet mit Schild und Lanzenfahne dasteht, war ein Anführer der Thebäischen Legion. Diese ausschliesslich aus Christen bestehende Truppe, die, wie ihr Name besagt, aus Theben gebürtig war, liess Kaiser Maximian zwischen 287 und 300 in Agaunum – dem späteren Kloster St-Maurice d'Agaune – hinrichten. Wie bei Leodegar gehen die Anfänge des Mauritiuskultes in Luzern auf das Kloster Im Hof zurück, welches vor der Inbesitznahme durch Murbach (vgl. Ost IIa) diesen Heiligen als Patron verehrte. Auf unserer Scheibe erscheint derselbe vor einer Phantasielandschaft, mit der Theben gemeint sein könnte. Die auffliegenden Adler in den roten Wappengevierten dürften eine Anspielung auf das Römische Reich sein, dem Mauritius als Feldherr diente. Figur und Landschaft werden seitlich von roten korinthischen Säulen gerahmt, über denen sich ein verkröpftes Gebälk mit einem Büstenpaar hinzieht. Ein weiteres solches Paar ist am Fuss der Scheibe den beiden nackten, akanthusgeflügelten Jünglingen zur Seite gestellt.

Inschriften. Auf dem Nimbus: «S MARICIVS».

Technik. Farbloses Glas; Überfangglas: rot und blau (Ausschliff jeweils rückseitig), grün (Ausschliff vorderseitig); Farbglas: hellblau, purpurviolett, violett.
Bemalung mit Schwarzlot und Silbergelb (jeweils in diversen Farbstufen) sowie mit hellblauer Schmelzfarbe (während für den Kopf des Heiligen ein farbloses Glas benutzt und der Helm darauf rückseitig mit hellblauem Email aufgeschmolzen wurde, bestehen alle übrigen Rüstungsteile aus hellblauen Gläsern).
Die Schattenpartien auf dem roten Waffenrock des Heiligen sind nass gestupft.
Lichtmass: 68 x 47 cm.

Erhaltung. Als einzige der drei Luzerner Scheiben ist jene mit Mauritius noch weitgehend im Originalzustand erhalten (vgl. Ost IIa). Als Ergänzung von 1624 gibt sich darauf lediglich die grüne Volute in der Fusszone unten rechts zu erkennen. Schwarzlotverlust am Gebälkstück oben links. Einige Sprünge und Notbleie.

Literatur. LÜBKE 1866, S. 49. Kat. Zürich 1883, S. 45, Nr. 11. RAHN 1884, S. 52. LIEBENAU 1892, S. 12. LEHMANN 1897, S. 27, Nr. II. STAMMLER 1903, S. 224f. OIDTMANN 1905, S. 227. NÜSCHELER 1927, S. 47. BOESCH 1955, S. 78. SCHILTER 1957, S. 26. MÜLLER 1957, S. 47. GERMANN 1967, S. 396, Abb. 292. ANDERES 1974, S. 154, Taf. 48. ANDERES 1975, S. 25. FELDER 1982, S. 17. BERGMANN/HASLER/TRÜMPLER 2001, S. 9f., Farbabb. 3.

Ost II Masswerk
Heimsuchung Mariens
Carl von Egeri (z), 1557

Im Masswerk des Luzerner Fensters brachte Carl von Egeri wiederum in Anlehnung an Salomons Bilderbibel (Abb. 71) die Heimsuchung zur Darstellung, über die der Evangelist Lukas im Anschluss an die Geschichte der Verkündigung erzählt (Lk 1, 39–56). Nach seinen Worten eilte die vom Heiligen Geist beschattete Jungfrau Maria über das Gebirge in eine Stadt Judas zu ihrer schwangeren Verwandten Elisabeth, der Frau des Zacharias. Als Elisabeth den Gruss Mariens hörte, hüpfte das Kind in ihrem Schoss, und sie rief: «Gesegnet bist du unter den Frauen, und gesegnet ist die Frucht deines Leibes.»

Das auf den 2. Juli fallende Fest der Heimsuchung («Visitatio») wurde 1263 für den Kreis der Franziskaner und 1389 für die ganze römisch-katholische Kirche eingeführt. In der Folge entwickelte sich dieses die körperliche und visuelle Erkenntnis der Menschwerdung Christi vermittelnde Ereignis zu einem beliebten Bildthema, das in die Sieben Freuden Mariens Aufnahme fand. In der Murenser Heimsuchung fällt Elisabeth, angesichts der werdenden Mutter Gottes, auf die Knie; Maria steht ihr hoheitsvoll gegenüber und weist mit der linken Hand auf ihren gesegneten Leib. Rechts ist als Zuschauer Zacharias festgehalten. Im Gewand eines Hohenpriesters erscheint er unter dem Portal seines Hauses und erhebt seine Hände zum Gruss. Seit er vom Engel Gabriel erfahren hat, dass ihm seine betagte Frau einen Sohn gebären wird, ist seine Zunge verstummt und wird sich erst bei dessen Geburt wieder lösen. Die Begegnung findet in der freien Natur statt und wird von Symbolen begleitet. Hinter der Frauengruppe ist eine liebliche Landschaft gestaffelt, die von einem duftig verblauenden Gebirge überhöht und von Strahlen erhellt wird. Die mit Lorbeer

Abb. 71: Die Heimsuchung. Holzschnitt aus Bernard Salomons Bilderbibel, Lyon 1554 (Stadt- und Universitätsbibliothek Bern, Kp VI. 34 [Ausgabe von 1681]).

umwundene Freisäule hinter Elisabeth deutet die Feierlichkeit der Begegnung und die Grösse des bevorstehenden Geschehnisses an. In der Fischblase links aussen sitzt ein Eichhörnchen, das gleichsam der zwischen 1551 und 1558 edierten «Historia Animalium» Konrad Gessners entliehen sein könnte. Hier wendet es sich von Maria ab, verkörpert doch dieses Tier in der christlichen Symbolik wegen seiner Farbe und Behendigkeit den Teufel. Das Gegenstück dazu bildet der das gute Feuer, das heisst Christus, versinnbildlichende Salamander. Der Gottesmutter hinterherziehend, steht er als Zeichen dafür, dass das Böse vom kommenden Erlöser besiegt werden wird. Weltlich und heidnisch geht es in den drei Bogenfeldern darunter zu, wo auf Altären Feuer brennen und zwei fischschwänzige Wesen ein Lorbeergehänge tragen, auf dem eine weibliche Herme, von Löwenköpfen umgeben, thront.

Innerhalb der siebenteiligen Serie zur Jugendgeschichte Christi gehört die Heimsuchung zu den stimmungsvollsten Bildern. Ebenso eindrücklich wie die Verkündigungsszene führt sie vor Augen, wie souverän Egeri mit seiner Vorlage umging. Bei der Figurengestaltung liess sich dieser zwar durch Salomons Holzschnitt anregen, aus Gründen der Masswerkordnung sah er sich aber genötigt, dessen architektonischen Prospekt durch ein weitläufiges landschaftliches Ambiente zu ersetzen und darin die beiden Frauen nicht wie üblich in Umarmung, sondern voneinander getrennt wiederzugeben.

Technik. Farbloses Glas; Überfangglas: rot und grün (Ausschliff jeweils vorderseitig), blau (Ausschliff rückseitig); Farbglas: purpurviolett, gelb.
Bemalung mit Schwarzlot und Silbergelb (jeweils in diversen Farbstufen) sowie mit Eisenrot.

Erhaltung. Zwei alte Flickstücke in der Fischblase aussen links. Im rechten Bogenfeld ist im Arm des Girlandenhalters ein kleines Glasstück ausgebrochen. Mehrere Sprünge und Notbleie.

Literatur. LIEBENAU 1892, S. 24, Taf. XXVII. LEHMANN 1897, S. 33, Nr. IX. NÜSCHELER 1927, S. 49. SCHILTER 1957, S. 26. GERMANN 1967, S. 367f., 396, Abb. 292. ANDERES 1974, S. 154, Taf. 48. ANDERES 1975, S. 25. FELDER 1982, S. 17.

Ost IIIa
Standesscheibe Uri: hl. Martin
Carl von Egeri, 1557

Der hl. Martin ist in pontifikaler Gewandung dargestellt, so wie sie auch die Äbte von Muri seit 1507 tragen durften. Sie besteht aus der Alba, einer violetten Dalmatika, einem gelben, über der Brust getasselten Rauchmantel oder Pluviale und der mit Brokat und Edelsteinen besetzten Mitra. In der linken Hand hält er den Bischofsstab mit Pannisellus, dessen spiralförmige Krümme wie jene des hl. Leodegar (Ost IIa) dem um 1540 von Abt Laurenz von Heidegg angeschafften Pedum (Kollegium Sarnen) nicht unähnlich ist. Der Heilige reicht einem kauernden Bettler zwei Goldmünzen, während ihn von rechts ein zweiter Mann bedrängt. Obwohl beide Gestalten in Lumpen gekleidet sind, strahlen ihre Gesichter eine gewisse Würde aus. Darin gibt sich ein allem Hässlichen abholder Renaissancekünstler zu erkennen. Im Hintergrund verblaut eine duftige Seelandschaft, die wohl an Flüelen und den Urnersee erinnern soll. Am Fuss der Scheibe hält ein Nereidenpaar eine Schale mit Honigseim. Die von einem flachen Giebel überdeckten Rahmenpfeiler mit den verkröpften Medaillons wiederholen sich auf der prachtvollen Muttergottesscheibe, dem Gegenstück zur Martinsscheibe.

Der hl. Martin von Tours ist Urner Landespatron. Ihm geweiht ist die im Frühmittelalter gegründete Pfarrkirche in Altdorf, die nach 1800 neu erbaute Mutterkirche der Talschaft. Seit dem 16. Jahrhundert kommt er auch auf Urner Münzen vor. Im Gegensatz zur Schwyzer Scheibe (Ost IVa), wo der Heilige als Ritter erscheint, tritt er hier als mildtätiger Bischof auf. Um 316 geboren, liess er sich als junger römischer Soldat taufen und quittierte bald danach den Kriegsdienst in Frankreich. Durch den hl. Hilarius von Poitiers (Ost VIc) berufen und gefördert, bestieg er 371 den Bischofsstuhl von Tours und wurde zum Organisator der katholischen Kirche in Frankreich. Er starb um 397 nach unermüdlichem Wirken gegen das Heidentum und die damals grassierende Irrlehre des Arius. Sein Kult fand vor allem in fränkischer Zeit abendländische Verbreitung, und in der Schweiz wurden bis ins Hochmittelalter über 50 Martinskirchen geweiht. Dass er auch Patron der Klosterkirche von Muri wurde, dokumentieren die Murenser Konventssiegel von 1312 und 1344, die ihn einmal als Reiter und einmal als Bischof zeigen (Anderes 1974, Abb. 4). Sein angeblicher Todestag am 11. November galt seit alters als Abschluss eines Wirtschaftsjahres. Der Martinitag eignete sich vorzüglich, das altgermanische Herbstopfer in Form von Schmausereien wieder aufleben zu lassen. Bräuche wie das Martinifeuer, der Martiniwein und die Martinigans erinnern heute wenigstens dem Namen nach an den grossen Heiligen aus Tours.

Inschriften. Auf dem Nimbus: «SANCTVS MARTINVS».

Technik. Farbloses Glas; Überfangglas: rot, grün (Ausschliff jeweils vorderseitig), Farbglas: blau, violett.
Bemalung mit Schwarzlot und Silbergelb (jeweils in diversen Farbstufen).
Das rote Bettlerkleid ist in den Schattenpartien nass gestupft.
Lichtmass: 67,5 x 47 cm.

Erhaltung. Laut dem Rechnungsrodel von 1624 waren für das Urner Fenster damals Glasmalerreparaturen in der Höhe von 9 Gulden und 6 Schilling zu bezahlen (vgl. S. 265). Die Scheibe mit dem hl. Martin war von dieser Reparatur offenbar nur geringfügig betroffen, sind doch darauf einzig das perspektivisch verzeichnete Podium und das Mittelstück des rechten Rahmenpfeilers als barocke Ergänzungen in Betracht zu ziehen. Ein altes Flickstück sowie einige Sprünge und Notbleie.

Literatur. Kat. Zürich 1883, S. 73, Nr. 180. LIEBENAU 1892, S. 13. LEHMANN 1897, S. 28, Nr. III. STAMMLER 1903, S. 224f. OIDTMANN 1905, S. 227. NÜSCHELER 1927, S. 47. BOESCH 1955, S. 78. SCHILTER 1957, S. 27. MÜLLER 1957, S. 47f. GERMANN 1967, S. 367, 396, Abb. 293. ANDERES 1974, S. 130, Taf. 36. ANDERES 1975, S. 25f. FELDER 1982, S. 17.

**Ost IIIb
Standesscheibe Uri
Carl von Egeri, 1557**

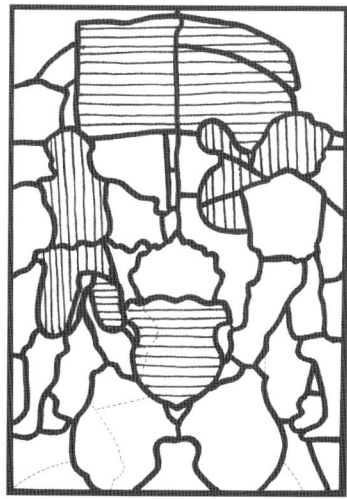

Die vor blauem Damastgrund im satten Gelb prangende Urner Standeswappenpyramide wird von zwei Schildwächtern begleitet, die beide barocke Ergänzungen aufweisen. Solche Ergänzungen sind beispielsweise ihre Köpfe, die jenen Egeris offenbar genau nachgebildet sind. Auf den Urner Standesscheiben aus der Mitte des 16. Jahrhunderts wird der Bannerträger jedenfalls meistens durch den gleichen Typus wie hier vertreten, das heisst durch einen Mann im fortgeschrittenen Alter mit breitem, etwas derbem Gesicht und wallendem Bart. Dies rührt wohl daher, dass damals der Urner Bannerherr Johannes Brücker eine in der Eidgenossenschaft weiterum bekannte Persönlichkeit war. Ritter Brücker wurde anscheinend schon 1529 Bannerherr und blieb es bis zu seinem Tode 1568 oder 1569. Dreimal war er Landammann und bis 1563 auch regelmässig Abgeordneter an der Tagsatzung. Da Brücker seit 1545 als Richter zwischen den Eidgenossen und dem französischen König amtete, ist es kaum ein Zufall, dass hier die Dolchscheide des mit Halbharnisch und Sturmhaube ausgestatteten Bannerträgers eine Lilie ziert. Das modern erneuerte Banner zeigt den Kopf des im Urnerland angeblich bis ins 11. Jahrhundert heimischen Ures oder wilden Stieres, so wie er im Wappen Uris erstmals auf dem Landessiegel des mittleren 13. Jahrhunderts auftritt. Dass dieses Banner dem ersetzten Original nicht genau entspricht, ist insofern denkbar, als verschiedene der im Rathaus Altdorf aufbewahrten, teils ins 14. und 15. Jahrhundert zurückreichenden Urner Landesfahnen ebenso wie das Juliusbanner von 1512, das Prunkstück der Sammlung, ein Eckquartier mit der Darstellung der Kreuzigung aufweisen (Mühlemann 1991, S. 51f.). Wie der Bannerherr ist auch der auf ihn zuschreitende Gefährte mit Anderthalbhänder und Schweizerdolch bewaffnet. Es handelt sich um einen jugendlichen Horner. Das von ihm an die Lippen gesetzte gewundene Harst- oder Harschhorn stand als Blasinstrument offenbar nur in den Waldstätten in Gebrauch. Aufgrund seines brüllenden Tones soll es von den Innerschweizern auf Kriegszügen erfolgreich gegen den Feind eingesetzt worden sein. Von Uri hat sich ein einziges Stück aus dem 16. Jahrhundert erhalten. Es wurde 1712 von den Bernern in der Schlacht von Villmergen erbeutet und 1941 an Uri zurückgegeben. Um so besser dokumentiert ist dieses auch als «Uristier» bezeichnete Horn durch Glasgemälde, gehört doch der Harschhornbläser gleich wie der Tellenschuss im Oberbild zu den Standardmotiven auf Urner Standesscheiben. Ein Beispiel dafür bietet Egeris Scheibe von 1542 im Rathaus von Stein am Rhein, deren Harschhornbläser mit jenem von Muri in den Grundzügen übereinstimmt (vgl. Abb. 15). Den letzteren kennzeichnet sein rotes, ärmelloses Wams mit dem Schweizerkreuz, das er über einem in den Urner Standesfarben gehaltenen Hemd trägt. Egeri, der wie seine Zeitgenossen die Rütliwiese als Wiege der Schweiz betrachtete, wollte damit ganz offenkundig Uris zentrale Stellung innerhalb der eidgenössischen Gründungsgeschichte zum Ausdruck bringen. Dasselbe bezweckte er mit der Darstellung von Tells Apfelschuss, dessen Handlungsort, wie man damals glaubte, am Urner See gelegen war.

Inschriften. Zwischen den beiden Standeswappen: «1557».

Technik. Farbloses Glas; Überfangglas: rot, grün und hellrot (Ausschliff jeweils rückseitig), blau (Ausschliff vorderseitig).
Bemalung mit Schwarzlot und Silbergelb (jeweils in diversen Farbstufen), mit Eisenrot sowie mit hellblauer Schmelzfarbe (rückseitig auf den 1624 ergänzten Rüstungsteilen aufgetragen).
Höchst unkonventionell ging der Glasmaler bei der Anfertigung der beiden Urner Standeswappen vor, in denen die Nasenringe und Zungen der Stiere rotfarbig zu gestalten waren. Hätte er sich an die damals gängige Praxis gehalten, dann wäre ihm nichts anderes übrig geblieben, als für die beiden Wappenschilde rotes Überfangglas als Ausgangsmaterial zu nehmen und darauf die rote Glasschicht bis auf die entsprechenden Teile vollständig auszuschleifen. Stattdessen verwendete er dafür zwei Blankgläser, in die er unten je eine kreisrunde Öffnung machte. Darin setzte er zwei kleine Rundstücke aus rotem Überfangglas unverbleit (!) ein, die er zuvor stellenweise ausschleifen sowie mit Schwarzlot und Silbergelb bemalen musste. Dank diesem technischen Bravourstück sah er sich in der Lage, den Verbrauch des kostspieligen roten Überfangglases auf ein Minimum zu beschränken.
Lichtmass: 68 x 47 cm.

Erhaltung. Vom dreiteiligen Urner Fenster war die zentrale Standesscheibe 1624 am stärksten in Mitleidenschaft gezogen (vgl. Ost IIIa). In verschiedenen Teilen erneuert werden mussten damals die beiden Schildwächter (Ergänzung der Köpfe und der Rüstung sowie vermutlich Übermalung des roten Wamses). Weitere Ergänzungen erhielt die Scheibe im 19. Jahrhundert (Fahne, Reichswappen, rechter Oberteil des Damastgrundes und rotes Bogenstück darüber). In dieser Zeit scheint stellenweise auch der Damastgrund übermalt worden zu sein. Einige Sprünge und Notbleie.

Literatur. LÜBKE 1866, S. 48f. LIEBENAU 1892, S. 8, 13, Taf. V. LEHMANN 1897, S. 28, Nr. III. STAMMLER 1903, S. 224f. OIDTMANN 1905, S. 227. NÜSCHELER 1927, S. 47. SCHNEIDER 1954, S. 113. BOESCH 1955, S. 78. SCHILTER 1957, S. 27. GERMANN 1967, S. 367, 396, Abb. 293. ANDERES 1974, S. 132, Taf. 37. ANDERES 1975, S. 25f. FELDER 1982, S. 17.

Ost IIIc
Standesscheibe Uri: Muttergottes
Carl von Egeri, 1557

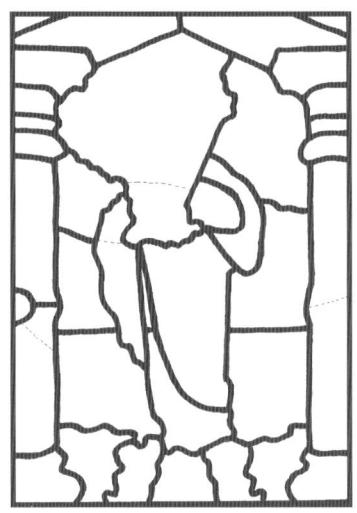

Das Pendantstück zur Urner Martinsscheibe ist der Muttergottes gewidmet. Die in einen blauen Mantel gehüllte, den Jesusknaben in den Händen haltende Himmelskönigin ist im Typus der Mondsichelmadonna dargestellt. Vom Lichtglanz ihrer Gloriole hinterfangen, steht sie auf einem über Eck vorgezogenen Podest, vor dem zwei Engelknaben sitzen. Weitere Engelskinder schauen oberhalb Mariens aus dem Wolkenkranz hervor, der ihren Glorienschein in opulenter Fülle umfängt. Einen Wolkenkranz von ähnlich prägnanter Stofflichkeit malte Carl von Egeri 1555 auf ein Hinterglasbild mit der Verklärung Christi, auf dem er seine Initialen, CVE, spiegelbildlich festhielt. Bei diesem köstlichen, in ein hölzernes Hausaltärchen eingelassenen Bildchen, das teilweise auf Raffaels Transfigurata von 1518/20 beruht (Rom, Pinacoteca Vaticana), handelt es sich um eines der wenigen Egeri zuweisbaren Hinterglasgemälde (Abb. 72).

Im Gegensatz zum hl. Martin gehört die Muttergottes nicht zu den gängigen Motiven auf Urner Standesscheiben. Dass man in Muri ausgerechnet sie dem Urner Standespatron zur Seite stellte, überrascht aber insofern nicht, als der Marienkult im Land Uri, welches ursprünglich im Besitz des Fraumünsters in Zürich gewesen war, tiefe Wurzeln hatte. Auch im 16. Jahrhundert genoss die Muttergottes in Uri eine grosse Verehrung. Zeugnis davon geben die ihr dort geweihten Wallfahrtsstätten. Zu ihnen zählen die 1545 und 1588 erweiterte Wallfahrtskapelle Unserer Lieben Frau im Riedertal oberhalb Bürglens, die Jagdmattkapelle in Erstfeld, welche seit dem 15. Jahrhundert von allen Urner Gemeinden als Wallfahrtsort besucht wurde, sowie die nach der Entdeckung eines Marienbildes vor Mitte des 16. Jahrhunderts errichtete Wallfahrtskapelle Maria Sonnenberg in Seelisberg. Von der letzteren weiss man, dass sich an

Abb. 72: Carl von Egeri. Hinterglasbild mit der Verklärung Christi, 1555 (SLM Zürich, Inv. AG 35).

ihrem 1589 eingeweihten Neubau Pompeo della Croce als Spender beteiligte, der in Altdorf residierende spanische Königsgesandte, der im Auftrag seines Herrn auch ein Glasgemälde nach Muri vergabte (Gasser 1986, S. 386f., Anm. 138).

Eine um 1900 durch Gustav van Treeck angefertigte Kopie der Scheibe bewahrt das Stift Muri-Gries in Sarnen (35,5 x 26,2 cm; Henggeler 1965/66, S. 42, Nr. 64). Eine weitere «ältere, sehr gute Kopie» befand sich 1970 im Luzerner Kunsthandel (30 x 23 cm; Auktionskatalog Galerie Fischer Luzern, 24.–28. November 1970, Nr. 584).

Inschriften. Auf dem Nimbus: «S MARIA MATER DOMINI NOSTRI».

Technik. Farbloses Glas; Überfangglas: rot und grün (Ausschliff jeweils vorderseitig), hellblau (Ausschliff rückseitig); Farbglas: blau.
Bemalung mit Schwarzlot und Silbergelb (jeweils in diversen Farbstufen).
Lichtmass: 62 x 47,5 cm.

Erhaltung. Die Muttergottesscheibe scheint 1624 von Reparaturen verschont geblieben zu sein (vgl. Ost IIIa). Einige Sprünge und ein Notblei.

Literatur: LIEBENAU 1892, S. 16, Taf. X. LEHMANN 1897, S. 28, Nr. III. STAMMLER 1903, S. 224f., Taf. LXXXVI. OIDTMANN 1905, S. 227. NÜSCHELER 1927, S. 47f. SCHILTER 1957, S. 27. GERMANN 1967, S. 367, 396, Abb. 293. ANDERES 1975, S. 25f. FELDER 1982, S. 17.

**Ost III Masswerk
Geburt Christi und Verkündigung
an die Hirten
Carl von Egeri (z), 1557**

Über dem Urner Standesfenster hat im Masswerk das Weihnachtsbild Eingang gefunden, dem der Bericht des Evangelisten Lukas zugrunde liegt (Lk 2, 6–7, 8–14). Danach zog Joseph von Galiläa mit seiner Verlobten Maria hinauf nach Judäa in die Stadt Bethlehem, um sich gemäss kaiserlichem Befehl einschreiben zu lassen. «Während sie dort waren, da vollendeten sich die Tage, dass sie gebären sollte. Und sie gebar ihren ersten Sohn und wickelte ihn in Windeln und legte ihn in eine Krippe, weil sie in der Herberge keinen Platz fanden.» Der Heiland wurde nicht im Palast eines Königs geboren und nicht mit Fanfaren begrüsst, sondern lag arm in einer Krippe. Arm und einfachen Gemüts waren auch die ersten Menschen, denen ein Engel die Kunde von der Geburt des Erlösers überbrachte: «Fürchtet euch nicht! Denn seht, ich verkündige euch grosse Freude, die allem Volke widerfahren wird; denn euch ist heute der Heiland geboren, welcher der Christus ist, der Herr, in der Stadt Davids.»

Die Geburt Christi nimmt erst seit dem späten Mittelalter eine zentrale Stellung im liturgischen Kalender des Kirchenjahres ein. Vereinzelte Darstellungen reichen zwar ins vierte Jahrhundert zurück, erfuhren aber im Verlauf der Zeit Ergänzungen und Verdichtungen, zum Teil nach apokryphen Evangelien, bis sie die uns vertraute Weihnachtsszenerie annahmen. Zuerst stand der göttliche Sohn allein im Zentrum; dann trat Maria hinzu, welche auf dem Konzil von Ephesus im Jahre 431 als Gottesgebärerin proklamiert wurde. Joseph spielte – vor allem im byzantinischen Bildtypus – eine Nebenrolle. Schon seit Anfang dabei waren jedoch Ochs und Esel, obwohl sie bei Lukas nicht erwähnt werden. Sie verkörpern das Judentum und das Heidentum, verbunden mit kultischen Vorstellungen: Der Stier hatte eine besondere Bedeutung im spätantiken Mithraskult, und der Esel war Symbol für das Widergöttliche, das Lasterhafte. Beide huldigen nun dem Gottessohn, welcher sie vom sklavischen Gesetz und sündigen Götzendienst befreit.

Abb. 73a: Geburt Christi. Holzschnitt aus Bernard Salomons Bilderbibel, Lyon 1554 (Stadt- und Universitätsbibliothek Bern, Kp VI. 34 [Ausgabe von 1681]).

Abb. 73b: Verkündigung an die Hirten. Holzschnitt aus Bernard Salomons Bilderbibel, Lyon 1554 (Stadt- und Universitätsbibliothek Bern, Kp VI. 34 [Ausgabe von 1681]).

Auf dem eher gemüthaften Weihnachtsbild in Muri nehmen Maria und Joseph gleichermassen am Geschehen teil. Maria sinkt anbetend auf die Knie nieder, und Joseph, auf ein Zimmermannswerkzeug gestützt, leuchtet mit einer Kerze. Das Kindlein liegt nackt in einer Krippe auf Strohhalmen, die in einen leuchtenden Strahlenkranz verwandelt sind. Das Gehäuse ist weder die byzantinische Höhle noch die italienische Grotte oder der nordische Stall, sondern eine Tempelruine, ein unverkennbares Stilmotiv der Renaissance, das auch auf den Untergang der heidnischen Antike hinweisen soll. Gleichgewichtig zur Geburt ist die Verkündigung an die Hirten im gegenüberliegenden Feld festgehalten. Im Hintergrund erscheint der modern erneuerte Verkündigungsengel, dazwischen weidet eine Schafherde, und im Vordergrund lagern drei Hirten in verschiedenen Lebensaltern. Der Jüngling rechts und der Alte links unterbrechen erstaunt ihr Spiel mit der Schalmei und dem Dudelsack; in der Mitte sinkt ihr Gefährte mit gehobenem Arm erschrocken nach hinten. Über den beiden Szenen schweben Engel, von denen der eine die Heilsbotschaft verkündet: «Ehre sei Gott in den Höhen und Friede auf Erden unter den Menschen» (Lk 2, 14). Die weder grossartig noch aussergewöhnliche, aber ausgewogen gestaltete Komposition folgt recht genau Salomons Holzschnitten mit der Geburt Christi und der Hirtenverkündigung (Abb. 73a/b). Bedingt durch die ungewöhnlichen Masswerkumrisse hatte Egeri stellenweise aber Anpassungen und Ergänzungen vorzunehmen. Die blattförmige Masswerköffnung aussen rechts füllte er so beispielsweise mit einem jungen Hirten, der sich als seitenverkehrtes Gegenstück zur Figur gegenüber erweist.

Inschriften. Auf dem Spruchband des Engels: «GLORIA IN EXCELLSIS DEO ET IN TERRA PAX [HOMINIBUS]».

Technik. Farbloses Glas; Überfangglas: rot (Ausschliff vorder- und rückseitig), blau (Ausschliff rückseitig), grün (Ausschliff vorderseitig); Farbglas: hellblau, purpurviolett.
Bemalung mit Schwarzlot und Silbergelb (jeweils in diversen Farbstufen).

Erhaltung. Der Engel über der Schafherde stammt aus dem 19. Jahrhundert. Damals wurden auch die drei unteren, rein ornamentalen Masswerkkompartimente erheblich ergänzt, und zwar unter teilweiser Verwendung alter Gläser. Zahlreiche Sprünge und Notbleie.

Literatur. LÜBKE 1866, S. 50. LEHMANN 1897, S. 35, Nr. X. SCHILTER 1957, S. 27. GERMANN 1967, S. 367f., 396, Abb. 293. ANDERES 1975, S. 26. FELDER 1982, S. 17.

Ost IVa
Standesscheibe Schwyz: hl. Martin
Carl von Egeri, 1557

Der hl. Martin (um 316–397), der als Bischof von Tours einer der grossen Organisatoren der Kirche im Reich der Franken war, erscheint nicht wie auf der Urner Scheibe als Almosen gebender Bischof (Ost IIIa), sondern als edler Reiter, der seinen Mantel mit dem Bettler teilt. Als Mantelspender neben seinem Pferd stehend, wurde er bereits 1281 auf dem ersten Siegel von Schwyz als Standespatron verewigt. Das Motiv geht auf die Vita des Heiligen zurück, worin berichtet wird, dass er vor seiner Taufe als Soldat im winterlichen Amiens die Hälfte seines Mantels einem Bettler schenkte, der sich ihm daraufhin als Christus offenbarte. Dem hl. Martin ist mit der Martinskirche in Schwyz die bedeutendste der fünf alten Pfarrkirchen im alten Schwyzer Land gewidmet. Ein Weihedatum ist für das Jahr 1121 überliefert; das Gotteshaus reicht aber vermutlich ins Frühmittelalter zurück. Die zahlreichen Martinspatrozinien an den Passwegen über die Alpen weisen auf die zielbewusste Verkehrspolitik der Franken hin, obwohl der Gotthard als Alpentraverse erst im 13. Jahrhundert aufkam.

Unsere Darstellung mit dem quer ins Bildfeld gestellten Schimmel ist sehr repräsentativ und stimmt im Aufbau mit der Scheibe des hl. Georg (Ost IVc) überein. Zusammen mit dem durch seine lahme Rechte und das Holzbein als Krüppel gekennzeichneten Bettler und der Landschaftsszenerie entspricht das Martinsbild einem Typus, der seit dem Spätmittelalter überaus beliebt und in der Glasmalerei weit verbreitet war. Ähnliche Kompositionen kennt man von den 1506 und um 1519 entstandenen Urner Standesscheiben aus der Kirche Maschwanden (Schneider 1970, Bd. 1, Nr. 103) und im Kloster Wettingen sowie von mehreren aus der gleichen Zeit datierenden Scheibenstiftungen der Zuger Gemeinde Baar (Anderes/Hoegger, Abb. S. 142, 276). Als Inspirationsquelle dafür diente vermutlich Hans Holbeins Holzschnitt mit dem hl. Martin (Müller 1997, Nr. 89, Farbabb. S. 17). Während Carl von Egeri auf verschiedenen seiner Murenser Standesscheiben im Hintergrund die jeweiligen Ortsansichten festhielt, begnügte er sich hier damit, eine duftige Landschaft mit einem Gatter anzudeuten, wobei ihm das hellblaue, leicht striemige Überfangglas einmal mehr als ideale Bildfolie diente. Bei der an klassischen Vorbildern orientierten triumphalen Rahmenarchitektur stechen die um die Säulen tanzenden ätherischen Frauengestalten hervor. Der Flügelputto unter dem perspektivisch zugeschnittenen Podium, der eine Schriftrolle mit der Jahrzahl 1557 ausbreitet, wirkt hingegen eher als Verlegenheitslösung. Für die Martinsscheibe verwendete Egeri mehrheitlich lichte Farbgläser. Durch das effektvoll in die Mitte gesetzte Rot des Mantels unterstreicht er deren kompositionelle Verbundenheit mit der zentralen Standesscheibe.

Inschriften. Auf dem Schriftband unten: «1557». Auf dem Nimbus: «S MARTINVS».

Technik. Farbloses Glas; Überfangglas: rot und blau (Ausschliff jeweils vorderseitig), hellblau (Ausschliff rückseitig); Farbglas: hellrot, grün, violett, braun.
Bemalung mit Schwarzlot und Silbergelb (jeweils in diversen Farbstufen) sowie mit Eisenrot.
Der rote Mantel Martins ist in den Schattenpartien nass gestupft.
Lichtmass: 68,5 x 47 cm.

Erhaltung. Im Rechnungsrodel von 1624 sind für das Schwyzer Fenster Glaser- und Glasmalerreparaturen in der Höhe von 8 Gulden vermerkt (vgl. S. 265). Auf der Scheibe des hl. Martin wurde damals das Säulenstück mit der Tänzerin unterhalb des Pferdekopfs erneuert. Einige Sprünge und Notbleie.

Literatur. Liebenau 1892, S. 13. Lehmann 1897, S. 29, Nr. IV. Stammler 1903, S. 224f. Oidtmann 1905, S. 227. Nüscheler 1927, S. 48. Kat. Zürich 1945, Nr. 174. Boesch 1955, S. 78. Schilter 1957, S. 27. Müller 1957, S. 48, Farbabb. S. 49. Germann 1967, S. 367, 396f., Abb. 294. Anderes 1974, S. 134, Taf. 38. Anderes 1975, S. 26, Titelbild. Kat. Zürich 1981, Nr. 59, Abb. 59. Felder 1982, S. 17. Anderes/Hoegger 1989, S. 276.

**Ost IVb
Standesscheibe Schwyz
Carl von Egeri, 1557**

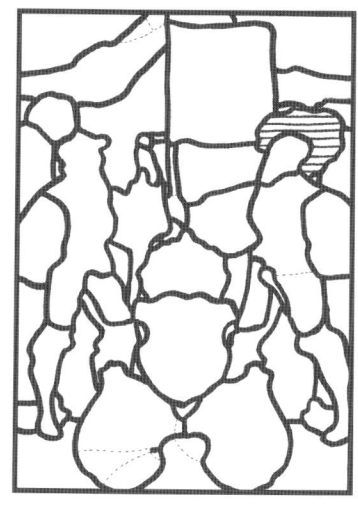

Auf der Schwyzer Standesscheibe treten als geharnischte Schildwächter der Landeshauptmann und der Bannerherr auf. Ersterer ist eine herrische, scharf ins Profil gesetzte Kriegergestalt mit wallendem Vollbart. Seine Linke umfasst einen mächtigen Zweihänder, auf dessen Klinge Egeris Monogramm prangt. Es könnte sich um Johannes von Reding oder noch eher um seinen Sohn Jost von Reding handeln, die beide in der Schlacht von Dreux gegen die Hugenotten 1562 fielen. Der mit einem Schweizerdolch und wie der Hauptmann mit einem Anderthalbhänder und einer Ehrenkette ausgestattete Bannerträger ist eine stattliche Erscheinung in gereiftem Alter. In der Regel wurde das Landesbanner nur einem politisch verdienten Mann anvertraut, der es bei sich zu Hause bewahrte bis zu seinem Tod. Dann wurde es in der Kirche von Schwyz 24 Stunden ausgestellt und hernach ins Haus des neu ernannten Bannerherrn übertragen. In Schwyz hatte dieses Amt Hieronymus Schorno von 1531 bis zu seinem Tod 1557 inne. Von ihm weiss man, dass er als Bannerherr 1555 für eine ins Rheintal gestiftete Standesscheibe eine Rechnung von 2 Kronen zu begleichen hatte. Da der Fahnenträger auf diesem im Rathaus von Rheineck befindlichen, ebenfalls von Egeri geschaffenen Glasgemälde ein jugendliches Aussehen hat, muss allerdings offen bleiben, ob auf unserer Scheibe Hieronymus Schorno oder sein 1557 ins Amt eingesetzter Nachfolger Georg von Reding († 1583) dargestellt ist. Nach legendarischer Überlieferung soll das blutrote Wappen von Schwyz auf eine päpstliche Schenkung aus dem 4. Jahrhundert zurückgehen. Das in dieser Farbe gehaltene Banner und Wappen führten die Schwyzer aber vermutlich nicht vor dem 13. Jahrhundert. Dem Eckquartier mit den Passionswerkzeugen begegnet man in ähnlicher Form bereits auf dem Juliusbanner von 1512 (Mühlemann 1991, S. 54–57). Die geschickt gezeichneten Zwickelbilder über dem kunstvollen Volutenbogen zeigen ein Gefecht zwischen Eidgenossen und deutschen Landsknechten. Deren Parteizeichen, das Andreaskreuz, kennzeichnet Wams und Banner des Fähnrichs links aussen, der von einem Eidgenossen niedergemacht wird. In ähnlich unheilvoller Lage sehen sich seine Kollegen auf der gegenüberliegenden Seite, die vor dem anstürmenden Feind die Flucht ergreifen.

Als die Schwyzer Regierung 1557 das Standesfenster in den Kreuzgang von Muri stiftete, war mit Hans Fürer einer aus ihrer Reihe Landvogt in den Freien Ämtern. Im folgenden Jahr leistete Landammann In der Halden dafür eine erste Zahlung. Eine weitere Zahlung in der Höhe von 125 Pfund und 5 Schilling erfolgte 1561, und zwar an einen Meister in Baden, womit nur der bei seinen Zeitgenossen als «Glasmaler von Baden» bekannte Carl von Egeri gemeint sein kann (vgl. S. 264). Weitere Schwyzer Fensterschenkungen nach Muri sind für die Jahre 1570, 1576 und 1620 dokumentiert (Styger 1885, S. 7, 58f.). Die 1570 gestiftete Scheibe war für die dortige Pfarrkirche bestimmt, jene von 1576 für die Hofstube im Kloster und jene von 1620 für die Klosterkirche (Germann 1965/66, S. 45, 47 und 1967, S. 191, 325). Von der 1557 in den Kreuzgang vergabten Standesscheibe befindet sich im Schweizerischen Landesmuseum eine Pause Johann Heinrich Müllers (vgl. S. 43, Anm. 68).

Inschriften. Zwischen den Standesschilden: «1557». Auf der Klinge des Zweihänders: «CVE» (ligiert).

Technik. Farbloses Glas; Überfangglas: rot und hellblau (Ausschliff jeweils rückseitig), blau (Ausschliff: vorderseitig); Farbglas: grün, hellrot, violett.
Bemalung mit Schwarzlot und Silbergelb (jeweils in diversen Farbstufen).
Lichtmass: 67 x 46,5 cm.

Erhaltung. Barocke Ergänzungen sind auf der Schwyzer Standesscheibe keine erkennbar (vgl. Ost IVa). Hingegen scheint das Federbarett des Bannerträgers im 19. Jahrhundert erneuert worden zu sein (als Ergänzung aus dieser Zeit betrachtet Germann ebenfalls dessen Kopf). Einige Sprünge und Notbleie.

Literatur: LÜBKE 1866, S. 48, 58 (Anm. 45). KAT. ZÜRICH 1883, S. 44, Nr. 2. MEYER 1884, S. 297 (Anm. 2). LIEBENAU 1888/91, Blatt 13 (4). LIEBENAU 1892, S. 5, 13. LEHMANN 1897, S. 28, Nr. IV. STAMMLER 1903, S. 224f. OIDTMANN 1905, S. 227. NÜSCHELER 1927, S. 48. Kat. Zürich 1945, Nr. 175. SCHNEIDER 1954, S. 113. BOESCH 1955, S. 78. SCHILTER 1957, S. 27. GERMANN 1967, S. 367f., 397, Abb. 294. ANDERES 1974, S. 136, Taf. 39. ANDERES 1975, S. 26. ANDRÉ MEYER, Die Kunstdenkmäler des Kantons Schwyz, Neue Ausgabe Band I: Der Bezirk Schwyz. Der Flecken Schwyz und das übrige Gemeindegebiet, Basel 1978, S. 30 (Nr. 19). Kat. Zürich 1981, Nr. 60, Abb. 60. FELDER 1982, S. 17.

Ost IVc
Standesscheibe Schwyz: hl. Georg
Carl von Egeri, 1557

Die Scheibe zeigt den hl. Georg als Drachenbezwinger mit dem toten Ungeheuer zu seinen Füssen. Ähnlich wie auf Albrecht Dürers Kupferstich von 1508 (Abb. 74, Hütt 1971, Nr. 1875) hält der in Vollrüstung auf seinem Pferd sitzende jugendliche Streiter eine Standarte schräg vor sich, auf der als Siegeszeichen ein durchgehendes weisses Kreuz im roten Feld erscheint. Seine Existenz auf dem dreiteiligen Standesfenster von Schwyz verdankt der hl. Georg wohl mehr kompositionellen denn ikonographischen Gründen. Der legendäre Ritter aus Kappadozien scheint jedenfalls nie die Funktion eines zweiten Landespatrons innegehabt zu haben, obwohl ihm die alte, 1036 erstmals erwähnte Pfarrkirche in Arth geweiht war. Georg, der unter Kaiser Diokletian den Märtyrertod erlitten hatte, war im Mittelalter einer der beliebtesten Heiligen, was sich unter anderem darin zeigt, dass er unter die 14 Nothelfer aufgenommen wurde. Der Drachenkampf, der in der spätmittelalterlichen Ikonographie dieses Heiligen eine grosse Rolle spielt, wurde erst im 11. Jahrhundert in dessen Vita integriert. Wie darin berichtet wird, soll er den Drachen im Zeichen des Kreuzes besiegt und dadurch die dem Untier als Opfergabe dargebrachte Königstochter errettet haben, die auf unserer Scheibe unterhalb des Burgfelsens rechts hinter Georg in fürbittender Haltung erscheint. Vergleicht man das Glasgemälde mit seiner Pendantscheibe (Ost IVa), so stellt man fest, dass der Glasmaler eine in die Tiefe komponierte Rahmenarchitektur vortäuscht, aber die Perspektive falsch konzipiert. Tatsächlich sind nicht die äusseren Säulen, sondern die zur Mitte gerichteten paarweise in Schrägansicht gegeben. Mit dieser missverstandenen Raumillusion lässt auch Egeri erkennen, dass er von graphischen Vorlagen abhängig war und derartige perspektivische Kunstgriffe zwar aufnahm, aber künstlerisch nicht immer bewältigte. Seine Stärke zeigt sich vielmehr in der dekorativflächigen Bildkomposition und im zeichnerischen Detail.

Inschriften. Auf dem vom Engel gehaltenen Schriftband: «1557». Auf dem Nimbus: «S GEORGIVS ORA».

Technik. Farbloses Glas; Überfangglas: rot und blau (Ausschliff jeweils rückseitig), hellblau (Ausschliff vorderseitig); Farbglas: grün, violett, hellrot.
Bemalung mit Schwarzlot und Silbergelb (jeweils in diversen Farbstufen), mit Eisenrot sowie mit hellblauer und blauer Schmelzfarbe (auf den 1624 erneuerten Gläsern).
Georgs rotes Wams ist in den Schattenpartien nass gestupft.
Lichtmass: 68 x 47 cm.

Erhaltung. Das Glasstück mit Georgs Kopf, worauf Helm und Armpanzer rückseitig hellblau emailliert sind, stammt von 1624 (vgl. Ost IVa). Damals ergänzt wurden auch die vordere Partie des Pferdes zusammen mit der linken Innensäule sowie die Säulenbasis unten links. Stellenweise geringer Schwarzlotverlust. Einige Sprünge.

Literatur. Liebenau 1892, S. 13 (Anm.1), 16, Taf. IX. Lehmann 1897, S. 29, Nr. IV. Stammler 1903, S. 224f. Oidtmann 1905, S. 227. Nüscheler 1927, S. 48. Kat. Zürich 1945, Nr. 176. Schneider 1956, Abb. S. 561. Schilter 1957, S. 27. Müller 1957, S. 48–50 (mit Taf.-Abb.). Germann 1967, S. 367, 397, Abb. 294. Anderes 1974, S. 138, Taf. 40. Anderes 1975, S. 26. Kat. Zürich 1981, Nr. 61, Abb. 61. Felder 1982, S. 17.

Abb. 74: Albrecht Dürer. Kupferstich mit der Darstellung des hl. Georg, 1508.

Ost IV Masswerk
Anbetung der Könige
Carl von Egeri (z), 1557

Wie der Evangelist Matthäus berichtet, kamen die drei Weisen nach Jerusalem zu Herodes, und «nachdem sie den König angehört hatten, zogen sie hin. Und siehe, der Stern, den sie im Morgenland gesehen hatten, ging vor ihnen her, bis er über dem Orte stillstand, wo das Kindlein war. Als sie aber den Stern sahen, wurden sie sehr hoch erfreut und gingen in das Haus hinein und sahen das Kindlein mit Maria, seiner Mutter. Und sie warfen sich nieder, huldigten ihm, taten ihre Schätze auf und brachten ihm Gaben dar ...» (Mt 2, 9–11).

Die in diesen Worten geschilderte Anbetung der Könige ist in Muri im Masswerk des Schwyzer Fensters dargestellt. Egeri hat es dabei gut verstanden, die aus drei Herzen bestehende Masswerkkomposition gleichmässig zu füllen, ohne das Bild über Gebühr zu strapazieren. Während das obere der drei Herzstücke das Zusammentreffen der königlichen Reiterzüge vor einer Gebirgslandschaft zeigt, ist die Anbetungsszene auf die beiden unteren verteilt. Links kniet der erste König mit offener Schatulle vor der sitzenden, das Jesuskind vor sich hin haltenden Muttergottes; hinter ihr steht Joseph, gebückt und auf einen Stock gestützt. Rechts eilen der weissbärtige Melchior und der jugendliche, dunkelhäutige Balthasar mit fliegenden Mänteln und vorgehaltenen Geschenken in Vase und Füllhorn herbei, wegen der mangelnden Raumhöhe in geduckter Haltung. Die Landschaft ist schollenartig gestaffelt, sodass man die kleinfigurige Reitergruppe darüber, ein kleines zeichnerisches Kabinettstück, als entfernt empfindet.

Die Anbetung der Könige wird als Huldigung der Heidenkirche im Gegensatz zum Unglauben der Juden gedeutet. Das Fest der Epiphanie, das heisst der Erscheinung Gottes in Christus, wird seit dem dritten Jahrhundert am 6. Januar gefeiert und nahm früher vor allem in der Ostkirche einen hervorragenden Platz im Kirchenkalender ein. Seit der 1164 vollzogenen Überführung ihrer Reliquien von Mailand nach Köln wurde den drei Königen auch nördlich der Alpen eine grössere Verehrung zuteil, was sich noch heute in zahlreichen Bräuchen niederschlägt. Die Geschenke der Weisen aus dem Morgenland betrachtet man als Gaben für Christus den König: Gold

Abb. 75: Die Anbetung der Könige. Holzschnitt aus Bernard Salomons Bilderbibel, Lyon 1554 (Stadt- und Universitätsbibliothek Bern, Kp VI. 34 [Ausgabe von 1681]).

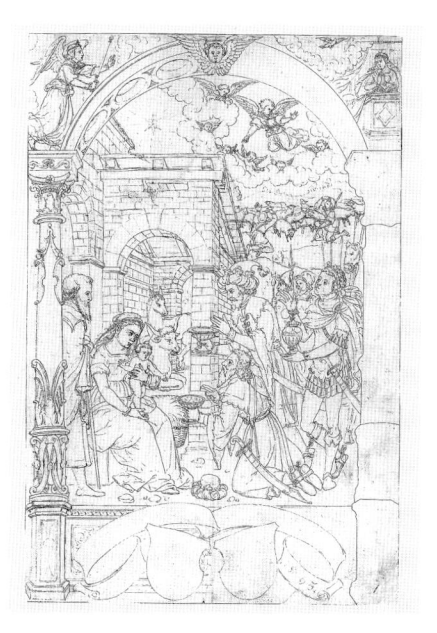

Abb. 76: Grosshans Thomann. Scheibenriss mit der Anbetung der Könige, 1563 (München, Staatliche Graphische Samlung, Inv. 40515).

bedeutet Kraft und Herrschaft, Weihrauch bezeichnet Christus als Priester und Gott zugleich, und die Myrrhe, ein orientalischer Balsam, weist auf Christi Bereitschaft zum Opfertod hin. Die drei Könige verkörpern zudem die drei Lebensalter und die drei im Mittelalter bekannten Erdteile, Europa, Asien und Afrika.

Von der auf Salomons hochformatigem Holzschnitt dicht gedrängt vor der Tempelruine erscheinenden Figurengruppe (Abb. 75) war für Egeri die Muttergottes und das Kind zusammen mit Joseph und dem vor ihr knienden König vorbildhaft. Von Salomon abweichend komponierte Egeri hingegen die beiden stehenden Königsgestalten, die er in die Landschaftsszenerie im rechten Herzstück integrierte. Mit dem in München befindlichen, 1563 entstandenen Scheibenentwurf des Zürcher Glasmalers Grosshans Thomann (1525–1567) konnte Bernhard Anderes ein Epiphaniebild namhaft machen, auf dem die Muttergottes, Joseph und der erste König ähnlich wie in Muri gruppiert sind (Abb. 76). Salomons Bilderbibel dürfte damals also auch Thomann zur Kenntnis gelangt sein, und zwar möglicherweise über Carl von Egeri.

Technik. Farbloses Glas; Überfangglas: blau und grün (Ausschliff jeweils vorderseitig), rot (Ausschliff rückseitig), purpurviolett (Ausschliff vorder- und rückseitig); Farbglas: violett.
Bemalung mit Schwarzlot und Silbergelb (jeweils in diversen Farbstufen).

Erhaltung. Mehrere Sprünge und Notbleie.

Literatur. LÜBKE 1866, S. 50. LIEBENAU 1892, S. 24, Taf. XXVIII. LEHMANN 1897, S. 36, Nr. XI. NÜSCHELER 1927, S. 49. SCHILTER 1957, S. 27. GERMANN 1967, S. 367f., 398, Abb. 294. ANDERES 1975, S. 26. Kat. Zürich 1981, S. 19, Abb. 6 und Nr. 97. FELDER 1982, S. 17.

Ost Va
Standesscheibe Unterwalden:
hl. Petrus
Carl von Egeri, 1557

Als Unterwalden 1557 sein Fenster nach Muri stiftete, war das seit der Mitte des 14. Jahrhunderts getrennte Land «ob und nid dem Kernwald» von inneren Zerwürfnissen geprägt. Anlass zu ständigen Streitigkeiten bot vor allem die Bestellung politischer und militärischer Ämter ausserhalb des Landes. Über alle Zwistigkeiten hinweg gab es aber zwischen beiden Landesteilen enge traditionelle Banden. Ihnen bis heute gemeinsam ist beispielsweise der hl. Petrus als Landespatron, dem die alten Pfarrkirchen in Sarnen (Obwalden) und Stans (Nidwalden) geweiht sind. Auf unserer Scheibe steht der Apostelfürst in tänzelnder Schreitstellung auf einem bauchig vorgezogenen, delphingesäumten Podium. Umfangen ist er von einer originellen Architektur, die aus einem gestuften Bogen und vorgestellten Säulen mit Ädikulansätzen besteht. Der mächtige, geschulterte Schlüssel ist gleichzeitig Attribut des hl. Petrus und Wappenbild (ursprünglich Siegelbild) des ehemals ungeteilten Landes Unterwalden. Auf dem Nidwaldner Siegel von 1344 (?) ist der hl. Petrus mit einfachem Schlüssel dargestellt, während er auf dem 1512 von Papst Julius II. geschenkten Banner einen doppelbärtigen Schlüssel in der Linken hält (Mühlemann 1991, S. 60–63). Das fast kahle Petrushaupt mit der hohen Stirn und den lebhaften Augen ist Carl von Egeri besonders gut gelungen, sodass er seine Signatur mit Stolz auf dem an der linken Säule hängenden Cartellino anbringen konnte. Der rote Mantel hebt sich wirkungsvoll vom wolkig blauen Himmel des Hintergrunds ab.

Für den Hintergrund verwendete Egeri gleich wie auf seinen anderen Scheiben blaues Überfangglas. Das ermöglichte ihm, Himmel, Wolken und Landschaft beinahe ohne störende Bleiruten ineinander überfliessen zu lassen. Im unteren Teil davon stellte er hier mit einem gewissen Schuss Phantasie den Flecken Sarnen dar, so wie er als Holzschnittprospekt in Stumpfs Schweizer Chronik von 1548 vorgebildet ist (Abb. 77/78). Der Ausblick geschieht vom Landenberg aus. Der Glasmaler wählte einen charakteristischen, aber stark gerafften Ausschnitt der Vorlage. Klar ersichtlich, wenn auch in der Breite übertrieben, ist das Aawasser. Im Landschaftsausschnitt rechts erscheint diesseits des Flusses die gotische, 1739 durch den heutigen Bau von Franz und Johann Anton Singer ersetzte Pfarrkirche St. Peter und am gegenüberliegenden Ufer das noch bestehende Beinhaus aus der Zeit um 1500. Links ist die über den Fluss führende, gedeckte Holzbrücke erkennbar, begleitet von einem nicht identifizierten Bau nahe dem heutigen Wirtshaus Landenberg. Gegenüber erhebt sich das wie ein Brückenkopf wirkende, aus Stein gebaute Rathaus, das – mehrfach umgeändert – am gleichen Platz erhalten blieb. Das leicht vorstossende Haus dahinter gehörte dem Landammann Heinrich Wirz, dessen Brudersohn, Bannerherr Niklaus Wirz, wahrscheinlich auf der Standesscheibe (Ost Vb) porträtiert ist. Letzterer liess kurz vor seinem Tod das bei Stumpf abgebildete, auf unserer

Abb. 77: Der Ort Sarnen. Ansicht des Ortsteils links hinter Petrus (Muri Ost Va).

Abb. 78: Der Ort Sarnen. Holzschnitt aus Johannes Stumpfs Schweizer Chronik, 1548.

Scheibe jedoch durch den Mantel des hl. Petrus verdeckte Wirz-Haus an der Brünigstrasse neu bauen, für das er bei der Tagsatzung Wappenscheiben erbat. Das turmartige Haus mit dem Treppengiebel stand zur Zeit der Anfertigung des Glasgemäldes aber bereits nicht mehr, denn 1556 hatte dort Landammann Niklaus Imfeld eine Kapelle errichten lassen, die 1658 in die heutige Dorfkapelle Maria Lauretana umgestaltet wurde.

Inschriften. Auf den Täfelchen an den Säulen: «CVE» (ligiert) und «1557». Auf dem Nimbus: «S PETRVS».

Technik. Farbloses Glas; Überfangglas: rot und blau (Ausschliff jeweils rückseitig); Farbglas: dunkelblau, grün, hellrot, gelb.
Bemalung mit Schwarzlot und Silbergelb (jeweils in diversen Farbstufen).
Die Apostelkleidung ist in den Schattenpartien nass gestupft.
Lichtmass: 68 x 47 cm.

Erhaltung. Barocke Ergänzungen sind auf dem dreiteiligen Standesfenster Unterwaldens keine auszumachen. Das ist insofern erstaunlich, als im Rechnungsrodel von 1624 ein Betrag von 7 Gulden für Glaser- und Glasmalerreparaturen an diesem Fenster ausgewiesen ist (vgl. S. 265). Eine Lösung für diesen scheinbaren Widerspruch bietet die Annahme, dass der genannte Betrag für die Neuverbleiung des Fensters und die Erneuerung der Butzenverglasung Verwendung fand. In der linken Hand Petri ist ein kleines Glasstück ausgebrochen. Einige Sprünge und Notbleie.

Literatur. LÜBKE 1866, S. 58 (Anm. 45). MEYER 1884, S. 297. LIEBENAU 1892, S. 14. HAENDCKE 1893, S. 174. LEHMANN 1897, S. 29f., Nr. V. STAMMLER 1903, S. 224f. OIDTMANN 1905, S. 227. NÜSCHELER 1927, S. 48. BOESCH 1955, S. 78. SCHILTER 1957, S. 27. MÜLLER 1957, S. 50. GERMANN 1967, S. 367f., 398, Abb. 295. DÜRST 1971, S. 116–118, Farbabb. 54. ANDERES 1974, S. 140, Taf. 41. ANDERES 1975, S. 26f., Abb. 21. Kat. Zürich 1981, Nr. 62, Abb. 62. FELDER 1982, S. 17.

Ost Vb
Standesscheibe Unterwalden
Carl von Egeri, 1557

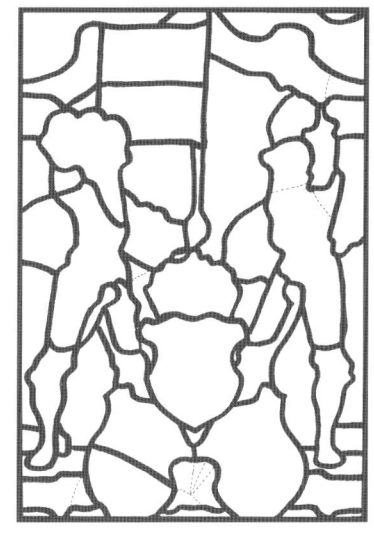

Die Wappenpyramide von Unterwalden besteht aus dem rot und weiss geteilten Schild von Obwalden, dem Schild mit dem Doppelschlüssel in Rot von Nidwalden und dem überhöhenden Reichsadlerschild. Darin sollte eigentlich zum Ausdruck kommen, dass beide Landesteile eine friedliche Einheit bildeten. Der Bannerherr trägt als Hauptfeldzeichen des ganzen Landes jedoch die Obwaldner Fahne, womit angedeutet wird, wer in Unterwalden damals den Ton angab. Das geteilte Land kämpfte unter diesem Banner, das seit dem königlichen Diplom vom 28. September 1487 ein Eckquartier mit der Kreuzigungsgruppe aufnimmt. Auch das Juliusbanner von 1512 zeigt diese Auszeichnung (Mühlemann, S. 59–63). Während dort die Kreuzigungsgruppe für sich allein steht, ist sie auf unserer Scheibe allerdings durch ein Muttergottesbild bereichert, so wie man ihm ebenfalls auf dem um 1513 in Zürich entstandenen Holzschnitt mit der Darstellung der Juliusbanner begegnet (Kat. Bern 1991, Nr. 16). Die Farben und die Teilung des Banners stimmen übrigens mit jenem von Solothurn genau überein. Das hatte zur Folge, dass die Unterwaldner 1481 gegen die Aufnahme des Stadtstaates Solothurn in den Bund der Eidgenossen eintraten.

Das Bestreben Nidwaldens nach Gleichberechtigung mit Obwalden fand in den Standesscheiben eine willkommene Ausdrucksmöglichkeit, mussten doch hier die beiden Schilde aus Symmetriezwang jeweils nebeneinander stehen. Von Erfolg gekrönt wurden Nidwaldens Bemühungen unter Landammann Melchior Lussi, der seit 1593 der gemeinsame Landeshauptmann von Ob- und Nidwalden war (vgl. West IVa). Eindrücklich dokumentiert dies die Unterwaldner Standesscheibe von 1564 im Schloss Buonas, worauf der Bannerträger die Nidwaldner Fahne mit dem Doppelschlüssel hält. Offenbar empfand man später die Gegenüberstellung der beiden Schilde als ungleichgewichtig, sodass Christoph Murer im repräsentativen Standesscheibenzykus von 1606 im Rathaus Luzern – wohl nach Absprache mit den beiden Ländern – ein gemeinsames Wappen schuf: geteilt von Rot und Weiss und belegt mit einem einfachen weissen Schlüssel (Mühlemann, S. 64). Erst 1816 sollte jedoch der Schlüssel offiziell Eingang in beide Kantonswappen finden.

Die stolze Figur des geharnischten Bannerträgers mit ihren individuellen Zügen repräsentiert vermutlich Niklaus Wirz, den langjährigen gemeinsamen Bannerherrn Ob- und Nidwaldens. Wirz starb zwar 1556; da wegen interner Schwierigkeiten das von ihm innegehabte Ehrenamt bis 1592 unbesetzt blieb, hielten die Glasmaler bei der Darstellung des Unterwaldner Bannerträgers aber auch nach

1556 an seiner Physiognomie fest. Nicht sicher zu beantworten ist die Frage, ob die Wirz gegenüberstehende glanzvolle Kriegergestalt ebenfalls eine historische Persönlichkeit verkörpert. Zumindest scheint es verlockend, darin den noch jugendlichen Obersten Melchior Lussi zu erkennen, der 1556 im Alter von 27 Jahren durch Papst Paul IV. zum Ritter geschlagen wurde. Vielleicht nimmt die Ehrenkette, die hier den mit Streitkolben (Kommandostab), Anderthalbhänder und Schweizerdolch ausgerüsteten Hauptmann auszeichnet, darauf Bezug.

In den Zwickelfeldern sind links der Eremit Niklaus von Flüe (1417–1487) vor der Ranftkapelle dargestellt, rechts Struthan Winkelried bei seiner heroischen Tat. Nach einer 1507 in der Etterlin-Chronik aufgezeichneten Sage soll der um 1300 lebende Heinrich von Winkelried, genannt «Struthan», Ahnherr des nachmals berühmten Helden der Schlacht von Sempach, einen Drachen getötet haben. Beide Bildthemen erscheinen auf zahlreichen Unterwaldner Standesstiftungen, zuweilen abwechselnd mit der ebenfalls bei Etterlin überlieferten Sage von der Ermordung des Landvogts von Wolfenschiessen durch den Altseller Bauern Baumgarten, wie zum Beispiel auf Egeris Scheibe von 1542 im Rathaus zu Stein am Rhein (Anderes 1974, Abb. 7).

Scheibenstiftungen Unterwaldens nach Muri sind ebenfalls für die Jahre 1570, 1604 und 1619 belegt (Truttmann 1922/23, Teil 2, S. 250 und Teil 4, S. 240, 243; Küchler 1884, S. 93). Während das Standesfenster von 1570 für die dortige Pfarrkirche bestimmt gewesen sein dürfte (Germann 1967, S. 191), gelangte jenes von 1604 in den Konventsbau des Klosters (Germann 1967/68, S. 190) und jenes von 1619 vermutlich in die Klosterkirche (Germann 1965/66, S. 47, Nrn. 52/53).

Inschriften. Zwischen den Standesschilden: «1557».

Technik. Farbloses Glas; Überfangglas: rot, blau und hellblau (Ausschliff jeweils rückseitig); Farbglas: grün, gelb.

Bemalung mit Schwarzlot und Silbergelb (jeweils in diversen Farbstufen).
Lichtmass: 68 x 46,5 cm.

Erhaltung. Auf der Standesscheibe von Unterwalden sind keine Ergänzungen feststellbar (vgl. Ost Va). Einige Sprünge und Notbleie.

Literatur. Lübke 1866, S. 48f. Liebenau 1892, S. 13. Lehmann 1897, S. 29, Nr. V. Stammler 1903, S. 224f. Oidtmann 1905, S. 227. Robert Durrer, Bruder Klaus. Die ältesten Quellen über den seligen Nikolaus von Flüe, sein Leben und seinen Einfluss, Bd. 2, Sarnen 1917–1921, S. 1081, Taf. XXXVI. Nüscheler 1927, S. 48. Paul Hilber/Alfred Schmid, Niklaus von Flüe im Bilde der Jahrhunderte, Zürich 1943, S. 64, Nr. 11, Fig. 2. Schneider 1954, S. 113. Boesch 1955, S. 78. Schilter 1957, S. 27. Germann 1967, S. 367, 398, Abb. 295. Dürst 1971, S. 116–118, Farbabb. 54. Anderes 1974, S. 142, Taf. 42. Anderes 1975, S. 26f., Abb. 21. Kat. Zürich 1981, Nr. 63, Abb. 63. Felder 1982, S. 17. Mühlemann 1991, Farbabb. S. 65.

Ost Vc
Standesscheibe Unterwalden: hl. Paulus
Carl von Egeri, 1557

Der hl. Paulus gilt als zweiter Patron Unterwaldens, erscheint er doch sowohl in der Hauptkirche von Sarnen wie in der Hauptkirche von Stans stets an der Seite des hl. Petrus. Der Apostelfürst steht frontal, den Kopf nach rechts gewendet und den Körper leicht verdreht, unter der Rahmenarkade. Er trägt eine über der Schulter gefibelte, grüne Tunika, die er mit der Geste eines römischen Senators zusammenhält. Seine Rechte umfasst ein mit der Klinge nach oben gerichtetes Schwert, über dessen Parierstange in dekorativer Tauschierung das Monogramm des Glasmalers Carl von

Egeri sichtbar ist, das sich auf dem Täfelchen an der rechten Säule wiederholt. In der Pose eines tatendurstigen Feldherrn richtet Paulus seinen Blick zielbewusst in die Ferne. Das bärtige Haupt ist vom Nimbus hinterlegt. Wie auf allen Scheiben in Muri ist die Aureole auch hier nicht als durchsichtiger Schein, sondern als tellerartige, mit Ziermustern und dem Namen des Heiligen versehene Scheibe gestaltet. Carl von Egeri griff damit bewusst auf gotische Vorbilder zurück, bei denen der Heiligenschein attributiven Charakter besitzt. In seiner imposanten Erscheinung erinnert die Apostelgestalt an die Paulusfigur von Claudio Rofferio, die dieser als Initialminiatur 1551/52 in einem Antiphonar des Murenser Abtes Johann Christoph von Grüth festhielt (Schmid 1954, S. 128, Abb. 66).

Die Farbskala gibt dem Glasgemälde eine besondere Festlichkeit. Die verschiedenen Blaustufen im Überfangglas des Hintergrundes, das Violett der Pfeilerkapitelle und das metallische Blau der Säulen kontrastieren angenehm mit dem warmtonigen Gelb und Olivgrün der Kleidung. Als dekorative Elemente erscheinen in den Friespartien geflügelte, einhörnige Pferde und am Sockel schlagen zwei Delphine um sich, während am bauchig vorspringenden Podest und am Bogenscheitel zwei geflügelte Engelsköpfchen die Mitte markieren. Gerne würde man wie bei der analog komponierten Pendantscheibe (Ost Va) die Hintergrundlandschaft mit irgendeiner Örtlichkeit in Nidwalden identifizieren. Bei Stumpf und bei allen topographischen Holzschnittserien des 16. Jahrhunderts tritt anstelle von Stans jedoch stets Sarnen als Repräsentant Gesamtunterwaldens auf. Die Wasserfläche rechts weist immerhin auf die Lage Nidwaldens am See. Eigenartig ist der am Ufer pyramidenförmig aufragende Turm. Ebenso wie dieser dürfte die Burganlage links der Phantasie des Künstlers entsprungen sein, gab es doch damals in Nidwalden keine Feudalburgen mit Bergfried, Zwinger, Wassergraben und Steinbrücke. Ob hier Egeri eine Andeutung auf die Rosenburg in Stans machen wollte, die im 13. und 14. Jahrhundert ein stattlicher Edelsitz der «Meier von Stans» war und nach der Mitte des 16. Jahrhunderts an den Bannerherrn und nachmaligen Landammann Johannes Waser († 1610) kam? Tatsächlich weiss der Lokalchronist Johann Melchior Leuw (1598–1675) Folgendes zu berichten: «Früher wäre es [das Steinhaus] mit einem Graben umgeben, auch mit einem Thor und Ringgmauren wohl beschlossen – ein dergleichen Thurn mit gar dicken und vesten Mauren zu finden, soll dero edlen Freyherren von Rosenburg Stammhaus gewäsen sein ...».

Inschriften. Auf den Täfelchen an den Säulen: «1557» und «CVE» (sein Monogramm hielt Egeri in der gleichen Ligaturform auch auf der Schwertklinge fest). Auf dem Nimbus: «S PAVLVS».

Technik. Farbloses Glas; Überfangglas: rot und blau (Ausschliff jeweils rückseitig), grün (Ausschliff vorderseitig); Farbglas: hellblau, violett, hellrot, gelb.
Bemalung mit Schwarzlot und Silbergelb (jeweils in diversen Farbstufen).
Die Apostelkleidung ist in den Schattenpartien nass gestupft.
Lichtmass: 67,5 x 47 cm.

Erhaltung. Auf der Scheibe lassen sich keine Ergänzungen feststellen (vgl. Ost Va). Ein mit Blei gefüllter Glasausbruch oberhalb des linken Säulenkapitells. Einige Sprünge und Notbleie.

Literatur. LÜBKE 1866, S. 58 (Anm. 45). MEYER 1884, S. 297. LIEBENAU 1892, S. 14, Taf. VI. HAENDCKE 1893, S. 174. LEHMANN 1897, S. 30, Nr. V. STAMMLER 1903, S. 224f. OIDTMANN 1905, S. 227. NÜSCHELER 1927, S. 48. BOESCH 1955, S. 78. SCHILTER 1957, S. 27. MÜLLER 1957, S. 50f. GERMANN 1967, S. 367f., 398, Abb. 275, 295. DÜRST 1971, S. 116–118, Farbabb. 54. ANDERES 1974, S. 144, Taf. 43. ANDERES 1975, S. 26f., Abb. 21. Kat. Zürich 1981, Nr. 64, Abb. 64. FELDER 1982, S. 17. GERMANN 1998, S. 289 (Farbabb.).

Ost V Masswerk
Darbringung im Tempel
Carl von Egeri (z), 1557

Die Darbringung im Tempel (Lk 2, 22–40) ist in ein Masswerk hineinkomponiert, dessen Hauptfelder aus zwei nach innen zusammenwachsenden Fischblasen und aus einer darüber angeordneten herzförmigen Öffnung bestehen. Das sich aus dieser Masswerkkonfiguration ergebende gestalterische Problem löste Egeri dadurch, dass er im Gegensatz zu Salomons Holzschnitt (Abb. 79) das Geschehen vor den Tempel in Jerusalem verlegte, wobei er in Anlehnung daran die

Abb. 79: Die Darbringung im Tempel. Holzschnitt aus Bernard Salomons Bilderbibel, Lyon 1554 (Stadt- und Universitätsbibliothek Bern, Kp VI. 34 [Ausgabe von 1681]).

räumliche Tiefe mittels eines mächtigen, perspektivisch überzeichneten Altars gleichsam erzwang. Den sakralen Ort der Handlung markieren zwei seitliche Säulenstümpfe, eine Pfeilerpartie und ein Baldachin. Im Hintergrund links tut sich eine Landschaft auf. Nährvater Joseph und Maria scheinen eben eingetreten zu sein. Auf dem Altar befindet sich ein Körbchen mit zwei Tauben als Opfergabe zur Darbringung. Dahinter steht ein alter, bärtiger Mann mit mitraartiger Kopfbedeckung, der das vor ihm in einer kleinen Krippe liegende Jesuskind auf seine Arme nimmt. Aufgrund seines prunkvollen Ornates könnte man verleitet sein, in ihm den die Beschneidung Christi vollziehenden Hohepriester zu sehen (Lk 2, 21). Die Bildlegende zu dem von Egeri als Vorlage benutzten Holzschnitt lässt jedoch keinen Zweifel daran, dass diese Gestalt den greisen Simeon verkörpert, welcher, wie der Evangelist Lukas berichtet, im Tempel auf den Erlöser gewartet hatte: «Und er [Simeon] kam, erfüllt vom Geist, in den Tempel. Und als die Eltern das Kindlein Jesus hereinbrachten, um mit ihm nach der Gewohnheit des Gesetzes zu tun, da nahm er es auf die Arme und pries Gott ...» (Lk 2, 27–28). Während die Figuren von Simeon und Maria sowie die im Hintergrund versammelte Gruppe von Priestern und Schriftgelehrten auf Salomons Holzschnitt zurückführbar sind, wurde die Gestalt des Pharisäers aussen rechts von Egeri neu geschaffen. Innerhalb der Gesamtkomposition bildet diese das Pendant zum hl. Joseph auf der Gegenseite, den Egeri bei Salomon unmittelbar hinter der Gottesmutter vorgebildet fand.

Das Fest der Darbringung im Tempel fällt auf den 2. Februar. Das sind 40 Tage nach der Geburt Christi. Nach dieser Frist musste dem mosaischen Gesetz gemäss die Frau ihr männliches Kind im Tempel darbringen («Praesentatio») und sich selber durch ein Auslösungsopfer symbolisch einer Reinigung unterziehen («Purificatio»). Das mit grossen Feierlichkeiten und Lichtprozessionen verbundene Marienfest der Reinigung ist seit dem 6. Jahrhundert nachgewiesen. Auf diesen kirchlichen Lichterkult geht die volkstümliche Bezeichnung Maria Lichtmess zurück, die das Ende der Weihnachtszeit ankündigt.

Technik. Farbloses Glas; Überfangglas: rot (Ausschliff vorder- und rückseitig), blau (Ausschliff rückseitig), grün (Ausschliff vorderseitig); Farbglas: purpurviolett, violett. Bemalung mit Schwarzlot und Silbergelb (jeweils in diversen Farbstufen).

Erhaltung. 1896 wurden im herzförmigen Masswerkkompartiment zwei Gläser ersetzt (Lehmann 1897). Eine weitere Ergänzung des 19. Jahrhunderts befindet sich im linken Bogenfeld. Einige Sprünge und Notbleie.

Literatur: LEHMANN 1897, S. 37, Nr. XII. NÜSCHELER 1927, S. 50. SCHILTER 1957, S. 27. GERMANN 1967, S. 367f., 398, Abb. 295. DÜRST 1971, S. 116–118, Farbabb. 54. ANDERES 1975, S. 27, Abb. 21. FELDER 1982, S. 17.

**Ost VIa
Standesscheibe Glarus:
hl. Fridolin
Carl von Egeri, 1557**

Zusammen mit dem hl. Hilarius (Ost VIc) ist der hl. Fridolin Patron der Mutterkirche des Landes Glarus im gleichnamigen Hauptort. In das Landeswappen hat er spätestens im 14. Jahrhundert Eingang gefunden. Während er darauf als Pilger mit Stab erscheint, ist er auf der Scheibe als violett gewandeter Bischof mit Pontifikalinsignien festgehalten, begleitet vom Totengerippe des Ursus. Dieser Bildtypus scheint erst im Spätmittelalter aufgekommen zu sein und erinnert an die Paare in Totentänzen, wie sie zum Beispiel von Hans Holbein d.J. und Niklaus Manuel geschaffen wurden. Die Darstellung basiert auf der legendenumrankten Vita des Heiligen, der 540 in dem von ihm gegründeten Doppelkloster Säckingen gestorben sein soll. Darin wird berichtet, dass Fridolin auf einer Reise nach Chur in Glarus Halt gemacht und das Christentum gepredigt habe. Ein reicher Landbesitzer namens Ursus soll ihm dort auf sein Ableben hin seinen Besitz versprochen haben. Als Ursus starb, focht dessen Bruder Landolf das Erbe an, worauf Ursus aus seinem Grabe auferstanden und als Totenskelett persönlich auf dem Gaugericht in Rankweil vorstellig geworden sei, um seine Vergabungen zu bestätigen. Auf diese Weise sei Glarus an das Kloster Säckingen gekommen. In Wirklichkeit dürfte das weit entfernte Tal aber erst um 740/50 an das Inselkloster im Rhein gelangt sein. Auf der Scheibe hat Egeri die Klosterkirche von Säckingen im Hintergrund rechts festgehalten. Ihr herausragendes Merkmal bildet das gotische Turmpaar, das bis zur Barockisierung 1751 existierte. Den Zugang zur Klosteranlage ermöglicht die davor über den Rhein führende hölzerne Brücke, wo eine nicht identifizierbare, ummauerte Kirche mit Käsbissen sichtbar ist. Am Scheibenfuss ist auf dem Sockelfries Orpheus dargestellt, der mit seiner Viola da gamba die wilden Tiere verzaubert. Die Szene überrascht durch die sorgfältige Zeichnung und genaue Charakterisierung der einzelnen Wesen, die an die Tierbilder in Konrad Gessners zoologischen Schriften erinnern.

Das Land Glarus musste sich den Weg zur Eidgenossenschaft besonders hart erkämpfen. Säckingen übte im Hochmittelalter offenbar ein mildes Regiment aus und bezog von den Gotteshausleuten durchweg Naturalabgaben. Dies änderte sich, als 1264 die Reichsvogtei und 1288 das Meieramt an die Habsburger übergingen und Herzog Albrecht über Glarus, Weesen und das Gaster einen gemeinsamen Vogt setzte. Durch den Bund mit den Eidgenossen 1352 sagte sich das Oberamt Glarus von Österreich los; aber erst die Schlacht bei Näfels 1388 brachte die ersehnte Freiheit. Zur Zeit der Scheibenstiftung nach Muri war der berühmte Gilg Tschudi (1507–1572) Statthalter in Glarus und folgte 1558 für zwei Jahre dem reformierten Paulus Schuler im Amt des Landammanns. Während Tschudi als Politiker die katholische Sache unerbittlich verfocht und auch vor Intrigen nicht zurückschreckte, entwickelte er als Historiograph eine erstaunliche Weitsicht und Unparteilichkeit, die ihm den Namen «Vater der schweizerischen Geschichtsschreibung» eintrugen.

Inschriften. Auf dem Nimbus: «S FRIDELINVS». Auf der Urkunde von Ursus: «v gn... zinsen / die vff ... wittiko».

Technik. Farbloses Glas; Überfangglas: blau (Ausschliff vorder- und rückseitig); Farbglas: rot, violett, grün, hellrot, hellblau.
Bemalung mit Schwarzlot und Silbergelb (jeweils in diversen Farbstufen) sowie mit blauer Schmelzfarbe (rückseitig mit blauem Email auf Blankglas gemalt ist die kleine Himmelspartie zwischen dem Totenskelett und dem hl. Fridolin).
Lichtmass: 67,5 x 46,5 cm.

Erhaltung. Laut dem Rechnungsrodel von 1624 wurden damals für Glaser- und Glasmalerreparaturen am Glarner Fenster 8 Gulden ausgegeben (vgl. S. 265). Auf der Scheibe Fridolins hatte man bei dieser Reparatur Teile der linken Rahmenpartie zu ergänzen. Einige Sprünge und Notbleie.

Literatur: LÜBKE 1866, S. 49. Kat. Zürich 1883, S. 45, Nr. 9. MEYER 1884, S. 299. LIEBENAU 1892, S. 9, 14f., Taf. VIII. LEHMANN 1897, S. 19, 30, Nr. VI. STAMMLER 1903, S. 224f. OIDTMANN 1905, S. 227. NÜSCHELER 1927, S. 48. BOESCH 1955, S. 78. SCHNEIDER 1956, Abb. S. 561. SCHILTER 1957, S. 27. MÜLLER 1957, S. 51f. (mit Taf.-Abb.). GERMANN 1967, S. 367, 398, Abb. 296. ANDERES 1974, S. 146, Taf. 44. ANDERES 1975, S. 27, Abb. 22. FELDER 1982, S. 17.

Ost VIb
Standesscheibe Glarus
Carl von Egeri, 1557

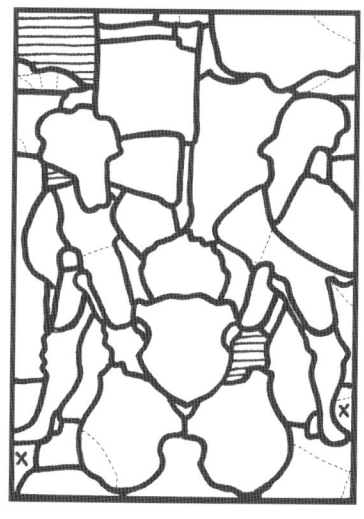

Neben den beiden vom Reichsschild überhöhten Glarner Wappen mit dem Landesheiligen Fridolin erscheinen Bannerherr und Feldhauptmann. Es handelt sich um zwei ältere, langbärtige Krieger, die beide einen Harnisch und ein schmuckes Federbarett sowie Schwert und Schweizerdolch tragen. Der Fähnrich, den Egeri in ähnlicher Physiognomie auf der Glarner Standesscheibe von 1555 im Rathaus Rheineck wiedergab (Anderes 1974, Abb. 8), ist vielleicht Fridolin Zäh von Schwanden, der das Amt des Bannerherrn von 1531 bis zu seinem Tod 1557 ausübte. Die von ihm emporgehaltene, oben mit einem weissen Schwenkel belegte Glarner Fahne enthält wie das Juliusbanner von 1512 ein Eckquartier mit dem auferstandenen Christus (Mühlemann 1991, S. 69f.). Auch der gegenüberstehende, ins Profil gesetzte Hauptmann mit Streitaxt und Ehrenkette besitzt porträthafte Züge, ohne dass er sich identifizieren liesse. Das Oberbild mit den Kanonieren rechts und den anstürmenden Reitern links ist viel eigenwilliger in der Zeichnung als bei Egeri und ungewöhnlich helltonig. Das führt zur Frage, ob dieser Scheibenteil womöglich von einem anderen Glasmaler ausgeführt wurde. Ganz typisch für Egeri ist hinwiederum der die Scheibe auszeichnende lebhafte Farbkontrast, hervorgerufen durch das Blau des Damastgrundes und das Rot, welches das Banner und das Glarner Wappen sowie Wams und Strümpfe des Bannerträgers beherrscht.

Vom Kopf des Bannerherrn existiert im Schweizerischen Landesmuseum eine Nachzeichnung von der Hand Ludwig Vogels aus der Zeit um 1830 (Inv. LM 35797).

Eine vermutlich aus dem 19. Jahrhundert stammende Kopie der Glarner Standesscheibe bewahrt das Museum Allerheiligen in Schaffhausen (Inv. 19888; Stiefel, Taf. 13). Zwei weitere moderne Kopien befinden sich in unbekanntem Besitz (Foto SLM 35261; Auktionskatalog Sotheby & Co., London, 15. März 1968, Nr. 106, Frontispiz-Abb.).

Eine zweite Glarner Scheibenstiftung nach Muri, welche für die dortige Konventsstube bestimmt war, ist in den Tagsatzungsabschieden von 1593 dokumentiert (Germann 1965/66, S. 46; Germann 1967, S. 325f.).

Inschriften. Zwischen den Standesschilden: «1557».

Technik. Farbloses Glas; Überfanglas: rot und hellblau (Ausschliff jeweils rückseitig), blau und grün (Ausschliff jeweils vorderseitig); Farbglas: violett.
Bemalung mit Schwarzlot und Silbergelb (jeweils in diversen Farbstufen).
Lichtmass: 68,5 x 47 cm.

Erhaltung. Die zentrale Standesscheibe scheint 1624 von Reparaturen weitgehend verschont geblieben zu sein (vgl. Ost VIa). Die geharnischten Reiter im Oberbild links und der rote Strumpf des Hauptmanns sind Ergänzungen des 19. Jahrhunderts. Einige Flickstücke, Sprünge und Notbleie.

Literatur. LÜBKE 1866, S. 48. Kat. Zürich 1883, S. 44, Nr. 3. Meisterwerke 1888–1890, S. 10, Taf. 20. LIEBENAU 1892, S. 14f. LEHMANN 1897, S. 30, Nr. VI. STAMMLER 1903, S. 224f. OIDTMANN 1905, S. 227. NÜSCHELER 1927, S. 48. SCHNEIDER 1954, S. 113. BOESCH 1955, S. 78. SCHILTER 1957, S. 27. GERMANN 1967, S. 367, 398, Abb. 296. OTTO STIEFEL, Die Glasgemälde des Museums zu Allerheiligen in Schaffhausen, Schaffhausen 1967, S. 13. ANDERES 1975, S. 27, Abb. 22. FELDER 1982, S. 17.

Ost VIc
Standesscheibe Glarus:
hl. Hilarius
Carl von Egeri, 1557

Der als Kirchenfürst der Renaissance in kostbarer Pontifikalgewandung mit Stab, Mitra und Pektorale dargestellte hl. Hilarius (†367), der in Poitiers das Bischofsamt innehatte, ist der zweite Glarner Landespatron (vgl. Ost VIa). Sein Kult dürfte durch den hl. Fridolin nach Säckingen und von dort nach Glarus gebracht worden sein. Aus den zahlreichen Legenden, die sein Leben umranken, ist auf unserer Scheibe jene aufgegriffen, nach welcher Hilarius ein ohne Taufe verstorbenes Kind auferweckte, um es taufen zu können. Eine künstlerische Meisterleistung auf Glas ist der porträthafte Kopf des Heiligen, dessen Züge im hl. Erasmus auf der Hertenstein-Scheibe (West IIc) wiederkehren. Hier spürt man besonders deutlich den direkten Einfluss des Bildnismalers Hans Asper (1499–1571), mit welchem Carl von Egeri befreundet war.

Im Hintergrund erscheint die Hilarius- und Fridolinkirche in Glarus, so wie sie Hans Asper für den Holzschnitt von Glarus in der Schweizer Chronik von Johannes Stumpf gezeichnet hat (Abb. 80/81). Es handelt sich um die mittelalterliche Kirche, die beim Brand des Fleckens 1861 zerstört wurde. Der aus dem Frühmittelalter stammende Bau wurde um 1100 zu einer Pfeilerbasilika ausgebaut und 1464 bis 1470 mit einem spätgotischen Polygonalchor versehen. Der etwas jüngere, aber immer noch romanische Turm am Westende des nördlichen Seitenschiffs erhielt den hier dargestellten Käsbissenabschluss nach dem Brand von 1477. Deutlich erkennbar sind die Vorhalle und die so genannte Zwinglikapelle. Letztere wurde um 1510 errichtet, als der spätere Reformator Ulrich Zwingli in Glarus als Pfarrer amtete. Auf dem Platz des Spielhofs stehen zwei Linden, die erst Ende des 18. Jahrhunderts verschwanden.

Die Scheiben des hl. Fridolin und des hl. Hilarius weisen kompositionell und farblich aufeinander abgestimmte Giebelarchitekturen auf, die in übertriebener Perspektive Einblick von rechts beziehungsweise von links gewähren. Sie sind ganz augenfällig auf die zentrale Standesscheibe ausgerichtet, mit der sie das Lorbeergehänge als gemeinsames Motiv teilen. Auf dem Sockelfries zeigt unser Glasgemälde allerdings nicht eine mythologische Szene wie sein Gegenstück, sondern eine Hirschjagd mit Fangnetz.

Inschriften. Auf dem Nimbus: «S HILARIVS EPISCO[PVS]».

Technik. Farbloses Glas; Überfangglas: rot (Ausschliff vorder- und rückseitig), blau (Ausschliff rückseitig), grün (Ausschliff vorderseitig); Farbglas: hellrot.
Bemalung mit Schwarzlot und Silbergelb (jeweils in diversen Farbstufen) sowie Eisenrot. Das rot ausgeschlagene Pluviale ist in den Schattenpartien nass gestupft.
Lichtmass: 67,5 x 47 cm.

Erhaltung. Der Knabe am Boden wurde 1624 erneuert (vgl. Ost VIa). Die Segenshand mit dem dazugehörigen Himmels- und Säulenstück musste 1956/57 ergänzt werden (Germann 1967). Einige Sprünge und Notbleie.

Literatur. LIEBENAU 1892, S. 14f. LEHMANN 1897, S. 30, Nr. VI. STAMMLER 1903, S. 224f. OIDTMANN 1905, S. 227. NÜSCHELER 1927, S. 48. BOESCH 1955, S. 78. SCHILTER 1957, S. 27. MÜLLER 1957, S. 52. GERMANN 1967, S. 367, 398, Abb. 296. ANDERES 1974, S. 148, Taf. 45. ANDERES 1975, S. 27, Abb. 22. FELDER 1982, S. 17.

Abb. 80: Der Ort Glarus. Ausschnitt aus der Hilarius-Scheibe des Standes Glarus (Muri Ost VIc).

Abb. 81: Der Ort Glarus. Holzschnitt aus Johannes Stumpfs Schweizer Chronik, 1548.

Ost VI Masswerk
Bethlehemitischer Kindermord
Carl von Egeri (z), 1557

Im Masswerk des Glarner Fensters ist der Kindermord von Bethlehem festgehalten, worüber der Evangelist Matthäus folgendermassen berichtet: «Als darauf Herodes sah, dass er von den Weisen getäuscht worden war, wurde er sehr zornig, sandte hin und liess in Bethlehem und in dessen ganzem Gebiet alle Knaben töten, die zweijährig und darunter waren, ...» (Mt 2, 16–18). Während in den früh- und hochmittelalterlichen Darstellungen der die Untat befehlende Herodes meistens eine der Hauptfiguren verkörpert, wurde der Kindermord von den Künstlern der Renaissance meistens ohne diesen in Szene gesetzt. Auf die Wiedergabe seiner Figur verzichtete auch Egeri. Dieser konzentrierte sich vielmehr darauf, das Ringen der Mütter um ihre Kinder und deren verzweifelten Schmerz in eindrücklichen Bildern einzufangen. Die Anregung dazu bot ihm der Holzschnitt Salomons (Abb. 82). Weil Egeri die Handlung auf mehrere Masswerkfelder zu verteilen hatte, sah er sich jedoch veranlasst, die dicht gedrängte Figurengruppe seiner Vorlage auseinander zu dividieren. Die Bildbühne für das grausige Geschehen bildet eine reizvolle, in der Ferne verblauende Landschaft, in die Egeri in Anlehnung an Salomons Holzschnitt eine Bogentreppe als architektonische Kulisse einfügte. Nach vorne hin wird die Szene durch eine mit fischschwänzigen Wesen besetzte Brüstung beschlossen, auf der zwei Opfer der Gräueltat liegen.

Technik. Farbloses Glas; Überfangglas: rot und grün (Ausschliff jeweils vorderseitig), blau (Ausschliff rückseitig); Farbglas: hellrot, violett.
Bemalung mit Schwarzlot und Silbergelb (jeweils in diversen Farbstufen).

Erhaltung. Die zweite Fischblase von links erhielt im 19. Jahrhundert eine kleine Ergänzung. Mehrere Sprünge und Notbleie.

Literatur. LÜBKE 1866, S. 50. LIEBENAU 1892, S. 24, Taf. XXVI. LEHMANN 1897, S. 39, Nr. XIII. NÜSCHELER 1927, S. 49. SCHILTER 1957, S. 27. GERMANN 1967, S. 367f., 399, Abb. 296. ANDERES 1975, S. 27. FELDER 1982, S. 17.

Abb. 82: Der Bethlehemitische Kindermord. Holzschnitt aus Bernard Salomons Bilderbibel, Lyon 1554 (Stadt- und Universitätsbibliothek Bern, Kp VI. 34 [Ausgabe von 1681]).

Ost VIIa
Standesscheibe Zug: hl. Michael
Carl von Egeri, 1557

Der Erzengel Michael, wie der hl. Oswald Stadtpatron von Zug, wurde seit dem 14. Jahrhundert häufig in seiner Doppelfunktion als Bezwinger Luzifers und als Seelenwäger dargestellt. So erscheint er auf unserer Scheibe als jugendlicher Ritter in Vollrüstung und mit erhobenem Schwert, ikonographisch dem hl. Georg nicht unähnlich. In der Linken hält er eine Waage, altes Symbol der Gerechtigkeit. In einer der Waagschalen kniet in Gestalt eines Kindes die fromme Seele, rechts versucht der drachenförmige Teufel mit Hilfe eines Mühlsteins das Mehrgewicht zu bekommen, was ihm nicht gelingt. Die Hintergrundlandschaft mit dem Gewässer ist ein Phantasiegebilde, auch wenn man in der Burg links am Seeufer eine Andeutung auf das Zuger Kastell sehen möchte. Die Insel nimmt jedoch eindeutig Bezug auf den Mont-St-Michel an der normannischen Küste, wo der Legende nach im 8. Jahrhundert der hl. Hubert als Bischof von Arrandes eine Erscheinung des hl. Michael hatte. Von hier aus trat der Michaelskult seinen Siegeszug im christlichen Abendland an. Dem Heiligen wurden in zahlreichen romanischen Kirchen Kapellen errichtet. In Domen und Klosterkirchen gelangten diese im so genannten Westwerk zur Aufstellung, denn nach altem Glauben kamen aus dem Westen die Nacht und das Böse, und da wusste man sich von der lichtvollen Gestalt des Teufelsbezwingers und Seelenwägers am besten beschützt. In Zug geht die besondere Verehrung des Erzengels auf die alte Pfarrkirche St. Michael zurück, die über der Stadt ausserhalb des Berings stand und ihrer Gründung nach wohl vor die Jahrtausendwende zurückreicht. Sie verlor ihre dominierende Stellung, als 1478 die Oswaldkirche im Stadtinnern erstellt wurde. 1898 riss man die alte Michaelskirche ab, ersetzte sie durch einen Neubau und überführte ihre Barockausstattung in die Dreifaltigkeitskirche von Konstanz.

Bemerkenswert ist der Architekturrahmen, der in gleicher Form auf der Scheibe des hl. Oswald wiederkehrt. Als Träger des halbrund nach hinten verlaufenden Gebälks agieren links ein 1624 durch Michael Müller erneuerter Atlant und rechts eine Karyatide, beide mit erhobenen Armen und spiralig gedrehten Fischschwänzen. Bei der Scheibe von Hans Hug (West IIa) wurde bereits darauf hingewiesen, dass es vermutlich der Glasmaler und Reisser Grosshans Thomann war, der die formalen und motivischen Vorlagen dazu bei seinen Zürcher Berufskollegen bekannt machte (vgl. Abb. 34). Derartige Atlantenfiguren stellte beispielsweise auch Niklaus Bluntschli auf den Glasgemälden dar, die er 1558/59 für den Kreuzgang des Zisterzienserinnenklosters Tänikon schuf. Unter diesen ist hier namentlich die Zuger Scheibe von 1558 hervorzuheben, worauf der Erzengel Michael in gleicher Pose wie in Muri erscheint (Abb. 83; Schneider 1970, Bd. 1, Nr. 274).

Laut den Seckelamtsrechnungen der Stadt Zug wurde das von dieser 1557 nach Muri gestiftete «Wappen» 1624 durch Michael II. Müller (um 1570–1642) repariert (vgl. S. 265).

Inschriften. Auf der Gebälktafel: «1557». Auf dem Nimbus: «SANCTVS MICHA[EL]».

Technik. Farbloses Glas; Überfangglas: rot und blau (Ausschliff jeweils vorder- und rückseitig); Farbglas: grün, hellrot.
Bemalung mit Schwarzlot und Silbergelb (jeweils in diversen Farbstufen) sowie Eisenrot. Michaels roter Mantel ist in den Schattenpartien nass gestupft.
Lichtmass: 67 x 48 cm.

Erhaltung. Der Rechnungsrodel von 1624 gibt für Glasmalerreparaturen am Zuger Fenster Ausgaben in der Höhe von 10 Gulden und 6 Schilling an. Von dieser durch Michael II. Müller durchgeführten Reparatur (s. o.) stammen auf unserer Scheibe der Kopf und der Rumpf des männlichen Atlanten sowie vermutlich auch das Himmelssegment mit der rauchenden Schale links oberhalb des halbrunden Gebälks. Der von Lehmann und Germann ebenfalls als Ergänzung angesprochene Kopf Michaels dürfte hingegen zum Originalbestand gehören. Einige Sprünge und Notbleie.

Abb. 83: Niklaus Bluntschli. Scheibe Zugs aus dem Kloster Tänikon, 1558 (SLM Zürich, Inv. IN 67/14).

Literatur. LÜBKE 1866, S. 48. Kat. Zürich 1883, S. 45, Nr. 10. LIEBENAU 1892, S. 14, Taf. VII. LEHMANN 1897, S. 31, Nr. VII. STAMMLER 1903, S. 224f., Taf. LXXXIII. OIDTMANN 1905, S. 227. NÜSCHELER 1927, S. 48. BOESCH 1943, S. 35. BOESCH 1955, S. 78. KOCH 1956, S. 55f. SCHILTER 1957, S. 27. MÜLLER 1957, S. 53. GERMANN 1967, S. 367, 399, Abb. 297. ANDERES 1974, S. 150, Taf. 46. ANDERES 1975, S. 28. FELDER 1982, S. 17.

Ost VIIb
Standesscheibe Zug
Carl von Egeri, 1557

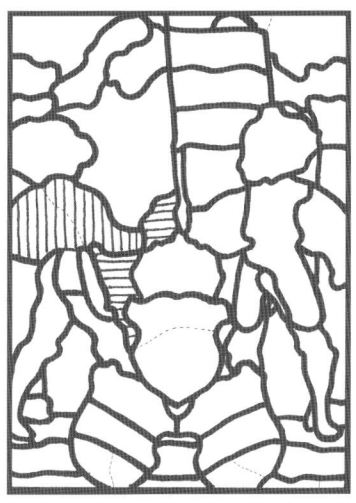

Die Standesscheibe Zugs wird durch den farblichen Dreiklang Rot, Blau und Weiss charakterisiert. Die beiden letzteren Farben zeichnen das Zuger Banner und Wappen aus, bei denen der Querbalken möglicherweise eine Reminiszenz an den Bindenschild von Österreich darstellt (von 1273 bis 1352 war die Stadt Zug im Besitz der Habsburger). Der durch seine vornehme Erscheinung beeindruckende Bannerherr, der Schwert, Schweizerdolch und Ehrenkette trägt, repräsentiert wahrscheinlich Wolfgang Kolin. Dieser war Seckelmeister, seit 1552 Bannerherr und 1556 Obervogt in Steinhausen. Als Seckelmeister war er damals auch für die Zahlung der Zuger Scheibenstiftung nach Muri verantwortlich. Dass dem charaktervollen Kopf, von dem im Schweizerischen Landesmuseum eine Nachzeichnung von der Hand Ludwig Vogels aus der Zeit um 1830 existiert (Inv. LM 35798), durchaus individuelle Züge eignen, unterstreicht der Vergleich mit der Standesscheibe von 1555 im Museum der Burg Zug, worauf der Bannerträger ebenfalls mit gestutztem Bart erscheint (Wyss 1968, S.183, Abb. 9). Das Eckquartier auf dem Zuger Banner zeigt die Beweinung Christi unter dem Kreuz, wie man es auch vom Juliusbanner her kennt, welches Zug 1512 verliehen wurde (Mühlemann, S. 75). Neben dem Bannerträger steht als zweiter Schildwächter ein noch jugendlicher Hauptmann. Zu seiner Ausstattung gehören Kommandostab und Schweizerdolch sowie ein Schweizerkreuzbandelier, das er über seinem mit ganzem Armzeug versehenen Harnisch trägt.

Die kannelierten Rahmensäulen tragen einen verspielten Volutenbogen, in dessen Zwickeln sich je zwei duellierende Krieger gegenüberstehen. Auf den Säulenpostamenten heben sich die Büsten eines Mannes und einer Frau ab, die aber nicht wie üblich als Münzmedaillons konzipiert sind, sondern weit aus Oculi herausragende, gleichsam verlebendigte Büsten darstellen, so wie sie unter anderem der Schaffhauser Glasmaler Hieronymus Lang († 1582) beliebt gemacht hat.

Für Muri bestimmt war vermutlich ebenfalls das in der Glasgemälde-Sammlung von Muri-Gries im Kollegium Sarnen befindliche Zuger Standesscheibenpaar von 1557 (Henggeler 1965/66, Nrn. 22/23, Taf. 21c/d). Möglicherweise bildete dasselbe Teil jener Ehrenwappen, die Laurenz von Heidegg 1531 auf der Tagsatzung als Ersatz für die kurz zuvor in der Kirche zerstörten Standesfenster erbeten hatte (Lehmann 1897, S. 2f.). In diesem Fall hätte sich Zug mit der Erfüllung des Gesuchs freilich alles andere als beeilt.

Inschriften. Zwischen den Standesschilden: «1557».

Technik. Farbloses Glas; Überfangglas: grün (Ausschliff vorder- und rückseitig), violett (Ausschliff vorderseitig); Farbglas: rot, blau, hellblau.
Bemalung mit Schwarzlot und Silbergelb (jeweils in diversen Farbstufen) sowie mit blauer und hellblauer Schmelzfarbe (rückseitig aufgeschmolzen auf den Ärmeln und Strümpfen des Bannerträgers beziehungsweise auf dem Rüstungsoberteil des Hauptmanns).
Lichtmass: 67 x 48 cm.

Erhaltung. Der rückseitig hellblau emaillierte Rüstungsoberteil des Hauptmanns wurde 1624 durch Michael II. Müller ergänzt (vgl. Ost VIIa). Germanns Annahme, wonach auch der Kopf des Bannerherrn und das Oberbild mit den kämpfenden Kriegern Ergänzungen von 1624 darstellen, trifft hingegen kaum zu. Die roten Damaststücke mit der Hand und dem Kommandostab des Hauptmanns stammen aus dem 19. Jahrhundert. Einige Sprünge und Notbleie.

Literatur. LÜBKE 1866, S. 48f. LIEBENAU 1892, S. 14. LEHMANN 1897, S. 31, Nr. VII. STAMMLER 1903, S. 224f. OIDTMANN 1905, S. 227. NÜSCHELER 1927, S. 48. SCHNEIDER 1954, S. 113. BOESCH 1955, S. 78. KOCH 1956, S. 55f. SCHILTER 1957, S. 27. GERMANN 1967, S. 367, 399f., Abb. 297. ANDERES 1974, S. 152, Taf. 47. ANDERES 1975, S. 28, Farbabb. 15. FELDER 1982, S. 17. MÜHLEMANN 1991, Farbabb. S. 74.

Ost VIIc
Standesscheibe Zug: hl. Oswald
Carl von Egeri, 1557

Der hl. Oswald scheint in Zug zum zweiten Stadtpatron erkoren worden zu sein, nachdem die Stadt 1478 eine ihm geweihte Pfarrkirche innerhalb der Mauern erhalten hatte. Sie wurde von Hans Felder d. Ä. in fünfjähriger Bauzeit errichtet und 1494 erweitert. Die grosse Verehrung, die der Heilige dort seitdem genoss, dokumentieren die Zuger Fensterschenkungen, worauf Oswald gemeinsam mit dem Erzengel Michael als Stadt- beziehungsweise Standesrepräsentant festgehalten ist. Dazu gehören die um 1519 und 1579 nach Wettingen gestifteten Glasgemälde (Anderes/Hoegger 1989, Farbabb. S. 144, 212) sowie Niklaus Bluntschlis Scheibe von 1558 aus dem Kloster Tänikon (vgl. Abb. 83).

Oswald war König von Northumbrien, dem nördlichsten der altangelsächsischen Königreiche, dessen Christianisierung er einleitete. Im Jahre 642 fiel er in der Schlacht von Maserfelth gegen seine heidnischen Feinde. In Muri erscheint er in königlicher Gewandung mit hermelinbesetztem Mantel, Zepter und Krone. Doppelhumpen, Rabe und Ring, den der Vogel im Schnabel hält, sind seine Attribute und erinnern an legendarische Begebenheiten aus seinem Leben. Bei einem Gastmahl habe er gehört, dass draussen arme Leute um eine Gabe baten. Oswald liess die Speisen zu ihnen hinaustragen und die goldenen Gefässe zerstückeln und verteilen. Bei seiner Königskrönung sei das Gefäss mit dem Salbungsöl zerbrochen. Da sei ein Rabe herbeigeflogen und habe ihm ein neues Gefäss mit Chrisma gebracht. Ein Rabe habe ihm schliesslich auch den Verlobungsring seiner Braut überbracht, die von ihrem heidnischen Vater eifersüchtig gehütet wurde.

Die im Landschaftshintergrund am Seeufer gelegene Stadt (Abb. 84) entpuppt sich bei näherer Betrachtung als Zug. Egeri nahm sich hierfür die Holzschnittvedute in Stumpfs Schweizer Chronik zum Vorbild (Abb. 85). Da ihm für die Stadtansicht nur geringer Raum zur Verfügung stand, beschränkte er sich allerdings auf eine stark geraffte Wiedergabe des

Abb. 84: Die Stadt Zug. Ausschnitt aus der Oswald-Scheibe des Standes Zug (Muri Ost VIIc).

drei Häuserzeilen umfassenden alten Stadtrings. Gegenüber der mächtigen Linde auf dem im Norden vor der Altstadt gelegenen Linden- oder Kolinplatz steht vorne links der Kaibenturm mit Zeltdach, welches 1630 durch das heutige Satteldach mit Halbwalm ersetzt wurde. Der beherrschende Bau dahinter ist der 1480 von Hans Felder neu errichtete Zeitturm mit offener Wehrplatte, Zinnenkranz und Glockenträger. 1557, also im Jahr der Scheibenstiftung nach Muri, wurde ihm ein steiles Walmdach aufgesetzt, das den Turm noch heute charakterisiert. Davor erhebt sich das 1505 erbaute Rathaus mit dem typischen Zinnengiebel. Seltsam mutet die Kirche im Stadtinnern an. Wohl stand hier seit dem späten 13. Jahrhundert eine Liebfrauenkapelle. Sie bildete jedoch den südlichen Abschluss der alten Stadt. Wollte der Glasmaler hier etwa die Oswaldkirche andeuten, obwohl diese östlich ausserhalb des alten Berings liegt? Im Gegensatz zu heute reichte der See damals hart an die Stadt heran. Gegen ihn zu war ursprünglich noch eine Häuserzeile mehr vorhanden. Sie versank aber am 4. März 1435 durch einen Ufereinbruch in den Fluten. In der Seelandschaft rechts im Hintergrund ist in der Ferne Schloss Buonas erkennbar. Dieser am Westufer des Zugersees auf einer in den See vorspringenden Landzunge gelegene Schlossbau, der nach einem Brand Ende des 15. Jahrhunderts neu errichtet wurde, war bis 1654 im Besitz der Luzerner Familie Hertenstein (Birchler 1934, S. 98–105).

Inschriften. Auf der Gebälktafel: «IHS». Auf dem Nimbus: «S OSWALDVS».

Technik. Farbloses Glas; Überfangglas: blau und grün (Ausschliff jeweils vorder- und rückseitig), rot (Ausschliff rückseitig); Farbglas: hellrot.
Bemalung mit Schwarzlot und Silbergelb (jeweils in diversen Farbstufen).
Lichtmass: 66,5 x 48,5 cm.

Erhaltung. Nach Lehmann und Germann wurde die Figur Oswalds 1624 «zum grössten Teile» beziehungsweise «gesamthaft» erneuert. Zumindest in ihrer unteren Partie dürfte diese aber noch im Originalzustand erhalten sein. Hingegen scheinen 1624 durch Michael II. Müller auch einige Rahmenteile ergänzt worden zu sein (vgl. Ost VIIa). Sprünge und Notbleie.

Literatur. LÜBKE 1866, S. 49. Kat. Zürich 1883, S. 45, Nr. 8. RAHN 1884, S. 52. LIEBENAU 1892, S. 14. LEHMANN 1897, S. 21f., 31, Nr. VII. STAMMLER 1903, S. 224f. OIDTMANN 1905, S. 227. NÜSCHELER 1927, S. 48. BOESCH 1955, S. 78. KOCH 1956, S. 55f. SCHILTER 1957, S. 28. MÜLLER 1957, S. 53f. GERMANN 1967, S. 367, 400, Abb. 297. ANDERES 1975, S. 28. FELDER 1982, S. 17. ANDERES/HOEGGER 1989, S. 324 (mit Abb.).

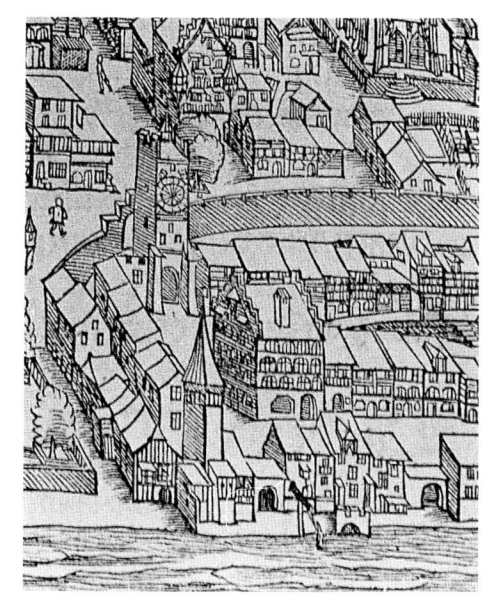

Abb. 85: Die Stadt Zug. Holzschnitt aus Johannes Stumpfs Schweizerchronik, 1548.

Ost VII Masswerk
Flucht nach Ägypten
Carl von Egeri (z), 1557

Die Flucht nach Ägypten, welche die siebenteilige Folge der Jugendgeschichte Christi beschliesst, findet im Evangelientext von Matthäus nur kurz Erwähnung (Mt 2, 13–23). Ausführlich beschrieben und mit vielen Ereignissen verknüpft wird sie hingegen in den apokryphen Berichten. Während die Fluchtszene denn auch häufig Motive aus diesen Berichten aufgreift, ist sie in Muri auf das Wesentliche reduziert. Den verfügbaren Bildraum geschickt ausnutzend, brachte Egeri in den beiden grossen blattförmigen Masswerköffnungen die biblischen Protagonisten zur Darstellung, so wie er sie auf Salomons Holzschnitt vorgebildet fand (Abb. 86). Im linken der beiden Felder erscheint Maria frontal auf dem Esel und hält das Kind behütend in ihren Armen; im rechten schreitet Joseph voran, den Blick sorgenvoll nach rückwärts auf sein kostbares Gut gerichtet. Die Fliehenden ziehen auf steinigem Weg an einem mit Palmen besäumten Fluss entlang, über den im Hintergrund eine Brücke in eine Stadt hineinführt, wo ein Obelisk das Reiseziel verkündet. Wie beim bethlehemitischen Kindermord (Ost VI) erstreckt sich die Landschaftsszenerie nach vorne bis in die Bogenfelder. Hier findet sie ihren Abschluss in einer bauchig vorgezogenen Brüstung, vor der sich eine von Putten und Satyrn gehaltene Girlande hinzieht.

Bei der seinerzeitigen Aufstellung in der aargauischen Kantonsbibliothek waren unterhalb der Fluchtszene andere Bilder angebracht (Liebenau, Taf. XXIV). Im zentralen Bogenfeld prangte dort das von Satyrn begleitete Schildpaar mit dem Wappen von Grüth, das 1956/57 wieder an seinen ursprünglichen Standort, das heisst ins Fenster mit den vier Evangelisten, zurückfand (Süd IV). Links und rechts daran schlossen sich die jetzt im Historischen Museum des Kantons Aargau aufbewahrten Bogenfüllungen mit den beiden rohrblasenden Engeln an (vgl. Abb. 13d/e). In den seitlichen, 1956/57 mit hellgrünen Glasstücken ergänzten Zwickeln waren in Aarau zudem zwei heute nicht mehr nachweisbare Gläser mit aus Wolken hervorguckenden Engelskindern zu sehen (Foto SLM 12035).

Abb. 86: Die Flucht nach Ägypten. Holzschnitt aus Bernard Salomons Bilderbibel, Lyon 1554 (Stadt- und Universitätsbibliothek Bern, Kp VI. 34 [Ausgabe von 1681]).

Technik. Farbloses Glas; Überfangglas: blau (Ausschliff rückseitig), grün (Ausschliff vorderseitig); Farbglas: rot, purpurviolett. Bemalung mit Schwarzlot und Silbergelb (jeweils in diversen Farbstufen).

Erhaltung. Bei der Kreuzgangrestaurierung von 1953–1957 hatte man das weitgehend zerstörte Masswerk von Ostfenster VII anhand der erhaltenen Gläser zu rekonstruieren. Weil die drei Kompartimente mit den girlandenhaltenden Putten und Satyrn, die man damals dem die Fluchtszene enthaltenden Fenster zuwies, die dortigen Bogenöffnungen nicht vollständig zu füllen vermochten, mussten diese allerdings nach unten und teilweise auch nach oben ergänzt werden. Es ist deshalb nicht auszuschliessen, dass sie ursprünglich einem anderen Fenster zugehörig waren. Die beiden grünen Zwickelfüllungen stammen von 1956/57. Mehrere Sprünge und Notbleie.

Literatur: Lübke 1866, S. 50. Liebenau 1892, S. 2, 24, Taf. XXIV. Lehmann 1897, S. 40, Nr. XIV. Nüscheler 1927, S. 49. Schneider 1956, Abb. S. 562. Schilter 1957, S. 27. Germann 1967, S. 367f., 400f., Abb. 297. Felder 1982, S. 17.

Anhang

Quellenauszüge, Pläne, Bibliografie, Register, Abbildungsnachweis

Quellenauszüge

Die nachfolgende Dokumentation enthält in Auszügen die für die Geschichte der Murenser Glasmalereien relevanten ungedruckten und gedruckten Quellen.

1558
Tagsatzungsinstruktion von Glarus, 1558 (Aargauische Kantonsbibliothek, Zurlaubiana, MHH Bd. 5, fol. 68):
«Dem Herren Abbt Von Murÿ, gebenn wir an ein fenster Jn Crützgang, glich wie der Merteill orten Sÿner Herren».

1558
Seckelmeisterrechnung von Schwyz, 1558 (Staatsarchiv Schwyz, cod. 1285, S. 123; Styger 1885, S. 58):
«Item us gen 32 Gl. Aman in der Hallten [In der Halden] wie er hett gan Baden wellen uff Santt Gallen Tag, um Pfenster gan murÿ, urÿ, und zug walchwilen».

1560/61
Seckelamtsrechnung von Zürich, 1560/61 (Germann 1967, S. 367):
«53 lb. 12 sch. Carli von Ägeri um die drü fenster in crützgang zu Muri».

1561
Seckelmeisterrechnung von Schwyz, 1561 (Styger 1885, S. 6, 58):
«24 Kronen dem Glasmaler von Baden an ein Fenster in Crüzgang gen Mury, neue Kr. thut 125 lb 5 ß».

1562
Schreiben der Kammer von Innsbruck vom 20. Mai 1562 betreffs der kaiserlichen Scheibenschenkung nach Muri (Liebenau 1892, S. 10): «Dieweil der Herr Prelat zu Muri ain gueter Oesterreicher und die Stiftung so alt ist, so liess Ir die Camer gefallen, das dem Heggenzer bevolchen wurde zu Zürich, da ain gueter Maler und Schmelzer sein solle, das alt und new Oesterreichisch Wappen in einem Glass neben ainander oder quartiert und daruber ain Erzherzog-Huetl oder aber der Rom. Kayserl. Maj. yezig Wappen, welches Sy, die Herrn, für pesser ansicht, schmelzen zu lassen, auch den costen dar zu leichen und dann dasselb wappen Ime, prelaten, von Irer Maj. wegen in ain venster zu vereren» (am 22. Mai 1562 erfolgte der Bescheid, dass Melchior Heggenzer, kaiserlicher Gesandter, bevollmächtigt sei, das Wappen zu bestellen und dem Abt zu verehren).

1565
Zürcher Ratsprotokoll vom 10. Februar 1565 (Meyer 1884, S. 297):
«Carlin von Egeri Frouwen ein Fürschrift an Herrn von Muri ire die 23 Cronen so man irem Eeman sel. noch by den Wapp. schuldig gütlich verfolgen zlassen».

1566
Brief des Zürcher Rats vom 25. Mai 1566 an Abt Hieronymus Frey von Muri (Liebenau 1892, S. 6):
«Dem Erwürdigen Herren Jheronimo Appte des Gotzhuss Mury, vnserm besonders Günstigen Lieben Herren vnd guten Fründt. Erwürdiger besunders günstiger Lieber Herr vnd guter fründt. E.G. sigent vnser fründtlich willig dienst sampt was wir Evren liebs vnd gutz vermögent zuuor. Nachdem V.G. wir Menntags den 12. tag Hornungs nechstuerschinen 65 Jars vff pittlich anrüffen wylundt vnsers lieben Burgers Carlin von Egris seligen verlassner Hussfrowen geschriben vnd gepätten, Sy vmb die 36 gulden 37 ß vnd 2 hr., so v.g. vorfar, wylund herr Johanns Christoffel seliger gedechtnuss vermeltem Irem Eewirt von wegen etlicher venstern vnd wappen ze thund pflichtig, fründtlich vsszerichten, vnd zu vernügen vnd v.G. Iro, der Frowen, daruf geschriben, sy vmb sollich Ir vorderung zum fürderlichesten zu betzalen, Ist sy vntzhar der hoffnung gewesen, V.G. wurde sollichem schryben statt thun, vnd sy an betzalung gemelter Summ nit lenger sumen. Diewyl aber sollichs bisshar nit beschechen, vnd sy ob gedachts Ires vsstands one grossen schaden vnd nachteil nit empären mag, So langt abermalen vff Ir thrungenlichs begeren an V.G. vnser gantz vlyssig pitt, Die welle sy vmb obgenante Summ mit sampt 3 lb vnd vj ß vffgeloffen costens zum fürderlichesten vssrichten vnd betzallen, wie dann dieselbig In obgedachtem schryben sich zethund empotten, vnnd V.G. sich gegen der armen witwen der billicheit vnd Irer anligenden notturft nach bewysen, das sy vns Rümen möge, disere vnsern fürschrift Iren zu gutem erschossen sige. Das begeren vmb v.G. wir In ander weg gantz fründtlich zu uerdienen. Datum Sambstags den 25ten May Anno... LXVI. Burgermeister vnd Rath der Statt Zürich».
Auf der Rückseite des Briefes Notiz des Stadtschreibers Bletz:
«berürt J. Ludwig Kündig vnd J. Erasimus von Herttenstein ettliche venster im Crützgang Mury zu bezahlen 1566. Min g.H. erkendt, das der von Herttenstein ij vnd Kündig das dritt bezallen söllen».

1566
Brief des Murenser Abtes Hieronymus Frey vom 11. Juni 1566 an den Luzerner Rat (Liebenau 1892, S. 6):
«Den Strengen, Edlen, Fromen, vesten, Fürsichtigen, Ersamen vnd Wysen hern Schultheiss vnd Rath der Stat Lucern, mynen gnedigen vnd günstigen lieben herren.
Strengen, Edlen, Fromen, vesten, Fürsichtigen, Ersamen vnd wysen, Insonders gnedigen vnd günstigen lieben Herren. Eüwer Ersam wissheith seyen myn fründtlich grutz mit erbietung aller Eeren liebs vnd gutz jederzeit zuuor. Es hat E.E.W. mitburger Junckher Erasimus von Hertenstein für sich selbs vnd Frouw Martha Damyn siner eelichen husfrouwen vnd wylundt Hern Schultheis Hugen säligen, byzit mines gnedigen Herren vnd vornfaren säliger gedechtnuss läben drüw fenster alher in mines Gotzhuses Crützgang vererth, wellicher er by wylundt meister Carlin von Egery, burger Zürich, säligen machen lassen, vnd aber noch nit bezalt. Dernhalben Ich jetzunt zom andern mall von mynen gnedigen vnd günstigen lieben herren von Zürich gschrifftlich, noch lut

diss by überschickten schribens Ernstlich angsuecht vnd gebethen worden, benempts meister Carlin von Egeris säligen verlassner wytfrouwen vmb fürderliche bazallung verholffen sin, vnd wiewoll Ich E.E.W. glich vff das erst schriben mir desshalb zukomen, ouch zuschribens gethan vnd dieselbig gantz früntlich bithen lassen, mit gemelten Irem mitburger zu uerschaffen, dass der selbig der guten wytfrouwen vmb das Jenig bezallung thette, vnd die will Ich bericht, das E.E.W. sömliches mit Ime Reden lassen, wellichem er aber noch bissher nit volgung gethan, wirden Ich dernhalben höwschender nottdurfft nach getrungen, E.E.W. nochmalen fründtlich anzesuechen vnd zubegrüetzen, mit dem Iren zu uerschaffen, das er angezeigte wytfrouw, die das Iren ouch nottwendig vnd nun mer ein guthe zit mit gedult vsstan lassen vnd das best gethan, fürderliche bezallung thüege. Darmit mir nit verwyssens oder wyter zuschribens von wolgedachten mynen gnedigen vnd günstigen Lieben herren von Zürich zukome. Sömlichs vmb E.E.W. (die Ich hiemit göttlicher Almechtigkeit vnd seiner lieben Mutter Maria wolbeuelchen) zu uerdienen. Soll dieselbig mich vnd myn Gotzhuss jederzeit gantz willig vnd wolgneigt mit willen vnd den werchen erfinden. Datum in mynem gotzhuss den 11ten Juni Aº 1566. Hieronimus von gottes gnaden Abt des Gotzhuss Mury».

1624
Seckelamtsrechnung von Zug, 1624 (Bürgerarchiv Zug, A 4.13; Wyss 1957/58, Teil 2, S. 2):
«13 gl. gab ich Michel Müller wegen des Wappens zů Murj lüt zedels».

1624
Seckelamtsrechnung von Zürich, 1624 (Staatsarchiv Zürich, F III 32, 1624/25, Ausgaben S.129):
«xxv lb. xij ß Herren Abbt Johanns Joßten zu Muri uf syn schrifftlichs Bitten umb die Ernüwerung Myner Gn. Herren Ehren Wappen und Fänster Im Crützgang daselbsten, als er Herr Prelat denselben umb etwas verbessern und ernüweren lassen. Den 9ten September Aº 1624 uß Erkandtnus Myner Gn. Herren an 8 Cronen».

1624
Bittschreiben von Abt Johann Jodok Singisen an Konrad III. Zurlauben in Zug, 20. September 1624 (Regesten und Register zu den Acta Helvetica, Gallica, Germanica, Hispanica, Sabaudia etc. necnon genealogica stemmatis Zur-Laubiani. Bearb. von Kurt Werner Meier u.a., Aarau/Frankfurt a.M./Salzburg, Bd. 85/86, 1991, 86/118):
«Demnach Jhr Kön. Matt. uss Franckhreich also ouch Unnserer Schirm Orthen unnd anderer particular personen Ehren Wappen Unndt Namen in Unnseren Crützgang (wie ihr etwan selbst gsehen) wegen langer Zytt Unndt Jahren, vast Zerbrochen unnd abgangen, habent wir unns fürgenommen denselben widerumb Zu uffnen unnd ernüweren, dess verhoffens so wol Jetzig Jhr Kön: Matt: [Ludwig XIII.] als ouch andere Orth unnd ehrenpersonen theils albereit gethon, den darüber gehenden umbcosten usszurichten Unbeschwert sin werden. Unnd diewylen wir gegen Jhrer Kön: Matt: Herrn Ambasciadoren [Robert Myron] Kein sondere Kontschafft haben, bynebens verstanden dass Jhr Künfftiger tagen Zuo Jhr Gnaden nacher Solothurn reisen fürnemens seyen, habent wir üch hiemit vetterlich unndt gantz dienstlich Zuersuchen Unnd anzusprechen nit umbgahn Könden, dass namblich Jhr unns die fründtschafft erwysen, wolermeltem H. Ambasciadoren unnser gebett, auch gneigte unndt guotwillige dienst anmelden, unndt von Jro Gnaden hochstermelt Jetzig Jrer Kön: Matt. in Franckreich Ehrenwappen sampt dem pfenster, so nach forderung dess Glasser, Glassmalers und Schlossers etc. by ... [15] cronen costen würdt, gönsticlich procuriren wellendt. Diss umb wolermelt Jhr Gnaden, also auch umb üch Jm val der glegenheiten hinwiderumb Zubeschulden, sindt wir Jederzytt, Unnsers Gottshuss vermögen nach, gneigt unndt willig.»

1624
Rechnungsrodel des Klosters Muri von 1624 (Aargauisches Staatsarchiv, 5952 F. III. A [Muri]; Wyss 1957/58, Teil 2, S.1):
«Verzeichnus waß die schilt vnnd pfenster der orth vnnd anderen particular Stätt, vnnd erbuen allhie in Crützgang zů renovieren costet. p 1624

Zürich

Vom Glasmaler	9 gl	6 ß
Vom Glaser	4 gl	
Vom Schloßer	2 gl	30 ß
Sum̄a	15 gl	36 ß

Lucärn

Vom Glasmaler	28 gl	6 ß
Vom Glaser	4 gl	
Vom Schloßer	2 gl	30 ß
Sum̄a	34 gl	36 ß

Urÿ

Vom Glaßmaler	9 g	6 ß
Vom Glaser	4 gl	
Vom Schloßer	2 gl	30 ß
Sum̄a	15 gl	36 ß

Schwÿtz

Vom Glaser vnnd Glaßmaler	8 gl	
Vom Schloßer	2 gl	30 ß
Sum̄a	10 gl	30 ß

Underwalden

Vom Glaser vnnd Glasmaler	7 gl	
Vom Schloßer	2 gl	30 ß
Sum̄a	9 gl	30 ß

Zug

Vom Glasmaler	10 gl	6 ß
Vom Glaser	4 gl	
Vom Schloßer	2 gl	30 ß
Sum̄a	16 gl	36 ß

Glaruß

Vom Glaser vnnd Glasmaler	8 gl	
Vom Schloßer	2 gl	30 ß
Sum̄a	10 gl	30 ß

Sum̄a Sum̄arum handt der 7 Orthen Schilt vnndt pfenster costet 114 gl 34 ß.

Bremgarten Baden vnndt Sursee costen vom Glaser, Glasmaler vnnd Schloßer 13 gl 24 ß bringt Jeder Statt 4 gl 21 ß 4 Hl.

Rÿnouw [Kloster Rheinau] cost Com den brochen wo noch in die form manglet 13 gl.

Der Andern Particular wappen vnnd Drittheil eines gantz pfensters Alda der Glaßmaler nicht nüwb gemalt costen Jedes 2 gl 26 ß 8 Hl. ou der Schloßer.

Zug hat an sin schilt vnnd pfenster gwärt 13 gl.

Hr̃ Comenthur fleckenstein zu honrein von sines Vaters schilt vnnd pfenster zu ernüwern zalt 4 cronen in 7be 24 [im September 1624].

Die Statt Zürich für ihr Schilt vnnd pfenster zalt 8 cronen den 20n 7be 24 [20. September 1624].

Hh̃ Probst vnnd Capitel Münster [Stift Beromünster] für Jhr Schilt vnd pfenster Zrenoviere zalt 8 cronen den 17n 7be 1624».

1765
Beat Fidel Zurlaubens Beschreibung der Murenser Wappenscheiben (West I–VI, Süd I/II), erstellt bei dessen Klosterbesuch am 23. März 1765 (Aargauische Kantonsbiliothek, Zurlaubiana, MHH Bd. 2, fol. 182–185vo; Herzog 1892, S. 65f.; in folgender Textwiedergabe sind Zurlaubens ausführliche Blasonierungen mit Ausnahme eines Beispiels weggelassen):

«Sequentia scuta videntur picta fenestris claustri interioris inter ecclesiæ aditum et refectorium, in abbatia Principali Muri, ordinis S. Benedicti, apud Helvetios, Costantiensis diocesis. ea autem descripisi, die 23 martii 1765. Sunt elegantissime depicta, vivacibus coloribus, et grandi forma.

Prima fenestra [West Ia–c] ante fores ecclesiæ offert tres fenestræ partitiones, quarum prima dat Scutum quater partitum, cujus in prima et quarta Sectionibus aureo campo Caput ursi nigrum, in secunda autem sectione purpureo campo angelus albus cum aurea Stella supra caput, dexterâ Sceptrum aureum, Sinistra autem florem porrigens, et supra tres virides colles stans. In tertia Sectione aureo campo, ramus viridis tribus rosis albis constans, cujus pes Sectus a tramite qui offert litteram z transversam albam, infra quam tres virides colles.

Scutum a dextra custodem habet Deiparam corona aurea fulgentem, dextrâ Sceptrum et Sinistrâ Jesulum portantem; a Sinistra autem Sanctum Benedictum Sinistrâ Calicem aureum cum vipera aurea et baculum pastoralem portantem. Supra autem Scutum est, cassis aurea Coronata a dextrâ, et Pastoralis Baculus a Sinistra aureus (Lambrequins d'or). Infra leguntur Jodokus von Gottes gnaden Abte des Gotzhuß Engelberg 1564. Altera fenestræ partitio tria Scuta offert... infra legitur Joseph von Cambia Ritter Sant Johannes Ordens Comethur zu Honnreyn und Reyden. Bruder Oswald Elssner Stathallter zu Honnreyn Sant Johannes ordens 1562... Tertia partitio offert Sanctum Brunonem... cum inscriptione, Leonhardus janni von Chur Prior zu jttingen Cartuser ordens 15...

Secunda fenestra [West IIa–c] offert tres partitiones, prima Scutum aureum cum Salienti nigro Cane a dextra ad sinistram... infra Hanns Hug Schulthes zu Lucern. Secunda partitio duo scuta... infra haec duo scuta frow Martha Damin 1558. Tertia partitio scutum rubeum cum leone aureo... infra Erasmus von Herttenstein 1558...

Tertia fenestra [West IIIa–c] tres partitiones offert, prima duo scuta... infra Heynrich fläckenstein unnd Anna Clauserin 1558. Secunda partitio Simile fleckensteinianum Scutum... infra leguntur haec duo Scuta Heinrych fläckensteyn Ritter Schulthes Zu Lucern. Tertia partitio duo Scuta quorum primum fläckenstein... infra Batt fläckensteyn unnd Anna Mutschlin 1558...

Quarta fenestra [West IVa–c] tres partitiones offert, prima rotundum Scutum caruleum cum agno paschali albo... infra Melchior Lussy Landtaman nidt dem Kehern Wald der Heligen Römischen Kilchen Ritter und der VII alten Cristenlichen Ortten Loblicher Eidtgnosschaft gsanter uff dem Heligen Conzilium zu Thrient 1563. Ad cujus scuti partem Sinistram est Scutulum... infra Kathrinna am Len von Lutzern was sin Egmachel. Gott begnad ir Sell. Supra haec duo Scuta picta est Sessio Sacri Concilii Tridentini. Secunda partitio Sonnenbergicum Scutum a dextra... aliud autem Scutum a sinistra... Infra Wendel Sunnenberg. Frow Clara Zieglerin sin eliche Hussfrow 1563. Tertia partitio offert campo aureo vulpem albam... infra Jacob fuchsberger 1562.

Quinta fenestra [West Va–c] tres partitiones, prima offert duo Scuta... infra legitur Niclaus Amleen schulthess Zů Lutzern und frow Elsbet Zů Kesin sin eliche Hussfrow 1566. Secunda partitio duo scuta... Infra Niclaus von Meggen schulthes zu Lutzern. Tertia partitio duo Scuta... Infra Hans Dammann von Lucern der Zÿt Lantvogt in fryen Emptteren 1566.

Sexta fenestra [West VIb,a,c] tres partitiones, prima ecu ecartelé... infra Oberster Rudolff Pfiffer Ritter Panerhauptman der Statt Lucern furstlicher Durchlaucht von Lothringen Guardi oberster der Eidgnossen 1616... Secunda un ecu d'azur... infra Lux Ritter der Zyt Schulthess Zu Lutzern 1558. Tertia partitio un ecu d'or... au bas on lit Ludwyg Pfiffer Pannerherr Zu Lutzern und oberster uber 22 fenlin Eidgnossen in Kunigklicher Magistat Zů frankrich Dienst 1569. En haut de ce Ecu on voit depeinte une bataille où les Suisses à pied se battent contre la Cavallerie. C'est la bataille de Moncontour.

Septima fenestra [Süd Ib,a,c] tres partitiones prima Scutum civitatis Bremgarten... infra die Stat Bremgarten 1555... Secunda Scutum Civitatis Baden. Tertia Scutum civitatis Sursee... infra die Statt Sursee 1560.

Octava fenestra [Süd IIa–c] tres partitiones, prima Scutum ecartelé... infra H. Hauptmann Conradt Zur Lauben allt Amman der Statt und ambtt Zug ir aller Christenlichisten Königkhlich Maÿt Zu franckreich und Navarra Hauptmann uber ein fendli Deß gwardi Regiments der Eytgnoßen Habende beßatzung in der Statt Poittiers Anno Domini 1624. Secunda partitio, un ecu ecartelé... infra Michaelis von Gottes gnaden Apt des Gotzhuss Rinow 1560. Tertia partitio scuta duo offert... infra Ulrich Buntiner des Raths Zu Ury Der Zÿt Landtvogt inn fryen Aempteren des Ergows und frouw Adelheida Büntinerin ein gebornne von Pro sin elicher gemachell 1597».

Plan der Klosteranlage von Muri

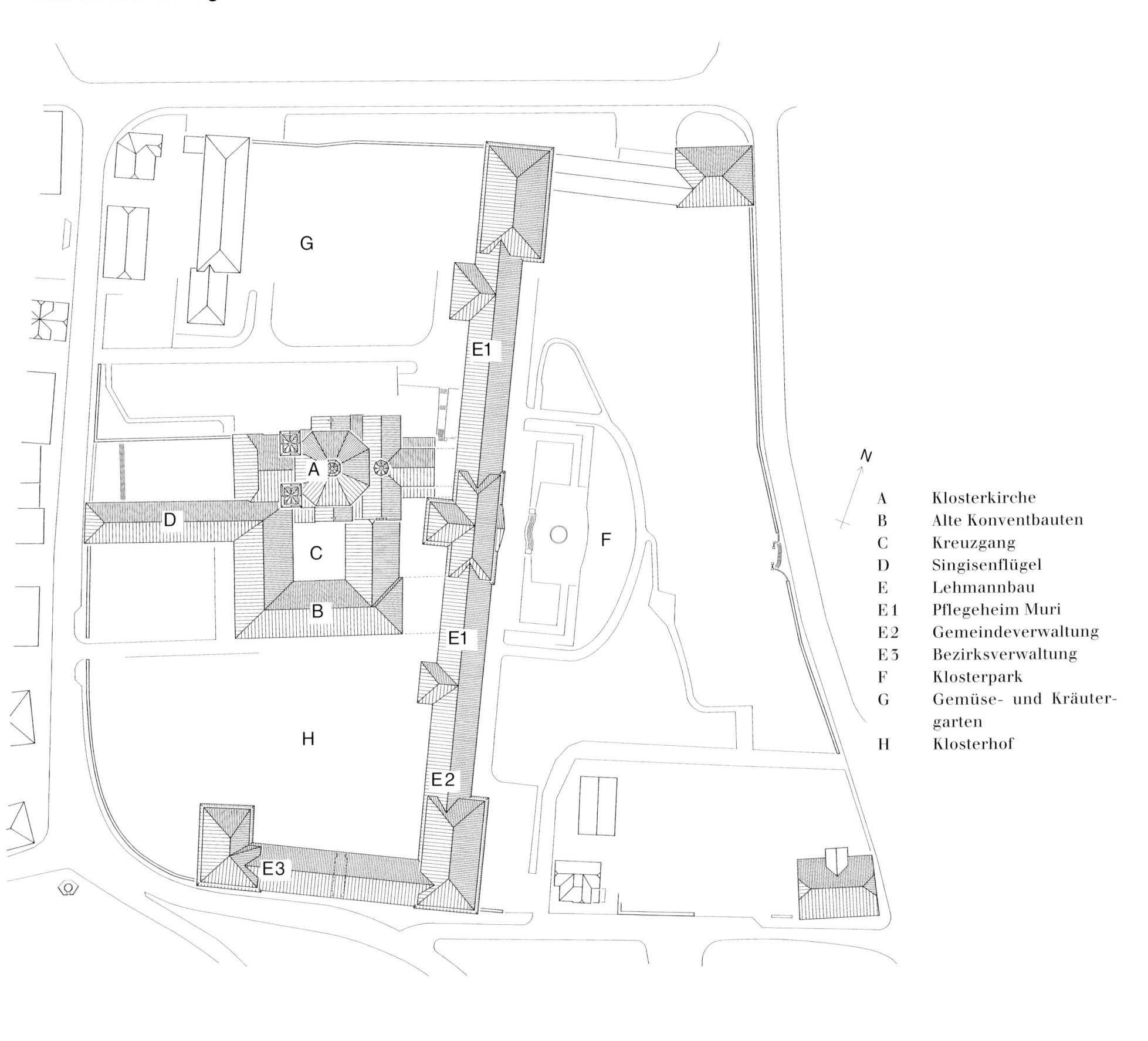

A Klosterkirche
B Alte Konventbauten
C Kreuzgang
D Singisenflügel
E Lehmannbau
E 1 Pflegeheim Muri
E 2 Gemeindeverwaltung
E 3 Bezirksverwaltung
F Klosterpark
G Gemüse- und Kräutergarten
H Klosterhof

Grundriss der Klosterkirche und der im Süden angrenzenden Konventbauten

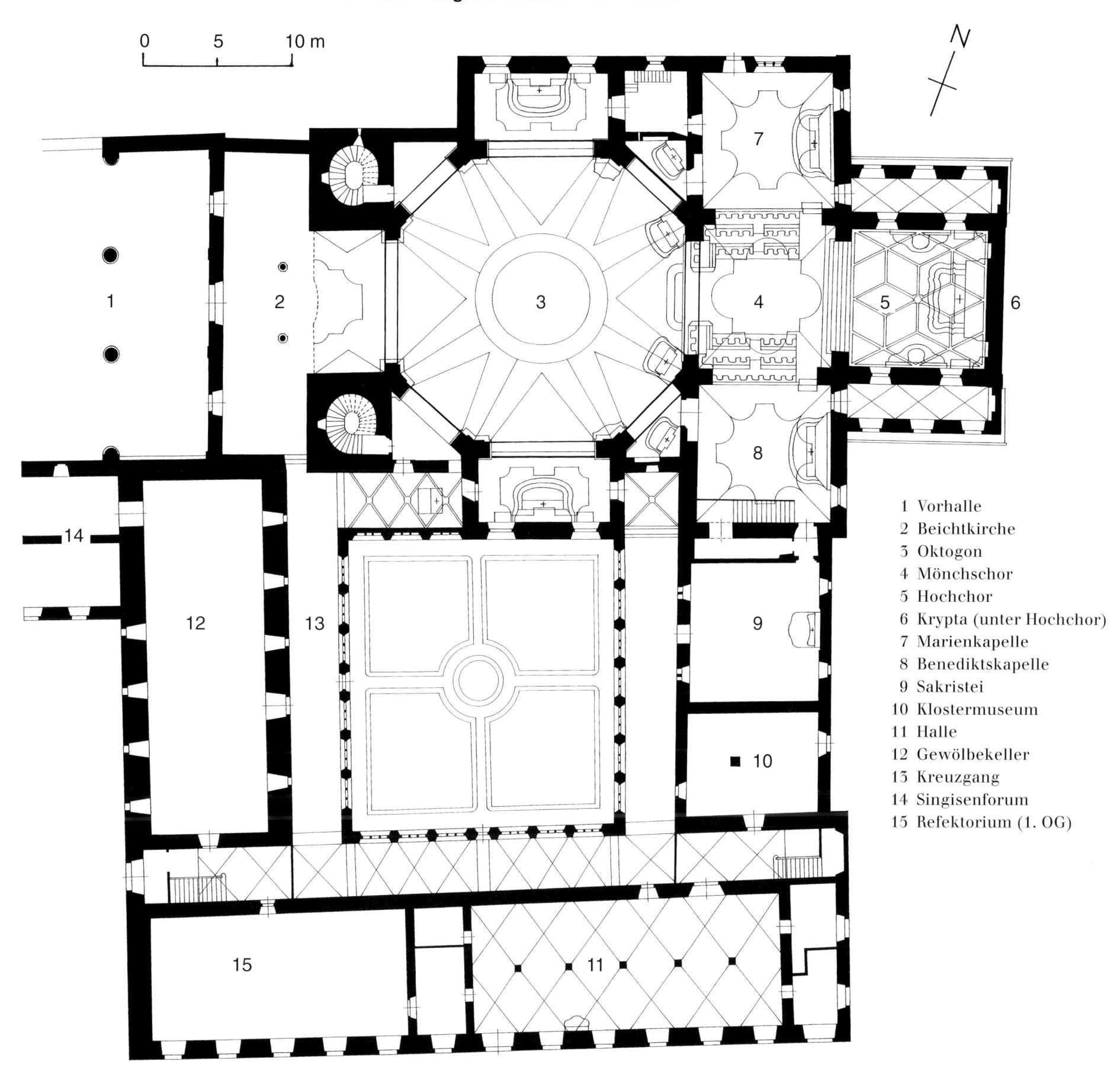

1 Vorhalle
2 Beichtkirche
3 Oktogon
4 Mönchschor
5 Hochchor
6 Krypta (unter Hochchor)
7 Marienkapelle
8 Benediktskapelle
9 Sakristei
10 Klostermuseum
11 Halle
12 Gewölbekeller
13 Kreuzgang
14 Singisenforum
15 Refektorium (1. OG)

Grundriss des Kreuzgangs mit Standortangabe der Glasgemälde

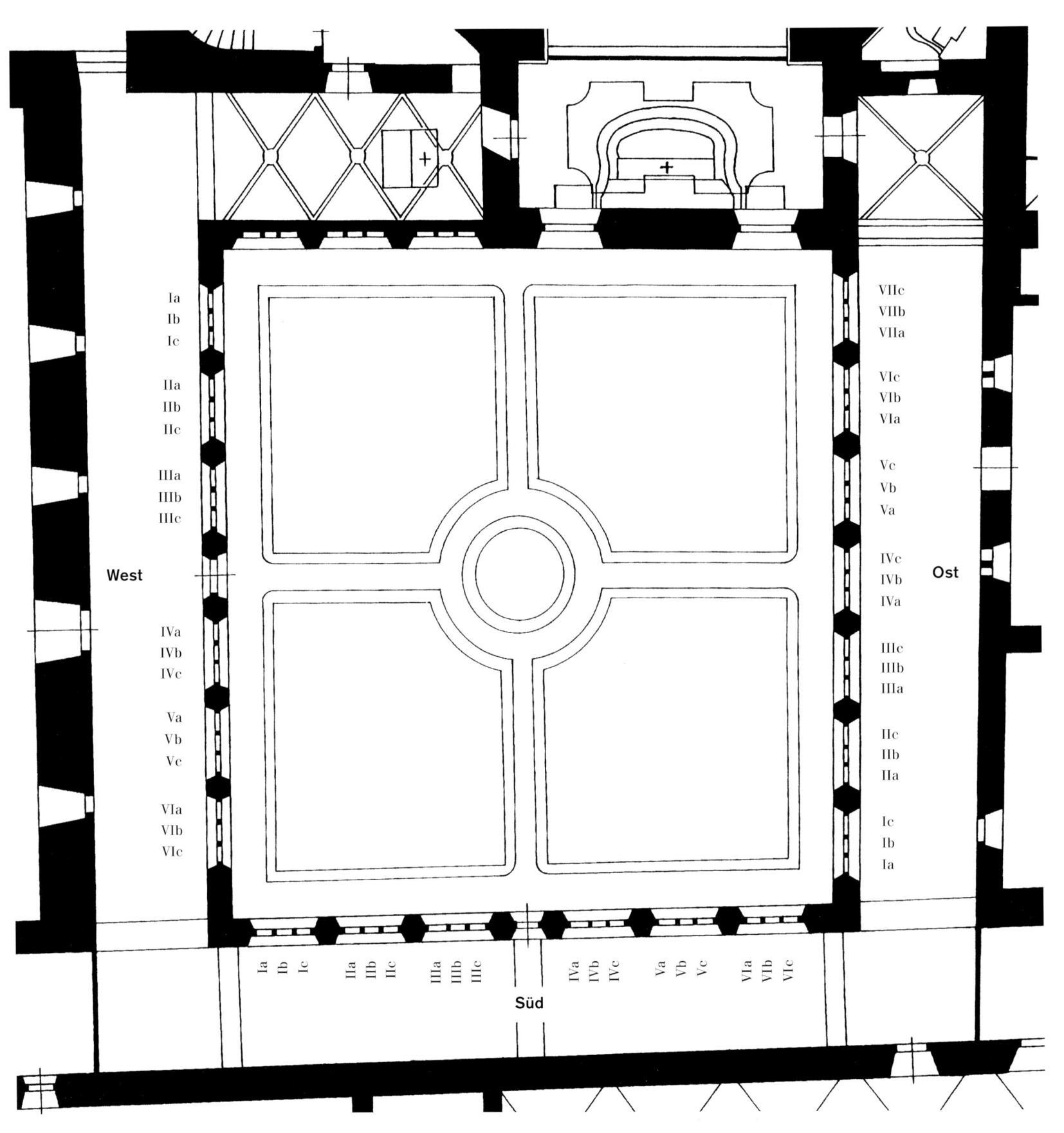

Übersicht der Glasgemälde im Kreuzgang

West I
W Ia	Jodok Krämer
W Ib	Joseph von Cambiano und Oswald Elsener
W Ic	Leonhard Janny
Masswerk	Posaunenengel

West II
W IIa	Hans Hug
W IIb	Martha Tammann
W IIc	Erasmus von Hertenstein
Masswerk	Verkündigung an Maria

West III
W IIIa	Heinrich II. Fleckenstein und Anna Klauser
W IIIb	Heinrich I. Fleckenstein und Anna Reichmut
W IIIc	Beat Fleckenstein und Anna Mutschlin
Masswerk	David und Bathseba

West IV
W IVa	Melchior Lussi und Katharina Amlehn
W IVb	Wendel Sonnenberg und Klara Ziegler
W IVc	Jakob Fuchsberger
Masswerk	Hirsch- und Hasenjagd

West V
W Va	Niklaus Amlehn und Elsbeth Zukäs
W Vb	Niklaus von Meggen und Margaretha Schiner
W Vc	Hans Tammann und Maria Magdalena Feer
Masswerk	Bauerntanz

West VI
W VIa	Lux Ritter
W VIb	Rudolf Pfyffer
W VIc	Ludwig Pfyffer
Masswerk	Sechs Büstenmedaillons

Süd I
S Ia	Stadtscheibe Baden
S Ib	Stadtscheibe Bremgarten
S Ic	Stadtscheibe Sursee
Masswerk	Mondsichelmadonna

Süd II
S IIa	Konrad Zurlauben
S IIb	Michael Herster
S IIc	Ulrich Püntiner und Adelheid A Pro
Masswerk	Blüten- und Rankenwerk

Süd III
S IIIa	Joachim Eichhorn
S IIIb	Christoph Metzler
S IIIc	Diethelm Blarer
Masswerk	Der barmherzige Samariter

Süd IV
S IVa	Kaspar I. Müller
S IVb	Kaspar I. Müller
S IVc	Kaspar I. Müller
Masswerk	Die vier Evangelisten

Süd V
S Va	Berhard Mutschlin
S Vb	Hans Müller
S Vc	Niklaus Honegger
Masswerk	Genesisbilder

Süd VI
S VIa	König Ludwig XIII. von Frankreich
S VIb	Kaiser Ferdinand I.
S VIc	König Philipp II. von Spanien
Masswerk	Genesisbilder

Ost I
E Ia	Hl. Felix
E Ib	Standesscheibe Zürich
E Ic	Hl. Regula
Masswerk	Verkündigung an Maria

Ost II
E IIa	Hl. Leodegar
E IIb	Standesscheibe Luzern
E IIc	Hl. Mauritius
Masswerk	Heimsuchung Mariens

Ost III
E IIIa	Hl. Martin
E IIIb	Standesscheibe Uri
E IIIc	Muttergottes
Masswerk	Geburt Christi und Verkündigung an die Hirten

Ost IV
E IVa	Hl. Martin
E IVb	Standesscheibe Schwyz
E IVc	Hl. Georg
Masswerk	Anbetung der Könige

Ost V
E Va	Hl. Petrus
E Vb	Standesscheibe Unterwalden
E Vc	Hl. Paulus
Masswerk	Darbringung im Tempel

Ost VI
E VIa	Hl. Fridolin
E VIb	Standesscheibe Glarus
E VIc	Hl. Hilarius
Masswerk	Bethlehemitischer Kindermord

Ost VII
E VIIa	Hl. Michael
E VIIb	Standesscheibe Zug
E VIIc	Hl. Oswald
Masswerk	Flucht nach Ägypten

Bibliographie

Quellen

EA – Amtliche Sammlung der älteren Eidgenössischen Abschiede, 1839–1886.

Stumpf – Johannes Stumpf, Gemeiner loblicher Eydgnoschafft ... Chronik, 2 Bände, Zürich 1548.

Sekundärliteratur

AKL – Allgemeines Künstler-Lexikon. Die bildenden Künstler aller Zeiten und Völker, München/Leipzig 1992ff.

Anderes 1974 – Bernhard Anderes, Glasmalerei im Kreuzgang Muri. Kabinettscheiben der Renaissance, Bern 1974.

Anderes 1975 – Bernhard Anderes, Kreuzgang Muri im Freiamt, Bern 1975.

Anderes 1981 – Bernhard Anderes, Glasmalerei im reformierten Zürich, in: Kat. Zürich 1981, S. 15–20.

Anderes/Hoegger 1989 – Bernhard Anderes/Peter Hoegger, Die Glasgemälde im Kloster Wettingen, Baden 1989 (2. Auflage).

ASA – Anzeiger für Schweizerische Altertumskunde, Bde. 1–8, NF Bde. 1–40, Zürich 1868–1938.

Baer 1941 – Casimir Hermann Baer, Kdm Basel-Stadt. Bd. III: Die Kirchen, Klöster und Kapellen. Erster Teil: St. Alban bis Kartause, Basel 1941.

Birchler 1927 – Linus Birchler, Kdm Schwyz. Bd. I: Die Bezirke Einsiedeln, Höfe und March, Basel 1927.

Bergmann/Hasler/Trümpler 2001 – Uta Bergmann/Rolf Hasler/Stefan Trümpler, Die Restaurierungen von Schweizerscheiben im 17. und 18. Jahrhundert, in: Le vitrail comme un tout. 4ème forum international sur la conservation et la technologie du vitrail historique, Troyes-en-Champagne 17–19 mai 2001, News Letter 48 (Corpus Vitrearum), Mai 2001, S. 8–14.

Birchler 1934 – Linus Birchler, Kdm Zug. Halbband I, Basel 1934.

Boesch 1937 – Paul Boesch, Schweizerische Glasgemälde im Ausland. Die Sammlung in Nostell Church, in: ASA NF 39/1937, S. 103–123, 180–200, 257–304.

Boesch 1943 – Paul Boesch, Die Glasgemälde aus dem Kloster Tänikon, Mitteilungen der Antiquarischen Gesellschaft in Zürich, Band 33, Heft 3, Zürich 1943.

Boesch 1950a – Paul Boesch, Schweizerische Glasgemälde im Ausland. Sammlungen in Süddeutschland und Österreich, in: ZAK 11/1950, S. 107–117.

Boesch 1950b – Paul Boesch, Adam und Eva auf einer Chorherrenscheibe von Carl von Egeri, in: ZAK 11/1950, S. 22–27.

Boesch 1955 – Paul Boesch, Die Schweizer Glasmalerei, Basel 1955.

Carlen 1980 – Georg Carlen, Italienische und flämische Altarbilder in schweizerischen Kapuzinerkirchen 1584–1624. Europäische Malerei am Beginn des einheimischen Barocks, in: Bernhard Anderes u.a. (Hrsg.), Kunst um Karl Borromäus. Alfred A. Schmid zum 60. Geburtstag, Luzern 1980, S. 102–134.

Caviness 1987 – Madeline H. Caviness u.a., Stained Glass before 1700 in American Collections: Mid-Atlantic and Southeastern Seabord States, Corpus Vitrearum Checklist II (Studies in the History of Art, Vol. 23), Washington 1987.

Caviness 1989 – Madeline H. Caviness u.a., Stained Glass before 1700 in American Collections: Midwestern and Western States, Corpus Vitrearum Checklist III (Studies in the History of Art, Vol. 28), Washington 1989.

Dürst 1971 – Hans Dürst, Vitraux anciens en Suisse – Alte Glasmalerei der Schweiz, Fribourg 1971.

Eggenberger 2001 – Christoph Eggenberger, Hortus conclusus – Bathseba im Rosenhag. Zu den Glasgemälden mit David und Bathseba im Kreuzgang der ehemaligen Klosterkirche Muri, in: Horizonte. Beiträge zu Kunst und Kunstwissenschaft. 50 Jahre Schweizerisches Institut für Kunstwissenschaft, Ostfildern-Ruit 2001, S. 39–44.

Egli 1927 – Johannes Egli, Die Glasgemälde des Historischen Museums in St. Gallen. Zweiter Teil (67. Neujahrsblatt hrsg. vom Historischen Verein des Kantons St. Gallen), St. Gallen 1927.

Escher 1939 – Konrad Escher, Kdm Zürich. Bd. IV: Die Stadt Zürich, Teil 1, Basel 1939.

Felder 1957 – Peter Felder, Zur Renovation der Klosterkirche und des Kreuzgangs Muri, in: Unsere Kunstdenkmäler 8/1957, S. 61–64.

Felder 1982 – Peter Felder, Kloster Muri (Schweizerische Kunstführer), Bern 1982 (2. Aufl.).

Fischer 1912 – Josef Ludwig Fischer, Alte Glasgemälde im Schloss Hohenschwangau. Eine Sammlung König Maximilians II. von Bayern, München o.J. (1912).

Frey-Herosé 1882 – Friedrich Frey-Herosé, Bundesrath: Aus der handschriftlich hinterlassenen Autobiographie, in: Argovia 13/1882, S. 1–100.

Früh 1983 – Margrit Früh, Glasgemälde im Zusammenhang mit der Kartause Ittingen, in: ZAK 40/1983, Heft 3, S. 191–208.

Ganz 1903 – Paul Ganz, Hans Holbeins d.J. Einfluss auf die schweizerische Glasmalerei, in: Jahrbuch der königlich preussischen Kunstsammlungen 1903, Heft 3, S. 197–207.

Ganz 1966 – Paul Leonhard Ganz, Die Basler Glasmaler der Spätrenaissance und der Barockzeit, Basel/Stuttgart 1966.

Gasser 1986 – Helmi Gasser, Kdm Uri. Bd. II: Die Seegemeinden, Basel 1986.

Germann 1965/66 – Georg Germann, Regesten und Register zu den Fensterschenkungen von und nach Muri, in: ZAK 24/1965–1966, S. 43–50.

Germann 1967 – Georg Germann, Kdm Aargau. Bd. V: Der Bezirk Muri, Basel 1967.

Germann 1967/68 – Georg Germann, Regesten und Register zu den Fensterschenkungen von und nach Muri. Nachlese zu ZAK 24, in: ZAK 25/1967–1968, S. 189–192.

Germann 1998 – Georg Germann, Egeri, Carl von, in: Biografisches Lexikon der Schweizer Kunst, Zürich 1998, Bd. 1, S. 289.

Grünenfelder 1999 – Josef Grünenfelder, Kdm Zug. Neue Ausgabe I: Das ehemalige Äussere Amt, Basel 1999.

Haendcke 1893 – Berthold Haendcke, Die schweizerische Malerei im XVI. Jahrhundert diesseits der Alpen und unter Berücksichtigung der Glasmalerei, des Formschnittes und des Kupferstiches, Aarau 1893.

Harksen 1939 – Marie-Luise Harksen, Die Kunstdenkmale des Landes Anhalt, Bd. 2: Landkreis Dessau-Köthen, Zweiter Teil: Stadt, Schloss und Park Wörlitz, Burg b. M. 1939.

Hartmann 1948a – P. Plazidus Hartmann, Ein Bildnis mit dem Wappen des Obristen Ludwig Pfyffer von Johann Kaspar Winterlin in Muri, 1603, in: SAH 62/1948, S. 49–52.

Hartmann 1948b – P. Plazidus Hartmann, Exlibris von Grüt in Pergamentmalereien des 16. Jahrhunderts, in: SAH 62/1948, S. 37–41.

Hasler 1996/97 – Rolf Hasler, Die Scheibenriss-Sammlung Wyss. Depositum der Schweizerischen Eidgenossenschaft im Bernischen Historischen Museum. Katalog, 2 Bde., Bern 1996/97.

Henggeler 1947 – P. Rudolf Henggeler, Die Fenster- und Schildstiftungen der Äbte von Einsiedeln, in: ZAK 9/1947, S. 207–226.

Henggeler 1965/66 – P. Rudolf Henggeler, Quellen zur Kultur- und Kunstgeschichte. Die Glasgemälde im Besitze des Stiftes Muri-Gries in Sarnen, in: ZAK 24/1965–1966, S. 32–42.

Henseler de 1924 – Réginald de Henseler, Familienwappen aus Bremgarten, Genf 1924.

Herzog 1892 – Hans Herzog, Die spätere Aufstellung der Murenser Glasgemälde, in: ASA 7/1892–1895, S. 64–66.

Heyer 1969 – Hans-Rudolf Heyer, Kdm Basel-Landschaft. Bd. I: Der Bezirk Arlesheim, Basel 1969.

Hoegger 1998 – Peter Hoegger, Kdm Aargau. Bd. VIII: Der Bezirk Baden III. Das ehemalige Zisterzienserkloster Marisstella in Wettingen, Basel 1998.

Horat 1995 – Heinz Horat, Der Franziskuszyklus von Jakob Warttis im Kapuzinerkloster Zug. Mit einer Darstellung der übrigen schweizerischen Franziskuszyklen (Kunstgeschichte und Archäologie im Kanton Zug 2), Zug 1995.

Horat 1997 – Heinz Horat, Farbige Geschichten im Kreuzgang. Der Glasgemäldezyklus im Kloster St. Anna, Gerlisberg, Luzern, Luzern 1997.

HS – Helvetia Sacra, begründet von R. Henggeler, weitergeführt von A. Bruckner, verschiedene Erscheinungsorte 1961ff.

Hütt 1971 – Wolfgang Hütt (Einleitung), Albrecht Dürer 1471 bis 1528. Das gesamte graphische Werk, Band 2: Druckgraphik, München 1971 (3. Auflage).

Hunkeler 1961 – Oskar Hunkeler, Abt Johann Jodok Singisen von Muri (1596–1644). Ein Beitrag zur tridentinischen Reform und zur Barockkultur in der Schweiz (Dissertation Univ. Freiburg i. Ü.), Mellingen 1961.

Kat. Basel 1976 – Dieter Koepplin/Tilman Falk, Lukas Cranach. Gemälde, Zeichnungen, Druckgraphik. Zur Ausstellung im Kunstmuseum Basel, 15. Juni bis 8. September 1974, Bd. 2, Basel/Stuttgart 1976.

Kat. Bern 1979 – Niklaus Manuel Deutsch. Maler, Dichter, Staatsmann, Katalog zur Ausstellung im Kunstmuseum Bern, 22. September bis 2. Dezember 1979, Bern 1979.

Kat. Bern 1991 – Zeichen der Freiheit. Das Bild der Republik in der Kunst des 16. bis 20. Jahrhunderts, 21. Europäische Kunstausstellung, Bernisches Historisches Museum und Kunstmuseum Bern, 1. Juni bis 15. September 1991, Bern 1991.

Kat. Karlsruhe 1986 – Die Renaissance im deutschen Südwesten. Katalog zur Ausstellung des Badischen Landesmuseums Karlsruhe, Heidelberger Schloss, 21. Juni–19. Oktober 1986, 2 Bde., Karlsruhe 1986.

Kat. Luzern 1986 – Heinz Horat/P. Rainald Fischer/Anton Gössi, Renaissancemalerei in Luzern 1560–1650, Katalog zur Ausstellung im Schloss Wyher, Ettiswil, 6. Juni bis 12. Oktober 1986, Luzern 1986.

Kat. Philadelphia 1925 – Catalogue of the Collection of Stained and Painted Glass in the Pennsylvania Museum, Pennsylvania Museum, Philadelphia 1925.

Kat. Zürich 1883 – Officieller Katalog der Schweizerischen Landesausstellung Zürich 1883. Special-Katalog der Gruppe XXXVIII «Alte Kunst», Zürich 1883.

Kat. Zürich 1981 – Zürcher Kunst nach der Reformation – Hans Asper und seine Zeit. Katalog zur Ausstellung im Helmhaus, Zürich, 9. Mai bis 28. Juni 1981, Zürich 1981.

Kdm – Die Kunstdenkmäler der Schweiz, hrsg. von der Gesellschaft für Schweizerische Kunstgeschichte, Basel 1927ff.

Kiem 1888 – P. Martin Kiem, Geschichte der Benedictiner Abtei Muri-Gries (ad S. Martinum – ad B.V. Mariam), Bd. 1, Stans 1888.

Knoepfli 1950 – Albert Knoepfli, Kdm Thurgau. Bd. I: Der Bezirk Frauenfeld, Basel 1950.

Koch 1956 – Hans Koch, Die Zuger Scheiben von Muri, in: Freiämter-Kalender 46. Jahrgang 1956, S. 55–57.

Küchler 1884 – Anton Küchler, Fensterschenkungen des Standes Obwalden an öffentliche Gebäude in den Jahren 1573–1686, in: ASA 5/1884–1887, S. 93f.

Lehmann 1897 – Hans Lehmann, Die Glasgemälde im Kantonalen Museum in Aarau. Ein Führer, Aarau 1897.

Lehmann 1911 – Hans Lehmann, Sammlung Lord Sudeley Toddington Castle. Schweizer Glasmalereien vorwiegend des XVI. und XVII. Jahrhunderts. Auktionskatalog Galerie Hugo Helbing in München, München 1911.

Lehmann 1916 – Hans Lehmann, Die Glasmalerei in Bern am Ende des 15. und Anfang des 16. Jahrhunderts, in: ASA NF 18/1916, S. 135–153.

Lehmann 1925 – Hans Lehmann, Zur Geschichte der Glasmalerei in der Schweiz, Frauenfeld/Leipzig 1925.

Lehmann 1926 – Hans Lehmann, Das ehemalige Cisterzienserkloster Maris Stella bei Wettingen und seine Glasgemälde, Aarau 1926 (3. Aufl.).

Lehmann 1941 – Hans Lehmann, Geschichte der Luzerner Glasmalerei von den Anfängen bis zu Beginn des 18. Jahrhunderts (Luzern, Geschichte und Kultur III. 5), Luzern 1941.

Liebenau 1881 – Theodor von Liebenau, Zur Entstehungsgeschichte der Glasgemälde im Kreuzgange zu Muri, in: ASA 4/1880–1883, S. 174f.

Liebenau 1888/91–94 – Theodor von Liebenau, Die Glasgemälde des ehemaligen Benediktinerklosters Muri, in: Völkerschau. Eine Sammlung von Erzeugnissen des Kunst- und Gewerbefleisses aller Zonen und Zeiten, Bde. 1–3, 1888/91–94.

Liebenau 1892 – Theodor von Liebenau, Die Glasgemälde der ehemaligen Benediktinerabtei Muri im Aargauischen Museum für Kunst und Gewerbe in Aarau, Aarau 1892 (2. Auflage).

Lübke 1866 – Wilhelm Lübke, Über die alten Glasgemälde der Schweiz. Ein Versuch, Zürich 1866 (Wiederabdruck in: Wilhelm Lübke, Kunsthistorische Studien, Stuttgart 1869, S. 391ff.).

Malin 1998 – Regula Malin, Bluntschli, Niklaus, in: Biografisches Lexikon der Schweizer Kunst, Zürich 1998, Bd. 1, S. 122.

Markwart 1889 – Otto Markwart, Die baugeschichtliche Entwicklung des Klosters Muri, in: Argovia 20/1889, S. 1–97.

Meisterwerke 1888–1890 – Meisterwerke schweizerischer Glasmalerei, hrsg. vom Historisch-antiquarischen Verein in Winterthur (erklärender Text von Albert Hafner, nach dessen Tod fortgesetzt durch Emil Büchler), Berlin 1888–1890.

Merz 1920 – Walther Merz, Wappenbuch der Stadt Baden und Bürgerbuch, Aarau 1920.

Messmer/Hoppe 1976 – Kurt Messmer/Peter Hoppe, Luzerner Patriziat. Sozial- und wirtschaftsgeschichtliche Studien zur Entstehung und Entwicklung im 16. und 17. Jahrhundert (Luzerner Historische Veröffentlichungen, Bd. 5), Luzern/München 1976.

Meyer 1884 – Hermann Meyer, Die schweizerische Sitte der Fenster- und Wappenschenkung vom XV. bis XVII. Jahrhundert. Nebst Verzeichniss der Zürcher Glasmaler von 1540 an, Frauenfeld 1884.

Mühlemann 1991 – Louis Mühlemann, Wappen und Fahnen der Schweiz. Offizieller Wappen- und Fahnen-Bildband zur 700-Jahrfeier der Eidgenossenschaft, Lengnau o.J. (1991).

Müller 1957 – Hans Müller, Die Heiligen auf den Glasgemälden im Kreuzgang des Klosters Muri, in: Dorfchronik von Muri für das Jahr 1957, S. 25–54.

Müller 1997 – Christian Müller, Hans Holbein d.J. Die Druckgraphik im Kupferstichkabinett Basel, Basel 1997.

Nüscheler 1927 – Richard Arthur Nüscheler, Die Glasgemälde des Kreuzganges im Kloster Muri, in: Festschrift IX. Jahrhundertfeier des Benediktinerstiftes Muri, V. Aargauischer Katholikentag Muri, 11. September 1927, Wohlen 1927, S. 45–55.

Poeschel 1937 – Erwin Poeschel, Kdm Graubünden. Bd. II: Herrschaft, Prättigau, Davos, Schanfigg, Churwalden, Albulatal, Basel 1937.

Rackham 1936 – Bernard Rackham, A Guide to the Collections of Stained Glass. Victoria and Albert Museum, London 1936.

Rahn 1883 – Johann Rudolf Rahn, Kunst- und Wanderstudien aus der Schweiz, Wien 1883.

Rahn 1884 – Johann Rudolf Rahn, Bericht über Gruppe XXXVIII «Alte Kunst», Schweizerische Landesausstellung Zürich 1883, Zürich 1884, S. 51–54.

Reinle 1953 – Adolf Reinle, Kdm Luzern. Bd. II: Die Stadt Luzern. I. Teil, Basel 1953.

Reinle 1954 – Adolf Reinle, Kdm Luzern. Bd. III: Die Stadt Luzern. II. Teil, Basel 1954.

SAH – Schweizer Archiv für Heraldik/Archives héraldiques suisses, 1/1887ff.

Schilter 1957 – Josef Schilter, Die Benediktinerabtei Muri im aargauischen Freiamt. Führer durch Bauten und Geschichte, Muri 1957 (2. Auflage).

Schmid 1954 – Alfred A. Schmid, Die Buchmalerei des XVI. Jahrhunderts in der Schweiz, Olten 1954.

Schmitz 1913 – Hermann Schmitz, Die Glasgemälde des Königlichen Kunstgewerbemuseums in Berlin, 2 Bde., Berlin 1913.

Schneider 1950 – Arthur von Schneider, Die Glasgemälde des Badischen Landesmuseums Karlsruhe, Freiburg i.Br. 1950.

Schneider 1954 – Jenny Schneider, Die Standesscheiben von Lukas Zeiner im Tagsatzungssaal zu Baden (Schweiz). Ein Beitrag zur Geschichte der schweizerischen Standesscheiben (Basler Studien zur Kunstgeschichte, Bd. 12), Basel 1954.

Schneider 1956 – Jenny Schneider, Die Scheiben des Kreuzgangs von Muri, in: Atlantis 28/1956, Nr. 12, S. 559–564.

Schneider 1960 – Jenny Schneider, Die Weiberlisten, in: ZAK 20/1960, S. 147–157.

Schneider 1970 – Jenny Schneider, Glasgemälde. Katalog der Sammlung des Schweizerischen Landesmuseums Zürich, 2 Bde., Stäfa o.J. (1970).

Schnyder 1966 – Franz J. Schnyder, Zwei Pfyffer-Wappenscheiben im Kreuzgang des Klosters Muri (AG), in: Archivum Heraldicum 80/1966, S. 34f.

SKL – Schweizerisches Künstler-Lexikon, red. von Carl Brun, 4 Bde., Frauenfeld 1905–1917.

Stammler 1903 – Jakob Stammler, Die Pflege der Kunst im Kanton Aargau mit besonderer Berücksichtigung der ältern Zeit. Jubiläumsgabe der Historischen Gesellschaft des Kantons Aargau zur aargauischen Centenarfeier, Aarau 1903.

Strebel 1967 – Kurt Strebel, Die Benediktinerabtei Muri in nachreformatorischer Zeit 1549–1596. Vom Tode des Abtes Laurenz von Heidegg bis zur Wahl von Abt Johann Jodok Singisen (Dissertation Univ. Freiburg i.Ü.), Winterthur 1967.

Styger 1885 – Carl Styger, Glasmaler und Glasgemälde im Lande Schwyz (1465–1680), in: Mittheilungen des Historischen Vereins des Kantons Schwyz, Heft 4, 1885, S. 1–62.

Thöne 1939 – Friedrich Thöne, Ein Bildnis des Glasmalers Hieronymus Lang und einige Beiträge zu seiner und seines Sohnes Daniel Tätigkeit, in: ZAK 1/1939, S. 32–39.

Trümpler 1997 – Stefan Trümpler, Katalog-Nr. 65, in: Glasmalereien aus acht Jahrhunderten. Meisterwerke in Deutschland, Österreich und der Schweiz – Ihre Gefährdung und Erhaltung, hrsg. von der Berlin-Brandenburgischen Akademie der Wissenschaften, Leipzig 1997.

Truttmann 1922/23 – Alois Truttmann, Die Schild- und Fensterschenkungen des Landes Unterwalden ob dem Kernwald, in: ASA NF 24/1922, S. 121–123, 247–253 und 25/1923, S. 58–60, 240–247.

Usteri 1960 – Emil Usteri, Die Schildner zum Schneggen. Geschichte einer altzürcherischen Gesellschaft, Zürich 1960.

Vivis 1905 – Georg von Vivis, Wappen der ausgestorbenen Geschlechter Luzerns, in: SAH 19/1905, S. 73–105.

Vivis 1909 – Georg von Vivis, Wappen der lebenden Geschlechter Luzerns, in: SAH 23/1909, S. 13–40, 51–59.

Wells 1962 – William Wells, Stained and Painted Heraldic Glass – Burrell Collection. British and Selected Foreign Armorial Panels, Glasgow 1962.

Wüthrich/Ruoss 1996 – Lucas Wüthrich/Mylène Ruoss, Katalog der Gemälde. Schweizerisches Landesmuseum Zürich, Zürich 1996.

Wyss 1940 – Franz Wyss, Zur Frage der Autorschaft der Glasgemälde aus dem Kreuzgang der ehemaligen Benediktiner-Abtei Muri. Eine Beurteilung nach der Schrift, o.J. (Typoskript von 1940 im Besitz des Schweizerischen Landesmuseums Zürich).

Wyss 1957 – Robert L. Wyss, Die neun Helden. Eine ikonographische Studie, in: ZAK 17/1957, S. 73–106.

Wyss 1957/58 – Franz Wyss, Die Glasgemälde im Kreuzgang des ehemaligen Klosters Muri (Unter spezieller Berücksichtigung der zugerischen Arbeiten), in: Der Volksfreund, Beilage zum Zuger Volksblatt, 1957, Nr. 12 (Dezember), S. 45–48 und 1958, Nr. 1 (Januar), S. 1f.

Wyss 1968 – Franz Wyss, Die Zuger Glasmalerei (mit einem Beitrag von Fritz Wyss †), Zug 1968.

ZAK – Zeitschrift für Schweizerische Archäologie und Kunstgeschichte, Zürich 1939ff.

Bibliografische Angaben zur Kloster- und Baugeschichte

– Peter Felder, Zur Renovation der Klosterkirche und des Kreuzgangs Muri, in: Unsere Kunstdenkmäler 8/1957, S. 61–64.

– Peter Felder, Kloster Muri (Schweizerische Kunstführer), Bern 1982 (2. Aufl.).

– Georg Germann, Kdm Aargau. Bd. V: Der Bezirk Muri, Basel 1967.

– Oskar Hunkeler, Abt Johann Jodok Singisen von Muri (1596–1644). Ein Beitrag zur tridentinischen Reform und zur Barockkultur in der Schweiz (Dissertation Univ. Freiburg i.Ü.), Mellingen 1961.

– P. Martin Kiem, Geschichte der Benedictiner Abtei Muri-Gries (ad S. Martinum – ad B.V. Mariam), 2 Bde., Stans 1888/91.

– Otto Markwart, Die baugeschichtliche Entwick-

lung des Klosters Muri, in: Argovia 20/1889, S. 1–97.
- Josef Schilter, Die Benediktinerabtei Muri im aargauischen Freiamt. Führer durch Bauten und Geschichte, Muri 1957 (2. Auflage).
- Kurt Strebel, Die Benediktinerabtei Muri in nachreformatorischer Zeit 1549–1596. Vom Tode des Abtes Laurenz von Heidegg bis zur Wahl von Abt Johann Jodok Singisen (Dissertation Univ. Freiburg i. Ü.), Winterthur 1967.

Register

A Pro, Adelheid 191
A Pro, Jakob 191
A Pro, Peter 22
A Pro, Schloss (bei Seedorf) 191
Aarau 8, 13, 25, 27, 37, 38, 43, 45, 182, 212, 223, 258; Kantonsbibliothek 3, 10, 42, 43, 155, 205, 210, 211, 217, 258; Kaufhausturm 38; Kunstgewerbemuseum 19, 211, 217; Schützenhaus 45; Stadtarchiv 38
Aargau 2, 3, 12, 13, 25, 27, 37, 43
Abel 191
Abraham 210, 211
Abyberg, Kaspar 33, 182
Adam 210, 217, 218, 227
Adelhelm, Abt in Engelberg 144
Afrika 222, 242
Agaunum siehe St-Maurice
Agnus Dei siehe Gotteslamm
Agricola, Daniel 159
Ägypten 205, 258
Alexander der Grosse 179
Allegorien. Friede (Pax) 188f.; Geduld (Patientia) 188f.; Gesetz (Lex) 188f.; Liebe (Amor) 188f., 201
Altdorf 22, 162, 191, 215, 216, 235; Pfarrkirche 232
Altgermanien 232
Amerbach, Bonifacius 202
Amerika 198
Amiens 238
Amlehn, Familie 24, 29, 30
Amlehn, Katharina 162, 168
Amlehn, Melchior 168
Amlehn, Niklaus 21, 30, 43, 162, 164, 166, 168, 177
Ammann, Jost, Künstler 179
Amsterdam 223
Anderes, Bernhard 32, 192, 196
Anderhalden, Dorothea 156
Andreas II., König von Ungarn 168
Anna, hl. 156, 188
Aosta 156, 192
Appenzell 41
Arius 232
Armenien 201
Arnold, Abt in Muri 3
Arrandes 254
Arth, Pfarrkirche 240
Asbach (Südtirol), Kartause 147
Asien 242
Asper, Hans, Maler 32, 252
Auf der Maur, Anna 162

Augsburg 191
Autun 228;
Baar 238; Kapelle St. Anna 165
Bachmann, Simon, Bildhauer 5, 11
Baden 10, 21, 27, 28, 29, 31, 33, 37, 40, 147, 157, 174, 177, 182, 183, 184, 190, 209, 239; Agnesenspital 182; Kapuzinerkirche 216; Landvogteischloss 182; Tagsatzungssaal 41
Baden, Kanton 12
Baisch, Matthäus, Schreiner 6, 12
Bäldi, Joachim 33
Balduin, Peter, Glasmaler 41
Bamberg, Dom 157
Ban, Ulrich, Glasmaler 32, 223, 224
Barbézieux, Schlacht von 170
Basel 9, 159, 160, 161, 169, 172, 179, 196, 202, 213, 223, 225; Amtshaus von St. Blasien 202; Bläserhof 200; Historisches Museum 198, 202; Kartause 16; Kupferstichkabinett der öffentlichen Kunstsammlung 150, 159, 160, 164; Münster 157; Schweizerisches Archiv für Kunstgeschichte 19, 42
Bathseba, Königin 160
Baumgarten 246
Bayern 162
Beatenberg 158, 159
Beatus, hl. 158, 159, 188
Beer, Franz, Architekt 190
Beer, Johann Ferdinand, Architekt 7
Bellikon 165
Benedikt, hl. 144, 175, 176, 189, 194
Benediktiner/innen 5–9, 13, 17, 19, 21, 22, 194
Berger, Jacob 11
Berlin. Kunstbibliothek der Staatlichen Museen 197, 224; Kunstgewerbemuseum 198
Bern 3, 10, 18, 19, 27, 28, 34, 37, 38, 43, 45, 172, 183, 184, 214, 223, 224, 233; Historisches Museum 146, 170, 213; Stadt- und Universitätsbibliothek 204, 226, 230, 236, 241, 248, 253, 258; Zunfthaus zum Affen 209
Bernhard von Clairvaux 206
Bernini, Giovanni Lorenzo 5
Beromünster, Amt 27
Beromünster, Chorherrenstift 22, 36, 38, 45, 209
Bethlehem 236, 253, 258
Bettini, Giovanni Battista, Architekt und Stuckbildner 5, 6, 10, 11
Bickhart, Abraham, Glasmaler 223, 224
Bili, Anna 164
Bischofszell, Chorherrenstift 194
Blarer, Diethelm, Abt in St. Gallen 29, 162, 190, 197, 198

Blarer, St. Galler Familie 198
Blasius, hl. 190, 192, 199, 201, 202
Bloch, Ambros, Abt in Muri 12
Bluntschli, Niklaus, Glasmaler 22, 38, 39, 42, 44, 45, 146, 147, 153, 155, 170, 190, 194, 208, 254, 256
Bock, Peter, Glasmaler 216
Bodmer, Maria Salome 177
Bodmer, Verena 206
Bonhomini, Giovanni Francesco, Bischof von Vercelli 215
Borromäus, Karl, hl. 40, 162, 163, 176
Boswil 42, 206
Bourges, Kathedrale 199
Bozen 12
Brabant 215
Brandenberg, Christoph, Glasmaler 17, 39, 40, 41, 45, 188, 212, 228, 229
Brandenberg, Wolfgang, Baumeister 207
Breisach (Elsass) 164
Bremgarten 21, 27–30, 36, 42, 43, 44, 159, 183, 184, 206, 207, 209; Kapitel 209; Pfarrkirche 146
Brücker, Johannes 233
Brueghel, Pieter, Maler 172
Brugg 27
Brühlmann, Josef 8
Bruno, hl. 146, 147
Bucher, Bonaventura II., Abt in Muri 7, 12
Bullinger, Heinrich d. Ä. 32, 41, 44, 183
Bullinger, Heinrich d. J. 183
Buonas, Schloss 151, 153, 245, 257
Bürglen 234
Burgund 215
Burkard, Abt in Muri 2, 9
Bürki, Friedrich 223
Büron 164
Caesar 179
Calais 29, 174
Cambiano, Joseph von 145, 146, 150, 170
Carracci, Annibale, Maler 216
Cham 188
Chartres, Kathedrale 199
Christus 3, 17, 20, 22, 33, 36, 147, 162, 163, 164, 178, 204, 226, 227, 229, 230, 231, 234, 236, 237, 238, 241, 242, 248, 251, 255, 258
Chur 196, 250
Cluny, Kloster 3, 9, 200
Como, Dom 201
Cranach, Lucas d. Ä., Maler 160
Croce, Pompeo della, span. Gesandter 215, 216, 235
Dangerant, Ludwig, franz. Gesandter 213
David, König 160, 161, 164, 236
Davos 214

Decius, röm. Statthalter 222
Desiderius, hl. 197
Diana 201
Diokletian, röm. Kaiser 201, 240
Dold, Fritz (sen.), Glasmaler 25
Dominikanerinnen 17
Donaueschingen 12
Drei Könige, Heilige 155, 241, 242
Dreifaltigkeit 6
Dreux, Schlacht von 165, 239
Dub, Hans, Steinmetz 10
Dulliker, Luzerner Familie 27, 43
Dulliker, Ulrich 43
Dürer, Albrecht, Maler 154, 155, 172, 207, 227, 240
Edlibach, Zürcher Familie 200
Egeri, Carl von, Glasmaler 17, 18, 20, 22, 31–37, 39, 42, 44, 45, 147, 148, 150–161, 166, 172, 178, 179, 182, 185, 191, 192, 201, 205, 207, 214, 222–234, 236–242, 244–248, 250–256, 258
Egeri, Durs von, Maler 182
Egeri, Hans Jakob von 33
Egeri, Hans Rudolf von 31
Egeri, Thomas von, Glasmaler 214
Eggenberger, Christoph 160
Eichhorn, Joachim, Abt in Einsiedeln 29, 162, 190, 194, 195, 196, 197, 198
Eichhorn, Peter, Abt in Wettingen 42, 207
Einhorn 201
Einsiedeln, Äbte siehe Eichhorn, Joachim; Embricus
Einsiedeln, Kloster 5, 21, 29, 32, 42, 44, 144, 162, 190, 194, 195, 196, 197, 198
Elisabeth, hl. 230, 231
Elisabeth von Thüringen, hl. 35, 168
Elsass 164
Elsener, Oswald 145, 146, 150
Embricus, Abt in Einsiedeln 9
Engel 21, 26, 42, 148, 192, 196, 210, 254, 237, 258
Engelberg, Äbte siehe Adelhelm; Ernst, Bernhard; Gwicht, Rudolf; Krämer, Jodok
Engelberg, Kloster 3, 21, 144, 194
England 158, 174
Englisberg, Peter von 146
Ensisheim, 202
Entlebuch 150, 169
Entlebuch, Fontannental 150, 157
Ephesus, Konzil von 236
Erasmus, hl. 152
Ernst, Bernhard, Abt in Engelberg 144
Erstfeld, Jagdmattkapelle 191, 234
Escorial, Patio de los reyes 5
Esslingen 182

Etterlin Petermann, Chronist 152, 246
Europa 242
Eva 210, 217, 218
Fallenter, Franz, Glasmaler und Miniaturist 152, 175, 191
Federlin, Hans Balthasar, Glasmaler 214
Feer, Luzerner Familie 22
Feer, Beat 170
Feer, Margaretha 175
Feer, Maria Magdalena 170, 171
Feer, Peter 170
Feer, Verena, Äbtissin in Rathausen 41
Feldbach ZH, Dominikanerinnenkloster 17
Felder, Hans d. Ä. 256
Feldkirch 164
Felix, hl. 222, 225
Ferdinand I., König und Kaiser 28, 39, 198, 202, 213, 214
Fintan, hl. 189
Fisch, Hans Ulrich I., Glasmaler 212
Fischer, Galerie 214
Fischingen, Kloster 22, 194
Flandern 215
Fleckenstein, Luzerner Familie 24, 29, 33, 151, 156, 157, 158
Fleckenstein, Barbara von 159
Fleckenstein, Beat von 156, 158, 159, 174, 177
Fleckenstein, Heinrich I. von 150, 156, 157, 169, 177
Fleckenstein, Heinrich II. von 156, 158, 175
Fleckenstein, Niklaus von 159
Florenz 162
Flüelen 232
Flüeli-Ranft, Kapelle St. Karl Borromeo 176, 246
Franken 238
Frankreich 28, 29, 30, 39, 43, 44, 157, 165, 168, 170, 174, 177, 188, 198, 199, 212, 213, 215, 232, 233
Frankreich-Navarra 212
Franz I., König von Frankreich 191
Franziskaner 159, 188, 230
Franziskus, hl. 144, 188
Frauenfeld 147, 223, 224; Historisches Museum des Kantons Thurgau 147
Frauenthal ZG, Zisterzienserinnenkloster 17, 41, 188, 207
Freiamt siehe Freie Ämter
Freiburg 40
Freiburg im Breisgau 39, 214; Augustinermuseum 150; Ropstein-Werkstatt 39, 214; Universität 209
Freie Ämter 2, 3, 8, 21, 22, 23, 27, 30, 170, 191, 207, 239

Frenitz (Slowenien), Kartause 147
Frey, Hieronymus, Abt in Muri 4, 10, 19, 21, 22, 23, 31, 151
Frey, Peter, Prior in Ittingen 147
Frey-Herosé, Friedrich 24
Fridolin, hl. 250, 251, 252
Fröhlich, Wilhelm 174, 177
Froschauer, Christoph 157
Fruttuaria (bei Turin), Kloster 3, 200
Fuchsberger, Jakob 24, 29, 36, 43, 164, 165
Füchslin, Hans, Glasmaler 36, 37, 38, 44, 45
Funk, Hans, Glasmaler 32, 41, 184
Fürer, Hans 239
Gabriel, Erzengel 154, 155, 194, 226, 227, 230
Galizia, Romano 25
Gallus, hl. 35, 197, 198
Gaster, 250
Genf, Musée Ariana 145
Georg, hl. 185, 209, 238, 240, 254
Germann, Georg 35, 196, 217, 239, 257
Geroldseck, Freiherr von 177
Gessner, Konrad 32, 44, 169, 231, 250
Gessner, Margreth 45
Giorgioli, Francesco Antonio, Maler 6, 11
Giselbert, Abt in St. Blasien 200
Gitschmann, Hans d. Ä., von Ropstein, Glasmaler 214
Gladbach, Ernst Georg, Architekt und Radierer 24, 43, 159
Glareanus, Heinrich Loriti, Humanist 169
Glarus 10, 27, 33, 43, 175, 191, 250–253; Hilarius- und Fridolinkirche 252
Glasgow, Burrell Collection 146
Gnadenstuhl 188
Gnadenthal, Dominikanerinnenkloster 17
Goliath 164
Gotteshausbund, Bündner 223
Gotteslamm 145, 150, 170
Gottlieben TG 196
Gottvater 155, 162, 188, 210, 222, 226, 248
Graf, Urs, Maler 159, 172
Graubünden 212
Grebel, Christoph 182
Gregor XIII., Papst 156
Grenoble (Umgebung), Chartreuse 147
Gries siehe Muri-Gries (Bozen), Kloster
Grüth, Joachim von 19
Grüth, Johann Christoph von, Abt in Muri 4, 10, 19–22, 28, 31, 33, 36–39, 42, 44, 144, 154, 156, 166, 170, 172, 190, 192, 195, 197, 198, 199, 204, 209, 247, 258

Grüth, Meliora von, Meisterin im Kloster Hermetschwil 19, 20, 36, 37, 39, 45
Grüth, Sophia von, Äbtissin in Tänikon 19, 20, 36, 39, 155
Grüth, Theophil von 36, 45
Guise, François de, Herzog 174
Gundelsheim, Jakob Philipp von, Bischof von Basel 225
Gwicht, Rudolf, Abt in Engelberg 144
Habsburg 3
Habsburg, Albrecht von, Herzog 250
Habsburg, Grafen von 5, 8, 13, 28, 29, 174, 185, 190, 200, 212, 214, 215, 255
Habsburg, Radebot von, Graf 2, 5, 7, 9
Habsburg, Wernher von, Graf 3, 9
Hagenbuch, Caspar d. Ä., Maler 147
Haimb, Gerold I., Fürstabt in Muri 6, 12
Hallwyl, Anna von 164
Hasfurter, Margarethe 151
Hässi, Maria Salome 175
Heggenzer, Johann Melchior 214
Heidegg, Laurenz von, Abt in Muri 3, 10, 18, 19, 159, 183, 192, 195, 224, 232, 255
Heidegg, Schloss 150, 151, 152
Heiligenberg, Schloss, Fürstenbergische Sammlungen 214
Heiliger Geist 155, 162, 212, 226
Heinrich I., Abt in Muri 3
Heinrich II., Kaiser 156, 157
Heinrich II., König von Frankreich 158, 174
Heinrich III., König von Frankreich 212
Heinrich IV., König von Frankreich 212, 213
Heinrich V., Kaiser 9
Hektor 179
Herkules 157
Hermetschwil, Benediktinerinnenkloster 17, 19, 22, 36, 42, 184, 206
Herodes, König 145, 170, 241, 253
Herodias 170
Herster, Zuger Familie 189
Herster, Michael, Abt in Rheinau 155, 189, 190, 194
Herster, Wolfgang 190
Hertenstein, Luzerner Familie 29, 152, 257
Hertenstein, Barbara von 156, 175
Hertenstein, Erasmus von 22, 42, 150, 151, 152, 153, 166, 222, 252
Hertenstein, Jakob von 22, 39, 42
Hieronymus, hl. 144
Hilarius, hl. 232, 250, 252
Hiltibold 197
Hirsau, Kloster 200
Hitzkirch, Deutschordenskommende 22

Hochdorf 146
Hoffner, Johann Jacob 12
Hofmann, Augustin, Abt in Einsiedeln 195
Hohenems, Mark Sittich von, Bischof von Konstanz 144, 196
Hohenlandenberg, Hugo von, Bischof von Konstanz 196
Hohenrain LU, Johanniterkommende 21, 29, 145, 146, 159
Holbein, Hans d. J. 150, 151, 161, 164, 172, 201, 222, 225, 238, 250
Honegger, Familie 43
Honegger, Bonaventura I., Abt in Muri 11
Honegger, Christoph 209
Honegger, Hans Jakob 209
Honegger, Jakob 30
Honegger, Johannes, Prior in Muri 29, 209
Honegger, Johannes, Schultheiss in Bremgarten 209
Honegger, Niklaus 27, 29, 36, 38, 43, 183, 206, 208, 209
Honegger, Sebastian 209
Honegger, Ulrich 209
Hör, Andreas, Glasmaler 45
Hubert, hl. 254
Hug, Luzerner Familie 29, 152
Hug, Hans 150, 151, 157, 169, 170, 254
Hugenotten 29, 164, 165, 174, 177, 178, 12, 239
Hugo, hl. 146, 147
Hünenberg 188
Hürlimann, Johann 146
Imfeld, Niklaus 161, 245
In der Halden, Dietrich 239
Innozenz II., Papst 9
Innsbruck 213
Irland 189
Istrien 196
Italien 156
Ittingen TG, Kartause 17, 21, 29, 33, 38, 41, 146, 147, 190
Jakobus, Apostel 162, 188
Janny, Leonhard 29, 44, 146, 147, 190
Jarnac, Schlacht von 29, 177
Jerusalem 152, 241, 248
Jesuiten 163
Johannes der Täufer 36, 145, 146, 150, 151, 170, 191, 207
Johannes, Evangelist 204, 207
Johanniter 145, 146, 150
Joseph, hl. 43, 236, 237, 241, 242, 248, 258
Judas, Stadt 230
Juden 241

Julius II., Papst 233, 239, 244, 245, 251, 255
Kain 191
Kaiphas 153
Kallenberg, Jakob, Glasmaler 214
Kappadozien 240
Kappel, Friede von 190
Kappel, Schlacht bei 10, 27, 30, 147, 150, 157, 164, 165, 169, 183, 197
Kappel ZH, Zisterzienserkloster 17, 41
Kapuziner/innen 162, 188
Karl der Grosse, Kaiser 157, 212
Karl V., Kaiser 165, 170, 214, 215, 225
Karl IX., König von Frankreich 177
Karlsruhe, Badisches Landesmuseum 208
Kartäuser 146
Katharina, hl. 162, 169
Kiel, Anna 170, 174
Kiel, Elisabeth 177
Kiel, Hans 174
Kiel, Maria 170
Klauser Anna 156, 170
Klauser, Katharina 175
Klauser, Konrad 156
Klingnau, Propstei 200
Kluber, Hans Hug, Maler 202
Koch, Gregor, Abt in Muri 12
Kolin, Paul 207
Kolin, Wolfgang 255
Köln 146, 241
Königsfelden, Kloster 2
Konrad, hl. 188, 195, 196
Konstanz 12, 24, 29, 43, 144, 194, 196, 214; Bistum 195, 196, 200; Dreifaltigkeitskirche 254; Münster 195, 196
Konstanz, Bischöfe 21; siehe im weiteren Hohenems, Mark Sittich von; Hohenlandenberg, Hugo von; Metzler Christoph; Rumold; Salomon III.
Kopp, Fridolin II., Abt in Muri 12
Krämer, Familie 144
Krämer, Jakob 144
Krämer, Jodok, Abt in Engelberg 144, 190
Kreuzlingen, Chorherrenstift 22
Krieg, Margaretha 165
Kriens 164
Kriens-Horw 150
Kündig, Ludwig 151
Kyburg, Grafen von 185
Lachner, Ludwig 225
Lang, Daniel, Glasmaler 161
Lang, Hieronymus, Glasmaler 160, 161, 197, 198, 202, 255

Laurentius, hl. 146
Lauried 207
Lavater, Anna 31
Lavater, Hans Rudolf 31
Leeuwarden, Museum «Princesshof» 45
Lehmann, Hans 176, 214, 257
Lehmann, Valentin, Architekt 7, 12, 13, 34, 37
Lenzburg 27; Historisches Museum des Kantons Aargau, Schloss Lenzburg 25, 26, 27, 37, 38, 43, 155, 187, 202, 205, 208
Lenzburg, Grafen von 185
Leodegar, hl. 228, 229, 232
Leontius, hl. 4, 11
Leopold I., Kaiser 11
Leopold IV. von Österreich, Herzog 185
Lepanto, Schlacht von 216
Leu, Hans d. Ä., Maler 37, 45, 222
Leu, Hans d. J., Maler 37, 45
Leu, Heinrich, Glasmaler 20, 26, 31, 33, 37, 38, 44, 45, 144, 145, 162, 163, 164, 168, 169, 170, 174, 176, 182–186, 189–192, 194, 195, 197–202, 204, 205, 206, 208, 210, 211, 214, 215, 217
Leu, Jakob, Glaser und Glasmaler 37
Leuw, Johann Melchior 247
Liebenau, Theodor von 38, 196
Lincoln 147
Lindt, Otto 43
Lindtmayer, Daniel, Glasmaler 40
Lingg, Bartholomäus, Glasmaler 208
Lissabon 216
London. Sammlung Sidney 214; Victoria & Albert Museum 202
Los Angeles, County Museum 202
Lot 210, 211
Lothringen 175
Lothringen, Ita von 2, 5, 7, 9
Lübke, Wilhelm 212
Ludwig der Heilige 212
Ludwig XII., König von Frankreich 212
Ludwig XIII., König von Frankreich 28, 212, 213, 263
Lugano 157, 162
Luitfrid, Abt in Muri 9, 200
Lukas, Evangelist 154, 204, 205, 226, 230, 236, 248
Lukretia 179
Lussi, Johann 159
Lussi, Johann, Landvogt 162
Lussi, Melchior 24, 30, 43, 159, 162, 163, 168, 175, 177, 179, 195, 215, 245, 246
Luzern 10, 20, 21, 22, 24, 29, 30, 39, 40, 144, 145, 146, 150, 151, 152, 153, 156, 157, 159, 162, 164, 168, 169, 170, 174, 175, 177, 185, 188, 191, 196, 209, 212, 215, 222, 228, 229, 230, 235, 257; Befestigungen 152; Chorherrenstift 195; Dreikönigskapelle 213; Dulliker-Haus 179; Franziskanerkirche 152; Freienhof 152; Hertenstein-Haus 151; Historisches Museum 212; Jesuitenkirche 175; Kapellbrücke 152; Kapelle St. Peter 152; Kapuzinerkloster 175; Klauser-Haus 156; Kloster St. Anna auf dem Gerlisberg 176; Kloster St. Anna im Bruch 16, 17, 40, 176 176; Musegg 151, 170; Rathaus 245; Reussbrücke 152; Rittersche Palast 174; Rot-Haus 151; Sonnenberghaus 164; Spreuerbrücke 152; Stift im Hof 228, 229; Zunfthaus zum Affenwagen 213
Luzern, Kanton 23, 27, 28, 146
Lyon 20, 188, 204, 210, 217, 226, 227, 230, 236, 248
Madonna siehe Maria, hl.
Magdenau SG, Zisterzienserinnenkloster 16
Mailand 162, 163, 215, 241
Malta 146
Malteser 146
Mannhart, Laurenz 144
Manuel, Hans Rudolf, Glasmaler 32
Manuel, Niklaus, Maler 32, 34, 160, 172, 250
Margareta, hl. 206
Maria, hl. 10, 20, 43, 45, 144, 145, 154, 155, 156, 158, 161, 163, 182, 186, 188, 190, 194, 196, 207, 208, 226, 227, 228, 230, 231, 234, 235, 236, 237, 241, 242, 245, 248, 258
Maria Magdalena, hl. 184
Marignano, Schlacht von 150
Markus, Evangelist 204
Martha, hl. 152
Martin, hl. 2, 9, 232, 234, 238
Martini, Martinus, Kupferstecher 152, 194
Maschwanden, Kirche 238
Maserfelth, Schlacht von 256
Matthäus, Evangelist 204, 205, 241, 253, 258
Matthias Corvinus, König von Ungarn 164
Mauritius, hl. 197, 229, 230
Maximian, röm. Kaiser 229
Maximilian II., Kaiser 176
Maximilian II., König von Bayern 198
Meaux 29, 168
Meersburg 196
Meggen, Jost von 170
Meggen, Küngolt von 36
Meggen, Martha von 158
Meggen, Niklaus von 150, 157, 166, 169, 170, 177, 195
Meggen, Werner von 157
Meier, Jakob, Abt in Muri 23, 191
Meinrad, hl. 194
Mellingen 165; Schloss Hünegg 165
Menzingen 146
Merian, Caspar 174
Merian, Matthäus 152
Merowinger 228
Metzler, Christoph, Bischof von Konstanz 29, 195, 196
Metzler, Familie 195
Meyer, Gerold II., Fürstabt in Muri 7, 12
Meyer, Hans, Glasmaler 25, 223, 224
Michael, Erzengel 212, 254, 256
Mitraskult 236
Monogrammist CBb siehe Brandenberg Christoph
Monogrammist fs 39, 213, 214
Monogrammist HF siehe Füchslin, Hans
Monogrammist HL siehe Leu, Heinrich
Monogrammist MB 19, 20, 42
Montcontour, Schlacht von 29, 177
Mont-St-Michel 254
Moosbrugger, Caspar, Baumeister 5, 11
Morisi, Giuseppe Antonio 12
Moser, Karl, Architekt 25
Müller, Hans, Stadtschreiber in Zug 21, 22, 30, 39, 207
Müller, Hans Melchior 207
Müller, Johann Heinrich, Glasmaler 43, 156, 172
Müller, Kaspar 207
Müller, Kaspar I., von Schönau, Abt in St. Blasien 29, 200, 201, 202
Müller, Margaretha 207
Müller, Melchior, Glasmaler 208
Müller, Melchior, Stadtschreiber in Zug 207
Müller, Michael I., Glasmaler 208
Müller, Michael II., Glasmaler 40, 41, 228, 229, 254, 256, 257
Müller, Michael IV., Glasmaler 176
Müller-Lauried, Zuger Familie 202
München, Staatliche Grafische Sammlung 241, 242
Münster 169, 170
Muos, Caspar Wolfgang 11
Murbach (Elsass), Kloster 228, 229
Murer, Christoph, Glasmaler 45, 245
Murer, Jos, Glasmaler 32, 157, 207
Muri, Äbte, Priore, Pröpste siehe Arnold; Bloch, Ambros; Bucher, Bonaventura II; Burkard; Frey, Hieronimus; Grüth, Johann Christoph von; Haimb, Gerold I.; Heidegg, Laurenz von; Heinrich I.; Honegger, Bonaventura I.; Honegger, Johannes; Koch, Gregor; Kopp, Fridolin II.; Luitfrid; Meier, Jakob; Meyer, Gerold II.; Reginbold; Regli; Adalbert; Rupert; Singisen, Johann Jodok; Summerer, Fridolin I.; Troger,

Hieronimus II.; Tschudi, Dominikus; Waldkirch, Aegid von; Walter II.; Zurlauben, Plazidus
Muri-Gries, Kloster (Bozen) 8, 12, 13, 25
Mutschlin, Anna 156, 158, 159
Mutschlin, Balthasar, Glasmaler 42, 206
Mutschlin, Bernhard 29, 30, 36, 43, 183, 206, 208, 209
Mutschlin, Hans Jakob 159
Muttenz, Pfarrkirche (Beinhaus) 165
Muttergottes, siehe Maria, hl.
Myra 168
Myron Robert, franz. Gesandter 23, 28, 212, 263
Näfels, Schlacht von 250
Nantes 212
Nidwalden 162, 244, 245, 247
Niklaus von Flüe 246
Nikolaus, hl., Bischof von Myra 168, 184
Northumbrien 256
Obererlinsbach, Kirche 37, 38, 183
Obwalden 162, 244, 245
Orpheus 250
Österreich 28, 29, 183, 196, 200, 215, 250, 255
Oswald, hl. 254, 256, 257
Otmar, hl. 197
Otto I., Kaiser 194
Palladio, Andrea, Architekt 225
Paradies TG (Unterschlatt), Dominikanerinnenkloster 17
Paris 44, 188, 195
Paul III., Papst 169
Paul IV., Papst 157, 162, 246
Paulus, Apostel 246, 247
Pelagius, hl. 195, 196
Petrus, Apostel 33, 158, 162, 163, 244, 245, 246
Peyer, Heinrich 161
Pfleger, Johann Christoph 11
Pfyffer von Altishofen, Familie 29, 156, 177
Pfyffer, Hans 164
Pfyffer, Jost 164, 168, 174
Pfyffer, Kaspar 175
Pfyffer, Leodegar 177
Pfyffer, Ludwig 21, 29, 30, 156, 162, 164, 168, 170, 174, 175, 176, 177, 178, 179
Pfyffer, Ludwig d. J. 23, 177
Pfyffer, Rudolf 23, 39, 40, 152, 156, 162, 175, 178, 182
Philadelphia, Pennsylvania Museum 194
Philipp II., König von Spanien 22, 28, 215, 216
Piemont 145
Pilatus 169
Pletriarch (Slowenien), Kartause 147

Poitiers 232, 252
Prättigau 147
Püntiner, Heinrich III. 191
Püntiner, Ulrich 22, 23, 30, 39
Radolfzell 196
Raeber, Josef 8
Raffael (Raffaello Santi), Maler und Architekt 218, 234
Raimondi, Marcantonio, Kupferstecher 218
Rankweil 250
Rapperswil 144, 190, 194
Rathausen LU, Zisterzienserinnenkloster 16, 17, 40, 41, 176, 184, 213
Rätien 28, 212
Reding, Georg von 239
Reding, Johannes von 239
Reding, Jost von 239
Reding, Rudolf von 22
Reggio 147
Reginbold, Propst in Muri 2, 9
Regli, Adalbert, Abt in Muri 8, 43
Regula, hl. 222, 225
Reichenau, Kloster 194, 196
Reichmut, Familie 157
Reichmut, Anna 156, 157, 158
Reichmut, Gilg 158
Reiden LU, Johanniterkommende 29, 145, 146, 159
Rheinau, Äbte siehe Herster, Michael; Wellenberg Bonaventura I. von
Rheinau ZH, Kloster 21, 29, 189, 190, 194
Rheineck, Rathaus 33, 239, 251
Rheinfelden, Rathaus 214, 225
Rhodeser 146
Rhodos 146
Rhonetal 222
Richelieu, Armand Jean du Plessis, Kardinal 212
Richensee (Hitzkirch), Amt 27
Riecher, Hans Jörg, Glasmaler 202
Riedertal (bei Bürglen), Wallfahrtskapelle Unserer Lieben Frau 234
Ritter, Familie 29
Ritter, Lux 29, 43, 164, 168, 174, 177
Rizzi, Cecilia 174
Rochholz, E. L. 43
Rofferio, Claudio, Buchmaler 156, 172, 192, 247
Rohan, Henri de, Herzog 188
von Roll, Walter 215
Rom 11, 19, 146, 157, 162, 169; Pinacoteca Vaticana 234; Vatikan 5, 145, 162, 175, 218
Romont, Schweizerisches Zentrum für Forschung und Information zur Glasmalerei 172
Rorschach 197; Kloster Mariaberg 198

Rothenburg 150, 157, 169
Rothenburger, Apollonia 144
Röttinger, Johann Jakob, Glasmaler 43
Rottweil 165
Rouen, Kathedrale 199
Ruffia, Herren von, Piemonteser Geschlecht 145
Rumold, Bischof von Konstanz 9
Rupert, Abt in Muri 9, 200
Ruswil 164, 174
Rüttimann, Elsbeth 45
Saba, Königin von 215
Säckingen 250; Kloster 250, 252
Salomo, König 160, 191, 213, 215
Salomon, Bernard 20, 33, 34, 38, 45, 199, 204, 205, 210, 211, 217, 218, 226, 227, 230, 231, 236, 237, 241, 242, 248, 253, 258
Salomon III., Bischof von Konstanz 196
Salzmann, Sebastian 154, 155
Samariter, barmherziger 199
St. Blasien, Kloster 3, 21, 29, 35, 183, 190, 200, 201, 202
St. Gallen 30, 45, 147, 190, 196; Benediktinerkloster 21, 162, 195, 197, 198; Dominikanerinnenkloster 7, 17, 41; Schützenhaus 213;
St. Jakob an der Birs, Kapelle 165
St. Johann im Thurtal, Kloster 195, 197
St. Katharinenthal TG, Dominikanerinnenkloster 17
St-Maurice, Kloster 222, 229
St. Petersburg, Ermitage 196, 198
St. Urban LU, Zisterzienserkloster 17, 38, 41, 45, 169, 194
Santiago de Compostela 169
Sarmenstorf 200
Sarnen 244, 246, 247; Benediktinerkollegium 3, 42, 232, 235, 255; Kapelle Maria Lauretana 245; Pfarrkirche 244; Rathaus 244; Wirtshaus Landenberg 244; Wirz-Haus 245
Satyr 201, 209, 213, 217, 218, 258, 259
Savoyen 215
Schaffhausen 164, 198, 202; Museum Allerheiligen 251
Schattdorf 191
Schell, Zuger Familie 189, 190
Schell, Carl 11
Schiner, Margaretha 169, 170
Schiner, Matthäus, Kardinal 169
Schnals (Südtirol), Kartause 147
Schnyder, P. Jodokus 11
Schönau 202
Schorno, Hieronymus 239
Schott, Thomas 4, 11

Schuler, Paulus 250

Schwanden 251

Schwarzmurer, Veronika 19

Schwarzwald 190

Schweiz 40

Schweizer, Johannes 190

Schwyz 10, 22, 27, 33, 158, 162, 182, 215, 232, 238, 239, 240, 241; Martinskirche 238

Scipio, Cornelius, röm. Feldherr 150

Sebaste 201

Seelisberg, Wahlfahrtskapelle Maria Sonnenberg 234

Segesser, Luzerner Familie 37

Segesser, Albrecht 36, 38, 45

Segesser, Beatrix 175

Segesser von Brunegg, Jakobea 177

Sellenbüren, Freiherren von 200

Sellenbüren, Konrad von 144

Sempach, Schlacht von 3, 10, 246

Sens, Kathedrale 199

Serlio, Sebastiano, Baumeister 201

Simeon 248

Sinai 169, 175

Singer, Franz 244

Singer, Johann Anton 244

Singisen, Johann Jodok, Abt in Muri 4, 10, 11, 23, 39, 40, 45, 191, 263

Sins 144

Sixtus IV., Papst 229

Sodom 210

Solis, Virgil, Kupferstecher 179

Solothurn 38, 40, 45, 177, 212, 213, 245; Kapuzinerkloster 213; Museum Blumenstein 213

Sonnenberg, Christoph 164

Sonnenberg, Hans 164

Sonnenberg, Jost 164

Sonnenberg, Wendel 24, 163, 164

Spanien 28, 29, 30, 38, 212, 215, 216

Spiegel, Niklaus, Maler 6, 12

Spiegler, Franz Joseph, Maler 6

Stampfer, Jakob, Goldschmied 32, 150

Stans 162, 163, 168, 215, 246, 247; Kapuzinerklöster 163; Pfarrkirche 162, 163, 168, 244 Rosenburg 247; Sempachkapelle 163; Winkelriedhaus 163

Stantz, Ludwig, Glasmaler 24, 43, 172, 173

Stein am Rhein, Rathaus 31, 33, 233, 246

Steinhausen 255

Stimmer, Tobias 198, 207

Stockholm, Nationalmuseum 225

Storer, Johann Christoph, Maler 5

Strassburg 201

Strölin, Johannes 202

Stumpf, Johannes, Chronist 152, 153, 244, 247, 252, 256, 257

Stuttgart, Württembergisches Landesmuseum 206

Summerer, Fridolin I., Abt in Muri 11

Sursee 21, 27, 28, 29, 183, 184, 185; Rathaus 185; St. Urban-Hof 185

Suter, Heinrich, Glasmaler 182

Tammann, Familie 29, 33, 151, 156

Tammann, Anna, 151

Tammann, Hans, Luzerner Staatsmann 21, 29, 170

Tammann, Martha, 150, 151, 153, 170

Tammann, Peter 170

Tammann, Peter, Luzerner Schultheiss 151

Tänikon TG, Zisterzienserinnenkloster 16, 17, 19, 22, 36, 37, 39, 42, 153, 177, 208, 254, 256

Tanner, Sebastian 170

Tell, Wilhelm 233

Tessin 191

Thebäische Legion 222, 229

Theben 229, 230

Thomann, Grosshans, Glasmaler 32, 44, 45, 150, 154, 155, 241, 242, 254

Thurgau 7, 147

Tirol 215

Toddington Castle, Sammlung Lord Sudeley 196, 214

Toggenburg 197; Grafschaft 198

de Tournes, Jean 20, 27, 227

Tours 232, 238

van Treeck, Gustav, Glasmaler 235

Trient, Konzil von 20, 21, 30, 40, 41, 145, 162 163, 190, 195, 196

Troger, Hieronymus II., Abt in Muri 11

Troyes 44

Tschudi, Aegidius (Gilg), Chronist 18, 191, 250

Tschudi, Dominikus, Abt in Muri 11

Turin 150

Türkei 145, 146

Ulm 154, 155

Ulrich, hl. 191

Ungarn 168

Unteraargau siehe Aargau

Unterwalden 10, 33, 244, 245, 246, 247

Urach 4

Urech, Pfarrer in Aarau 223

Uri 27, 170, 186, 191, 215, 232, 233, 234, 236, 238

Urias 160

Ursula, hl. 42

Ursus 250

Urswil, Kapelle 146

Valsainte (Cerniat FR), Kartause 147

Veltlin 188

Venedig 162

Vercelli 215

Veturia 179

Villingen, Städtisches Museum 214

Villmergen, Schlacht von 6, 190, 233

Virginia 179

Vogel, Ludwig, Maler 19, 24, 160, 251, 255

Vogtherr, Heinrich 201

Volpi, Giovanni Antonio 162

Wägmann, Hans Heinrich, Glasmaler 40, 177, 191

Wägmann, Jakob, Glasmaler 39, 40, 175, 176, 188

Wagner, Johannes II., Abt in St. Blasien 202

Waldkirch, Aegid von, Abt in Muri 11

Walter II., Abt in Muri 3

Waltmann, Hans 208

von Wartensee, St. Galler Familie 197

Warttis, Jakob, Maler 188

Waser, Johannes, 247

Weesen 250; Rathaus 32

Wehrli, Karl, Glasmaler 25, 43, 218

Weitenau 202

Welfen 190

Wellenberg, Bonaventura I. von, Abt in Rheinau 190

Wendelin, hl. 163

Werd 197

Wettingen, Kloster 2, 16, 17, 39, 42, 45, 155, 156, 182, 184, 188, 190, 194, 202, 206, 207, 209, 212, 213, 216, 238, 256

Wichser, Anna 191

Wickart, Johann Baptist 11

Wickart, Michael 11

Wickart, Niklaus 207

Widersatz, Balthasar, Glasmaler 182

Willisau 157, 164, 169, 170

Wingartner, Agatha 162

Winkelried, Struthan (Heinrich von Winkelried) 246

Winterlin, Johann Caspar, Buchmaler 3, 11, 177, 191

Winterthur, Rathaus 185

Wirz, Heinrich 244

Wirz, Niklaus 244, 245, 246

Wolf, Caspar, Maler 8

Wolfenschiessen, Landvogt von 246

Wörlitz, Gotisches Haus 156, 206

Wragby, St. Michaels Church (Nostell Priory) 144, 207

Wurer von Schemberg, Balthasar 196

Wurmsbach SG, Dominikanerinnenkloster 17

Wyher, Herren zu 170

Wyl, Anna von 177

279

Wyl, Mangold von 157
Wyss, Franz 36, 37, 38
Zacharias 204, 230
Zäh, Fridolin 251
Zeiner, Lukas, Glasmaler 32, 34, 41, 182
Ziegler, Itelhans 164
Ziegler Klara 163, 164
Zisterzienser/innen 17, 19
Zofingen 27, 36, 41
von Zuben, Hans Melchior 11
Zufikon 200, 209; Herrschaft 159
Zug 10, 11, 23, 27, 39, 40, 41, 43, 176, 188, 189, 190, 200, 207, 208, 212, 224, 229, 238, 254, 255, 256; Cheibenturm 257; Konradskapelle 188; Museum der Burg Zug 207; Oswald-Kirche 254, 257; Rathaus 213; St. Michael 165, 254; Zeitturm 257; Zurlaubenhof 188
Zukäs, Cleopha 162
Zukäs, Elsbeth 168
Zürcher von Schwend, Eva 188
Zurgilgen, Luzerner Familie 22
Zurgilgen, Aurelian 156
Zürich 19, 20, 22, 24, 27, 28, 30, 31, 32, 37, 39, 40, 42, 43, 45, 147, 155, 156, 169, 182, 183, 188, 191, 200, 207, 214, 222–226, 245, 254; Barfüsserkloster 225; Befestigungen 225; Fraumünster 222, 234; Gesellschaft der Schildner z. Schneggen 222, 223, 224; Grossmünster 157, 158, 225; Lindenhof 222; Oetenbachkloster 222; Predigerkirche 225; St. Blasien-Haus, Stampfenbach 200; Schützenhaus 33; Schweizerisches Landesmuseum 36, 43, 45, 156, 159, 172, 176, 177, 198, 213, 224, 234, 251, 254, 255; Wasserkirche 225; Wellenbergturm 222; Zentralbibliothek 154
Zürich; Kanton 3, 10
Zurlauben, Beat I. 188
Zurlauben, Beat Fidel 24, 25, 43
Zurlauben, Gerold II. 189
Zurlauben, Konrad, Zuger Hauptmann 39, 188, 212, 263
Zurlauben, Plazidus, Abt in Muri 5, 6, 11, 12, 188, 189
Zurzach 202; Chorherrenstift 22, 195
Zwingli, Ulrich 19, 165, 252

Abbildungsnachweis

Aarau, Archiv der Kantonalen Denkmalpflege und der Inventarisation der Aargauischen Kunstdenkmäler: 57.

Aarau, Archiv der Kantonalen Denkmalpflege und der Inventarisation der Aargauischen Kunstdenkmäler (Fotos F. Jaeck): 1, 4, 5, 6, 8a/b, 12, 13a–e, 16, 19, 20, 21, 22, 24a/b, 25, 26, 27, 28, 29, 30, sämtl. Bildtafeln, 40 (Bearbeitung und Montage Giorgio Panceri, nc ag), 42, 51a–d, 55, 56a–f, 58, 62, 63a–d, 68 77, 80, 84.

Aarau, Heinz Fröhlich: 7.

Basel, Kupferstichsammlung der Öffentlichen Kunstsammlung: 33 (Foto M. Bühler), 37, 38, 39.

Basel, Seeger: 2.

Berlin, Kunstbibliothek der Staatlichen Museen (Fotos K.-H. Paulmann): 46, 47.

Freiburg i. Br., Corpus Vitrearum Medii Aevi Deutschland (Foto R. Toussaint): 61.

Genf, Musée d'art et d'histoire: 32, 53 (Foto A. Gomes).

Karlsruhe, Badisches Landesmuseum: 54.

London, Royal Commission on the Historical Monuments of England: 31.

London, Victoria & Albert Museum Picture Library: 49.

München, Staatl. Graphische Sammlung: 76.

Romont, Schweizerisches Zentrum für Forschung und Information zur Glasmalerei (Fotos aus dem Archiv für Schweizerische Kunstgeschichte in Basel): 10a–d, 44, 59.

Romont, Schweizerisches Zentrum für Forschung und Information zur Glasmalerei (Fotos B. Anderes): 17, 18, 34, 78, 81, 85.

Romont, Schweizerisches Zentrum für Forschung und Information zur Glasmalerei (Fotos R. Hasler): 70, 71, 73a/b, 75, 79, 82, 86.

St. Petersburg, Ermitage: 45.

Stockholm, Nationalmuseum: 69.

Zürich, Graphische Sammlung der Zentralbibliothek: 3, 36.

Zürich, Schweizerisches Institut für Kunstwissenschaft: 50.

Zürich, Schweizerisches Landesmuseum (Fotothek): 9, 11, 14, 15, 23, 41, 47, 48, 60, 64, 65, 66, 72, 83.

Die Abbildungen 35, 43, 52, 74 sind Reproduktionen.

Allgemeine Abkürzungen

BHM	Bernisches Historisches Museum
KdAA	Archiv der kantonalen Denkmalpflege und der Inventarisation der Aargauischen Kunstdenkmäler, Aarau
SLM	Schweizerisches Landesmuseum Zürich
StAA	Staatsarchiv Aarau
z	zugeschrieben